suhrkamp taschenbuch 3235

1962 lernten sich Max Frisch und Uwe Johnson persönlich in Rom kennen. Der Briefwechsel, der 1964 einsetzt und 1983 mit der Bitte Uwe Johnsons endet, Max Frisch möge ihm für ein halbes Jahr seinen New Yorker Loft vermieten, zeigt auch einen wichtigen Ausschnitt deutscher Literaturgeschichte nach 1945.

Max Frisch, der Ältere von beiden, war zum Zeitpunkt ihres ersten Treffens bereits ein bekannter und erfolgreicher Autor, Uwe Johnson hatte mit den *Mutmassungen über Jakob* und dem *Dritten Buch über Achim* erst zwei, wenngleich hoch gelobte Romane veröffentlicht. Zwischen beiden entstand eine enge Beziehung, die, wie könnte es anders sein, nicht frei war von Auseinandersetzungen, gegenseitiger Fremdheit, aber dann doch immer wieder präziser Vertrautheit. Da sich der Austausch zwischen diesen Autoren nicht nur auf die beidseitig wichtigen Themen bezieht, sondern auch politische Ereignisse, die Werke von Kollegen oder das Wirken des gemeinsamen Verlegers einschließt, werden in diesem höchst aufschlußreichen Briefwechsel Zeitgeschichte und Nuancen des privaten Lebens in hintergründiger Weise gegenwärtig.

Max Frisch / Uwe Johnson
Der Briefwechsel
1964-1983

Herausgegeben von
Eberhard Fahlke

Suhrkamp

Umschlagfoto: Renate von Mangoldt

suhrkamp taschenbuch 3235
Erste Auflage 2001

Druck: Ebner Ulm
Printed in Germany
Umschlag nach Entwürfen von
Willy Fleckhaus und Rolf Staudt

1 2 3 4 5 6 – 06 05 04 03 02 01

Inhalt

Der Briefwechsel

»Meisterschaft ist ja ein altertümlicher Begriff, ich verwende ihn trotzdem auf Ihr Buch – Meisterschaft im Gegensatz zur literarischen Könnerschaft, die nur sich selbst hervorbringt.«

Max Frisch zu:
Jahrestage.
Aus dem Leben
von Gesine Cresspahl

»Diese Leistung, aus dem eigenen Leben mit Mitteln der Literatur ein Kunstwerk herzustellen, ohne der Form noch dem Inhalt Gewalt anzutun, er muss sie in der nächsten Arbeit übertreffen.«

Uwe Johnson zu:
Montauk

1964

[1]
[handschriftlich]

Frankfurt am Main
14. Oktober 1964

Verehrter Uwe Johnson,
die Begegnung mit Ihnen in Berlin, die Art, wie Sie sich verhalten haben, hat mich betroffen, beschäftigt, da ich sie nicht verstehe.[1] Sie zu einer Erklärung herauszufordern, habe ich wohl kein Recht; aber zu sagen: wie Sie mich begrüßt, wie Sie meine Begrüßung beantwortet oder nicht beantwortet haben, wie Ihr Gesicht rot wurde, als ich Sie anredete, vorallem wie Sie sich (lang darauf) verabschiedet haben, ist mir nicht begreiflich. Ich scheine etwas nicht zu wissen. Sie waren öfter mein Gast in Rom; was ist zwischen uns vorgefallen?[2] Der besoffene Abend in Frankfurt?, oder etwas Unverzeihliches? Haben Sie mir etwas zu sagen? Dann sagen Sie es. Eine Begegnung, wie diese in Berlin, noch einmal hinzunehmen, verlange ich nicht von mir.
Herzlich Ihr Frisch

1 Anfang Oktober 1964 war Max Frisch anläßlich einer Lesung in der Bücherstube Schoeller (am 4. Oktober) und zur Aufzeichnung einer Sendung für den Norddeutschen Rundfunk nach West-Berlin gekommen. – Am 1. Oktober 1964 hatte Uwe Johnson abends, so seine Eintragung im Kalendarium, Ingeborg Bachmann und Hans Magnus Enzensberger auf Einladung zum »Hasenpfeffer« bei Günter Grass getroffen.

2 Max Frisch hatte 1960 seinen Wohnsitz nach Rom verlegt. Dort lebte er bis 1965, zunächst zusammen mit Ingeborg Bachmann, die er im Juli 1958 in Paris kennengelernt hatte. Beide pendelten bis zur endgültigen Trennung um die Jahreswende 1962/63 zwischen Rom und Zürich. Ingeborg Bachmann pflegte in Zürich im einstigen Gottfried-Keller-Haus in der Kirchgasse zu arbeiten, während Max Frisch in Uetikon am See wohnte.
Uwe Johnson hielt sich seit Mitte Januar 1962 als Stipendiat der Villa Massimo neun Monate lang in Rom auf. Am 8. März war er nach einem kurzen Zwischenaufenthalt in Frankfurt am Main frisch vermählt gemeinsam mit seiner Frau Elisabeth wieder in Rom eingetroffen. Bereits für den nächsten Abend ist ein erstes Treffen mit Ingeborg Bachmann und Max Frisch in der »via de Notaris«, der Adresse von Frisch, im Kalendarium festgehalten. Wiederholt hatten sich Frisch und Johnson 1962 dann in Rom getroffen.

[2][3]

in Friedenau
22. Oktober, 1964

Lieber Herr Frisch,
es tut mir ernstlich leid, dass Sie glauben, ich hätte Sie mit Benehmen brüskieren wollen. Denn zu Ihrem Empfang kam ich tatsächlich in die Stadt, um Sie zu begrüssen, und ich musste die Veranstaltung nach kurzer Zeit wieder verlassen, weil ich ein Fernsehprogramm zu rezensieren habe.[4] Sicherlich kam Ihr Eindruck dadurch zustande, dass ich nach wie vor ungelenk bin in small talk, und anderes Gespräch war da nicht möglich. Dazu hätte ich Sie gern zu mir eingeladen, es schien mir nur angesichts Ihrer Verpflichtungen nicht möglich. Ich hoffe, es kann dazu bei besserer Gelegenheit doch kommen, und ausserdem, Sie könnten mein Bedauern über das Missverständnis akzeptieren.
Ihr sehr ergebener Uwe Johnson.

3 Einen ersten Entwurf dieses Briefes vom 20. Oktober 1964 bewahrte Uwe Johnson – durchgestrichen – in einem seiner Briefordner auf. Der Entwurf lautet:

in Friedenau
20. Oktober 1964

Lieber Herr Frisch,
für Ihren Brief vom 14. kann ich mich nicht bedanken, und Ihre Meinung ist mir nicht fasslich. Zu Ihrem Empfang kam ich in die Stadt, um Sie zu begrüssen. Ich kann nicht ändern, dass ich in small talk ungelenk bin, und Sie waren es auch, anderes Gespräch war da nicht möglich. Da ich ein Fernsehprogramm zu rezensieren habe, musste ich die Veranstaltung bald wieder verlassen; ich bin sicher, mich anständig von Ihnen verabschiedet zu haben, und es bedurfte doch einiger Höflichkeit, Ihre erstaunliche Bemerkung zum Schluss schweigend anzuhören. Sie werden sich erinnern, dass ich Sie aufbrachte. Ich bedaure, dass Sie meine Anwesenheit nicht haben anders auffassen können.
Ihr sehr ergebener Uwe Johnson.

4 In der Zeit vom 4. Juni 1964 bis zum 3. Dezember 1964 rezensierte Uwe Johnson regelmäßig das Fernsehprogramm der DDR für die Westberliner Zeitung *Der Tagesspiegel*. Diese Fernsehkritiken Uwe Johnsons sind abgedruckt in: R. Fellinger (Hg.): *Uwe Johnson. Der fünfte Kanal*, Frankfurt am Main 1987.

1966

[3]

New York City
19. August, 1966

Lieber Herr Frisch,
wir waren und sind sehr zufrieden, dass Sie mit Ihrem Besuch bei uns in Westberlin von neuem den Ton eingefuehrt haben, an den Sie uns in Rom gewoehnt haben und auf den es uns ankommt.[5] Unter so natuerlichen Formen faellt es mir sehr leicht, den finanziellen Nachdruck anzunehmen, mit dem Sie Ihren Hinweis auf Mexiko unterstuetzten, und ich bedanke mich herzlich.[6]
Mexiko ist noch nicht nur Meilen von uns, sondern ein Dreivierteljahr. Am Anfang war ich in New York festgehalten von der Vorsicht der Einwanderungsbehoerde, die eine Arbeitserlaubnis fast zwei Monate in der Luft haengen liess, wohl um mich auf deren Kostbarkeit hinzuweisen, und dann etwas ueberwaeltigt von einem Anstellungsverhaeltnis, vollstaendig mit festen office hours, Sozial-

5 Am 23. und am 25. März 1966 hatte Uwe Johnson, den Einträgen im Kalendarium zufolge, Marianne und Max Frisch letztmals vor seiner Abreise nach Princeton/USA zur Tagung der »Gruppe 47« (vom 22. bis zum 24. April 1966) und nach New York getroffen. – Frisch war nach Berlin gekommen, um am 22. März gemeinsam mit dem Schauspieler Ernst Schröder in einer »öffentlichen Aufzeichnung« Szenen aus *Zürich-Transit. Skizze eines Films* in der Akademie der Künste vorzustellen.

6 Für das Projekt »Conto Mexico« hatte Max Frisch 5000 DM an Uwe Johnson überwiesen, damit die Familie Johnson im Anschluß an den zunächst für ein Jahr geplanten USA-Aufenthalt eine Reise nach Mexiko unternehmen könnte. 1951 hatte sich Max Frisch als »Rockefeller Grant for Drama« ein Jahr lang in den Vereinigten Staaten aufgehalten und im Oktober/November auch Mexiko besucht. Sein »Reisealbum« wurde 1952 in der *Neuen Schweizer Rundschau* veröffentlicht; vgl. GW, Bd. 3, S. 196-221. Auch seine nächste Reise in die USA als Teilnehmer der International Design Conference in Aspen (Colorado) führte ihn 1956 anschließend erneut nach Mexiko (und Kuba). Gemeinsam mit Marianne Frisch reiste er im Frühjahr 1963 im Anschluß an die Broadway-Premieren von *Andorra* (broadway) und *Biedermann und die Brandstifter* (off-broadway) ein drittes Mal für einige Wochen nach Mexiko. – Die geplante Reise Uwe Johnsons wurde nicht verwirklicht. Nach einjähriger Tätigkeit als Schulbuch-Lektor im Verlagshaus Harcourt, Brace and World gelang es ihm, dank eines Stipendiums der Rockefeller-Foundation den Aufenthalt in New York um ein weiteres Jahr zu verlängern. Danach fand die Familie keine Gelegenheit mehr, nach Mexiko zu reisen.

versicherung und leicht betruebenden Aufgaben: wie ich es mir aber gewuenscht hatte. Mexiko steht uns bevor im naechsten Sommer, wenn wir quer durch das Land fahren, um es wieder zu verlassen.

An das Verlassen des Landes denken wir nicht gern. Sie hielten mich fuer einen unbelehrbaren Advokaten Westberlins; tatsaechlich geniessen wir es, von hier aus die Stadt sehen zu koennen in einem Verhaeltnis zu anderen Gebieten, wie es ihr zukommt, ohne das Getoese der ungenierten Presse, fern von den Suendenbockjagden und Brandstiftungen, auch von der Meinung, es sei ein »Kulturleben zu kaufen«. Wenn wir dahin zurueckkehren, dann wegen des kleinen Viertels,[7] in dem wir gelebt haben, und mit dem Sie es in unserer Wohnung versuchen wollen. Die Wohnung hatten wir einer Verwandten[8] anvertraut, und deren reichlich unglueckliches Verhalten gegenueber unsern Sachen hat uns gehindert, Ihnen eher Nachricht zu geben. Aber Anfang September wird die Wohnung wieder in Ordnung sein und fuer Sie frei, so dass Sie uns nur vierzehn Tage vor Ihrer Abreise schreiben sollten und dann die Schluessel bei der Hauswartfrau vorfinden werden.

Ihr sehr ergebener Uwe Johnson.

1969

[4]

[Berlin Friedenau]

2. Januar, 1969

Lieber Herr Frisch,

an dem Brief, von dem ich Ihnen eine Kopie beilege, hatten Sie einmal Interesse gezeigt.[9]

7 Gemeint ist Berlin-Friedenau; vgl. zu Friedenau S. 47, Anm. 65.

8 Die Verwandte ist Johnsons Schwägerin Jutta Schmitt, die knapp ein Jahr später bei einem Brand in dessen Atelierwohnung in der Niedstraße ums Leben kam.

9 Max Frisch hat weder diesen Brief noch die »beigelegte« Kopie aufbewahrt; im Max Frisch-Archiv sind sie nicht vorhanden.

Wir haben in der Presse gelesen von den Omnibussen, in denen Leute durch Ihr Wohnzimmer fahren, als ob da eine Eheschliessung zu besichtigen wäre.[10]
Wir kennen uns über den Sachverhalt nicht aus, halten dies aber für eine allgemeine Gelegenheit, Ihnen beiden Glück zu wünschen.
Ihr sehr ergebener Uwe Johnson.

1970

[5]

Berzona
Val Onsernone/Ticino
21. Dezember 1970

Lieber Uwe Johnson.
Von Ihrem freundlichen (wenn ich sagen darf: freundschaftlichen) Angebot, das Manuskript meines TAGEBUCHS zu lesen, mache ich gerne Gebrauch – allerdings nicht ohne Bangen. Einigermassen sicher bin ich nur mit meinen eignen Einwänden. Bisher hat noch niemand gelesen. Eine zweite Kopie schicke ich an Siegfried Unseld, was nicht heisst: an den Verlag zwecks Veröffentlichung. Ich

10 Am 28. Dezember 1968 heiratete Max Frisch Marianne Oellers in Berzona. Er hatte die 1939 geborene literarische Übersetzerin im Herbst 1962 noch als Studentin in Rom kennengelernt und lebte dort seit 1963 mit ihr zusammen; 1965 gaben sie den Wohnsitz in Rom auf und zogen in das nach gemeinsamen Vorstellungen umgebaute Haus nach Berzona. Nach ihrer Hochzeit lebten Marianne und Max Frisch, von zahlreichen Reisen unterbrochen, abwechselnd im Tessin, in New York und in Berlin. – Die Pressenotiz, auf die sich Johnson bezieht, war im Nachrichtenmagazin *Der Spiegel*, 22. Jg. 1968, Nr. 52 (vom 23. Dezember), S. 156 zu finden. Dort heißt es: »Max Rudolf Frisch, 57, Schweizer Schriftsteller und Dramatiker (*Don Juan oder die Liebe zur Geometrie*), annoncierte im amtlichen ›Tagblatt der Stadt Zürich‹ unter ›Eheverkündungen‹ seine Heirat mit Marianne Franziska Oellers, 29, freiberufliche Lektorin des Neuwieder Luchterhand-Verlags. Der seit 1959 geschiedene Vater von drei Kindern hatte die ehemalige Germanistik- und Romanistik-Studentin vor vier Jahren bei einer Party in der Künstler-Villa Massimo zu Rom kennengelernt. Frisch, der den Hochzeitstermin geheimhalten möchte, über die Publicity um seine Verlobung [sic]: ›Da glaubt man nun, man hätte ein einziges Mal eine private Stube ganz für sich allein, und schon kommen die Leute in diese Stube. Sie laufen nicht nur herein, sondern fahren mit dem Autobus hindurch.‹« Frisch hatte seine Heirat nicht annonciert, sondern er hatte den Antrag versäumt, die »Eheverkündung« nicht im städtischen Amtsblatt veröffentlichen zu lassen.

möchte die Arbeit in New York fortsetzen. Es ist aber höchste Zeit für einen Test, und auf Ihr Urteil, lieber Uwe, lege ich den höchsten Wert. Sie werden streng sein müssen, aber von Ihnen kann ich es annehmen. Auch vertraue ich auf Ihre erprobte Diskretion. Wir fahren morgen ins Tessin, kommen am 7. 1. zurück nach Zürich (8700 Küsnacht, Birkenweg 8, Tel. 90.16.14) und verschwinden am 31. 1. nach New York, wo ich an der Columbia ein kleines Seminar halten soll, bis Mitte Mai.[11] Ich freue mich auf New York, vorallem auch darauf, hier wegzukommen. Wir könnten uns also, wenn es für Sie geht, im Januar treffen, in Berlin oder in Zürich. Zum Lektorat noch dies: Sie können hemmungslos in das Exemplar hinein notieren.

Ich bin natürlich gehemmt, jetzt über Ihre JAHRESTAGE zu sprechen – gerade weil das Buch (es fehlen mir noch 90 Seiten) einen grossen Eindruck macht, es liegt wie ein erratischer Block in unsrer gegenwärtigen Literatur.[12] Es ergab sich eine Lesepause von vier Wochen (nach vier Tagen der Lektüre), ich denke viel daran. Wie an eine Erfahrung von Welt; was ich bei Literatur nur noch selten habe. Meisterschaft ist ja ein altertümlicher Begriff, ich verwende ihn trotzdem auf Ihr Buch – Meisterschaft im Gegensatz zur literarischen Könnerschaft, die nur sich selbst hervorbringt. Sie dürften zurzeit sehr glücklich sein, und wie ich in Frankfurt den Eindruck hatte, sind Sie's auch.[13]

Herzlich Ihr Max Frisch

11 Zum Thema seiner Veranstaltung an der Columbia University notierte sich Max Frisch:

»Seminar über Erzähler-Position: a) Homer / b) Evangelisten / c) Don Quixote / d) Anna Karenina / e) heute «. Vgl. den Eintrag im *Tagebuch 1966-71*, GW, Bd. 6, S. 349.

12 Im Herbst 1970 war der erste Band der *Jahrestage. Aus dem Leben von Gesine Cresspahl* erschienen.

13 In Frankfurt am Main hatten sich beide anläßlich der Buchmesse (24.-29. September) und des 46. Geburtstages von Siegfried Unseld getroffen. Uwe Johnson stellte auf einer Lesereise gerade den ersten Band der *Jahrestage. Aus dem Leben von Gesine Cresspahl* erfolgreich vor und war am 28. September unmittelbar im Anschluß an eine Lesung in Darmstadt zur Geburtstagsfeier nach Frankfurt gekommen.

1971

[6]

Berlin West 41
Stierstrasse 3
9. Januar, 1971

Lieber Herr Frisch,
beigeschlossen finden Sie 18 Seiten mit Anmerkungen zu Ihrem Tagebuch II. Ich habe vorher nicht das Tagebuch I gelesen, um unbefangen zu sein, und fing dies an mit nichts als mit beträchtlich anspruchsvollen Erwartungen. Diese Erwartungen sind erfüllt worden, und wenn Sie erlauben, ich möchte Sie zu dem neuen Buch beglückwünschen.
Während des Lesens habe ich nachgedacht über etwas, was ich nicht kenne: Ihre Empfindlichkeit. Schliesslich habe ich mich entschlossen, sie einfach für normal anzusetzen. Ausser dem habe ich immer noch eine fast reflexhafte Achtung vor Älteren, wie in einer vollbesetzten Untergrundbahn, so auch hier. Schliesslich, ich habe mich erinnert an ein unnötiges Missverständnis zwischen Ihnen und mir, also daran, dass ich nicht der Möglichkeit verlustig gehen möchte, dass Sie gelegentlich mit mir sprechen.
Meine Lage beim Lesen hat dazu nicht immer gepasst. Sie haben mit der Übergabe des Typoskripts verlangt, dass ich Ihnen meine Meinung mitteile; dabei konnte ich nicht Rücksicht nehmen darauf, dass sie Ihnen jeweils gefällt. Ohnehin stehe ich zu meinem Unglück im Rufe der Arroganz. Nun werden Sie auch Bemerkungen lesen wie

Daher scheint diese Notiz entbehrlich.
Dies Stück wünschte ich mir breiter ausgearbeitet.
Deleatur, se possibile; d. s. p.,

sogar einen neuen Anfang bekommen Sie von mir vorgeschlagen; und ich würde es verstehen, wenn Sie sagten:

Was erlaubt sich eigentlich dieser junge Hund!
Dieser Idiot hat nicht ein Wort verstanden!
Was fällt dem Affen ein, was ist das überhaupt für Latein!

aber ich konnte jeweils nur sagen, was der Text von mir verlangte, im Ton des Lektors, zu dem Sie mich gemacht haben. Meine Missverständnisse sind nicht aus meiner Absicht, sondern aus meiner

Unfähigkeit zu erklären. Ich hatte tatsächlich nicht Ihren Ärger, sondern ein Gegenteil davon im Auge.
Wenn Sie nach der Durchsicht meiner Anmerkungen noch ein Gespräch für möglich, oder nötig, halten, würde ich Sie gern in Zürich besuchen, würde ich Sie gern in Berlin begrüssen.
Mit herzlichen Grüssen,
auch an Marianne, die nun bitte nicht mehr daran glauben soll, dass ich etwas gegen sie zu zeigen hätte,
Ihr sehr ergebener Uwe Johnson.

[Anlage]

[Vgl. den Abdruck des Lektorats im 2. Teil des Buches, S. 241-404]

Lieber Herr Frisch,
ich danke Ihnen für die Erlaubnis, Ihr Buch vorher zu lesen. Bitte, glauben Sie mir, dass alle meine Bemerkungen nur den einen Zweck verfolgen, das Buch zu fördern, nie den, über das Buch seinen Verfasser zu kränken.
Ihr sehr ergebener
Uwe Johnson.

[Handschriftlich ergänzt:]
JAN 8,1970 [sic !]

[7]

Berlin West 41
Stierstrasse 3
20. Januar, 1971

Lieber Herr Frisch,
hier schicke ich Ihnen, sonderbar ruhigen Gewissens, Ihren Oktoberbrief aus dem Jahr 1964 in Fotokopie.[14]
Sie haben sich nicht eben verbeten, dass ein vorzeitiger Leser Ihres neuen Buches Ihnen Anlässe nennt, die er sich darin auch noch behandelt wünscht, und mir ist nach

14 Die Bitte um Rücksendung des ersten Briefs (vgl. S. 11 u. S. 415) ist wohl als Geste von Frisch zu deuten, nun nach den Mühen des Lektorats, einen neuen Anfang zu finden und den ersten mißlungenen Versuch zu vergessen.

Alter und Schlaf

Vergleich zwischen NZZ[15] und New York Times noch eingefallen:

der Gezeichnete und die Fürsorge seiner Kinder

die Entführung des Botschafters Bucher.[16]

Das erste, weil eine solche Ausführung irgend Vermutungen autobiografischer Art in die Irre führen würde und weil nicht jeder Gezeichnete so unabhängig ist wie der, dessen Verhalten Sie am häufigsten vorstellen. Reizvoll wäre da ja nicht nur die Perspektive auf die Fürsorge der Gemeinde oder auf die der Kinder, sondern auch die Frage, mit welchem Recht solche Kindestreue denn zu erwarten wäre.

Das zweite, weil es praktische Anschauung liefert zu den Verhören über die Gewalt und weil obendrein schweizerische Belange ins Spiel kommen. So könnten auch Streichungen, wenn Sie sie vornehmen, in der Kategorie Grün[17] wettgemacht werden.

Als ich in Küsnacht war,[18] sprachen Sie einmal versuchsweise von der Möglichkeit, dass Sie während Ihres Aufenthalts in den U.S.A. ein Flugticket in meine Richtung werfen könnten, und ich möchte Sie bitten, das nicht zu tun. Ich weiss wohl, eine solche Ausgabe trifft nicht einen Armen, aber ich weiss auch, dass ich genügend dummes Heimweh nach New York hätte, um so etwas anzunehmen. Es wäre für mein Buch nicht gut,[19] wenn zu meinem Bewusstsein der Stadt von 1967/68 Eindrücke hinzukämen, die neuerer, also insofern falscher Herkunft wären, zum Beispiel die heutige Bedeutung und der emotionale Gehalt eines Wortes wie Negro, etc. Wenn Sie aber wünschen sollten, dass ich auch die neuen Stücke Ihres Tagebuchs 1966-1971 lesen soll, will ich Ihnen gern wieder

15 Gemeint ist die *Neue Zürcher Zeitung.*

16 Der Schweizer Diplomat Hans Bucher gehörte zu einer Reihe von Botschaftern (unter ihnen auch der amerikanische Botschafter Charles Burke Elbrick sowie der deutsche Botschafter Ehrenfried von Holleben), die zwischen 1969 und 1971 von lateinamerikanischen Stadtguerilleros in Brasilien entführt und im Austausch gegen politische Häftlinge freigelassen wurden.

17 Auf grünen Seiten hatte Max Frisch Zitate notiert, die er seinem *Tagebuch* einzufügen gedachte; vgl. hierzu Seite 30, Anm. 39.

18 Am 12. Januar war Uwe Johnson von Berlin nach Zürich geflogen und hatte Marianne und Max Frisch bis zum 15. Januar 1971 besucht.

19 Uwe Johnson arbeitete zu dieser Zeit am 2. Band der *Jahrestage. Aus dem Leben von Gesine Cresspahl.*

einen ausführlichen Bericht schreiben und auch zu Unterhaltungen kommen, wenn Sie wieder in Europa sind.
Mit Dank für Ihre Gastfreundschaft,
und den schönsten Grüssen an Marianne,
Ihr Uwe Johnson.

[8]

Küsnacht
27. Januar 1971

Lieber Uwe Johnson,
inzwischen war also Siegfried Unseld hier – seine Einwände decken sich zum Teil mit den Ihren ... Ich bin froh, dass Sie sich die grosse Mühe genommen haben; Sie haben mir wirklich geholfen. Und ich habe Lust, wenn auch im Augenblick nicht die Musse, die fraglichen Texte wieder in Arbeit zu nehmen, nachdem ich bereits einmal ausgeschieden habe, was rettungslos ist. Hoffentlich lässt mir New York die Musse und gibt mir nicht allzuviel Distanz. Ihr freundliches Angebot, die Texte aus New York ebenfalls zu lektorieren, nehme ich mit Freude an; Sie sind der beste Lektor, den ich bisher gehabt habe.[20]
Eigentlich hatte ich ja im Sinn, mehr über Ihre JAHRESTAGE zu sprechen, nur wollte ich es nicht tun, bevor Sie Ihre Manuskript-Kritik ausgesprochen haben; mein Lob hätte leicht als captatio benevolentiae erscheinen können – nachher aber hatte ich leider diesen dummen Fieberkopf. Ihre Sorge, irgendetwas sei mir auf die Nerven gefallen, ist ganz und gar unbegründet; ich fühle mich nur sehr reduziert, leider, unfähig zu denken oder auch nur zu reagieren. Schade.
Sie haben also erraten, womit ich Ihnen eine Freude machen möchte, und das Flug-Ticket war auch schon ausgestellt, als Ihr Brief kam. Ihre Gründe in Ehren, lieber Uwe, aber wenn Sie den zweiten Band abgeschlossen haben, wer weiss, ob Sie nicht doch Lust verspüren auf eine Visite in New York. Das Ticket gilt ja ein Jahr. Legen Sie es in die Schublade und vergessen Sie's nicht, und wenn Sie wirklich Ihrem Heimweh nach New York nicht nachge-

20 Indes gibt es keinen schriftlichen Beleg dafür, daß Johnson die Einträge des *Tagebuchs 1966-1971* für 1971 ähnlich gründlich lektoriert hat wie die Einträge von 1966 bis 1970. Das erfolgte später nur noch mündlich; vgl. hierzu S. 33 u. S. 409.

ben, lassen Sie es umschreiben, fliegen Sie mit Elisabeth in eine andere Richtung, Lufthansa gibt jederzeit Auskunft –
Falls unsere Maschine am Sonntag entführt wird: ein Manuskript liegt in Küsnacht neben dem Fauteuil, wo Sie gesessen haben – Sie wären der Einzige, der es einigermassen in Ordnung bringen könnte.
Marianne und ich waren sehr glücklich, Sie im Hause zu haben, nur hätte ich Sie gerne auch noch durch die Gegend geführt – in die Bodega Gorgot[21] etwa... Ich hoffe sehr, dass Sie wieder einmal zu uns kommen, vielleicht nach Berzona, mit Elisabeth und Tochter. Für heute und bis dahin wünsche ich Ihnen alles Glück für Ihr grosses Unternehmen und danke und grüsse Sie und Elisabeth
herzlich Ihr Max Frisch

Und natürlich (Marianne ruft gerade herauf, weil sie meine Unzuverlässigkeit kennt) herzliche Grüsse von Marianne.

[9]

Berlin West 41
Stierstrasse 3
4. Februar, 1971

Lieber Herr Frisch,
der Verleger telefoniert, und eine Stunde später sind die Autoren in der Luft. Denn von Herrn Unseld ward mir die dramatische Mitteilung: »Frisch flog eine Stunde nach unserem Gespräch in die Vereinigten Staaten ab...« Aus der selben Quelle bekam ich Ihre Adresse, so dass Sie also nicht befürchten müssen, sie werde bereits öffentlich gehandelt.
Nun Sie mir das Ticket auf die blanke Hand gelegt haben, bringe ich es tatsächlich nicht über mich, von der Benutzung abzustehen. Ich bedanke mich.
Erlauben Sie mir die Frage, ob Ihr apartment sogleich nach Ihrer Rückkehr nach Europa wieder vom Eigentümer benutzt wird, oder ob es auf vier Wochen weiter angemietet werden kann? Dann näm-

21 Spanische Kneipe (»Beiz«) im Zürcher Niederdorf, von dem im *Tagebuch 1966-1971* wiederholt erzählt wird.

lich könnten wir die Besprechung Ihres fortgesetzten Tagebuchs vielleicht in New York abhalten.
Mit Verlaub, etwas Lokalkolorit: gestern abend haben wir Hans Werner Richter[22] von unserem Gulasch zu essen gegeben. Daran schlossen sich, wie sattsam bekannt und erwartbar, die aufreibenden Verhandlungen der berliner Mafia über die Verteilung von Volksvertretern & Sündenlohn, nämlich er log uns die Hucke voll von seiner gewieften Familie und stellte anschaulich dar, dass er es fertig brachte, kaum war seine Frau eine Stunde verreist, beim Dosenöffnen sich so tief ins eigene Fleisch zu schneiden, dass kein Geringerer als ein Chefarzt aus Afrika...
Es war tatsächlich ein Geheimnis dabei, und wirklich wäre die geringste Andeutung in der Presse gefährlich. Dergleichen habe ich von Ihnen nicht zu fürchten, und zum anderen bezieht es sich auf eine Notiz in Ihrem Tagebuch:
Bei Herrn Huchel ist ein Vertreter der D.D.R.-Regierung erschienen, um ihm schriftlich wie mündlich mitzuteilen, dass ihm und seiner Frau und seinem Sohn binnen acht Wochen die Ausreise in die Republik Italien gestattet sein wird, unter Mitnahme sämtlicher Besitztümer.[23] Singen darf man jedenfalls erst, wenn er die italienische Grenze überschritten hat; im Geheimen jedoch sollten wir alle einander schamlos beglückwünschen; das also ist gestern abend vorgefallen; natürlich ist die ganze Zeit von Geld gesprochen worden. Dies zur historischen Wahrheit.

22 Hans Werner Richter, geb. 1908 in Bansin, Usedom, gest. 1993 in München, Journalist und Schriftsteller. 1946/47 gemeinsam mit Alfred Andersch Herausgeber der Zeitschrift *Der Ruf*. Gründer und Leiter der »Gruppe 47«. Seit dem 1. Januar 1965 hatten Toni und Hans Werner Richter ihren zweiten Wohnsitz in West-Berlin, Erdener Straße 5.

23 Der Lyriker Peter Huchel, geb. 1903 in Berlin-Lichterfelde, gest. 1981 in Staufen (Breisgau), war von 1948 bis 1962 Herausgeber der Ostberliner Literaturzeitschrift *Sinn und Form*. Nach seiner erzwungenen Ablösung als Herausgeber wurde er politisch verfemt und in der DDR isoliert. Nach jahrelangen Bemühungen und mehrfach gescheiterten Ausreiseanträgen konnte Peter Huchel gemeinsam mit seiner Familie am 27. April 1971 mit einem für zehn Jahre gültigen Paß sowie mit »zehn Westmark in der Tasche« die DDR verlassen. Der »Vertreter der D.D.R.-Regierung«, der am 18. Januar 1971 die o. g. Mitteilung überbrachte, war der stellvertretende Direktor der Deutschen Akademie der Künste Ost-Berlin, Eberhard Meißner. Noch am 22. September 1970 hatte Max Frisch Peter Huchel in Wilhelmshorst bei Berlin besucht; vgl. GW, Bd. 6, S. 324.
Zur Notiz im *Tagebuch* vgl. auch S. 395.

Ein ausgezeichnetes New York wünscht Ihnen,
mit den schönsten Grüssen an Marianne,
sincerely yours,
Uwe Johnson.

[10]

New York
24. Februar 1971

Lieber Uwe Johnson,
der Grossbrand im Bahnhof zu Luzern,[24] Switzerland, hat hier niemand bewegt, nicht einmal mich – daher wird das ein kurzer Brief, ich will Ihnen nur sagen: Wir freuen uns, dass Sie im Sinn haben nach Manhattan zu kommen, nicht nur aus Eigensucht, aber auch: ich kenne Sie als den besten Städte-Zeiger, und es wäre schön, mit Ihnen umher zu schweifen auf den Spuren Ihrer Kenntnisse. Wann? Unsere Wohnung wird leider von der Inhaberin bezogen an dem Tag, da wir sie räumen, Mitte Mai, aber es müsste sich ja etwas finden lassen, nicht allzu teuer (als wäre hier nicht alles teuer, wenn man's umrechnet). Ich hoffe sehr auf Helen Wolff,[25] dass sie, wenn sie von Ihrem Entschluss hört, alle Jovanowichs in Bewegung setzt.[26] Ich habe mit Helen Wolff vor drei Wochen ein dinner verabredet, aber es hat noch nicht stattgefunden; wir warten verständ-

24 Der »Großbrand« zerstörte weite Teile des 1897 im neubarocken Baustil errichteten Bahnhofs von Luzern am 5. Februar 1971.

25 Helen Wolff, geb. 1906 in Skopje, gest. 1994 in Hanover (New Hampshire), mußte 1941 gemeinsam mit ihrem Ehemann, dem Leipziger Verleger Kurt Wolff, Deutschland verlassen und nach Amerika emigrieren. In New York gründeten sie 1942 den Pantheon Verlag, der 1961 an Random House verkauft wurde. Statt sich einen Altersruhesitz in Locarno einzurichten, folgten sie dem Angebot von William Jovanovich, dem Präsidenten der Verlagsgruppe Harcourt, Brace and World, unter dem Imprint »A Helen and Kurt Wolff Book« einen selbständigen kleineren »Verlagsorganismus« innerhalb des Konzerns einzurichten, der unmittelbar dem Präsidenten unterstellt war. Dieses Imprint erwies sich schon bald als Gütesiegel für hervorragend übersetzte europäische Literatur in den Vereinigten Staaten. Nach dem Tode ihres Mannes im Jahre 1963 führte Helen Wolff bis zum Herbst 1984 allein die Verlagsarbeit weiter. Ihre Zusammenarbeit mit Uwe Johnson begann im Mai 1965, Max Frisch wurde erst zu Beginn der siebziger Jahre Autor der Verlegerin Helen Wolff.

26 William Illya Jovanovich, geb. 1920 in Louisville, Colorado, seit 1947 bei dem Verlagshaus Harcourt, Brace and World tätig, seit 1955 einer der Direkto-

nisvoll. Ich werde also mit ihr reden, sobald sie für uns Zeit findet... Nur wollte ich Sie, lieber Uwe, nicht sooo lang warten lassen mit dem Ausdruck unsrer Freude. Hier, in unsrer Wohnung, wenn wir drin sind, könnten Sie für die ersten Nächte unterkommen, wenn nicht Jörg Steiner,[27] dem ich dasselbe sage, gerade da ist; also eine Frage von timing. – Ich arbeite täglich von 7 oder 8 Uhr bis 13 (oder länger) in spite of Mister Unseld, der in jedem Brief schreibt: Arbeitet Max denn auch? Das Seminar an der Columbia macht Mühe, wie jede Herausforderung, ich fühle mich wohler als oft, tagebuche ab und zu, wenn ich nicht an einer kurzen Erzählung schreibe, die mit New York gar nichts zu tun hat...[28]
Alles Gute meanwhile
herzlich Ihr Max Frisch

[11]

Gross Friedenau
2. März, 1971

Lieber Herr Frisch,
Ihre entschlossene Gleichgültigkeit angesichts eines Feuerchens in der Eisenbahnstation zu Luzern hat mir ganz wie gewünscht den Atem benommen. Und Sie lassen sich ausgeben für einen Verteidiger des Vaterlandes, für einen Lehrer der Jugend –! Womit ich mich auf das schönste für Ihren Brief vom 24. Februar bedankt haben möchte.

ren, dann Präsident der Verlagsgruppe, die den Namen »Harcourt Brace Jovanovich Publishers« trug. Nach mehr als 35jähriger Tätigkeit als Leiter der Verlagsgruppe zog sich Jovanovich im Mai 1990 aus dem Verlagsgeschäft zurück.

27 Jörg Steiner, geb. 1930 in Biel, nach Besuch des Lehrerseminars zunächst Tätigkeit als Lehrer für Schwererziehbare, dann Volksschullehrer; 1955-60 Verlagsleiter in Biel, 1970-72 künstl. Berater am Stadttheater Basel. Seine 1973 veröffentlichte Erzählung *Schnee bis in die Niederungen*, die in einer Reihe von Endzeitchiffren und -visionen vom Ende der Literatur spricht, hat Jörg Steiner Marianne und Max Frisch zugeeignet. Den Protagonisten dieser Erzählung, Reubell, verschlägt es kurzzeitig nach New York.

28 Möglicherweise arbeitete Max Frisch in New York noch an *Wilhelm Tell für die Schule*. Der Text war im Sommer 1970 für das *Tagebuch 1966-1971* geschrieben worden. Nicht zuletzt auf Empfehlung von Uwe Johnson hat Max Frisch den *Wilhelm Tell* aus dem *Tagebuch* herausgelöst, weil der Text wegen seines Umfangs diesen Rahmen sprengte.

Schlag auf Schlag wurden mir die Gründe mitgeteilt, die mich fernhalten werden von Ihrem New York im zehrenden Mai: Peter Palitzsch wünscht mich am 10. Mai in Bamberg, um dort aus mir eine Figur von Tankred Dorst[29] herzustellen; die Übersetzerin meines neuen Buches will drei Tage später in Hamburg mir ins Gewissen reden statt in Vancouver;[30] der zweite Band ist ein wenig auf Grund gelaufen, was der Vergnügungssucht also endgültig steuert.
Es ist schade, und hat sein Gutes für Jörg Steiner, dem Sie nun gar keine eventuellen Einschränkungen machen müssen. Was jedoch Ihr fortgesetztes Tagebuch angeht, so bin ich bereit, an jedem von Ihnen vorgeschlagenen Punkte Europas Ihnen Anmerkungen vorzutragen.
Denn ich nehme ja ganz sicher an, dass es bei Ihrer Rückkehr fertig sein wird, anders als unser grossmächtiger Verleger, der das Arbeiten gepachtet hat und deswegen immer die anderen fragen muss, ob sie es denn auch täten. Neulich war ich in Frankfurt, immer ratloser, weil die fällige Erkundigung ausfiel; ganz friedfertig fuhr er mich zum Flugplatz, gelbe Socken, gelber Rollkragenpullover, darüber liess er mit sich reden. Ich hatte die Tür schon in der Hand, und wollte ungequält in die Luft entschwinden, da sagte er: Du, arbeitest du...?

29 Peter Palitzsch, geb. 1918 in Deutschmannsdorf (Schlesien), kam erst nach dem Krieg zum Theater. Beginn seiner Laufbahn an der Volksbühne Dresden, ab 1950 Mitarbeiter Bertolt Brechts am Berliner Ensemble. Seit 1957 inszenierte Palitzsch in der Bundesrepublik, in der er seit 1961 lebt. Palitzsch führte Regie bei der Verfilmung von Tankred Dorsts Szenarium *Sand*. In dem Fernsehfilm verkörperte Uwe Johnson in einer Nebenrolle einen protestantischen Geistlichen. – Der Dramatiker und Erzähler Tankred Dorst, geb. 1925 bei Sonneberg/Thüringen, gehörte seit dem gemeinsamen Aufenthalt in Rom, Villa Massimo, im Jahr 1962 zum Freundeskreis der Familie Johnson.

30 Die in England aufgewachsene Leila Vennewitz, die nach ihrem Studium der deutschen Sprache an der Sorbonne zwölf Jahre lang in China verbracht hatte, lebte als literarische Übersetzerin in Vancouver, Kanada. Helen Wolff und Uwe Johnson hatten sie gemeinsam ausgewählt, *Jahrestage. Aus dem Leben von Gesine Cresspahl* ins Englische zu übersetzen. Dieser Aufgabe hat sie sich mit ungeheurer Akribie und in enger Zusammenarbeit mit dem Autor vom Sommer 1970 bis zum Oktober 1975 unterzogen. Sie übersetzte die *Jahrestage* bis zum 19. Juni 1968 (Ende des 3. Bandes der dt. Ausgabe). Aus gesundheitlichen Gründen sah sie sich knapp zehn Jahre später als Siebzigjährige nicht mehr in der Lage, die zeitraubende Übersetzungsarbeit an den *Jahrestagen* wieder aufzunehmen und zu vollenden.

Und natürlich hat er es schwerer als gewöhnliche Leute. Er ist seit mehr als zwei Monaten bei der Vorbereitung einer neuen Reihe namens Suhrkamp-Taschenbuch und antwortet auf Bedenken tapfer mit: Ich muss dich davon überzeugen –, als gäbe es eine negative Konklusion gar nicht. Vielleicht ist dies eine Art Höflichkeit, *unumstössliche* Entschlüsse noch zu diskutieren als wären sie revidierbar. Übrigens spielt er schon mit der Ausstattung.[31]
Es freut mich, dass auch Sie Ihre Arbeit mit den Studenten an der Columbia nicht als vertane Zeit ansehen; von Joseph Bauke haben wir das Entsprechende erfahren aus einem Zitat im SPIEGEL,[32] das Ihnen in einem Vergleich zum Verhalten von Günter Graß das Allerfreundlichste nachsagt, wie erwartet.
Mit den schönsten Grüssen an Marianne,
sincerely yours,
Uwe Johnson.

[12]

New York
2. Mai 1971

Lieber Uwe Johnson!
Ihr freundliches Angebot, das Lektorat zu gegebener Zeit fortzusetzen, habe ich nicht vergessen. Ich hoffe sehr darauf. Inzwischen

31 Im zweiten Halbjahr 1971 wurde im Programm des Suhrkamp Verlags der Start einer neuen Reihe verkündet: »suhrkamp taschenbücher«. Unter den ersten zehn Bänden erschienen eine dreisprachige Ausgabe von Samuel Becketts *Warten auf Godot* als erster sowie Max Frischs *Wilhelm Tell für die Schule* als zweiter Band, eine Erstausgabe im Taschenbuch, von der im 1. Halbjahr bereits 100 000 Exemplare verkauft wurden.
32 Die von Uwe Johnson im »Register« des *Spiegel* unter »Berufliches« aufgespürte Notiz lautet: »Max Frisch, 59, Schweizer Schriftsteller (›Stiller‹), lehrt seit vergangenem Donnerstag als Gast-Dozent an der Columbia University (US-Bundesstaat New York) ›Zeitgenössische Literatur‹. Mit einem ausgewählten Kreis höherer Semester will der Eidgenosse bis zum 30. Mai ›Nacherzählen‹ in deutscher Sprache üben und dabei den Unterschied ›zwischen Ausdruck und Stil‹ verdeutlichen. Im Gegensatz zu seinem Dichter-Kollegen Günter Graß, der im März 1970 an der Universität einen Vortrag gehalten hatte, ›ist Frisch‹ – so der Chef der Germanistik-Abteilung, Joseph Bauke – ›wirklich an Menschen interessiert‹. Bauke: ›Graß war zwar freundlich, aber in einer mechanischen Weise‹«. Vgl. *Der Spiegel*, 25. Jg. 1971, Nr. 7 (vom 8. Februar), S. 158.

habe ich mich allerdings entschlossen, die Veröffentlichung zu verschieben – die Distanz wirkt sich aus: das Manuskript kommt mir jetzt noch fragwürdiger vor, etliches ist schon ausgeschieden; das Neue, was hier dazukommt, ist noch unvergoren. Ich werde den Sommer im Tessin verbringen. Darf ich es Ihnen dann nochmals vorlegen? Ich wäre Ihnen sehr dankbar.
Wie steht's mit Ihrem zweiten Band?
Hier tauchten auf: Jörg Steiner, Jürg Federspiel,[33] Christoph Mekkel, Peter Handke. Wir werden uns wohl nicht mehr in New York sehen; wir verlassen es am 2. Juni per Schiff – es war sehr aufregend. Die Melancholie hält dieser Schrecklichkeit nicht stand; das ist es wohl, warum ich mich hier wohler fühle, geradezu munter. Wir sind noch immer nicht überfallen worden...
Gestern waren wir wieder einmal im Gesine-Viertel, neulich auch dort draussen, wo sie von Villen-Viertel spricht;[34] auch die TIMES widerlegt Sie mit keiner Zeile.
Grüssen Sie Elisabeth herzlich und seien Sie selber mit vielen guten Wünschen gegrüsst von Marianne und mir
Ihrem Max Frisch

33 Zu Jörg Steiner vgl. S. 24, Anm. 27. – Jürg Federspiel, geb. 1931 bei Zürich. Nach Tätigkeiten als Journalist, Reporter und Filmkritiker in Basel arbeitet er heute als freier Schriftsteller in Zürich. Sein auch für Uwe Johnsons Arbeit an den *Jahrestagen* wichtiger Reisebericht über New York erschien 1969 unter dem Titel *Museum des Hasses. Tage in Manhattan.* – Peter Handke, geb. 1942 in Griffen/ Kärnten. Nach einem Studium der Jurisprudenz von 1961 bis 1965 in Graz wurde er einer der erfolgreichsten deutschsprachigen Gegenwartsautoren. 1965 zog er nach Düsseldorf, 1968 nach West-Berlin, von 1973 bis 1978 lebte Handke in Paris, ab 1979 in Salzburg, heute wieder in der Nähe von Paris. Im Sommer und Herbst 1971 schrieb er an der Erzählung *Der kurze Brief zum langen Abschied*, in der er den Ich-Erzähler im gleichen Jahr von Providence und New York aus die Vereinigten Staaten durchqueren läßt. – Christoph Meckel, geb. 1935 in Berlin, studierte Malerei und Graphik in Freiburg und München. »Schreiben und Zeichnen sind zwei Hauptberufe«; seit 1956 arbeitet er freiberuflich als Graphiker und Schriftsteller in München, West-Berlin, Korsika, Rom und Oetlingen bei Basel, seit 1965 in Italien und Südfrankreich. Lange Reisen quer durch Europa, USA, Afrika, Mexiko, Brasilien, Israel, Sowjetunion.
34 Das »Gesine-Viertel« liegt an der Upper West Side, in jener Gegend, in der die 96. Straße den Broadway kreuzt. »Draussen« meint die Villen-Viertel im New Yorker Stadtteil Queens. Vgl. *Jahrestage. Aus dem Leben von Gesine Cresspahl*, Frankfurt am Main, 1970-1983, Bd. 1, S. 20.

[13]

Friedenau in Berlin
13. Mai, 1971

Lieber Herr Frisch,
was an den Anfang gehört, kommt am Schluss.
Gestern ist Helene Weigel begraben worden.[35] Herr Unseld, der an der Trauerfeier vormittags im Berliner Ensemble und an der Zeremonie nachmittags auf dem Friedhof teilgenommen hat, kam zurück mit dem Eindruck, es sei in einer erstaunlichen Weise ohne Peinlichkeiten abgegangen. Was den Suhrkamp Verlag angeht, so sei dessen Vertreter durchaus respektiert worden; es ist also doch wohl kein Gesetz zu befürchten, das Brechts Erbe verstaatlicht. Der Respekt drückte sich zum Beispiel so aus, dass nach den Angehörigen, den Vertretern von Partei und Staat als zweiter Gruppe, neben Elisabeth Hauptmann[36] eben Herr Unseld auf den Begräbnisplatz trat.
Herr Unseld blieb sich aber treu und sprach von dem Kranz des Suhrkamp Verlages. Erst hatte er eines der drei Westberliner Taxis, die in die Hauptstadt der D.D.R. gelassen werden, für den Transport des Kranzes chartern wollen, damit er mit freien Händen durch die Stadtbahn und die Kontrolle schreiten konnte; dann aber stellte sich heraus, dass seine Frau jemand kennt, der eine Verbindung zum besten Blumenhause Frankfurts hat, von wo wiederum eine Verbindung zum besten Blumenhause Westberlins besteht, so dass das mächtige Gebinde in Westberlin »mit teilweise eingeflogenen« Blumen montiert wurde und auf eine noch elegantere Weise nach Ostberlin gelangte; &c. Die Schleife sei blau gewesen, nach reiflichem Überlegen; dieser Umstand habe das Aufsehen um den

35 Helene Weigel, geb. 1900 in Wien, gest. am 6. Mai 1971 in Berlin. Seit 1928 war sie mit Bertolt Brecht verheiratet, mit dem sie von 1933 bis 1948 in die Emigration gegangen war. Nach ihrer Rückkehr gründete sie gemeinsam mit Brecht das »Berliner Ensemble«, das sie bis zu ihrem Tod leitete.

36 Elisabeth Hauptmann, geb. 1897 in Peckelsheim/Westfalen, gest. 1973 in Berlin, arbeitete zunächst als Lehrerin, dann als Übersetzerin und Schriftstellerin. 1924 Bekanntschaft mit Bertolt Brecht und wichtige Mitarbeiterin bis 1933. Exil in den USA (St. Louis). Anfang 1948 Heirat mit Paul Dessau. Ende 1948 Rückkehr nach Europa und wieder verstärkte Zusammenarbeit mit Brecht, der sie beauftragte, alle seine Buchausgaben zu betreuen. Nach Brechts Tod 1956 setzte sie die von ihm begonnene Werk-Edition fort.

Kranz im Osten noch vergrößert &c. Er war sehr zufrieden mit sich, Suhrkamps doing things in style; er wird es Ihnen alles im Detail erzählen, und nun haben Sie etwas zum Vergleichen. Was aber denn nun das »beste Blumenhaus in Westberlin« für einen Namen führt; gestern abend wusste er es nicht.
Ich bedanke mich für Ihren Brief vom 2. Mai. Was Sie von Veränderungen im Tagebuch andeuten, macht mich nicht nur neugierig, und ich würde die neue Fassung sehr gern lesen und mit Ihnen besprechen. Um den 20. August werde ich auf dem Wege von Italien nach München sein,[37] da könnte ich in Bellinzona aussteigen, wenn Sie dann noch im Tessin sind, oder in Zürich, wie immer Sie mir sagen.
Was meinen zweiten Band angeht, so wächst er langsamer, als ich wünschte. Er wird wohl doch erst zum Juli fertig werden. Das liegt unter anderem an der Frechheit, über das Jahr 1937 zu schreiben, als sei man damals nicht drei Jahre alt gewesen, sondern habe es mit den Augen eines Zwanzigjährigen beobachtet.
Jene Erzählung ohne Zusammenhang mit New York, wird sie sich zu einer selbständigen Veröffentlichung auswachsen?
Dass Sie an New York auch und wiederum etwas zum Leben gefunden haben, es macht fast sicher, dass die Fortsetzung Ihres Tagebuches mir obendrein private Wünsche erfüllen wird. Ich habe in der Stadt so gern gelebt, dass mir nach 1966 jede Ankunft dort vorkam wie eine Heimkehr, und auch eine bloss angenommene Heimat wünschte ich mir beschützt gegen das modische Geheule von der sterbenden Stadt. Ihre Diagnose wird mir einleuchten; wenn vielleicht auch nicht die Prognose.
Bitte grüssen Sie Marianne und sagen ihr, sie habe nur noch bis zum Oktober zu warten, um einen von Tankred erfundenen evangelischen Geistlichen im Fernsehen zu betrachten.
Nun kommt was an den Anfang gehörte.
Es hat damit zu tun, dass ich nicht mich dazu bewegen kann, mit dem Ehepaar Honegger-Lavater Ihren Geburtstag für den 19. Juni

37 Uwe Johnson war am 27. Juli 1971 von Frankfurt am Main nach Mailand geflogen, verbrachte einige Urlaubstage mit der Familie in Italien und auf Elba. Am 5. August 1971 kehrte er von Mailand wieder nach Berlin-Tegel zurück. Offenbar war die Reise ursprünglich anders geplant worden.

anzunehmen, und ziehe es in pedantischer Weise vor, ihn auf den kommenden Sonnabend zu legen.[38]

Sir:
MAY I WISH YOU A BIRTHDAY WRITTEN ON YELLOW & WHITE PAPER.[39] AND MANY HAPPY RETURNS OF THE DAY!
Sincerely yours,
Uwe Johnson.

38 Der »kommende Sonnabend« war der 15. Mai 1971, der Tag, an dem Max Frisch sechzig Jahre alt wurde.
Gottfried Honegger, geb. 1917 in Zürich. Der Maler und Grafiker war eng mit Max Frisch befreundet. Er ist ein Vertreter der Konkreten Kunst, dessen abstrakte Arbeiten im wesentlichen auf den Formen von Kreis und Quadrat sowie dem Experimentieren mit der Farbe beruhen. Honegger, der sich auch mit Objekten und Architekturentwürfen befaßt, stand »Modell« für die Eintragungen zum »Kabusch«-Stoff im *Tagebuch*, die von Hartmut von Hentig als »literarische Standphotos« charakterisiert wurden. Im Atelier des Freundes in Gockhausen bei Zürich hat Frisch wiederholt gearbeitet; bspw. schrieb er dort im Sommer 1974 einzelne Passagen der Erzählung *Montauk*. Dem Maler, der noch über ein weiteres Atelier in Paris verfügte, wurden auch die drei szenischen Bilder *Triptychon* »in Freundschaft« gewidmet; einzelne Entwürfe dieser Bilder entstanden in dessen Atelier. Vgl. S. 156/157, ferner auch das 1972 von Max Frisch entworfene Porträt des Freundes *G. H. Zur Person*, in: GW, Bd. 6, S. 507-508.
Gottfried Honegger und dessen Ehefrau Warja Honegger-Lavater hatten zur Feier des runden Geburtstags am 19. Juni 1971 nach Zürich eingeladen. An diesem Sonnabend sollten die Gäste zum Apéritif zur Badeanstalt Letzigraben fahren; ein Foto von Brecht und Frisch – auf der Baustelle Letzigraben des »Architekten Frisch« aus dem Frühjahr 1949 – war der Einladung beigefügt. Anschließend wollte man gemeinsam zum »Centre le Corbusier« fahren; dort, »im schönsten Haus Zürichs«,war der Geburtstagsgesellschaft bis zum nächsten Morgen »Gastrecht« gewährt worden.
39 Mit dem Geburtstagsgruß spielt Uwe Johnson auf die vier Farben der Typoskriptseiten des *Tagebuchs* an, das er vor knapp einem halben Jahr lektoriert hatte. Auf gelben Seiten hatte Max Frisch Notizen mit biographischen Anlässen festgehalten, auf weißen Seiten waren zumeist einzelne Episoden oder Dialoge notiert, die als Skizzen oder Stoffsammlung späteren Ausarbeitungen dienen konnten. Die grünen Seiten waren Zitaten vorbehalten, die Max Frisch ins *Tagebuch* zu integrieren gedachte, während die roten Seiten Eintragungen zum *Handbuch für Mitglieder der Vereinigung Freitod* vorbehalten blieben. Vgl. hierzu die Rekonstruktion des Lektorats im 2. Teil des Buches.

[14]

New York
17. Mai 1971

Lieber Uwe Johnson.

Ihr Brief macht mir Freude. Die Sache mit dem Kranz für Helene Weigel muss also stimmen: ich hörte hier (dreissig Minuten nach Ankunft von Siegfried Unseld in Manhattan) die gleiche Version, nur ausführlicher, dies auf dem Schiff der Circle Line;[40] nachher verhinderte der Lautsprecher ein weiteres Gespräch. Um nicht ungerecht zu sein, muss ich beifügen, dass die Frage, wie es mir gehe, beim Mittagessen gestellt worden ist; ich sagte: Gut! damit wir im Restaurant, wo es endlich ruhig war, zur Sache kommen konnten: zum Verlag. Am Abend hatten wir eine Party mit amerikanischen Freunden, darunter natürlich auch Leute aus der Literatur, sodass Siegfried Unseld sich weiterhin zur Sache äussern konnte; einer jüngeren Dame, [...],[41] die sowjetische Lyriker übersetzt und bei Helen Wolff (die liebenswert neben mir sass) ein Buch über Soltschenyzin herausbringt, machte er den Antrag: 48 Stunden mit ihm nach Florida. Sie ist sehr klug, auch schön, [...],[42] aber ohne Sinn für unseren Verleger. So war ich phasenweise etwas melancholisch. Die Gastgeberin, die den Antrag mithörte, versuchte es mit Ironie: Nur 48 Stunden? worauf sie informiert wurde: You can't imagine what time is for a man like me.

Meine leichte Sorge, es könnte zu einer Tischrede kommen, war ungerechtfertigt, man war fröhlich und speiste wohl. Als Siegfried Unseld an das Glas schlug mit Silber, machte er's kurz und lustig, er wolle keine Rede halten, er begnüge sich mit einem einzigen Wort: »Möge –!« Die New Yorker verstanden den Witz nicht, ich hingegen wohl, da er mich schon am Vormittag damit begrüsst hatte: »Möge –!«

Heute ist Montag und ich versuche zu arbeiten. Ihr freundliches Angebot mit dem 20. August passt wunderbar; ich freue mich dar-

40 »Circle Line« ist der Name einer Schiffahrtslinie für Ausflugsboote, die in New York von einer Ablegestelle an der 43. Straße West mit jährlich etwa 600 000 Touristen die Insel Manhattan umkreisen.

41 Hier wurde eine Apposition zur Wahrung von Persönlichkeitsrechten Dritter ausgespart.

42 An dieser Stelle wurde ein Nebensatz zur Wahrung von Persönlichkeitsrechten Dritter ausgespart.

auf, Sie in Bellinzona zu holen und mit Familie in unserm Haus zu haben. Ich nehme dieses Datum als Stichtag für meine TAGEBUCH-Arbeit.
Dass Sie die Honegger-Einladung[43] verschreckt hat, verstehe ich; sie hat mich in den Sessel geworfen. Man sollte nicht 60 werden –
Jetzt, lieber Uwe, wünsche ich Ihnen vorallem eine gute Hand für Ihren zweiten Band
herzlich Ihr Max Frisch

[15]

Berzona
Val Onsermone/Ticino
10. Juli 1971

Lieber Uwe Johnson,
vielen Dank für die Nachricht. Ich freue mich also, dass Sie am 21. August hieher kommen können. Geben Sie mir eine Nachricht, wann ich Sie an der Bahnstation Locarno abholen kann. Hier haben wir Platz, auch für Elisabeth und Tochter. Jetzt hoffe ich nur, dass ich bis dahin die neuen Texte und die zahlreichen Veränderungen bereit habe.[44] Wir wünschen Ihnen einen guten Sommer, wo auch immer.
Sehr herzlich
Ihr Max Frisch

[handschriftlich]
Und vor allem:
mein herzlicher Glückwunsch zum Büchner-Preis![45]

43 Der Einladung war nicht nur ein »Formblatt« beigefügt, auf dem man in vorgegebenen Kategorien den eigenen Beitrag zum Fest ankreuzen sollte, sondern auch eine »Fortran-Lochkarte« zur Options-Wahl eigener Darbietungen oder Beiträge. Gottfried Honegger gehört zu jenen Künstlern, die frühzeitig schon Konstruktionen und Farbkonstellationen mit Hilfe des Computers probeweise errechnen ließen.
44 Gemeint sind die überarbeiteten und umgestellten Texte des *Tagebuchs*, die Uwe Johnson noch Anfang Januar 1971 lektoriert hat.
45 Die Nachricht, daß Uwe Johnson 1971 den Georg-Büchner-Preis erhalten sollte, war eine Woche zuvor, am 2. Juli 1971 in der *Frankfurter Allgemeinen Zeitung* und am 3. Juli in der *Frankfurter Rundschau* sowie in der *Süddeutschen Zeitung*, verbreitet worden.

[16]

Berlin West 41
Stierstrasse 3
10. August, 1971

Lieber Herr Frisch,
ich bedanke mich für die Geduld, mit der Sie noch eine Bitte um Verschiebung des Termins hingenommen haben, und verspreche, mich solcher Sachen hinkünftig zu enthalten.
Schuld war auch gar nicht ich, sondern banale Umstände, die das Erzählen nicht verlohnen. Inzwischen finden wir längst, dass berliner Ferien im stillen August zu machen sind.
Entgegen Ihren Vorschriften habe ich eine Ankunft gegen siebzehn Uhr am 26. August doch nicht hinkriegen können. Es ist wieder so eine Geschichte, in der erst noch ein Koffer in Hannover abgegeben werden muss, und deswegen wird Ihre Bundesbahn mich erst um 18:41 Uhr in Bellinzona abgeben. Aber am 26. August, immerhin.[46]
Bis dahin sitze ich über den Korrekturen eines II. Bandes und denke gelegentlich abergläubisch an die glückliche Hand, die Sie mir dafür gewünscht haben. Unser Verleger zwar hat die 712 Seiten Typoskript mannhaft entgegengenommen.
Überhaupt hat er sich tapfer gezeigt. Ich habe jene Mrs. Cresspahl nicht davon abbringen können, Einfälle zu bekommen anlässlich des Offenen Briefes (On Leaving America), den Hans Magnus Enzensberger im Januar 1968 an die Linke der U.S.A. gerichtet hat,[47] sie über ihre eigene Lage und das eigene Land aufzuklären, und unser Verleger meint nun diesen Autor verlieren zu müssen, und zeigte nicht Wirkung, wie sonst die Boxer sagen.
Da wurde ich sehr bedenklich und gab augenblicklich nach, als er von mir ein episches Register der Personen in Band I und II ge-

46 Nach der erbetenen Terminverschiebung besuchte er Frisch vom 26. bis 29. August 1971 in Berzona, um die Veränderungen am Typoskript des *Tagebuchs 1966-1971* zu erörtern. Am nächsten Tag reiste Johnson dann nach Stuttgart, um von dort aus – so seine Eintragung im Kalendarium – nach Hannover zu fliegen. Dort sollte er am 30. August im Sendehaus des Norddeutschen Rundfunks ein Gespräch *Über den bürgerlichen Roman* mit Walter Kempowski führen.

47 Vgl. *Jahrestage. Aus dem Leben von Gesine Cresspahl*, Bd. 2, Frankfurt am Main 1971, S. 794.

schrieben haben wollte.[48] Denn er wusste oft nicht, wer da nun wieder auftrat als Tierarzt, und wollte sich an dessen Einführung vor bloss zweihundert Seiten nicht erinnern. Ich fürchte, es wird ein Register ganz für ihn allein.
Bei der Aussicht, Sie und Marianne wieder zu sehen, melde ich gehorsamst das Auftreten einiger Vorfreude.
Mit herzlichen Grüssen,
Ihr Uwe Johnson.

[17]

Küsnacht
5. November 1971

Lieber Uwe Johnson,
eben habe ich Ihre Büchner-Rede gelesen,[49] und sie hat mir sehr gefallen. Das ist es eigentlich, was ich Ihnen sagen will ... Marianne ist drüben und wohlauf, so höre ich. Wir werden im Haus von Christiane Zimmer sitzen, Commerce Street 15, New York 10011,[50] voraussichtlich bis 15. 2. 72. Das TAGEBUCH ist jetzt weggeschickt und hängt mir zum Halse heraus, genauer gesagt, ich weiss nicht, was das Ganze soll. Ich fliege am 21. 11., um eine Arbeit zu finden.
Ihnen und Elisabeth alles Liebe
Ihr Max Frisch

JAHRESTAGE II habe ich noch nicht.

48 Als »episches Register« bezeichnet Uwe Johnson hier den im Anhang zum 2. Band der *Jahrestage. Aus dem Leben von Gesine Cresspahl*, S. I-XVIII abgedruckten Abschnitt *Mit den Augen Cresspahls*.

49 Die Rede Johnsons zur Verleihung des Georg-Büchner-Preises wurde am 30. Oktober 1971 unter der Überschrift *Nachforschungen in New York. Rede bei der Entgegennahme des Georg-Büchner-Preises* in der *Süddeutschen Zeitung* veröffentlicht.

50 Christiane Zimmer, geb. 1902 in Rodaun bei Wien, gest. 1987 in New York, Tochter Hugo von Hofmannsthals, seit 1928 verheiratet mit dem Indologen Heinrich Zimmer. Ihr 1952 bezogenes Haus in der Commerce Street in Greenwich Village war in den sechziger, siebziger und achtziger Jahren ein beliebter Aufenthaltsort und Treffpunkt zahlreicher deutscher und amerikanischer Schriftsteller, Künstler und Intellektueller.

[18]

Soest
12. November, 1971

Lieber Herr Frisch,
bitte, verzeihen Sie mir solche Sorte Papier und der Schreibmaschine die Fehler, die sie aus freien Stücken machen wird; es sind Umstände einer Vorlese-Reise,[51] und gleich muss ich hinaus auf ein Podium und sagen: Meine Damen und Herren, man sollte nicht aus Büchern vorlesen...
Über Ihren Brief habe ich mich sehr gefreut, einmal weil Sie die Rede zum Büchner-Preis erträglich fanden, und zum anderen, weil Sie sich die Mühe machten, mir das zu sagen. Übrigens kommen Sie darin vor, an der Stelle, die jenen dankt, die mit »Stipendien« geholfen haben für die Rede-Reise; denn ich habe den Flugschein von Ihnen eben doch immer eher als eine Freundlichkeit verstanden.[52]
Ein Bürgermeister von Duisburg war so überzeugt von der Erwähnung der Tabakmischung Early Morning in der »Biografie«, dass er seit der ersten Aufführung gelernt hat, Pfeife zu rauchen, Early Morning allewege, und als er mit mir zum Bier ging, klagte er herzlich, dass er gerade nun zwar die Pfeife, nicht jedoch den Tabak bei sich trage, und unbehaglich lieh er sich von meinem, Early Morning, und glücklich erkannte er ihn, den von Max Frisch gelernten Tabak.
Dass Ihnen »Tagebuch 1966 bis 1971« jetzt nichts sagt, ist nur recht; umso erstaunter werden Sie sein über das Buch.

[handschriftlich:]
Mit herzlichen Grüssen, auch an Marianne,
Ihr Uwe Johnson.

51 Vom 26. Oktober bis zum 5. Dezember 1971 war Uwe Johnson mit kurzzeitiger Unterbrechung auf einer seiner Vorlesereisen unterwegs. Sie begann in Frankfurt am Main und endete mit einer gemeinsam mit Walter Kempowski veranstalteten Lesung in Berlin-Zehlendorf.

52 »Der Verfasser dankt den Anwesenden dieser Gelegenheit für ihre Geduld. Er dankt jenen, die ihm behilflich waren über die Mittel des Büchner-Preises hinaus; für Gastfreundschaft, für Stipendien.« Vgl. Uwe Johnson, *Rede anläßlich der Entgegennahme des Georg-Büchner-Preises*, hier zitiert nach Michael Bengel (Hg.), *Johnsons Jahrestage,* Frankfurt am Main 1985, S. 72. Anfang September

1972

[19]
[handschriftlich]

New York
Fifth Ave. Hotel
16. März 1972

Lieber Uwe.
Die PARTISAN-REVIEW hat mich genötigt, eine Ausgabe neuer deutschsprachiger Literatur zu machen (BRD, DDR, Oesterreich, Schweiz.) Ich eigne mich nicht dafür, komme aber nicht mehr aus der Sache heraus. Zur Verfügung stehen 200 Seiten.[53]
10 Seiten Uwe Johnson: welche würden Sie sich wünschen? Es kann sich nur darum handeln, stilistische Tendenzen anzudeuten. Die Texte in Übersetzung. Das ist das weitere Problem. Wollen Sie mir helfen?
Wir bleiben hier noch bis Ende April; die Sache aber hätte Eile.
Herzlich Ihr Max Frisch

[20]

Berlin West 41
Stierstrasse 3
23. März, 1972

Lieber Herr Frisch,
Gruss zuvor, und Glückwunsch desgleichen. Bitte, wollen Sie einiges davon an Marianne weiterreichen.
Genau 10 Seiten für Ihre Partisan Review-Anthologie habe ich nicht finden können. Das Anliegende mag insgesamt fünf Druckseiten ergeben. Am Ende ist dies eher ein Vorteil, weil Sie sich so in

1971 war Uwe Johnson mit dem Ticket von Max Frisch für sechs Wochen nach New York geflogen. Dort wollte er die Rede zur Preisverleihung am 23. Oktober 1971 in Darmstadt vorbereiten, zugleich aber auch noch Einzelheiten überprüfen und recherchieren, um den 3. Band der *Jahrestage* weiter voranzubringen. Beide Aufträge blockierten sich jedoch gegenseitig, wie Uwe Johnson in seiner Rede erläuterte.

53 Das Projekt wurde dann offenbar doch nicht verwirklicht; jedenfalls konnte kein Belegexemplar ausfindig gemacht werden.

Ihren abgesteckten 200 Seiten bequemer bewegen könnten. Überdies ist es bereits in Englisch.[54]
Wenn Sie es gebrauchen können, hätte ich lediglich den Wunsch, dass die Angabe des Datums unter dem Titel Bestandteil des Titels bliebe, da sie die Zeit der Erzählung bezeichnet, (nicht das Datum von Anfertigung und Veröffentlichung, 1964, was wohl unwichtig ist). Mit einer Amerikanisierung der Orthographie bin ich selbstverständlich einverstanden. Da Sie der Herausgeber sind, würde ich mit Vergnügen hinnehmen, wenn Sie die Sache durch Herstellung von Absätzen anders aufzugliedern wünschten.
Wenn Sie dies nicht gebrauchen können, würde ich bitten, Helen Wolff um einen Vorschlag anzugehen. Bei ihr liegt der erste Band von »Jahrestage« in ausgewählter Übersetzung, und sicherlich wird sie Kapitel finden, die man, in einer Anthologie zumindest, allein hinstellen dürfte. Auf eine solche Anfrage werde ich sie schriftlich vorbereiten, das müssen Sie noch gar nicht telefonieren.
Den Tod Giangiacomo Feltrinellis wird die New York Times Ihnen ins Haus getragen haben, aber wohl nicht viel mehr, und obwohl ich bei Ihnen ein genaueres Interesse nur ungefähr annehmen kann, führe ich einige Meldungen seit dem Wochenende an: Die K.P.I. spricht von einer Verschwörung.[55] Linksradikale in Mailand und Rom behaupten, F. sei in bereits totem oder betäubtem Zustand an den Ort der Explosion gebracht worden. Zeitungen der Rechten er-

54 Als Typoskript beigefügt war *An Absence (June 1960)*, die englische Übersetzung eines Teilstücks der Erzählung *Eine Reise wegwohin, 1960* aus: Uwe Johnson, *Karsch, und andere Prosa*, Frankfurt am Main 1964, S. 52ff. [Von S. 52 unten »Karsch zählte seine Hemden...« bis S. 57 unten: »Auf Wiedersehen: sagte Karsch schluckend«.]

55 Giangiacomo Feltrinelli, 1926 in Mailand geboren, italien. Verleger, der 1954 das Verlagshaus G. Feltrinelli Editore gegründet hatte, kam am 14. März 1972 unter nicht näher geklärten Umständen ums Leben, anscheinend bei dem Versuch, einen Hochspannungsmast bei Segrate in der Nähe von Mailand zu sprengen. Feltrinelli sympathisierte mit den Befreiungsbewegungen in Lateinamerika und den studentischen Protestbewegungen. Seit 1969 lebte er im Untergrund. Der Verlag wurde von seiner Frau Inge Feltrinelli weitergeführt. Zur Beerdigung von Giangiacomo Feltrinelli reiste Uwe Johnson nach Mailand. Zwar bot er seinen Bericht der Wochenzeitung *DIE ZEIT* zur Veröffentlichung an; doch der verantwortliche Redakteur nahm aus Gründen mangelnder Aktualität von einer Drucklegung Abstand. Vgl. Uwe Johnson, *Beisetzung Giangiacomo Feltrinelli*, in: E. Fahlke (Hg.), *Uwe Johnson. Porträts und Erinnerungen*, Frankfurt am Main 1988, S. 50-58.

blicken einen umfassenden Guerilla-Plan mit anschliessender Zerstörung des Staates. Unmittelbare Todesursache laut Obduktion: Rasches Verbluten wegen Verlust eines Beines. Die mailänder Justiz glaubt nach einem Verhör des lokalen Anarchisten Carlo Fioroni auf einer »sehr guten Spur« zu sein. Die Zeitung der Tagesspiegel von Westberlin brachte am Sonntag ein Foto des Toten, darstellend Professor Hans Mayer,[56] der an diesem Tag den 65. Geburtstag beging. Am Dienstag wurde in Mailand ein Student verhaftet, Corradini, angeblich Mitglied der maoistischen Gruppe »Arbeitermacht«. Aus der Umgebung des Toten, der ohne Brille hilflos gewesen sein soll: nirgend wo in der Nähe der Leiche sei eine Brille gefunden worden.
Unser Verleger aber hörte meine erste Erkundigung bei seiner Sekretärin zufällig mit und rief aus dem Hintergrund: »Ich war's nicht!« Er sei es nicht gewesen. Darauf hatte ich keine Frage bezogen.
Mit wiederholten Grüssen an Sie beide
Ihr Uwe Johnson.

[Anlage]

Uwe Johnson
An Absence
(June 1960)

Karsch counted his shirts and drove straight to Mecklenburg to look up the Niebuhrs, with whom he had spent a month waiting in 1945. Before that he had been sent, on his discharge from the hospital in Posen, not back to his tank but off towards Danzig, thence westward with a shipment of heavy crates. They were four men, two in the cab, two in the back with nothing but carbines, and at the end of March they drove along the Pomeranian coast as far as Greifswald, then in the face of a rumor turned southward by way of Demmin and Malchin. They kept their petrol on top of the

56 Bei dem 1907 in Köln geborenen Schriftsteller und Professor Hans Mayer hatte Uwe Johnson 1954 bis 1956 an der Universität Leipzig studiert und sein Examen als Diplom-Germanist abgelegt. Am 19. März 1972 wurde Hans Mayer 65 Jahre alt.

crates, had orders not to stop in towns. In April a troop of refugees blocked a twilight back road; they picked up three unaccompanied children, an old woman with a hand-cart which she had been unwilling to leave behind and which now followed behind the truck, riding stiffly on two wheels on the curves. Karsch gave the children some of his bread and had them climbing all over him; a ragged little girl tried to fall asleep on his lap. During the night he had opened one crate. He did not want to continue on westward with it. They had been driving again since dawn among blossoming apple trees, April woods, over untravelled secondary roads, on crooked humps of hills above grey sheets of lakes. Towards six o'clock, as they passed by a clump of mixed forest, he jumped into the ditch and still saw the disappointed faces of the children long after the hand-cart had lumbered by the low underbrush. Doubled over, he ran across the road into the ditch on the other side; the roar of the motor stopped, did not stop. Behind freshly planted birches he found a hidden narrow path, that wound wetly towards a canal lock. The one-storey brick house stood dew-wet in the rosy dawnlight; bedsheets had been whipping in the half-stirred wind. At the milk-can rack behind the corner of the house he had seen old Niebuhr standing, erect, with arms dangling, as if on guard duty, his back turned to Karsch; he had slowly turned his head and invited the stranger to approach with a deliberate movement of his chin, just such a movement as he now made to the returning Karsch, as though the fifteen years fell to fine dust in the second that Niebuhr needed to turn up his head in its beekeeper's helmet and urge Karsch to come foreward so carefully that the swarm of bees would not crawl more excitedly over his helmet and neck. He did not speak until the swarm had crawled into a single lump and could be cautiously tipped into the pail. Then he pushed the helmet back from his forehead and held it that way with one hand. ›I always said you'd be coming around,‹ he said. But those were not Niebuhr's eyes; the look out of that slack, stubbly face whisked past Karsch in such a way that he glanced round. At once the strained figure in the blue machinist's overall raised his hand waist-high as warningly as ever in that past April when patrols of military police or strangers had approached the house and Karsch was to creep from his attic room into the narrow walled-off space under the eaves, nine time until the armistice, once in the middle of the night. At that time a ten-year-old boy, who was being taken care of by the family, had been on the lookout and later pelted stones at the roof, after the Russians had rummaged sufficiently for watches and German soldiers; Karsch lifted the roof-tile to look out, and there stood the boy with his brother in the open space before the look, beckoning to him with crooked finger; the small brother tried to imitate the gesture, while in the house the voices of the old Niebuhrs called through the ceiling for him to come down. Now the house stood still, no steam clouded the kitchen windows, nowhere were wooden clogs clattering on the stone slabs of the yard. Karsch asked. The old man held the pail at his chest with both hands and with his whole head followed the tumbling motion of the swarm. Karsch asked. Carrying the pail, Niebuhr tripped between the apple trees to the beehives. Karsch called out. The bleached blue back of the jacket bobbed steadily away. The back door of the house was ajar. Karsch put his hand on the latch, stepped back. This time it was noon, June, a rich mixture of silence of scratching chickens, waves purling in the canal, wind panting in orchard leaves. Unexpectedly, on the other side of the lock a man in the uniform of a border guard stood with legs wide apart, sweating hands bulging back pockets; he returned the greeting, spat into the half-shaded water between them. Karsch tried questioning. The boy who that time had fetched the doctor him was no longer there. His pint-sized brother, who had been apt to take the hidden soldier for his father, was no longer there. Karsch and the soldier stood so alone in the open terrain that was tempted to look around. Pause. The guard spat into the water. Karsch asked abour Niebuhr's wife; she had made him a jacket out of loden coat and converted his black uniform into the elder boy's confirmation suit; was she dead now? Suddenly the soldier raised his voice, did not answer, warned him. The lock was a restricted area, it was none of his business, it was against regulations to be here. He turned away and walked towards the creosoted shed. The multi-green mixed forest had been called the Little Oakwood. Karsch walked along the house and looked into the windows, into what had been the Niebuhrs' bedroom. On the table lay well-thumbed regulations, cigarette paper, a torn-open envelope; an iron cot streched out under a coarse blanket; in an open wardrobe a raincoat with epaulettes hung slant-shouldered, and an officer's cap on the rough plaster wall. The lock manager's office on the other side of the hall looked as it had fifteen years ago: letters were piled on top of the opened secretaire; the wall clock had stopped. Karsch turned around quickly, but found no one observing him. He walked out on to the pier, sat there smoking for two hours and looking at the city, which haunched on the other side of the shallowly curved lake, with low rows of houses along the water and higher roofs rising to the rusty red clump of the cathedral tower. The wind pulled foam from the pierhead, cast nets of drops over him. He had not once seen the city from inside; even after the capitulation they let him out of the house only at night; he had not even seen the river, just the city across the lake from the window of the attic room. At that time Niebuhr had been able to talk. He had sat up one whole night and argued with the engineering troops who were supposed to blow up the lock; Karsch heard them through the floor-boards. Niebuhr had provided papers for the deserter. Karsch had learned Plattdeutsch from him. He was then forty-six years old, could lift a heavy rowboat singlehanded over the wall of the lock basin, could trot all the way to the city and come back still breathing evenly. The next night he had sent Karsch on his way to Grevesmühlen through the British lines. The fifteen years since then were missing. When Karsch saw a woman coming across the board path on the lock gat carrying a rectangular basket, he stood up. He stooped once more for a spade which lay rusted and covered with algae, grown into the sedge, but then let it lie after all. For a while he stood by the water beside Niebuhr as a barge was raised in the lock; Niebuhr had the barge captain raise the bulkheads, open the lock chamber gates; he silently took the toll and without a word held out the ticket, touched two unsteady fingers to the brim of his cap, reached for the basket of food, started off. ›Goodbye,‹ Karsch said swallowing.[57]

57 Ausschnitt aus Uwe Johnson, *An Absence*, London 1969, S. 30-35; übersetzt von Richard und Clara Winston.

[21]
[Telegramm]

New York
30. April 1972

AGREE WITH ACADEMY MESSAGE TO BUNDESTAG[58]
YOURS MAX FRISCH

[22]

Berlin West 41
Stierstrasse 3
2. Juli, 1972

Lieber Herr Frisch,
es kann sein, dass Sie im beiliegenden Brief mehr über den Kalmus erfahren, als Ihnen lieb ist; nun haben wir uns aber am Abend vor Günter Eichs Abreise eindringlich über dieses Gewächs unterhalten.[59] Und ich zog es eben vor, ihn mit der wichtigen Mitteilung sanft zu überraschen.

58 Auf der 36. Mitgliederversammlung der Akademie der Künste West-Berlin vom 28. bis 30. April 1972 wurde unter dem Präsidenten Werner Düttmann und dem Vizepräsidenten Uwe Johnson folgender Brief an den Präsidenten des Deutschen Bundestages, Kai Uwe von Hassel, beschlossen mit der Bitte um Weiterleitung an die Fraktionen: »Der Präsident, der Vizepräsident und folgende ordentliche und außerordentliche Mitglieder der Akademie der Künste haben während der Frühjahrshauptversammlung in Berlin nachstehende Erklärung abgegeben: Wir halten dafür, daß die beiden Ostverträge am 4. Mai durch eine möglichst breite Mehrheit im Bundestag ratifiziert werden sollten. Beide Verträge sind von europäischer Bedeutung. Sie verwirklichen die Entspannungs- und Friedenspolitik und sind der politische und moralische Beitrag, den die Welt von Deutschland erwartet.«
Es folgen die Namen von 59 Unterzeichnern und -zeichnerinnen, darunter auch der Name von Max Frisch, der seit 1959 außerordentliches Mitglied der Akademie war. Uwe Johnson war seit 1969 Mitglied der Akademie und von 1972 bis 1974 als Nachfolger des 1971 aus dem Leben geschiedenen Peter Szondi deren Vizepräsident.

59 Der Lyriker und Hörspielautor Günter Eich, 1907 in Lebus/Oder geboren und 1972 in Salzburg gestorben, und dessen Ehefrau, die 1921 in Wien geborene Ilse Aichinger, gehörten zu den ersten Schriftstellern, die Uwe Johnson nach seiner Übersiedlung nach West-Berlin gleich zu Beginn der sechziger Jahre näher kennenlernte. Uwe Johnson blieb der Familie bis zuletzt eng verbunden, vor allem Anfang der siebziger Jahre versuchte er zu helfen, als die häufigen Kranken-

Es ist eine Sache, bei der man sich mit freuen kann. Also danke ich Ihnen nochmals für Ihr Vertrauen und versichere, dass ich meinen Teil dabei mit Vergnügen getan habe.
Bitte, verzeihen Sie, dass ich mich schleichend aus dem Seminarraum an der Dantestrasse entfernt habe, nämlich ohne mich von Ihnen Beiden zu verabschieden.[60] Es war wieder einmal der Termin eines Abflugs zu erreichen, und wieder einmal verzögerte die Öffentlichkeitsarbeit der Fluglotsen den Termin um eine Stunde, so dass die Eile vertan war.
Dies wünscht Ihnen nicht,
mit herzlichen Grüssen,
Mariannes und Ihr
Uwe Johnson.

[Anlage]

[Brief von Uwe Johnson an Günter Eich]

in Friedenau in Westberlin, unweit der zehlendorfer Bahn
2. Juli, 1972

Lieber Günter,
damit dein Dreiminutenstück über den Kalmus so recht sich runde, ergänze ich die Nachrichten meines vorigen Briefes[61] mit diesen zusätzlichen: Man kann von ihm sprechen als einem Aronstab-

haus- und Sanatoriumsaufenthalte Günter Eichs immer kostspieliger wurden und die Ersparnisse der Familie verschlangen. – Günter Eich hielt sich vom 22. bis zum 24. Juni 1972 anläßlich einer Arbeitssitzung der Abteilung Literatur der Akademie der Künste, deren Mitglied er 1968 geworden war, in Berlin auf.
60 »Dantestraße 4-6« ist die Adresse des Philosophischen Seminars der Johann Wolfgang Goethe-Universität in Frankfurt am Main. Dort waren Autoren des Suhrkamp Verlags am 1. Juli 1972 aus Anlaß des 80. Geburtstages von Walter Benjamin mit Gästen zusammengekommen. Den Autoren und Gästen wurden die ersten drei Bände der Werkausgabe im Rahmen eines Symposiums vorgestellt. Anstelle des Verlegers, der wegen eines Verkehrsunfalls im Krankenhaus lag, trug Uwe Johnson dessen Vortrag über Walter Benjamin vor. Diesen Vortrag hatte Johnson zuvor gründlich redigiert.
61 1971/72 arbeitete Günter Eich noch an einer Reihe von Kurzdramen. Im vorigen Brief (vom 28. Juni 1972) hatte Uwe Johnson bereits einen ersten ausführlichen Beitrag seiner »kulturwissenschaftlichen Studien« zum »Kalmus« abgeliefert.

gewächs. Bei der offiziellen Verwendung des K. hatte ich vergessen, dass er auch noch die Verdauung fördert. Den Umgang der »Araber« mit dem Kalmus hast du dir hoffentlich zurückgedacht bis in die altbabylonische Zeit. Der K. war bei den Israeliten Bestandteil des Salböls, du könntest auf der Bühne also die folgenden Bibelstellen zitieren lassen: 2. Mos. 30, 22ff. und Jes. 43,24. Kunst und Literatur des Mittelalters nannten den K. gelegentlich als Marienpflanze (für den Fall, dass das Stück nicht im Jahre 2001 spielt). Bekannt wurde der Kalmus in Europa durch die Kriegszüge Alexanders des Grossen; es war Alex zuzutrauen. Literatur: ALFRED SCHMIDT, Drogen und Drogenhandel im Altertum, 1924; L. KROEBER, Zur Geschichte, Herkunft und Physiologie der Würz- und Duftstoffe, 1949. HAUSSCHILD und GÖRISCH, Einführung in die Pharmakologie und Arzneiverordnungslehre, 1964, erwähnen ihn nicht, nicht einmal den falschen Kalmus, der ja nun allerdings auch nichts darstellt als den Wurzelstock der Wasserschwertlilie.

Dies schreibe ich dir nun nicht im Rahmen unseres Abkommens über die Herstellung eines Briefwechsels zwecks späterer Drucklegung; denn du, wie du weisst, bist dran.[62]

Es ist nur, unser gemeinsames Hantieren bei äusserer Dunkelheit hat sich umhergesprochen (sei unbesorgt: unsere Erfindung der Nachtpostkarte ist noch geheim!), und es ist eine Person an mich herangetreten, weil sie nicht wagt an dich heranzutreten. Der Person gefällt es, dass du auf der Welt bist, und noch mehr die Art des Schreibens, in der du dich auf selbiger bewegst. Die Person möchte dich aber nicht belästigen mit dem Wissen, wer sie ist; ja ihre schonende Zurückhaltung ist so immens, sie würde dir zum Beispiel nicht einmal anonym zum Geburtstag gratulieren. In meiner Erschütterung habe ich der Person versprochen, sie dir gegenüber zu behandeln wie den Kaiser Josef, dessen Namen man ja auch nicht erfuhr.[63] Nur so viel sollst du wissen: sie möchte ihrer Wertschät-

62 Das ist als ironische Anmerkung Uwe Johnsons zu lesen, da es die beiden befreundeten Autoren versäumt haben, einen »druckreifen« Briefwechsel zu führen. Im Uwe Johnson-Archiv umfaßt die entsprechende Mappe für die Zeit von 1960 bis 1972 nur knapp 30 Schriftstücke.

63 Anspielung auf den Auftritt der Figur des »Kaiser Josef« in der Tradition des österreichischen Pawlatschen-Theaters. Auf den Brettern dieser bescheidenen (Hinterhof-)Wanderbühnen erscheint er – in einen weiten Mantel gehüllt – gänzlich unerwartet, bringt Hilfe und löst den Konflikt. Den Akteuren gegen-

zung einen kleinen Ausdruck verleihen. Der Ausdruck besteht darin, dass sie mir für dich eine Gabe übergeben hat. Es sind zwanzigtausend Mark, und da ich weiss, wie ungern du dein Bankkonto angibst, bitte ich um Nachricht, ob ich euch das Geld mit der Post schicken soll oder ob ihr es in Empfang nehmen wollt im August, wenn ihr die Akademie belebt.

Übers Wochenende war ich in Frankfurt und fand heraus, dass die dortige Apothekertaxe den Kalmus zum ersten Mal nennt im Jahre 1582. Auch habe ich dir von dort den beiliegenden Engel mitgebracht, zusammen mit dem Rat Gershom Scholems,[64] ihn mit Vorsicht zu betrachten und zu behandeln.

Schreib mir: du bist dran.

Mit herzlichen Grüssen,
dein & euer
Uwe.

[23]

Berzona
Val Onsernone/Ticino
7. Juli 1972

Lieber Uwe Johnson.

Vielen Dank für Ihren Brief. Ich bin neugierig, wie Günter Eich sich nun verhalten wird; vielleicht ganz einfach. Wenn ihm aber die Geheimfigur zu unheimlich vorkommt, so habe ich, von mir aus, nichts dagegen, dass Sie ihm notfalls meinen Namen sagen; was immer noch heissen würde: 1. dass kein Dankbrief zu verfassen wäre, und 2. dass der Vorfall nicht bekanntgegeben wird, auch unserem

über bleibt er unbekannt: »Ich sag' nicht, wer ich bin«; sich den Zuschauern zuwendend, öffnet er sein Gewand, läßt eine stattliche Uniform aufblitzen und verrät: »Ich bin der Kaiser Josef.«

64 Gershom Scholem, geb. 1897 in Berlin, gest. 1982 in Jerusalem, war von 1933 bis 1965 Professor für Kabbala und jüdische Mystik in Jerusalem. Von 1968 bis 1974 war er dort Präsident der Israelischen Akademie der Wissenschaften und Künste. Scholem, der mit Benjamin befreundet war, hatte im Rahmen eines Empfangs anläßlich des 80. Geburtstages von Walter Benjamin am 30. Juni 1972 in Frankfurt am Main über *Walter Benjamin und sein Engel* gesprochen. Der »beiliegende Engel« war eine Reproduktion des 1920 entstandenen Bildes »Angelus Novus« von Paul Klee.

Verleger nicht. Ich schicke Ihnen heute jedenfalls den Check, danke Ihnen herzlich für Ihren freundschaftlichen Dienst und wünsche Ihnen für diesen Sommer: die glückliche Hand bei der Vollendung Ihres grossen Werkes. Ich hatte bei unserer knappen Begegnung in Frankfurt trotz Ihrer Problem-Signalisierung den bestimmten Eindruck, dass Sie (sagen wir:) in der Zielgeraden sind.
Herzlich Ihr Frisch

Beilage: Check 25 000 SFR. Schweiz. Bankgesellschaft, Locarno

[24]

Berlin West 41
Stierstrasse 3
7. Juli, 1972

Lieber Herr Frisch,
nach einigen Bemerkungen über das Projekt Kalmus, angeblich im Halbdunkel verfertigt, teilte Günter Eich auf dem Rest seiner Briefkarte mit:

> Übrigens bin ich ganz verwirrt, dass Du Friedrich Schillers Nachfolger werden willst, denn wie könntest Du sonst die genannten Summen real werden lassen. Ich hoffe, Du wirst mir dann unter Brüdern die Steuern empfindlich herabsetzen.

Offenbar also glaubt er es nicht. Im beiliegenden Brief habe ich von der Sache gesprochen wie von einer, die es gibt, und leider halte ich für möglich, dass er da nach wie vor eine Fortsetzung unseres Umgangstons erkennt. Nur für den Fall, dass Sie mich zu seiner Ankunft in Westberlin mit handgreiflichen Mitteln ausstatten wollen, gebe ich zu, dass ich bei der Bank für Gemeinwirtschaft (Am Schiller-Theater, 1000 Berlin West 12) das Konto Nr. 10 03 92 30 habe. Vielleicht geht doch wenigstens Ilse hin und probiert aus, ob ein Scheck das bedeutet wovon ich spreche.
Mit herzlichen Grüssen,
Ihr Uwe Johnson.

[Anlage]

[Brief von Uwe Johnson an Günter Eich]

zwei Tage vor dem 101. Gründungstage
der ehemals selbständigen Landgemeinde Friedenau,[65]
also am 7. Juli 1972

Lieber Günter,
nach wie vor verehre ich den Ernst, mit dem du unsere Arbeiten für ein Kalmus-Drama begleitest, und sei es bis zu einer anderen Ebene der Übersättigung. Jedoch bitte ich dich, auch auf einer anderen Ebene mir das Leben zu erleichtern.
Verlass die Bühne. Folge mir für einen Moment in jenen Bereich, da das britische Pfund mal dicker ist und mal dünner, da die neuen Portokosten über Nacht unsere Lebenshaltung um 0,3 vom Hundert verteuern, da monatliches Festgeld bei automatischer Prolongierung nicht mehr abwirft als vier Prozent, und die Ubahn fährt dennoch vor. Lass uns Platz nehmen angesichts dieser blutrünstigen Szene und, sagen wir, einen Kaffee dazu trinken.
Sieh genauer hin, und du wirst zwanzigtausend Mark erkennen. Es hat sie jemand dort für dich hingelegt, halte ihn für Friedrich Schiller; ich bin es nicht. Ich bewache dir die Moneten zu treuen Händen, o nimm sie mir ab.
Sagt mir, o Leute, die Bank eures Vertrauens; ihr würdet davon keinen Ärger bekommen als einen Brief mit verändertem Auszug.
Gewiss kann ich Euch die zwanzig Scheine auch überreichen zu eurer Ankunft in der Akademie, übereinander gelegt wären sie nicht reicher an Umfang als ein lebendes Gedicht; dennoch befürchte ich da Schwierigkeiten bei Transport und Aufbewahrung.

65 Friedenau ist ein 1,6 km² großer Ortsteil Berlins im Süden des Bezirks Schöneberg. Die Vorortsiedlung wurde 1871 auf dem Gelände des Ritterguts Deutsch-Wilmersdorf von dem Hamburger Immobilienhändler Johann Anton Wilhelm Carstenn gegründet und 1874 eine selbständige Landgemeinde. Hier entstanden – zwischen der heutigen Bundesallee und der Rheinstraße – Landhäuser für den gehobenen Mittelstand, ab 1887 auch drei- und ab 1901 mehrgeschossige Wohnhäuser in gediegener Ausführung. 1920 wurde die Gemeinde Ortsteil von Schöneberg. Friedenau war und ist eine bevorzugte Wohngegend von Künstlern, vor allem Schriftstellern. So lebten und arbeiteten hier u. a. Erich Kästner, Nicolas Born, Hans Christoph Buch, Hans Magnus Enzensberger, Günter Grass, Christoph Meckel, Max Frisch und Uwe Johnson.

Mach dir nicht Gedanken wegen der Person, die dir eine Freude antun möchte; hingegen entheb sie der Sorge, ob du sie denn annehmen möchtest.
Und schreib es mir.
Dann meinetwegen, können wir zurückgehen auf die Bühne und von etwas Anderem reden; es muss ja nicht Kalmus sein.
Nach Auskunft Katharinas bin ich im Besitz meines Verstandes, und sie wird dir bezeugen, dass dies mit eigener Hand und herzlichen Grüssen
unterschrieb:
Uwe.

[25]

Berlin West 41
Stierstrasse 3
11. Juli, 1972

Lieber Herr Frisch,
Günter Eich hat sich verhalten wie Sie voraussagten: ganz einfach. Gestern abend rief er an, immer noch ein wenig ungläubig, und sagte: Wenn bei mir tatsächlich fremdes Geld sei für ihn, so halte er immerhin zwanzigtausend Mark für nicht wahrscheinlich. Aber ob er davon etwa fünftausend bekommen könne? denn deren bedürfe er tatsächlich, und wenn möglich wolle er sie bis zum Wochenende herbeiwünschen.
An beiliegender Überweisungskopie sehen Sie, dass heute der ganze Betrag an ihn abgegangen ist; den Rest schicke ich Ihnen, sobald ich dessen Höhe kenne.
Günter Eich fragte noch einmal nach der Geheimen Person: ob sie sich gemeldet habe. Dies verneinte ich frech, da mir nicht Ihre Bedingung erfüllt schien, es müsse ihm zu unheimlich vorkommen. Und wenn er Anfang Juli[66] in Westberlin erscheint, wird er also weiter nichts erfahren.
Mit herzlichen Grüssen,
Ihr Uwe Johnson.

66 Richtig muß es heißen: Anfang August. Am 7. und am 13. August 1972 ist im Kalendarium Uwe Johnsons jeweils »Günter Eich« notiert.

[26]
[Ansichtskarte »Bellinzona, Castel Grand«]
[handschriftlich]

Bellinzona
12. August 1972

Lieber Uwe,
Wer schrieb:
»Wir kommen hier zu leiden her.«
Herzlich Siegfried [Unseld]

»Er« schrieb auch: » Ich war wohl klug, dass ich Dich fand!«[67]
Grüße Elisabeth, Katharina und Dir
Deine Hilde [Unseld]

Gruss von Heiner Hesse[68]

(Brief folgt:)
Ihr Max Frisch

Elisabeth, Katharina und Uwe seien aufs herzlichste gegrüßt
von Marianne [Frisch]

[27]

Berzona
28. August 1972

Lieber Uwe Johnson,
es kann sein, dass Sie mir mit dem Geschenk, Ihrem kuriosen Fund in einem Antiquariat, etwas eingebrockt haben, etwas wie eine Erzählung.[69] Sind Sie hellsichtig? Jedenfalls kam es wie bestellt, nicht

67 Anspielung auf den Briefwechsel von Heinrich Christian Boie mit Luise Mejer. Vgl. Ilse Schreiber (Hg.), *Heinrich Christian Boie: Ich war wohl klug, dass ich dich fand.* (H. C. Boies Briefwechsel mit Luise Mejer 1777-1785; mit einem Vorwort von Joachim Kaiser), München 1971. Das Buch war erstmals 1961 erschienen.
68 Der 1909 in Gaienhofen am Bodensee geborene zweite Sohn von Hermann Hesse.
69 Bei dem »kuriosen Fund« aus einem Antiquariat handelte es sich aller Wahrscheinlichkeit nach um das 1910 in Leipzig erschienene Buch *Der Lago Mag-*

von mir bestellt, sondern vom »Geist der Erzählung«, was immer das sei.[70] Es sind wieder Wochen her, ich bin immer neugieriger geworden und habe noch einiges dazu gefunden. Jetzt müsste es nur noch gelingen, nämlich: ein Tal zu erzählen.[71]
Also mein herzlicher Dank!
Ich nehme an, dass der dritte Band unter Dach und Fach ist, und wenn nicht, dass Sie sich nicht hetzen lassen von Jahrestagen.
Freundschaftlich Ihr Max Frisch

[28]

Friedenau, unweit der Sarrazinstrasse
16. Oktober, 1972

Lieber Herr Frisch,
das anliegende Schreiben lässt die Agentur Onnasch Ihnen auf das respektvollste übermitteln. Es handelt sich um die Aufschlüsselung des Kaufpreises.[72]

giore und seine Täler, das Frisch in seiner Erzählung *Der Mensch erscheint im Holozän* zitiert. Vgl. GW, Bd. 7, S. 220.

70 Vgl. Thomas Mann, *Der Erwählte*, Frankfurt am Main 1951, S. 10. Dort heißt es:
»Wer läutet die Glocken? Die Glöckner nicht. [...] Wird man sagen, daß *niemand* sie läutet? – Nein, nur ein ungrammatischer Kopf ohne Logik wäre der Aussage fähig. ›Es läuten die Glocken‹, das meint: sie werden geläutet, und seien die Stuben auch noch so leer. – Wer also läutet die Glocken Roms? – *Der Geist der Erzählung*. – Kann denn der überall sein, hic et ubique, zum Beispiel zugleich auf dem Turme von Sankt Georg in Velabro und droben in Santa Sabina, die Säulen hütet vom greulichen Tempel der Diana. An hundert weihlichen Orten auf einmal? – Allerdings das vermag er.«

71 Vom Sommer 1972 bis Ende 1973 arbeitete Max Frisch an einer größeren Erzählung, die im Tessin spielt; die vierte Fassung, ca. 150 Seiten, wurde 1974 in die Verlagsplanung aufgenommen und unter dem Titel *Klima* angekündigt. Max Frisch zog den Text aber wieder zurück. Das in der Werkausgabe abgedruckte *Fragment einer Erzählung* ist eine Zusammenstellung diesem Umkreis zugehöriger Texte für eine Lesung in der Akademie der Künste in West-Berlin am 1. Dezember 1973; vgl. GW, Bd. 6, S. 522-534.
Die Versuche, »ein Tal zu erzählen«, mündeten nach mehrfach gescheiterten Anläufen schließlich in der Marianne Frisch zugeeigneten Erzählung *Der Mensch erscheint im Holozän*, geschrieben zwischen 1972 und 1979. Vgl. GW, Bd. 7, S. 207-300.

72 Uwe Johnson hatte Max Frisch beim Kauf einer Wohnung in der Sarrazinstraße in West-Berlin tatkräftig unterstützt.

Der Teppich-Experte der Firma ist noch nicht, wie er androhte, mit seinen Mustern erschienen. Er soll es nur wagen, und wir werden ihm auf den Kopf zusagen: die Farbe des Spannteppichs soll grau sein, zur Schwärze tendieren und ungefähr zum Anthrazit passen; die Qualität jedoch sollte um eine Stufe besser sein, beileibe nicht die teuerste, und den Mehrpreis zu bezahlen sei Ihnen ein Bedürfnis.
Was die Akademie-Tagungen[73] angeht, so pflegt der Sonnabend (diesmal der 11. November) am wichtigsten zu sein, mit den Sitzungen der Abteilungen um 10:00 und der des Plenums um 15:30 Uhr. Am Sonntag haben Sie immerhin noch eine Plenarsitzung um 14:30, und den abendlichen Empfang. Hingegen beginnt am Montag um 13:00 die andere Arbeit.
Martin[74] hat nun geantwortet, unter anderem:

> Am 6. (Dezember) dann zu Frisch (nach Küsnacht). Gut. Es könnte aber sein, dass wir viel über Siegfried sprächen, und er wäre nicht da, deshalb solltest du Frisch fragen, ob wir S. nicht einladen könnten. Ich wollte diese Besetzung Ende Sommer 72 hierher laden. Jetzt wäre noch mehr Anlass zum Quartett. Könntest du das versuchen?

Da ich ab Sonnabend einer Reise[75] wegen nicht gut erreichbar sein werde, habe ich vor, aus dem Gespräch mit Ihnen für Martin zu destillieren, dass hingegen Sie eine Besetzung zu dritt vorzögen und der Verleger mitsamt seinen Taten nicht bei dieser Gelegenheit besprochen werden solle.[76]

73 Es handelt sich um die Mitgliederversammlung der Akademie der Künste vom 10. bis 12. November 1972.

74 Seit Beginn der sechziger Jahre verband Martin Walser, geb. 1927 in Wasserburg am Bodensee, eine nicht immer unproblematische Freundschaft mit Uwe Johnson. Auch Martin Walser gehörte zu jenen deutschen Schriftsteller-Kollegen, die Arbeiten von Max Frisch lektorieren konnten und durften.

75 Als Zielort der Reise ist im Kalendarium für Sonnabend, 14. Oktober 1971, »17.45 Uhr: Petershagen« in der DDR festgehalten. Das ist der Wohnort des 1935 in Bilbao geborenen Schriftstellers Fritz Rudolf Fries. Entschieden hatte Uwe Johnson sich für die Veröffentlichung einiger Bücher von Fries im Suhrkamp Verlag eingesetzt.

76 Anhand einer von Uwe Johnson in dem Briefordner aufbewahrten »Tischreservation für Herrn Frisch« und eines Eintrags im Kalendarium ist zu rekonstruieren, daß man sich am 7. Dezember 1971 vormittags bei Frischs im Birkenweg 8 in Küsnacht traf und dann gemeinsam – Marianne und Max Frisch, Peter Huchel, Uwe Johnson, Siegfried und Hildegard Unseld sowie Martin Walser – im Restaurant »Kronenhalle« in Zürich dinierte.

Sollten Sie Ihre Meinung durch solche Formulierung falsch ausgedrückt fühlen, erbitte ich ein Telegramm. Das Schreiben an Martin geht erst am Freitagabend auf die Post.
Mit herzlichen Grüssen für MariAnn und Sie,
Ihr Uwe Johnson.

[29]

Friedenau in Berlin
14. November, 1972

Lieber Herr Frisch,
die Sache[77] liesse sich denken auch als
Begründung eines Antrags
auf höhere Rente
Schadenersatz
Schmerzensgeld
(nationales Verdienstkreuz)
etc.
Mit herzlichen Grüssen
Ihr Uwe Johnson.

[30]

Friedenau, um vier Ecken
15. Dezember, 1972

Lieber Herr Frisch:
Vorgestern beschloss der Senat der Akademie, die Ehrung Hans Scharouns aus dem üblichen Termin der Herbsttagung herauszunehmen, seinem Status als Mitbegründer und Präsidenten und Ehrenpräsidenten zuliebe, und die Zeremonie des Gedenkens schon in der Frühjahrstagung abzuhalten.[78] Dies Datum wäre der letzte der Tage vom 25.-28. Mai 1973.

77 Johnson erfindet hier mögliche Begründungen einer finanziellen Unterstützung von Max Frisch für Peter Huchel.
78 Hans Scharoun, geb. 1893 in Bremen, gest. 1972 in Berlin, gehörte zur Architektenavantgarde des »Neuen Bauens« der zwanziger und dreißiger Jahre. Nach 1945 war Hans Scharoun entscheidend am Wiederaufbau Berlins beteiligt. Zu seinen Hauptwerken gehören die Amerika-Gedenkbibliothek in Berlin, das Nationaltheater in Mannheim sowie der Neubau der Berliner Philharmonie.

Da jedoch dazu nicht alle werden kommen können, die zu Scharoun etwas zu sagen haben, und wiederum nicht alle, die es anhören sollten, ist eine Zusammenfassung der Beiträge in gedruckter Form geplant, und der Redaktionsschluss wird um den 15. März liegen. Sicherlich bekommen Sie deswegen, wie nicht viele eigens Ausgewählte, demnächst einen Brief des Sekretariats.

Herr Düttmann[79] sprach bei dieser Gelegenheit unverzüglich von den »grossartigen Sachen, die Frisch über die Philharmonie geschrieben hat«,[80] aber ich fände es erfreulich, wenn Sie es nicht be-

Der Architekt war von 1956 bis 1968 Präsident der Akademie der Künste in West-Berlin, seit 1968 deren Ehrenpräsident.

79 Werner Düttmann, geb. 1921 in Berlin, gest. 1983 in Berlin, Architekt und von 1963 bis 1970 Professor für Entwurfs- und Gebäudelehre an der Technischen Universität Berlin. Seit 1961 war Düttmann Mitglied der Akademie der Künste, als deren Präsident er von 1971 bis 1983 wirkte. Uwe Johnsons Totenrede auf Werner Düttmann *Erinnerung* war seine letzte, noch zu Lebzeiten veröffentlichte Arbeit. Vgl. Uwe Johnson, *Erinnerung*, in E. Fahlke (Hg.), *Uwe Johnson. Porträts und Erinnerungen*, Frankfurt am Main 1988, S. 114-125.

80 Vermutlich spielt Werner Düttmann hier auf den folgenden Brief an, den Max Frisch am 20. April 1964 an Hans Scharoun schrieb; ein anderer, möglicherweise veröffentlichter Text war nicht zu ermitteln:
»Sehr verehrter Herr Scharoon! [sic]
Ich muss Ihnen schreiben! Es ist mir selten widerfahren, dass mich ein Werk heutiger Architektur so beglückt hat wie die Philharmonie in Berlin, die Sie geschaffen haben. Nachdem ich Bilder und auch Pläne gesehen hatte, sodass ich meinte, ich könnte mir den Rahmen einigermassen vorstellen, war ich voll grosser Erwartung; schon öfters hätte ich nach Berlin reisen sollen, tat es aber nicht; jetzt reiste ich, um die Philharmonie zu sehen – nicht nebenbei, sondern um die Philharmonie zu sehen. Sie wissen wohl davon; Ihr junger Mitarbeiter war ein ebenso liebenswürdiger wie ergiebiger Führer. Darf ich Ihnen sagen, wie es mir erging? Im Foyer war ich verblüfft, aufgeregt, wir gingen treppauf und treppab, fasziniert vom Wechsel der Durchblicke; leider fehlten die Menschen, ihre Bewegung in dem Gebilde. Ein paar Reinmacherinnen gaben immerhin die Masstäblichkeit. Also wir gingen und gingen, geführt wie in einem Labyrinth, damit meine ich, dass es sich für mich, wie genau ich mich auch umsehe, nie rationalisiert, so wenig wie eine lebendige Landschaft sich rationalisiert. Und zugleich fühlte ich mich geführt, nicht verloren; geführt von der Lust, die sich bietet. Nie vergewaltigt, nur auf betörende Weise geführt von den Einfällen des Architekten. Das war schon ein grosses Vergnügen, ein Präludium, das uns die Schale des Alltags abnimmt und uns frei macht. Dann der Saal selbst. Wir traten oben herein. Es war grad Probe. Eben hatten wir im Foyer noch diskutiert, angeregt, aber noch im Vollbesitz fachmännischer Terminologie. Im Saal: wir trennten uns, wir setzten uns, wir schwiegen und waren da. Wir mieden einander, um nicht zu diskutieren hier. Ich brauche es Ihnen, sehr verehrter Herr Scharoon, nicht mitzuteilen, dennoch möchte ich's sagen: Dieser Raum ist einer der schönsten Räume, die irgend-

wenden lassen wollten mit der Erlaubnis zum Abdruck dieser Texte, sondern noch einmal einen schriftlichen Blick auf die ganze Person und Leistung Scharouns unternehmen könnten; und zwar nicht nur, weil auch ich Sie als einen Beiträger vorgeschlagen habe.
Am nächsten Tag kam der Brief der Agentur Onnasch, der den Bezugstermin Ihrer Sarrazin-Wohnung auf den 1. Februar 1973 verschiebt, und ich habe mich, mit Ihrer Erlaubnis, für Sie mit geärgert. Eines der Ergebnisse ist, dass ich Ihre Pläne nun nicht mehr ahnen kann und also nicht den Termin, zu dem Sie den Zeichentisch wünschen.
Die bei Architekten beliebteste Firma weiss ich nun: es ist Spitta & Leutz, Hohenzollerndamm 174-177, 100 Berlin West 31 (Wilmersdorf); Telefon 87 04 44. (Das ist nicht weit vom Fehrbelliner Platz, in Richtung Roseneck.) Es werden Unterschiede geboten, und dank Onnasch kann ich Sie doch nach weiteren Präferenzen fragen: die Böcke verstellbar, oder doch nicht? Die Platte aus Sperrholz, oder als Tischlerplatte (teurer)? Die anderen Firmen liefern entweder Böcke oder Platten, selten beides; die billigste Lösung wären: die Böcke von den Fachleuten und ein Türblatt (ohne die Löcher) von einer Firma für Bastelbedarf. Spitta und Leutz hingegen liefern das vorschriftsmässige Weichholz, gleich mit Böcken.
Dennoch wünsche ich MariAnn und Ihnen schöne Tage im Fest, sollten Sie es begehen.
Mit herzlichen Grüssen,
Ihr Uwe Johnson.

[31] Berzona
31. Dezember 1972

Lieber Uwe Johnson,
erstens schulde ich Ihnen noch Antwort auf Ihren freundlichen Brief (den ich aus Versehen in Küsnacht gelassen habe, sodass ich

wann und irgendwo von der Architektur geschaffen worden sind. Sie wissen das, aber sie müssen auch wissen, wie dankbar wir dafür sind. Wie stolz (was selten der Fall ist) auf die Architektur unsres Jahrhunderts. Wir sassen lang. Wir setzten uns da und dort. Der Klang des Orchesters, das da probierte, ersparte uns das Gerede: es wäre superlativisch gewesen. Aber wozu. Man ist einfach da. Man ist da, wo die Musik herkommt, in der Musik. Ich sehne mich nach diesem Raum –
In grosser Bewunderung
Ihr Max Frisch«

die Namen der beiden Tisch-Lieferanten nicht mehr weiss) betreffend Einrichtung einer Arbeitsstätte in Berlin/Friedenau; nachdem Sie mir schon den Aerger über die Onnasch-Bande abgenommen haben, schlage ich Ihrer weiteren Hilfsbereitschaft die bequemere Lösung vor, nämlich Bestellung bei der Firma, die Tisch und Böcke zusammen liefert. Vielen Dank!
Zum Jahresende wäre zu sagen, dass es grau ist, wettergrau, ohne Anlass zu Fest, grau durch das Bewusstsein, dass ich fleissig-dürftig gearbeitet habe; ich werde mich an das Versprechen halten, das Manuskript nicht wegzuwerfen, bevor ich es Ihnen gezeigt habe. Abgesehen von Müdigkeiten (Hoffnungsmangel im Blut) wähne ich mich gesund, also verpflichtet.
Ich bin Ihnen dankbar, auch dafür dass Sie mit Martin Walser nach Küsnacht gekommen sind,[81] und hoffe, dass ich die Gelegenheit, wenn ich Ihnen einmal helfen kann, nicht verpasse. Sie werden im kommenden Jahr die JAHRESTAGE vollenden.
Früher als geplant, nämlich schon am Dienstag, fahren wir nach Zürich, da meine Schwester gestorben ist,[82] und bleiben dort, bis die Wohnung in Berlin bereit ist, also bis Anfang Februar.
Marianne und ich grüssen Sie, lieber Uwe und liebe Elisabeth, mit allen herzlichen Wünschen
Ihr Frisch

1973

[32]

Friedenau, am Rathaus
14. Februar, 1973

Lieber Herr Frisch,
wen immer wir bisher nach einem Tischler für Ihr Stehpult gefragt haben, er sagt von seinem wie wir von dem unseren: Sehr unzuverlässig! aber wenn man ihn erst einmal zum Arbeiten bekomme...

81 Martin Walser und Uwe Johnson hatten sich mit Max Frisch am 6. Dezember 1972 in Küsnacht zu einem Arbeitsgespräch getroffen.
82 Max Frischs Halbschwester – aus der ersten Ehe des Vaters – Emma Elisabeth war im Alter von 73 Jahren gestorben.

Mit diesem Vorbehalt empfiehlt Ihnen Titus Szymanski[83]

Herrn Hill
Olympische Strasse, 18
Berlin 19 (Westend); Telefon: 304 99 18

In der Abteilung Baukunst der Akademie hingegen schwärmt man von der so geschickten & eleganten wie unpünktlichen Arbeit des

Herrn Josef Goretzky
Wilmerdorfer Strasse, 52
Berlin 12 (Charlottenburg); Telefon: 31 60 31.

Bei dem letzteren soll es helfen, wenn man nicht nur Grüsse ausrichtet von Herrn Peter Pfankuch[84] (Sekretär der Abteilung), sondern sich überdies beruft auf Herrn Hermann Fehling.[85]

Herr Zimmermann[86] von der Abteilung Literatur besprach mit mir, dass Sie dem Wunsch des Herrn Rolf Haufs[87] (vom Snder nein Sender Freies Berlin) nur in einer öffentlichen Art nachkommen mögen, und es wäre also unser Vergnügen, das für Sie in der Akademie zu veranstalten.

Nach bisherigen Erfahrungen wäre es praktisch, diesem Abend andere folgen zu lassen. Als weitere Vorleser stellen wir uns zum Bei-

83 Rolf Szymanski, geb. 1928 in Leipzig, besuchte zunächst von 1945 bis 1950 die Kunstgewerbeschule in Leipzig und studierte von 1950 bis 1955 an der Hochschule für Bildende Künste in West-Berlin. 1962 hielt er sich als Stipendiat für neun Monate in der Villa Massimo in Rom auf; dort lernte er auch Uwe Johnson kennen und blieb ihm freundschaftlich verbunden. 1970 wurde Rolf Szymanski zum ordentlichen Mitglied der Akademie der Künste gewählt, 1974 zum Direktor der Abteilung Bildende Kunst und 1983 zum Vizepräsidenten der Akademie. Der Bildhauer, Vertreter eines abstrahierenden, doch das Figürliche nie ganz verlassenden Stils, wird von seinen Freunden, weiß Uwe Johnson zu berichten, »Titus« genannt.

84 Peter Pfankuch war von 1965 bis 1977 Sekretär der Abteilung Baukunst bei der Akademie der Künste (West-)Berlin; ehemaliger Assistent von Hans Scharoun.

85 Hermann Fehling, geb. 1909 in Hyères/Frankreich, gest. 1996 ebendort, freier Architekt in West-Berlin seit 1945. Seit 1957 Partnerschaft mit Peter Pfankuch (bis 1960) und mit Daniel Gogel von 1966 bis 1975. Seine Arbeiten stehen in der Tradition der »organischen Architektur« Hans Scharouns. Direktor der Abteilung Baukunst von 1971 bis 1976.

86 Heinz-Dieter Zimmermann war von 1969 bis 1975 Sekretär der Abteilung Literatur der Akademie der Künste (West-)Berlin.

87 Rolf Haufs, geb. 1935 in Düsseldorf, Lyriker sowie Verfasser skurriler Erzählungen und Hörspiele, seit 1960 freier Schriftsteller und Rundfunkmitarbeiter in Berlin.

spiel vor: Herrn Walter Höllerer,[88] Herrn Martin Walser,[89] und noch einen. Wäre Ihnen das recht, so eine Reihe von Veranstaltungen zu eröffnen?
Wishing you both a useful Valentine's Day,
und mit verlagsgenossenhaften wie anderen Grüssen,
Ihr Uwe Johnson.
in Italien,[90] am nächsten Wochenende wieder in Friedenau.

[33]

Alt Friedenau-Ost
6. April, 1973

Lieber Herr Frisch,
auf unserer Reise nach Steinstücken[91] konnte ich Ihnen nicht sagen, wo denn am Wannsee 1942 die »Endlösung der Judenfrage« beschlossen wurde, jetzt habe ich es gefunden:

88 Walter Höllerer, geb. 1922 in Sulzbach-Rosenberg/Oberpfalz, wurde 1956 Privatdozent für deutsche Literatur an der Universität Frankfurt am Main, 1959 Professor für Komparatistik an der TU Berlin, daneben seit 1963 Mitbegründer und Leiter des »Literarischen Colloquiums Berlin«. 1954-1968 Mithg. der *Akzente*, seit 1961 Mithg. der *Sprache im technischen Zeitalter*. Mitglied der Akademie der Künste ist Walter Höllerer seit 1961, stellv. Leiter der Abteilung Literatur war er von 1965 bis 1968. Er ist nicht nur als Verfasser experimenteller Gedichte, sondern auch als Erzähler und Essayist hervorgetreten. Verheiratet ist Walter Höllerer mit der Photographin Renate von Mangoldt (vgl. S. 77, Anm. 119). Max Frisch war Pate ihres 1968 geborenen Sohnes Florian.
89 Mitglied der Akademie der Künste (West-)Berlin ist Martin Walser seit 1975.
90 Vom 15. bis zum 23. Februar 1973 hielt sich Uwe Johnson zu Lesungen und Interviews in Turin, Triest, Mailand und Rom auf und traf u. a. mit den italienischen Autoren und Literaturwissenschaftlern Cesare Cases und Claudio Magris zusammen, so die Einträge im Kalendarium. Am Abend des 21. Februars besuchte er Ingeborg Bachmann in der Via Guilia 66 in Rom (vgl. Uwe Johnson, *Eine Reise nach Klagenfurt*, Frankfurt am Main 1974, S. 71); mittags hatte er noch Nicolas Born und Alf Poss in der Villa Massimo aufgesucht.
91 Gemeinsam mit seiner Frau Elisabeth hatte Uwe Johnson Marianne und Max Frisch auf einem Sonntagsausflug nach Steinstücken geführt. Die Siedlung Steinstücken gehört zum Ortsteil Wannsee des Bezirks Zehlendorf und befindet sich südwestlich von Kohlhasenbrück an der Stadtgrenze Berlins. Von 1945 bis 1971 war Steinstücken die einzige bewohnte Enklave West-Berlins in der Sowjetischen Besatzungszone bzw. der DDR. Seit Mai 1952 war der Zugang für die etwa 200 Einwohner nur über einen von der DDR kontrollierten, gut 1 km langen Verbindungsweg möglich. Erst 1971 wurde die Siedlung nach dem ersten

Das Datum war der 20. Januar 1942, die Adresse war Am Grossen Wannsee, Nr. 56/58.
Das Gebäude hiess damals »Haus Minoux« und war auch noch nach Kriegsende unter diesem Namen in Berlin bekannt. Es könnte also vormals die Residenz von Friedrich Minoux gewesen sein. Er war Generaldirektor Hugo Stinnes' und schrieb unter dem Pseudonym Friedrich Pilot gelegentlich in dessen »Deutscher Allgemeiner Zeitung«, so am 23. August 1923, hoch in der Inflation, als er den Vorschlag machte, die deutsche Währung auf Sachwerte zu stellen, was bedeutete: auf die Hugo Stinnes A.G.
Diese Vermutung kann ich nicht erhärten. Der heutige bauliche Zustand des Gebäudes ist mir nicht bekannt.

Nun soll ich noch, mit Elisabeths schönsten Grüssen, einen Beweis dafür aufkleben, dass noch ein Sowjetbankier mit den ehrlichsten Absichten mit hinterhältiger westlicher Pressehetze beworfen werden kann, wie geschehen im Wirtschaftsteil der »Zeit« von dieser Woche.[92]

[Zeitungsausschnitt:]

denn die Sowjets haben schon seit langem im internationalen Bankgeschäft Fuß gefaßt. Die sowjetischen Banken in Paris und London gelten sogar als die Erfinder des Euro-Dollar-Marktes. Schon Mitte der fünfziger Jahre transferierten die Sowjet-Bankiers ihre US-Dollars nicht mehr nach Amerika, sondern verliehen sie innerhalb Europas und brachten damit jenen Kreislauf vagabundierender Dollars in Gang, der heute den westlichen Notenbanken so starke währungspolitische Kopfschmerzen bereitet.

Wenn Sie erlauben, werden wir am Sonntag bei Ihnen anrufen. Denn wir sähen Sie gern, nicht nur wegen Ihres Besuches von ge-

Abkommen über einen Gebietsabtausch durch einen 900 m langen und 100 m breiten Korridor mit dem Berliner Stadtgebiet verbunden. Die Versorgung der Siedlung mit Energie und Wasser, die bis dahin ausschließlich aus der DDR erfolgte, wurde danach allmählich auf Lieferungen aus West-Berlin umgestellt.
92 Das Zitat wurde dem Artikel von Kurt Wendt, *Ein Schreibtisch in Moskau. Wie zwei deutsche Banken ihren Kunden das Ostgeschäft erleichtern* aus *DIE ZEIT*, Nr. 15 vom 6. April 1973, S. 33 entnommen.

stern in der H. d. R.,[93] auf dessen Abdrücke wir allerdings auch gespannt sind.
Mit herzlichen Grüssen an Marianne und Sie,
Ihr Uwe Johnson.

[33a]
[Entwurf; nach einem »Kneipengespräch« mit Max Frisch entwirft Uwe Johnson ein Konzept für eine »Werkausgabe«:]

10. Apr 1973

MAX FRISCH, Werkausgabe. Mögliche Einteilung nach Bänden

I
Stücke 1

	Santa Cruz	1944/47/62
	Nun singen sie wieder	1946
	Die Chinesische Mauer	1947/55
	Als der Krieg zu Ende war	1949
	Graf Oederland	1951/56/61

II
Stücke 2

	Biedermann, etc.	1953/56/58
	Don Juan, etc.	1953/62
	Die grosse Wut des Ph. H.	1958
	Andorra	1961
	Biografie	1967

93 Die Abkürzung steht für: Hauptstadt der Republik, damit spielt Uwe Johnson ironisch auf einen Besuch von Max Frisch zur Buchmesse in Leipzig an; im engsten Freundeskreis aus seiner Studienzeit wurde Leipzig bevorzugt als die »wahre Hauptstadt der Republik« bezeichnet. Vgl. auch Uwe Johnson, *Einer meiner Lehrer*, in E. Fahlke (Hg.), *Uwe Johnson. Porträts und Erinnerungen*, Frankfurt am Main 1988, S. 13.

III
<u>Hörspiel / Film</u>

Rip van Winkle	1953
Der Laie und die Architektur	1954
Herr Quixote	1955
Zürich Transit	1966
etc.	

IV
<u>Romane 1</u>

Jürg Reinhart	1934

V
<u>Romane 2</u>

Die Schwierigen, etc.	1943

VI
<u>Romane 3</u>

Stiller	1954

VII
<u>Romane 4</u>

homo faber	1957

VIII
<u>Romane 5</u>

Mein Name sei Gantenbein	1967

IX
<u>Erzählungen</u>

Antwort aus der Stille	1937
BIN, etc.	1945
Schinz	1959
Das Tal	1973
etc.	

X
<u>Berichte / Pamphlete / Reden</u>

Reisen in Ungarn, der Türkei, auf dem Balkan	1933-1936
Blätter aus dem Brotsack	1940
achtung: die schweiz	1955
Die Neue Stadt	1956
Glossen zu Don Juan	1959
»Öffentlichkeit als Partner«	1967

Dramaturgisches 1969
Vorwort zu Sacharov, etc.
(fortzusetzen)

XI

Briefe

an die Kinder
an Peter Suhrkamp
an Brecht
an Regisseure
an Dürrenmatt
an jüngere Kollegen, etc.
(fortzusetzen)

XII

Tagebuch 1

1946-1949

XIII

Tagebuch 2

1950-1965

XIV

Tagebuch 3

1966-1971

XV

Tagebuch 4

1972-posthum

[34]

Friedenau-Mitte
den 21. Juni, 1973

Lieber Herr Frisch,
hat Elisabeth sich bedankt bei Marianne und Ihnen?
das dachte ich mir.
In Wirklichkeit war es so, dass die aufgehende Tür im Krankenhaus Auguste Viktoria am nächsten Morgen ersetzt wurde durch unermessliche Rosen, die erst nach ausführlicher Wanderung durchs dreibettige Zimmer einen kleinen Jungen sehen liessen. Elisabeths

Ansehen, das durch Katharinas und meine Besuche etwas lädiert war, wuchs von da an unerschütterlich. Blumen nicht nur mit Boten, Blumen obendrein mit Kachte! Da reichten die Vasen nicht aus, man hätte einer solchen Patientin glatt zwei zugestanden. Abernein, am Abend verschenkte sie fünf Rosen an eine junge Krankenschwester aus Korea, wissen Sie: eine solche: die vom Deutschen wohl ein wenig die berlinische Sprache, noch nicht jedoch das krankenschwesterliche Verhalten gelernt hat und unwillkürlich nach leisem Benehmen trachtet. Diese kam zu ihrem Schichtende an Elisabeths Bett, stellte sich auf wie zu einer staatlichen Hymne und sagte dann, mit schwierigen Stockungen in der Artikulation: Ü'-ch Da:a:nnke – Ou. C'h daa:nnke!
Das wären also zwei.
Sonst geht es Elisabeth gut und haben wir sie auf den Balkon gesperrt zwecks Erwerb von Hautverfärbungen. Abends erweist sich das als unzweckmässig, weil sie dann Seminare über ihre Lektüre veranstaltet. Ist also Alice B. Toklas[94] in dem Buch, oder kann man sie einladen zum Herauskommen?
Die anliegenden Blätter sind bestimmt für den Band Günter Eich zum Gedächtnis.[95] Wenn daran etwas Sie stört, wäre ich dankbar für einen Hinweis.
Mit herzlichen Grüssen an MariAnn und Sie,
Ihr Uwe Johnson.

94 Alice B. Toklas, geb. 1877 in San Francisco, gest. 1967 in Paris, amerik. Schriftstellerin. Am 8. September 1907 trafen sich Gertrude Stein, geb. 1874 in Alleghency, Pennsylvania, und Alice B. Toklas zum ersten Mal in Paris. Von diesem Tag an waren sie bis zum Tod von Gertrude Stein am 27. Juli 1946 unzertrennlich. Jahrzehntelang bildeten sie einen kulturellen Mittelpunkt in Paris. Ihr Salon wurde zum Treffpunkt avantgardistischer Künstler wie Picasso, Matisse und Bracque, später auch zum Sammelbecken amerikanischer »expatriates«. 1933 erschien *The Autobiography of Alice B. Toklas* von Gertrude Stein; auf dieses Buch, das 1956 in deutscher Übersetzung erschien, wird hier angespielt.
95 Vgl. Siegfried Unseld (Hg.), *Günter Eich zum Gedächtnis,* Frankfurt am Main 1973, S. 74-77.

[Anlage]

Einatmen und hinterlegen

> Milz-Erkrankungen entstehen, wie bei jedem Organ, entweder in Abhängigkeit von einer vorwiegend an anderer Stelle ablaufenden Krankheit oder eigenständig, also aus in der Milz selbst gelegenen Ursachen; letzteres ist sehr selten.
>
> F. A. B.[96]

> Es ist ein langweiliges Organ.
>
> G. E.

Ein sicheres Versteck ist unerlässlich.

Narrensicher muss es nicht sein.

Dieser ruft nicht mehr um Hilfe.

Als Lieblingskind, ehemals, vielleicht. Eine zuverlässige Vermutung, diesen trifft sie nicht.

Das Versteck muss so beschaffen sein, dass die Suchenden blind werden im Findenwollen.

Die Lebus auf der zweiten Silbe betonen, mögen sie darin auch diesen gefangen glauben; er war in einem anderen Ort.

Er gibt den Kalmus hinzu, pfingstens durch die gescheuerten Stuben gestreut; er kann sich verlassen auf den Wurzelstock der Wasserschwertlilie.
Noch einmal auf den Wiesen links der Oder, zeigte er sich da, sichtbar wäre er nicht.

Er gibt sich ganz kenntlich, verkleidet in Gemeinsamkeiten.
Dieser kann Manieren gebrauchen.

96 F. A. B.: Friedrich Arnold Brockhaus (1772-1823); der Hinweis auf den Gründer des Brockhaus Verlags soll markieren, daß diese Beschreibung der Organerkrankung dem Konversationslexikon entnommen wurde.

Er will jemandem zustimmen in der Sache Tod; er lässt ihn herausbitten nach dem Komment des Duells.

Und verrät sich doch, in Schreckgebärde, wenn die Tür vertrauter ist als er das Gesicht dahinter geplant hat. Angehalten in der Flucht, ergibt sich in Bilder seiner selbst und zieht sie tarnend auf den Leib.

Gehorsam gefangen in Erwartungen, ein Kobold weiss hinaus. Es geht durch das Wort, das Brecht den Liebenden änderte, durch Rilkes Jubel nach Hartleibigkeit: Fürstin, es ist.

»Und einiges, was ich niemand verrate«.

Er hat auf einen Bart nicht geachtet, schon soll der Bart ihn bedeuten. Stück für Stück nimmt er ihn ab, gern verborgen hinter voreiligen Fotografien.

Sein Leben lässt er sich zeigen in einem Buch, nun kann er es abstreiten. Wenn er es nicht weiss, wer will es behaupten?

»Den Humanisierungsversuchen des bürgerlichen Dichters steht jedoch eine resignierende Auffassung entgegen, die an der Undurchschaubarkeit der ihn umgebenden ›Trugwelt‹ festhält«. Er will da nicht Umstände machen, er antwortet: Ja wenn das so ist...

Noch die türkische Enkelin glauben sie ihm.

Mit Haut und Haaren verwandelt er sich in benutzbare Worte, da bleibt nichts im Ohr und das Auge wird trocken. Der Leser kommt zu etwas; wozu er?

Dafür nimmt er nicht Titel, nicht einmal causa honoris. Was soll er die kränken, die nichts wünschen als das.

Es ist nicht an ihm, Exegeten Mores zu lehren; vorführen wird er ihnen etwas. In Frankfurt war eine Freundin am Bahnhof, brachte ihm Blumen, das Essen, den Wein; in Berlin eine andere Freundin. Nun spricht er in Berlin von der Frankfurterin, bedankt sich für Braten in Frankfurt, Blumen am Flugplatz Rhein/Main, und lobt an der in Berlin die Anmut der anderen. Dreimal muss der Grosskritiker sprechen: Meister, es reicht. Und sieht nicht das innig abgeschmeckte Lächeln im abgewandten Mund. Das Spiel ist doch über die Bühne gegangen, mit fremder und eigener Zeit.

Die Kritiker sollte man alle auf den Mond schiessen: sagt Höllerer einst in der Pension Elite, und dieser nickt trübe, zweifelnd an der technischen Machbarkeit. Sonst gerne.

Er meint die Leser. Den hörenden Lesern zuliebe steht er in einer Küche bei Kollegen, angetan mit weiblichen Hosen, nicht erstaunt über die Passform, und lässt sich sein schwarzes Beinkleid bügeln, für die Leser, morgen in Bremerhaven, denn darin werden sie ihn besser verstehen.

Auf der Flucht.

Vertrauliche Mitteilungen im Gehen nebeneinander, dagegen hat er nichts; nur sollten sie schweigend geschehen.

Ein Tütchen Kalmus als Pfingstgeschenk, fast hätte es ihn eingeholt, es ist der Geruch von Oderzeiten; er verbirgt sich und wünscht ein besseres Abendbrot, von heute eins, denn essen muss man.

Morgen, übermorgen, und jeden Monat viertausend Mark verdienen. Beschäftigung willkommen.

Im Elend wird er nicht sterben, das schreibt erst einer, der benutzt sein Verständnis für eine Zeitung.

Gespräche helfen nicht viel, jedoch ordnen sie, wenn auch das Unnötige. Noch viele Abende zu verwenden auf die Entstehung der Sprache versus die Möglichkeiten von Freilassing oder Festhaltung, auf die Rückläufigkeit gewisser Reime und das Veilchenasyl in der Nähe von Rosenheim; tadelnd lobt er die Gastgeber für ihr Schaukeln zwischen Urquatsch und dem Urknall, dem nicht erwiesenen. Liebe ja, aber keine Intimitäten.

In einem Gedicht aus der Jugend sah er die Langeweile warten auf ihn, nach gleicher Langeweile vom zehnte Jahr an gibt er die Auskunft, betreffend das Überleben, er antwortet, eine krumme Frage aus Rücken und Armen: Ja...

In der Stunde vor dem Tod will er dennoch denken, dass die Erde schön war.

Er prüft es noch nach, drei Finger zwischen den Augen.

Er sagt nicht zu, es auszusprechen.

Er ist im Feuer, in der guten schwarzen Jacke für die hörenden Leser, mitsamt den Papieren zur Person.

Im Versteck.

Er hat endlich den Löffel abgeben dürfen, damit war er noch zu sehen. Was er damit ausgeteilt hat, ist vorhanden.

[35]

Berzona
Val Onsernone/Ticino
10. Juli 1973

Lieber Uwe,
herzlichen Dank für die Zeichen aus Friedenau von Ihnen beiden. Es tut mir etwas leid, dass die Spital-Rosen so einen first class-Hauch gehabt haben; ein Feldblumenstrauss, eigenhändig gepflückt, hätte mir auch noch besser gefallen, ich werde mich nach Feldern umsehen.
Ihr Eich-Text ist natürlich sehr gut, schön, hermetisch, ich muss zweifeln, ob ich alles begriffen habe; das spräche ja nicht gegen den Text. Ein Gedicht, es hat Zeit zu warten auf mein zunehmendes Verstehen, glaubwürdig steht es da.
Wir also sitzen in diesem Tal, das sich sonnig gibt, aber nicht erzählbar. Ich habe es nochmals versucht. Erzählerposition, Optik. Marianne ist noch gar nicht überzeugt und hat gute Gründe dafür,

ich selber bin noch ungeheilt und habe das Thema noch nicht ausgeschwitzt, morgens erwache ich dran.[97] Gestern war die Sekretärin hier, damit ich erledige, was ich erledigen kann; genötigt zur Durchsicht solcher Papiere sah ich, dass der Check[98] noch nicht eingelöst worden ist, und ich fürchte, er wird immer weniger Wert, da die Mark dem Franken davonläuft. Oder hat etwas nicht geklappt? Dann sagen Sie es mir, damit ich das in Ordnung bringe.
Berlin-München-Zürich, München erschien uns wie Sybaris,[99] Zürich dagegen bescheidener. Das Thema Heimat, ich habe es mir aufgeladen für einen Vortrag vor den Zürcher Studenten, der in Friedenau zu schreiben sein müsste. Wir denken gerne an Friedenau, und das heisst: an Euch Beide. Ich vermute Sie jetzt auf der dänischen Insel, alle sehr gesund. Wir fahren nächste Woche in die Bretagne, ohne genauen Plan, die Gunst des Zufalls herausfordernd, bittend um Schutzengel auf den Strassen; um sie nicht zu strapazieren, verladen wir den kleinen Wagen auf die Bahn von Mailand nach Paris.
Ja, Siegfried Unseld und Hans Mayer waren also in Berzona. GESAMMELTE SCHRIFTEN, nicht vollständig, obschon ich unser Gespräch in der Kneipe nicht vergessen habe oder auf die leichte Schulter genommen.[100]
Ihnen, lieber und verehrter Uwe, wünsche ich die gute Vollendung und Elisabeth und Katharina und Sie grüsse ich in herzlicher Hoffnung auf Wiedersehen im herbstlichen Friedenau
Ihr Max Frisch

97 Vgl. Anmerkung 71 auf Seite 50.
98 Am 3. Juni 1973 hatte Max Frisch in Berlin einen Umschlag mit einem Scheck über 30 000 Franken an Uwe Johnson übergeben; den Umschlag bewahrte Johnson zwischen den Briefen auf. Auf dem Umschlag hatte er sich notiert: »MF vergibt jährlich Sfrs. 90 000.«
99 Griechische Kolonie am Golf von Tarent in Unteritalien. Ende des 8. Jahrhunderts v. Chr. gegründet, sprichwörtlich geworden durch ihren zur Schau gestellten Reichtum.
100 Uwe Johnson hatte immer dafür plädiert, die veröffentlichten Schriften vollständig in die *Gesammelten Werke* in zeitlicher Folge aufzunehmen; vor allem auch jene aus den Anfangsjahren, von denen Max Frisch sich längst distanziert hatte. Herausgeber der Werkausgabe ist Hans Mayer unter Mitwirkung von Walter Schmitz.

[36]
[Max Frisch an Elisabeth und Uwe Johnson]

Berzona
Val Onsernone/Ticino
21. September 1973

Liebe Elisabeth!
(– den Uwe will ich gar nicht anreden, ich vermute, er sitzt in Klausur und über den Dokumenten, die auf einer dänischen Insel fehlen)[101] – es freut mich, von Ihnen ein Zeichen zu bekommen, ein gutes – (und Marianne freut es auch, sie hat's dann doch verziehen, dass Elisabeth sie in der Anrede vergessen hat, nicht auf der Adresse M + M (= ?), und ist nur deswegen betrübt, weil sie an einem sehr schönen Tag an einem sehr schönen Bach hier ausgerutscht ist und etwas gebrochen hat, was wehtut, den allerletzten Knochen vom Steiss, wo der Mensch aufhört, einen Schweif zu haben.) – Wir (um nun doch auch für Marianne zu reden) waren also in der Bretagne, aber das ist lange her, Juli, was Anna Grass weiss, denn wir trafen sie im Halbkreis der ihren.[102] Was nun schöner ist, Ostsee oder Atlantik, können wir (– auch wenn wir Uwe zuzögen) nicht ausmachen; eine Frisch-lesende Insel ist unvergleichbar, und dass dann die Bücher auf einer Insel auch noch, wie Sie sagen, frei herumstehen, ohne Stacheldraht ringsum, ohne Bewachung…
Leider ist so viel nicht lustig. Chile. Wieder einmal so, dass ich nicht mehr weiss, was ich denn nun endlich glaube von Reform ohne Diktatur. Und die Ohnmacht, diese Lebensschule der Ohnmacht; da helfen alle Vorkurse nicht, man lernt's nie. Sagt sich et-

101 Die Familie Johnson verbrachte wiederholt ihre Ferien auf der dänischen Insel Bornholm.

102 Die in Lenzburg in der Schweiz geborene Tänzerin Anna Schwarz hatte 1954 noch als Ballettstudentin Günter Grass geheiratet. »Im Halbkreis der ihren«, damit sind die 1957 geborenen Zwillinge Franz und Raoul, die Tochter Laura, geb. 1961, der Sohn Bruno Thaddäus, geb. 1965, sowie ihr späterer Lebensgefährte Günther Schulz gemeint. Günther (Erwin) Schulz, geb. 1946 in Hermannstadt/Rumänien, hatte dort evangelische Theologie studiert und veröffentlichte seit 1967 in deutschsprachigen Zeitungen und Zeitschriften Rumäniens. Zeitweiliger Mitarbeiter der rumäniendeutschen Literaturzeitschrift *Neue Literatur*. 1970 Übersiedlung nach West-Berlin, dort studierte er Linguistik, Literaturwissenschaft, Psychologie und Soziologie. – Die erste Ehe von Günter Grass wurde 1978 geschieden.

was, sagt Freunden etwas und vergisst zwar nicht. Bis zum nächsten Schlag. Es funktioniert einfach, das Verhältnis von Kapital und Armee; dass es längst durchschaut ist, stört keine Armee. Die chilenische ist auch wieder mit schweizerischen Waffen versehen.

Und hier? Sechs Schönwetterwochen, jeder Abend mit Essen im Freien, Gäste. Jetzt regnet und regnet es, aber mein Herr Geiser liegt trocken in einem Fach, vergessen, nachdem ich ihm dann noch einmal aus einer veränderten Erzählposition zugesetzt habe; er mag nicht mehr, und ich verstehe das.[103] Und ich habe vorläufig Unterschlupf bei der simpelsten aller Erzählpositionen: ich schreibe grad auf, wie es beim Militär 1939-1945 war.[104] Wie eigentlich? Ich kam drauf, weil ich von Landesverräter-Exekutionen etwas las.[105] Der Ton solcher Dokumente, dieser heimatliche Ton. Und nun ging's wie mit einer alten Schublade, wenn man etwas nachsehen will, und da fällt die ganze Schublade heraus; ich habe mir mehr verschwiegen, als ich vermutet hätte. Der Effekt militärischer Rituale: die Unterwerfung, die man nachher verdrängt, durch systematische Entmündigung en detail. Also eine Art von schriftlicher Räumungsarbeit; ich hoffe aber, in wenigen Tagen damit fertig zu wer-

103 »Herr Geiser« ist sowohl der Protagonist in der (Fragment gebliebenen) Erzählung *Klima* als auch die Hauptfigur der Marianne Frisch zugeeigneten Erzählung *Der Mensch erscheint im Holozän.*

104 Max Frisch schrieb zu dieser Zeit an seinem Prosastück *Dienstbüchlein*, das 1974 als suhrkamp taschenbuch veröffentlicht wurde.

105 Anlaß war die zweiteilige Reportage von Niklaus Meienberg, die am 11. August 1973 im *Tages-Anzeiger-Magazin* unter dem Titel *Die beste Zigarette seines Lebens. Tod durch Erschiessen* sowie am 18. August 1973 unter dem Titel *Ernst S. Landesverräter. Tod durch Erschiessen* erschienen war. Zunächst fragmentarisch waren hier erste Erkenntnisse der Recherchen zum *Landesverräter Ernst S.* zusammengetragen. Im ersten 1975 im Luchterhand Verlag (Darmstadt/Neuwied) erschienenen Buch von Niklaus Meienberg *Reportagen aus der Schweiz* macht diese historische Untersuchung bereits rund ein Viertel der insgesamt acht Reportagen aus, die ursprünglich als »Auftragsarbeit«, so Meienberg, bei Suhrkamp Zürich erscheinen sollten (vgl. S. 91-98). 1977 wird der Luchterhand Verlag die Reportage von Niklaus Meienberg *Die Erschießung des Landesverräters Ernst S.* in erweiterter Form auch als Taschenbuch herausbringen, ergänzt durch ein Nachwort von Ko-Filmautor Richard Dindo, während der gleichnamige Film fortwährend für Schlagzeilen in den Medien sorgt. Es ist eine der radikalsten Abrechnungen der »jungen Generation« mit der Schweiz des Zweiten Weltkriegs.

den, nachdem ich fünf Wochen nichts andres mehr habe denken können.
Marianne wird Uwe an der Buchmesse hören, danach fahren wir kurz nach Budapest als Entspannungs-Marionetten, dann nach Friedenau – wir freuen uns auf Euch!
Herzlich (– so viel mögen Sie den Uwe wissen lassen –)
Euer Max Frisch

Und Marianne grüsst aus einem Bett voller Bücher

[37]
[Ansichtskarte »Luftkurort Weilburg/Lahn«;
handschriftlich durchgestrichen und statt dessen »Hamburg« eingefügt]

Hamburg
4. Dezember 1973

Lieber Herr Frisch,
in Webster's Second ‹1951› noch nicht, aber in Webster's Third ‹1959›:

> skilift a power-driven conveyor for transporting skiers or sightseers up a long slope or mountainside and consisting usual of a series of seats suspended from a motor-driven overhead endless cable.

Nach dem Prinzip der 1873 erfundenen cable car.
Sincerely Marianne's & Yours, U. J.

[38]

Friedenau, am Rathaus
11. Dezember, 1973

An Hauptquartier Sarrazin[106]
am Finanzamt

Lieber Herr Frisch,
bitte, würden Sie die anliegende Karte an Frau Szabó[107] unterzeichnen und sie im ebenfalls beigebogenen Umschlag expedieren?
Die andere Karte bietet Ihnen beiden eine letzte Gelegenheit, eines weit entfernten Geburtstages zu gedenken.
Und nun, ein vorvorletztes Mal, diesmal von der Volkshochschule Marburg, die beliebte Sendung: WAS HAT SIE ZUM SCHREIBEN GEBRACHT? WARUM SCHREIBEN SIE? FÜR WEN – ODER GEGEN WEN – SCHREIBEN SIE?
Eine Antwort ist nicht erforderlich.
Mit herzlichen Grüssen an MariAnn & Sie,
Ihr Uwe Johnson.

106 »Hauptquartier Sarrazin«: mit Anklängen an eine generalstabsmäßige Planung wurde die Feier zum 50. Geburtstag des Verlegers am 28. September 1974 von Uwe Johnson, Max Frisch und der persönlichen Sekretärin Siegfried Unselds, Burgel Zeeh, vorbereitet. Sie planten, dem Verleger eine sorgsam angefertigte Kassette zu überreichen, in der eine Sammlung einzelner Bögen enthalten sein sollte, die jeweils von den Autoren und Autorinnen des Verlages gestaltet werden sollten. Material und Größe der Bögen war vorgegeben; der künstlerischen Vorstellungskraft des einzelnen wurden keine Grenzen gesetzt. Die umfangreichen Vorarbeiten dieser Geburtstagsaktion sollten möglichst geheim bleiben. Die Bitte um entsprechende Beiträge wurde von Max Frisch und Uwe Johnson gemeinsam unterzeichnet.
107 Magda Szabó, geb. 1917 in Debrecen/Ungarn. Nach einem Studium der Alt-Philologie unterrichtete die aus einer Gelehrtenfamilie stammende Autorin zunächst als Gymnasiallehrerin, von 1945 bis 1950 war sie im Ministerium für Kultur und Unterricht tätig. Seit 1959 arbeitet sie als freie Schriftstellerin.

1974

[39]
[Ansichtskarte »Berlin, Museum, 1 Berlin 61, Lindenstraße 14« »Berliner Weißbier- und Schnapsgläser, 19. Jahrhundert«]

[Berlin West 41
Stierstrasse 3]
6. Februar, 1974

Lieber Herr Frisch,
hier kommt nun die Empfangsbescheinigung für Herrn Koeppen,[108] die Sie, bitte, mit Ihrer Unterschrift auf die Post bringen wollen. Gewiss bin ich mir bewusst, dass Sie meine Formulierungen oft nur mit Vorbehalt unterschreiben, aber die Beiträge landen nun einmal bei mir und die Lieferanten wüssten immer gern gleich von der Ankunft (Herr Koeppen hat sogar angerufen).
Mit herzlichen Grüssen für MariAnn & Sie,
Ihr Uwe Johnson.

[40]
[Ansichtskarte »Das Schauspielhaus auf dem Gendarmenmarkt, Aquatintaradierung von Schinkel/Jügel, Berlin Museum«]

[Berlin West 41
Stierstrasse 3]
13. Februar, 1974

Lieber Herr Frisch,
bitte, würden Sie die anliegenden Briefe an Frau Zeeh und die Gegner des Projekts WALKÜRE[109] signieren und zusammen mit der Liste in dem angehefteten Umschlag auf die Post bringen.

108 Der 1906 in Greifswald geborene und 1996 in München gestorbene Wolfgang Koeppen war nach dem Studium der Theater- und Literaturwissenschaft sowie der Philosophie als Journalist, Dramaturg, Schauspieler, Filmautor und Redakteur am *Berliner Börsen Courier* tätig. Als freier Schriftsteller lebte Wolfgang Koeppen in München. Er hatte sein Blatt für die Geburtstagsgabe an den Verleger offensichtlich fristgerecht abliefern können.
109 Unter dem Stichwort »Projekt WALKÜRE« wurden gemeinsam von Burgel Zeeh, der persönlichen Sekretärin von Siegfried Unseld, Max Frisch und Uwe Johnson die »höchst geheimen« Vorbereitungen zum 50. Geburtstag des Verlegers getroffen. »Gegner des Projekts« waren jene Angeschriebenen, die noch

Die 2 Blätter Durchschlagspapiers sind für Ihre Akten bestimmt. Wie Sie aus der umseitigen Darstellung ersehen, muss ich bald wieder einmal verreisen: die Theater[110] gehen mir aus.
Mit herzlichen Grüssen an MariAnn & Sie,
Ihr Uwe Johnson.

[41]
[Ansichtskarte]

[Berlin West 41
Stierstrasse 3
ohne Datum]

Lieber Herr Frisch,
bitte, würden Sie wieder einmal, die anliegenden Karten an die Mitarbeiter Hrabal, Janker, Pedretti und Poss[111] datieren & signieren & kuvertieren & expedieren?
Was diese Karte betrifft, so habe ich Ihnen unstreitig schon schö-

keine Blätter geliefert hatten. Walküren sind in der germanischen Mythologie jene Heldenjungfrauen, die nach Wodans Befehl die auf dem Schlachtfeld (Walstatt) Gefallenen für Walhall auswählen. In *Der Ring des Nibelungen*, jenem Bühnenfestspiel von Richard Wagner, das für drei Tage und einen Vorabend konzipiert wurde, bildet *Die Walküre* das zweite Stück vor *Siegfried* und der *Götterdämmerung*. – Der 20. Juli 1934 war Uwe Johnsons Geburtstag; vielleicht hat er deshalb diesem Unternehmen den etwas eigenwilligen Namen gegeben. Historisch betrachtet war »Walküre« das Stichwort, mit dem am 20. Juli 1944 nach dem Attentat von Oberst Claus Graf Schenk von Stauffenberg auf Adolf Hitler der Staatsstreich ausgelöst werden sollte.

110 Anspielung auf das Motiv der Ansichtskarte, das »Das Neue Schauspielhaus in Berlin« in einer Aquatintaradierung von Schinkel/Jügel zeigt.

111 Bohumil Hrabal, geb. 1914 in Brünn, gest. 1997 in Prag. Nach einem Jura-Studium, das er 1946 in Prag mit der Promotion abschloß, führte er ein wechselvolles Leben. Seit 1963 arbeitete er als freier Schriftsteller und gehört wohl neben Václav Havel und Milan Kundera zu den bekanntesten tschechischen Autoren. – Josef W. Janker, geb. 1922 in Wolfegg/Württemberg, Erzähler. Nach einer Zimmermannslehre wurde er 1941 zum Kriegsdienst eingezogen, kehrte 1945 schwerkriegsbeschädigt aus der Gefangenschaft zurück. Lebt in Ravensburg. – Erica Pedretti, geb. 1930 in Sternberg/Mähren, schweiz. Schriftstellerin. Seit 1945 Besuch der Kunstgewerbeschule Zürich; von 1950 bis 1952 arbeitete sie als Goldschmiedin in New York, dann in Celerina im Engadin und seit 1954 in La Neuveville bei Bern. – Alf Poss, geb. 1936 in Ulm. Nach einem Studium der Philosophie in New York und der Publizistik an der Hochschule für Gestaltung in Ulm, lebt Alf Poss als Dramatiker und Prosa-Autor in München.

nere Theater geschickt. Aber, bitte, wollen Sie das mögliche Innere des Gebäudes bedenken.
Mit herzlichen Grüssen an MariAnn & Sie,
Ihr Uwe Johnson.

[42]
[Ansichtskarte]

[Berlin West 41
Stierstrasse 3]
3. März 1974

Lieber Herr Frisch,
bitte, würden Sie die beiliegende Karte unterzeichnen und in dem beiliegenden Umschlag an Herrn Augustin auf die Post bringen?[112]
Sein Blatt ist in der Tat lustig; meine andere Entschuldigung für den Text ist, dass übertriebenes Lob angebracht wäre.
Bis 13. März bin ich verreist;[113] danach hoffe ich Sie beide doch noch zu sehen.
Mit herzlichen Grüssen,
Ihr Uwe Johnson.

[43]

Planquadrat Rathaus
10. März, 1974

Lieber Herr Frisch,
heute bin ich wieder einmal auch in Friedenau, wo Sie leben,
aber ich mag Sie nicht stören durch einen Überfall in Person,
und bin ja auch nur gekommen auf jenen Sprung, in dem man die dringendsten Geschäfte erledigt (Einladung zur Anthologie

112 Ernst Augustin, geb. 1927 in Hirschberg/Schlesien, ist in Mecklenburg aufgewachsen, hat in Rostock und Ost-Berlin Medizin studiert und an der Charité seinen Facharzt für Psychiatrie und Neurologie abgelegt. Von 1958 bis 1961 leitete er ein amerikanisches Krankenhaus in Afghanistan. Danach arbeitete er als Stationsarzt in einer Münchener Nervenklinik. Heute lebt er als psychiatrischer Gutachter und freier Schriftsteller in München.

113 Auf einer Lesereise hielt sich Uwe Johnson vom 4. bis zum 12. März 1974 in Frankfurt, in Luxemburg, in den Niederlanden (Rotterdam, Amsterdam, Groningen, Nijmwegen) und in Menden auf.

MEIN ERSTES GELESENES BUCH, VORLESEN ZUR KIELER WOCHE DES P. E. N., bitte sendet sogleich POETOLOGISCHE ANMERKUNGEN ZUM ROMAN, sic & etc.),
so dass kaum Zeit bleibt für das Jahrhundert-Unternehmen WALKÜRE.
Bitte, würden Sie die anliegenden Karten signieren und zusammen mit den anliegenden Umschlägen auf die Post setzen?
Wenn Ihnen die etwas karge Form des Dankes an Herrn Hacks[114] missfällt, so wäre ich entschuldigt durch den Umstand, dass sie seinem Beitrag entspricht. Es läge bei Ihnen, diese Version zurückzuhalten.
Peter Handke (77, Bv. de Montmorency, F-75016 Paris 16e) hat mitgeteilt: »I'm trying hard«. Vielleicht wünschen Sie ihn zu ermutigen.
Über eine Anfrage von Gershom Scholem wären wir wahrscheinlich einig, aber ich schiebe eine Antwort auf, bis wir darüber haben beraten können.
Von der Reise hätte ich vornehmlich zu erzählen die Themen: Siegfried Unselds Verständnis einer Literaturzeitung, wie er einen Geburtstag feiern möchte –, was er sich dazu schenken will.[115]
Mit herzlichen Grüssen an Marianne und Sie,
Ihr Uwe Johnson.

[44]
[Max Frisch an Elisabeth und Uwe Johnson]

New York City
[5thAvenue Hotel]
6. April 1974

Liebe Elisabeth und lieber Uwe,
ich bin Ihnen dankbar – fuer vieles, aber diesmal: dass Sie, nach meiner Abreise, Marianne betreut haben. Das ist lieb.

114 Peter Hacks, geb. 1928 in Breslau, Schriftsteller. Der Sohn eines Rechtsanwaltes studierte Soziologie, Philosophie, Literatur- und Theaterwissenschaft in München. 1955 übersiedelte er in die DDR und arbeitete im Brecht-Ensemble im Theater am Schiffbauerdamm mit. Von 1960 bis 1963 war er Theaterdichter am Deutschen Theater in Berlin. Lebt als freischaffender Schriftsteller in Berlin.
115 Zum Auftakt seiner Lesereise hatte Uwe Johnson am 4. März 1974 Siegfried Unseld in Frankfurt getroffen.

Und nun bitte ich Sie zu glauben, dass es in keinem Zusammenhang damit steht, wenn ich Ihnen heute schreibe, was ich nicht mehr muendlich habe sagen koennen, weil Marianne zugegen gewesen ist und davon vielleicht nicht wissen soll; die Aktion England.[116] Ich bin traurig, wenn Sie einmal Berlin verlassen, und ich verstehe den Plan, glaube ich, sehr gut. Das koennte richtig sein. Das Darlehen, das Sie dafuer brauchen, 120 000 DM, wie Sie sagten, kann ich ohne weiteres geben, und es waere mir sogar willkommen; das Geld ist nun einmal da, viel zu viel fuer mich und auch fuer Marianne, und es erheitert mich ja nicht, dass ich es Konzernen darlehe. Sie haben mich nicht darum gebeten, ich denke, das muesste es Ihnen eigentlich leichter machen, ein solches Darlehen von mir anzunehmen. Dabei meine ich allerdings: zinslos. Es waere absurd, wenn Sie, Uwe, auch noch zu meiner Bereicherung arbeiten sollten.
Ihre Gruesse an Helen Wolff und Hannah Arendt[117] habe ich bestellt und damit Freude gemacht, ich habe behauptet, es gehe Ihnen Beiden gut.
Der Ort, wo ich mich vorlaeufig befinde, erinnert mich an sehr schwere Fehler, so sitze ich oft im Hotel und versuche zu denken, seit der Landung ohne Alkohol (nur bei einem dinner in der Schweizerischen Botschaft brauchte ich Wein) –
Liebe Freunde, ich gruesse Euch herzlich.
Max Frisch

116 Gemeint ist der Plan der Familie Johnson, Berlin zu verlassen und einen Wohnsitz in England zu suchen.

117 Hannah Arendt, geb. 1906 in Linden bei Hannover, gest. 1975 in New York. Die Professorin für politische Philosophie hatte Philosophie, Theologie und Griechisch in Marburg, Heidelberg und Freiburg studiert und wurde 1929 in Heidelberg bei Karl Jaspers promoviert. Vorübergehend von der Gestapo verhaftet, mußte die Jüdin Hannah Arendt emigrieren. Bis 1940 lebte sie in Frankreich im Exil, 1941 mußte sie nach Amerika auswandern. Nach einer Tätigkeit als Verlagslektorin und politische Publizistin erhielt sie 1963 eine Professur an der Universität Chicago. 1967 nahm sie eine Professur an der »New School for Social Research« an. Helen Wolff lernte Hannah Arendt Mitte der vierziger Jahre kennen, als diese zwischenzeitlich als Cheflektorin bei Schocken Books arbeitete. Seitdem waren die beiden miteinander befreundet. Zu Helen Wolff vgl. Seite 23, Anm. 25.

[45]

Friedenau, beim Flugplatz Tempelhof
8. Mai, 1974

Lieber Herr Frisch,
Sie mögen sich gewundert haben, dass aus unserer Ecke so gar nichts Schriftliches kam; uns war es auch nicht recht. Aber inzwischen waren auch wir auf einer Reise[118] und wussten nicht, wo denn zwischen Montreal und Cincinnati Sie festgehalten waren, ob zu Lande oder in der Luft; nunmehr mit etwas sicherer Gebärde können wir Ihnen dies zuwerfen an eine Stelle in Manhattan, wo wir Sie zuverlässig vermuten sollen.
Wieder in Berlin, luden wir Marianne ein; ihre Gegenwehr war nicht beträchtlich. Auf den ersten Anhieb kam das nicht zustande: wenn Einer sie von unterwegs anruft an einem Sonnabend vormittags, hört sie ihr Telefon nicht klingeln. Sie ist eben eine Bürgerin von Friedenau, um diese Zeit hat sie zu tun auf dem Markt. Am Montagabend aber kam sie, zunächst amerikanisch verkleidet, und erschien uns als wohlbehalten; das sagte sie selbst. Nur am Tag nach unserer Abreise will sie etwas unruhig gewesen sein, aber da waren ja die Häuser Graß und Höllerer wieder besetzt, sie hat sich eine Zeit mit Renate Höllerer[119] unterhalten mit dem Ergebnis, dass da gar nichts war. Mittlerweile möchte sie der Annahme zustimmen, dass sie eben »Abschiede nicht gut kann«. Sie wird morgen noch einmal zu dem Arzt am Südwestkorso gehen, aber bloss aus Höflichkeit, nämlich Treue gegen eine einmal getroffene Verabredung. So fehlt ihr also nichts an Herz wie Nieren wie am kleinen Zeh; das Fehlende sind Sie, und sie freut sich sehr auf Ihre Rückkehr in der kommenden Woche. Das soll nicht heissen, dass sie nicht allein fertig würde mit einer grossen leeren Wohnung, im Gegenteil, da waren auch Besuche vieler Art, Gänge in Kulturanstalten wie Kinos und Theater, sie war beschäf-

118 Die Reise (verbunden mit Lesungen) führte die Familie vom 22. April 1974 bis zum 5. Mai 1974 nach Frankreich und nach München. Am 6. Mai 1974 trafen die Johnsons dann wieder in West-Berlin mit Marianne Frisch zusammen, so der Eintrag im Kalendarium.

119 Als Photographin hat sich Renate von Mangoldt, die 1940 in Berlin geborene Ehefrau Walter Höllerers, einen Namen gemacht; neben einer Reihe von Photobüchern hat sie zahlreiche Autorenporträts veröffentlicht.

tigt, ist aber doch froh, dass das sich nun bald ändern wird. Es versteht sich, dass wir unzufrieden sind: ihre schriftliche Auseinandersetzung mit Ruby[120] musste sie auf eine noch längere Bank schieben als bereits bekannt. Nun werden Sie befriedigt sein: ein Besuch bei uns kann eine Qual sein für eine reformierte Nichtraucherin, in der vierten Stunde bat sie um eine Zigarette. Ich war für gewaltsame Verweigerung, Elisabeth wollte die unabhängigen Gastrechte gewahrt sehen; Marianne bekam, was sie wollte. Dann machte sie das Ding nach zwei Zügen aus. »Es schmeckt mir nicht mehr.« Und übermorgen, glaube ich, ist sie mit Katharina im Tiergarten verabredet, zum Ping-Pong; mit dem Ankauf eines Fahrrades wird sie nun aber wohl doch warten, bis sie ihn mit Ihnen beraten kann.

Zu berichten hatten wir ihr über unsere Reise, denn sie hatte sich durch Stiftung eines Michelin-Führers zu deren Patronin gemacht. Die Reise ging also durch Frankreich, Paris-Bordeaux-Toulouse-Montpellier-Marseille-Lyon-Nancy-Strasbourg, aber ohne Aufsicht durften wir selten essen. Es war also kein Vergnügen; gemeint war sie ohnehin etwas caritativ: die »Mutmassungen über Jakob« stehen in diesem Jahr auf dem zentralen französischen Examensprogramm für angehende Deutschlehrer, sind Gegenstand noch anderer riskanter Prüfungs-Wettbewerbe, so dass ich den Kandidaten noch in letzter Minute Material gegen ihre beamteten Parzen liefern wollte. Angenehm war dabei, dass die Fragen auf das gingen, was in dem Buch steht, nicht darauf, warum Einer das wohl geschrieben hat. Dennoch, als ich die Exkursion mit Vorlesen in einem bayerischen Sanatorium abschloss, drückte die Ärzteschaft ihre Gastfreundschaft nicht nur mit einem Honorar aus, sondern mit der Einladung, noch ein paar Tage zu bleiben, zu einer General-Untersuchung. Dem entzog ich mich durch Flucht in den Norden.[121] Unterwegs traf ich Tankred Dorst, so habe ich Grüsse für Sie.

120 Marianne Frisch sollte auf Bitten von Uwe Johnson ihre »Ruby Rosa«-Geschichten, die sie ihm erzählt hatte, aufschreiben. Dafür hatte Johnson ihr gleich eine Reihe von Schreibheften mitgebracht.

121 Das Sanatorium in Bad Wiessee mußte Uwe Johnson dann doch zur Jahreswende 1976/77 für einige Wochen zur Rehabilitation aufsuchen. Einen Teil der Rechnung beglich Max Frisch, wie aufgrund eines im Max Frisch-Archiv aufbewahrten Belegs zu erschließen ist.

Er erzählte mir von dem Zyklus seiner neun Projekte,[122] der erschien mir während dessen als ein episches Unternehmen, mit unzähligen Versprechen von plastischer Realität. Nachher, bei der Lektüre des ersten Stücks (»Auf dem Chimborasso«) erkannte ich das Erzählte kaum. Das soll mir abermals eine Lehre sein.
Inzwischen machte Elisabeth mit Katharina einen Abstecher in die Schweiz, nach Basel. Da hat sie Verwandtschaft, die ist beteiligt an dem Unternehmen, für reisewillige Chilenen das Fahrgeld zu sammeln, ihnen Unterkunft zu geben, Arbeitsplätze zu vermitteln. Die Leute versichern, dass Ihr Brief an den schweizerischen Bundesrat dem Projekt viel Reputation und eben auch praktische Erfolge verschafft habe.[123] Von denen, auch wenn sie Sie nicht kennen, sollen wir also grüssen.
Vorgestern war die angesammelte Post wenigstens geordnet, und es hätte folgen können, was man in diesem Gewerbe so Arbeit nennt. (Die Klagenfurt-Geschichte ist fertig, aber es hat sie noch Keiner gelesen, da wünschte ich mir Sie als Ersten.)[124] Was wir tatsächlich gestern gemacht haben, Sie werden es sich denken: den ganzen Tag bis in den Abend hörten und sahen wir die Nachrichten und Folgen des Rücktritts von Willy Brandt;[125] mit fast eindeutigen Meinungen

122 Zwischen 1970 und 1985 schrieb Tankred Dorst an einem Zyklus von Stükken und Filmen, in denen bürgerliche Familiengeschichte von den zwanziger Jahren bis in die Gegenwart vor dem Hintergrund politischer Ereignisse, von Herrschaftsverhältnissen und Ideologiebildungen behandelt wird. Zuerst entstand 1975 mit *Auf dem Chimborazo* jenes Theaterstück, das als eine Art Epilog auf die bürgerliche Familie am Ende des Zyklus *Deutsche Stücke* steht.
123 Am 7. März 1974 hatte Max Frisch in der *Süddeutschen Zeitung* und am 8. März 1974 in der *Frankfurter Rundschau* einen *Offenen Brief an den Schweizerischen Bundesrat* gerichtet. Mit dem Brief erhob er Einspruch gegen den Beschluß des Bundesrates vom 23. Februar 1974, mit sofortiger Wirkung einen Visum-Zwang für chilenische Staatsbürger einzuführen. Auf diesen Brief hat Frisch nie eine Antwort des Bundesrates erhalten. Vgl. GW, Bd. 6, S. 519-521.
124 Uwe Johnson, *Eine Reise nach Klagenfurt* wurde als suhrkamp taschenbuch 1974 veröffentlicht. Das Original des Typoskripts befindet sich heute im Max Frisch-Archiv in Zürich mit dem handschriftlichen Vermerk Uwe Johnsons auf der ersten Seite:
»Dies habe ich Max Frisch geschenkt am 18. Mai 1974:
Uwe Johnson.«
Max Frisch war am 15. Mai 1974 aus New York nach Berlin zurückgekommen. Johnson hatte ihn am 17. und am 18. Mai besucht.
125 Willy Brandt, geb. 1913 in Lübeck, gest. 1992 in Unkel, war am 6. Mai 1974 von seinem Amt als Bundeskanzler zurückgetreten, nachdem sein persönlicher

fingen wir an, jetzt frisst fast jeder Vorbehalt den anderen auf. Auch darüber also möchten wir gerne mit Ihnen sprechen. Zwar nicht gleich auf dem Flughafen. Da werden wir Sie fragen: Did you come by boat? or by train? How did you like – – –?
Mit herzlichen Grüssen,
Ihr Uwe Johnson.

[46] Brief

[Berlin West 41
Stierstrasse 3]
2. Juli, 1974

Lieber Herr Frisch,
hier soll es manchmal recht angenehm regnen. Das erfahre ich abends von Elisabeth, denn offenbar blicke ich tagsüber nicht aus dem Fenster. Doch bleibe ich der friedenauer Nachbarschaft verbunden durch den vielfältigen Aufschrei und das Stöhnen, das bei gewissen Fernsehübertragungen in die abendlichen Strassen dringt.[126] Das aber können Sie haben, wo Sie sind, sollten Sie da sein. Gestern abend war Ihr Telefon einsam.
In der Anlage kommt ein Brief an Frau Zeeh, eine »Walküre«[127] angehend.
Erlauben Sie, dass ich unser Vorgehen noch einmal zusammenfasse: Frau Zeeh schickt uns 50 Mappen in jener Farbe, für die Sie optieren werden. Wir legen die Beiträge in die Mappen und schikken Ihnen alles durch die Luft, eingeschrieben und durch reitenden Boten. Dann lassen Sie die Mappen mit Namen versehen und geben das Rohkunstwerk zum Massnehmen an Ihren Kassettenkünstler.

Referent Günter Guillaume als Spion des Staatssicherheitsdienstes der DDR entlarvt worden war. Als Außenminister und Vizekanzler der Großen Koalition bemühte er sich seit 1966 um eine Aktivierung der Ostpolitik. Im Oktober 1969 war der Vorsitzende der SPD zum Bundeskanzler der SPD/FDP-Regierungskoalition gewählt worden.

126 Die Fernsehübertragungen der Spiele zur Fußballweltmeisterschaft vom 13. Juni bis zum 7. Juli 1974 in Deutschland, bei der die Mannschaft der Bundesrepublik in der Vorrunde gegen die DDR verlor, dann aber doch das Endspiel erreichte und gegen die Niederlande Weltmeister wurde.

127 Vgl. hierzu Seite 72, Anm. 109.

Nun kommt eine Frage: Wann hören wir auf? Eine Mappendicke für einen Beitrag von Hans Mayer sollte man doch wohl einkalkulieren. Professor Henrich[128] hat mir noch eine Sendung angekündigt, die hoffentlich bis zum 17. Juli, dem Tag unserer Abreise, eintreffen wird. Was aber danach kommt, geht automatisch an die Adresse Frau Zeehs, entweder in den Verlag oder ihre alte Wohnung (wo eine Freundin die Post pflegt). Erst ab 8. August könnte Frau Zeeh Ihnen dann wieder die etwa eingelaufenen Nachläufer übersenden. Wollen wir als endgültig letzten Termin den 10. August setzen? dann hätten Sie für die Kassette noch sechs Wochen. Bitte, würden Sie Frau Zeeh Ihre Meinung in dieser Sache schreiben, auch wo Sie dann sein werden?
Das Ms. haben wir hinterlegt bei dem Mann mit dem brechtischen Namen, Herrn Jakob Kraetzer.[129] Es ist festgehalten und niedergelegt, dass nur Sie, Elisabeth oder ich, jeder einzeln, es bei ihm abfordern dürfen. Durch einen Mangel an Aufmerksamkeit ist es bei Herrn Kraetzer als ein Ms. von mir; das haben wir am Ende aber gar nicht schlimm gefunden, eher praktisch.
Lieber Herr Frisch, nach Ihrem Ergehen stellen wir uns viele Fragen, die kennen Sie. Sie wissen aber auch, dass wir Ihnen eine Lösung wünschen, mit der Sie ohne Verletzungen und Störung leben könnten, dies zumindest.
Mit herzlichen Grüssen,
Ihr Uwe Johnson.

128 Der Philosoph Dieter Henrich, geb. 1927 in Marburg, ist ebenfalls ein langjähriger Autor des Suhrkamp Verlags. Von 1960 bis 1965 lehrte er an der FU Berlin, 1965 folgte er einem Ruf an die Universität Heidelberg. Von 1981 bis zu seiner Emeritierung lehrte er dann an der Universität München. Ständige Gastprofessuren verbanden ihn zunächst mit der Columbia University, New York, und seit 1983 mit der Harvard University.
129 Bei dem Manuskript handelt es sich um einen Teil des sog. *Berliner Journals*, »ein Tagebuch von Zeit zu Zeit«, das Max Frisch mit einer Frist bis ins Jahr 2011 für die Veröffentlichung gesperrt hat.

[47]

[Berlin West 41
Stierstrasse 3]
4. Juli, 1974

Lieber Herr Frisch,
die Mappendicke für Hans Mayer braucht nicht mehr reserviert zu werden: gestern hat er sein Blatt abgeben lassen.[130] Es ist ausgeführt nach dem Motto »Nicht jedes Kind heisst Paul Klee« und zeigt sämtliche Verlage, mit denen er mal zu tun gehabt hat.
Where are you –? Gestern abend schien im Birkenweg von Küsnacht kaum jemand zu Hause als das Telefon.
Im Namen von Elisabeth soll ich Ihnen beichten, dass wir insofern bekehrt sind, als wir die abendlichen Fussball-Übertragungen eben doch ansehen, getreu Ihrer Anweisung.
Mit herzlichen Grüssen,
Ihr Uwe Johnson.

[48]
[Greetings Telegram]

Kuesnacht
20. Juli 1974

Uwe Johnson
c/o Mr. Guiot 17 Pelham Road
Bexleyheath DA74LT
[Kent]

40 JAHRE UND DIESES GROSSE WERK LIEBER UWE ICH BEGLUECKWUENSCHE SIE IN VEREHRUNG UND DANKBAR FUER DIE FREUNDSCHAFT UND AUF WIEDERSEHEN MIT EUCH HERZLICH
MAX FRISCH

130 Hans Mayers Blatt als Beitrag für die Geburtstagskassette von Siegfried Unseld.

[49]
[Brief Uwe Johnson an Max Frisch]

Bexleyheath, Kent DA7 4LT, England
4. August, 1974

Lieber Herr Frisch,
den Worten Ihres Telegramms vor zwei Wochen hat die hiesige Post allerlei bunte Tiere zugesellt, frei wohnhaft in drei Elementen und ich bedanke mich in verlegener Haltung. Dies kommt verspätet, wegen Wartens auf einen zweiten Funkspruch, der Quartier befähle in Ihrem bescheidenen Hotel an der Dover Street, wo man Sie sehen könnte.
Zu melden haben wir inzwischen Erkundungen in Sheerness-on-Sea, in der Gresham Street, in Croydon, Canterbury, Dover, Bornemouth, Herne Hill, Brighton, Herne Bay, Sheerness-on-Sea. Diese Liste zeigt nicht viel Anhänglichkeit für Bexleyheath.
Wir geben das zu. Von Heide kaum Spur, das Feld ist zugestellt mit Reihenhäusern in wenig mehr als vier Mustern, durchquert von einem Broadway, der ein Gemeinwesen bloss herstellt als Einkaufsstätte; weiterhin erweisen sich Vorurteil und Unwissenheit der fremden Besucher in der Krankheitsbeschreibung Suburbia. Die sind blind von der Erinnerung an einen anderen Broadway, wo zwar auch das Verhältnis zwischen Lebensdauer der Gebrauchsartikel und dafür aufgewandter Arbeitszeit sein Peinliches hatte. Besser beraten wäre die Aufmerksamkeit der Touristen, richtete sie sich auf die vielen Männer, die nach der Arbeit, am Wochenende mit Lötkolben und Pinsel an den Giebeln ihrer Häuser tätig sind, auf den Nachbarn, der seinen Rasen nahezu jeden zweiten Tag rasiert, auf sie selber, die dem Vermieter seine Liebe zu eigenen Rosen treulich weiterführen, mit Gartenschere und Bindfaden in der Hand.
– It's a small house, but we love it; ermahnte uns der Inhaber der oben angegebenen Adresse zum Abschied, und wir gehen auf seinen Teppichen bloss auf Strümpfen. Er hat recht wie jene Leute, deren einer die Gartentür aufmachen musste, wollte der andere sich in die Tasche greifen; bei ihm ist es die Kühlschranktür, die nur zu öffnen ist, wenn zwischen den übrigen Gegenständen in der Küche ein genau bestimmtes Verhältnis herrscht. Das soll uns eine Warnung sein. Also machen wir es wie die anderen und übernachten hier bloss.

Das Einkaufen liefert etwas Exotik mit dem nationalen Geschmack am Brot und im Fleisch, dem Kummer der Zugewanderten, und wieder nicht, wenn sie Läden wie CO-OP oder SPAR wiedererkennen oder die Wahl haben zwischen Smith's Radiergummis made in Germany oder einer Feinstrumpfhose namens »n u r dee«. Wie anderswo steht hier eine junge Frau, den Blick starr auf das Spülmittel in ihrer Hand gerichtet und verrät allein durch die Kopfhaltung, dass es ihr Partner ist, der von hinten mit einer anderen Packung an sie herantritt, schon spricht sie vertrauensvoll ins Leere, hat ihn weder gesehen noch gehört und spürte seine Anwesenheit die ganze Zeit; übrig und bekannt bleibt die Frage, womit und wie sie das tut. Das war im Supermarkt von Sainsbury, jenem, der sich gelegentlich durch die vorangesetzte Initiale J etwas Menschliches verleiht und der einem noch Streichhölzer verkauft, auf deren Schachteln er die eigene Firma lobt, good food costs less at Sainsbury's, es steht da aber auch gedruckt: Product of Czechoslovakia. Sollen doch die Tschechen und Slowaken ihre Wälder dem Todfeind opfern... es sind recht dicke Hölzer, fast stämmig zu nennen.
Vielleicht ist es die Vorläufigkeit des Aufenthaltes, die Wahrnehmung im Unverbindlichen zurückhält und den Aufstieg zur Erfahrung oder ins Urteil verhindert. So ging es mit den Jugendlichen auf der Hafenmole von Dover, die die gefangenen Fische lebend in Plastiktüten verenden lassen oder mit dem Fahrrad totzufahren versuchten; dagegen sah der fachmännische Schlachtakt bei einem Soldaten auf Urlaub geradezu human aus. So ging es bei einem Zwischenfall im nassen Wald bei Croydon, als eine Frau den abfahrenden Bus gerade noch erreichte, unbeherrscht schluchzend, weil sie von einem Mann belästigt worden sei, worauf der Schaffner sich in Hilfspolizei verwandelte und eine der Zuhörerinnen unter den Fahrgästen in der Vorstellung des möglichen Geschehens trocken aufschluchzte, selig im Genuss und dem Verschontsein davor. Es reicht zum Merken. Es will sich nicht verwandeln. Neulich in Bornemouth brannte die Küstenbepflanzung dicht hinter einer Reihe hölzerner Häuschen, prächtig kamen Feuerwehr und Polizei anmarschiert, dichte Trauben Zuschauer setzte die Szene an den Rändern an; da sass aber ein Badegast, zwar mit einem Becher Tee, mit dem Rücken zu dem anregenden Lärm des Schauspiels, so dass zu entscheiden wäre, ob der genug hatte von Feuern oder seinen Son-

nenbrand im Schatten halten wollte. Es will dann aber keine Geschichte werden.
Die mitgebrachten Geschichten, allerdings, unterlassen solche Fluchtversuche.
In der Gresham Street nun ist der Sitz der Swiss Bank Corporation. Dort wurden wir in ein Kundenzimmer gesperrt, wie es im Fernsehen nicht vorkommt, selbst wenn man Geld abholt statt es zu bringen, es war ein stumpfwindiges Loch, ohne Fenster und bloss ernährt von Klimaschlitzen in den Akustikwänden und Neonstrahl. Katharina sagte: Hier kann man sein Geständnis unterschreiben. Unterschreiben mussten wir dann bei Mr. Burnier (sprich: Börni-i) eine ganze Menge, man kann es wohl Geständnisse nennen. Jedoch war er mit durchaus rechtlichen Manieren bemüht, uns hinzuweisen auf bestehende Vorschriften und Möglichkeiten, sie mit Achtung zu umgehen. Jetzt, nach gut zehn Banktagen, sucht er offenbar immer noch nach Leumundszeugen, damit er sich an die Führung eines Kontos für uns überhaupt traut. – Es gibt so viele böse Menschen: sagte er, sah Elisabeth an, darauf mich, setzte hinzu: in der Welt.
Bahnsteigplakate fordern uns nicht nur auf zum Erwerb von Gegenständen, zuweilen laden sie ein zu einer anderen Sorte von Verhältnis: What platform are you on today? THE TIMES. No pomp – just the circumstances: THE TIMES. Sit down with a paper of standing! THE TIMES.[131] Wir mögen uns nicht einlassen auf dergleichen Offerten, wir benutzen den Guardian.
Zuverlässig weiss ich eine Stelle, an der es weniger als Zufall erscheint, dass eine Sackgasse in diesem Land nicht, oder nicht immer

131 Unter dem Titel »Pomp and Circumstance« hatte der britische Komponist Edward William Elgar (1857-1934) eine Suite von 5 Märschen zwischen 1901 und 1930 komponiert. Bekannt ist vor allem Nr. 1 mit dem Trio »Land of hope and glory, Mother of the free«, ein in England ausgesprochen beliebtes Musikstück des 1924 zum »Master of the King's Music« ernannten Komponisten, das jeweils im Rahmen des letzten Konzerts einer alljährlich stattfindenden Konzertreihe (»Last Night of the Proms«) in der Royal Albert Hall in London aufgeführt wird. Am passendsten wäre »pomp and circumstance« wohl mit »Pomp und Prunk« oder umgangssprachlich mit »Tschingderrassahbum« zu übersetzen. Mit dem Titel ist eine Anspielung auf Shakespeares *Othello* (III. Akt, 3. Szene) verbunden. Dort heißt es : »The spirit-stirring drum, th'ear-piercing fife,/The royal banner and all quality,/Pride, pomp and circumstance of glorious war!« – Der Plural »circumstances« hingegen bezeichnet hier den Kontext, in den eine Nachricht eingebettet ist, gleichsam deren »Begleitumstände«.

dead end street genannt wird, sonden blind alley. Das wäre doch schon etwas. Des bin ich sicher in Sheerness auf der Isle of Sheppey. Gegen diese Insel ist reichlich viel einzuwenden, unfehlbar wird es mir vorgetragen. Es sei dort so gar nicht schön. Das gebe ich überraschend gefügig zu, denn zu beiden Seiten des Zuges ist schwer abstreiten, dass Obstbaumplantagen oder Roggenfelder in lieblicher Laubeinfassung verschwinden, sobald die Brücke über den Swale auch nur in Sicht kommt. Die kreidigen, moorigen Wiesen auf der Insel sind so gar nicht Garden of England (wenn denn ein Tourist diese eingebildete Floskel länger als von Dover bis Canterbury durchhalten kann.) Es ist da nicht schön. Sind wir deswegen gekommen? Es trifft zu, selbst die Römer haben da nicht Villen gebaut, Expeditionen dahin werden ihnen bloss unterstellt, sind nicht nachgewiesen. Es ist so, Sheerness, etwa 14,000 Einwohner, wird in den sommerlichen Monaten deutlich umfranst von Badegästen, die sich bloss solch steinigen Strand leisten können oder zufrieden sein wollen mit Wandel und Verzehr auf der steinernen Deichpromenade (davon die meisten in Rollstühlen: wiederholt eine ungerechte Stimme). Sheerness liegt gar nicht an der See, wie es amtlich zu behaupten versucht, erst ihm gegenüber hört das Nordufer der Themse auf, man muss wohl den Kopf ein wenig nach rechts wenden, will man das offene Meer zugeben. Dies gestehen meine Widersacher zu, auch die zwei Eisenbahnstunden bis Victoria Station und die drei bis zum Platz Heathrow. Aber schön sei es nicht, um wieviel weniger noch in den restlichen neun Monaten! Unversehens könnte ich diesen Zeitraum verwandelt haben in ein Argument, das verkneife ich mir. Grundsätzlich, dann erst recht, wird die Existenz des Gemeinwesens beeinflusst von einem Stahlwerk, da gibt es Streit mit der Gewerkschaft. Ein Rentner, wegen Mundraubs in einem Supermarkt vor Gericht, nimmt die Strafe entgegen und äussert in seinem Schlusswort: er sei mit den staatlichen Zahlungen not too well off. Andererseits der Stadtpark am Broadway.

Ein hilfreiches Argument besteht aus einem Haus an der Marine Parade, im Aufbau den brownstones[132] New Yorks vergleichbar,

132 »brownstone«: rotbrauner Sandstein, der Ende des 19. und zu Beginn des 20. Jahrhunderts bevorzugtes Baumaterial für komfortablere Wohnhäuser in New York war. Als »brownstones« werden dort herrschaftliche, zwei oder dreistöckige Reihenhäuser aus Sandstein bezeichnet, bei denen das Kellergeschoß

tatsächlich etwa 1915 gebaut, auch in dichter Reihe stehend, aber verputzt und weiss gestrichen. Das hat unter der Treppe ein ausgebautes Kellergeschoss, tiefer als die Strasse liegend, das hat vorn als Ausblick besten Falles Passanten und Autos in merkwürdiger Verkürzung, nach hinten zwar den Garten. Wer da aber ein komplettes Büro unterbringen könnte und beim Schreiben nicht aus dem Fenster sehen will, dem macht das nichts. Die Ebene, zu der die Aussentreppe hinaufführt, hat nach Norden noch das Geländer der Promenade zum Gegenüber, darüber einen schmalen Streifen See (Fluss), schon nichts als Himmel. Da könnte man essen, beim Kochen muss der Ausblick über ummauerte Gärten, auf entfernte Haushinterfronten nicht allzusehr stören. Das schon. Das Stockwerk darüber hängt nun wahrhaftig hoch in der Luft, da ziehen die Fenster die Augenrichtung bloss noch aufs Wasser. Das schon. Und was die vierte Ebene angeht, die der beiden Mansardenzimmer nach Norden und Süden, so ist schon entschieden, dass sie meiner Nutzung entzogen sein würden, wenn.
Dies Wenn haben wir angefangen. Makler telefonieren, solicitors bereiten Verträge zum Austausch vor. Unser bei Mr. Börnii deponierter Scheck würde reichlich genügen, mit Leichtigkeit auch noch für die Reparaturen. Die jetzige Besitzerin hat nichts gegen Deutsche als Nachfolger. Ein anderer Bewerber ist abgeschlagen und wird ohne Reue erinnert, da er aus solchem Haus eine Schublade mit Miniatur-Appartements zu machen gedachte. Bis zum 20. August sollte die completion of sale möglich sein. Was soll nun noch dazwischen kommen? Gewiss, es könnte kaum Hindernisse geben. Das wird gesagt, versichert, hervorgehoben, als Glückwünsche ausgedrückt, und vermag doch wenig gegen den Sauerteig aus Misstrauen und Hoffnung im Hintergrund des Plans.
In diesem Haus gibt es ein Zimmer, von dem wir wünschen, Sie würden es benutzen mögen. Wir telegrafieren Ihnen, sobald es Ihnen sicher ist.
Mit herzlichen Grüssen,
Ihr Uwe Johnson.

angehoben wurde, damit das Tageslicht auch in diesen für das Dienstpersonal gedachten Räumen genutzt werden konnte. Die Eingangstür mußte deshalb etwas höher gelegt und mit einer besonderen Aufgangstreppe verbunden werden.

[handschriftlich ergänzt:]
Schöne Grüße! Elisabeth, Katharina

[50]
[Telegramm]

Zürich
12. August 1974

DEAR FRIENDS IMPOSSIBLE TO VISIT YOU NOW
ALL THE BEST FOR YOU MAX FRISCH

[51]

Friedenau a. d. Fr.
15. August, 1974

Lieber Herr Frisch,
Frau Zeeh hat einige Bedenken gegen unser Vorhaben, den Inhalt unserer sonderbaren Mappe noch öffentlich auszustellen. Sie meint, es werde die Menge der Blätter einen grösseren Sonderraum erfordern, als die Stätte der Festivität aufweist, und überhaupt technische Aufwendungen, die in ungünstigem Verhältnis stehen zu einem Vorgang, der länger als eine Stunde kaum dauern würde. Des weiteren führt sie an, dass die Blätter durch Betasten beschädigt werden könnten, und schliesslich, dass der Jubilar ja seine anderen Geschenke ja auch nicht öffentlich auspacken und zur Schau stellen werde. Dies leuchtet mir meistens ein, und schon um Frau Zeehs zusätzliche Arbeiten bei diesem Anlass ein wenig zu verringern, habe ich mich zu einem Verzicht auf die Ausstellung bereit erklärt, immer Ihre Zustimmung vorausgesetzt, die wir als gegeben auffassen würden, solange Sie schweigen. Bitte, würden Sie mir im anderen Fall an die englische Adresse schreiben?
Mit Festordnersgruss,
Ihr Uwe Johnson.

[52]

[Sheerness]
31. Oktober, 1974

Lieber Herr Frisch,
in »Max Frischs Zimmer« verputzt der Maurer die Wand, damit sie Bücherregale halten kann. Auch werden Sie an die Stelle des »louvre window« eins bekommen, das heisst »purpose made window frame with two opening sashes glazed with double-glazed sealed units«. Auch werden Ihnen die originalen Flügeltüren rückerstattet, die den vorigen Bewohnern zu altväterisch erschienen. Es sind mir bereits zwei Hämmer in der Hand zerbrochen.
Es war nichts mit der kalten, der dunklen, der wasserlosen Zeit, die wir hier vorzufinden meinten. Denn auch anders kann man ein Haus hinterlassen: Wenn die Neuen ohne viel Hoffnung die Hauptsicherung umgeschaltet haben, finden sie in jedem Raum mindestens eine Beleuchtung montiert. Zwar verstehen sie nicht, die Zentralheizung zu starten, das besorgt zwei Tage später die Gasanstalt, dann ist das Haus wieder warm und heisses Wasser fliesst aus den Hähnen. Es ist kein Schutt, kein Gerümpel in den Zimmern, vergessen wurde nur eine weibliche Unterhose und ein Füllfederhalter, Gold. Und erst spät, auf dem Fensterbrett der Mansarde entdecken die Neuen den Glückwunsch der weggezogenen Bewohner, die drei Pennies.
Von den Leuten in der Stadt werden wir gelegentlich auf unsere norwegische Herkunft angesprochen, weil wir manchmal Englisch sprechen können und die Kinder Norwegens dies in der Schule erlernen. Der Wirt des »British Admiral« sah uns an für Holländer, da wir ein Bier dieser Nationalität bevorzugten. Im »Seaview Hotel« aber gibt es Bier von Hürlimann[133] (»Swiss lager at its best«), im »Hero of the Crimea« wird eine Sache namens »Alp« ausgeschenkt, da mag man uns für sprachliche Wunderkinder aus Ihrem Lande ästimieren. Eine Frau auf der Strasse, etwa fünfundfünfzig Jahre alt, glaubte in mir den jungen Mann zu erkennen, der 1940,

133 Dieses Bier schätzte Uwe Johnson in Großbritannien besonders, nachdem er sich von der Brauerei eigens dessen »Reinheit« hatte bestätigen lassen. Freilich wußte er auch, daß der erste Verleger von Max Frisch dieser Zürcher Bierbrauerfamilie entstammte. Martin Hürlimann (1897-1985) hatte 1936 den Atlantis Verlag in Zürich gegründet, der von 1940 bis 1947 der Verlag von Frisch war.

achtzehn Jahre alt, auf dem Flugplatz diente, den die R. A. F.[134] auf der Insel betrieb, bis die Deutschen ihn »ausradierten«. Manchmal komme Einer doch zurück.

Zwar bestehen unsere Wohngelegenheiten bloss aus seitlich gelegten Bücherregalen mit Luftmatratzen darauf, Besuch hatten wir dennoch, Siegfried Unseld ist der werte Name. Manchmal war es lustig. In der inneren Stadt stehen Kinder auf dem Bürgersteig neben grossen Puppen aus abgelegter Kleidung, in denen sie selbst Guy Fawkes nachgebildet haben, sein Andenken zu ehren.[135] Zu den Erwachsenen sprechen sie: Would you give me a penny for the guy? Siegfried Unseld streicht solchen Kindern einfach über den Kopf, weniger aus Güte als weil er es nicht verstanden hat. Ist ihm der Brauch übersetzt und erläutert, unterzieht er alle weiteren Puppen einer kritischen Musterung, was die Kinder doch als Anerkennung einer Honorarpflicht verstehen, und gibt keinem irgendetwas. Es fehlte nicht die Frage nach dem Fleiss, nach dem Termin einer Ablieferung. Beim Mittagessen bestellt er sich ein Guinness, ausdrücklich weil James Joyce es benutzte, ist dann heikel betroffen von der Farbe und dem Aroma des Getränks. Auch ist er von Toronto mit einem Flugzeug und per Mietwagen zu den Niagarafällen gereist, um zu Fuss in die U.S.A. zu treten.

Unser Geschenk zu seinem Geburtstag hat sein »Herz nicht bewegt«. Er geriet auf den Einwand, mit unserer Einladung zu dem Unternehmen hätten wir Kollegen in »Gewissensqualen gestürzt«. Wieviel schöner und für die Literarhistorie eine Fundgrube wäre es doch, wenn es seit dem 28. September ein Büchlein gäbe, in dem achtzig Schriftsteller »Meine erste Begegnung mit dem Verleger S.U.« nach-

134 Royal Air Force.

135 Guy Fawkes, geb. 1570 in York, gest. 1606 in London, wurde von Agenten des englischen Königs James I. am 4. November 1605 im Keller des Westminster-Palastes festgenommen. Er gestand, gemeinsam mit 12 katholischen Engländern geplant zu haben, das Parlament mit dreißig Fässern Pulver am nächsten Tag in die Luft zu sprengen. Das »Gunpowder Plot« bestand darin, den Palast zu einem Zeitpunkt zur Explosion zu bringen, an dem die königliche Familie, die Lords sowie die Mitglieder des Unterhauses dort versammelt waren. Mit diesem Attentat wollten sie größere Freiheiten für die Katholiken durchsetzen. Guy Fawkes wurde nach seiner Festnahme hingerichtet, die antikatholische Gesetzgebung konsequent verschärft. Seitdem lernen englische Kinder den Reim: »Remember, remember/The fifth of November« und feiern diesen Tag als den »Guy Fawkes Day« mit Feuerwerk.

erzählen. Auch soziologisch ergiebig. Und seinen nächsten runden Geburtstag werde er selber »in die Hand nehmen«; auch sei Frau Zeeh nicht gesonnen, noch einmal bei Heimlichkeiten »mitzuspielen«. Dies empfinde ich kaum als unwiderstehliche Herausforderung. Weiterhin erwähnte er die Schwierigkeiten, in die er den Suhrkamp Verlag Zürich gebracht hat, indem er das Buch zur Geschichte der schweizerischen Arbeiterbewegung ablehnte.[136] Er gab zwei Fehler

136 Unter dem Aufmacher *Die schleichende Zensur. Wie liberal sind liberale Verlage?* hatten Walter Deuber und Peter Rüedi die Krise von Suhrkamp Zürich in der schweizerischen Wochenzeitung *Die Weltwoche* vom 30. Oktober 1974 publik gemacht. Bereits im März hatte der Suhrkamp Verlag eine rechtlich unabhängige Filiale in Zürich eröffnet, die zum einen Bücher des Verlags vermehrt in der Schweiz verbreiten, zum anderen Schweizer Bücher stärker in das Suhrkamp-Programm einbinden sollte. Doch gleich beim ersten Versuch, ein Programm vorzustellen, scheiterte dieses Modell einer vermehrten deutsch-schweizerischen Kulturverflechtung. Die drei Mitarbeiter des Zürcher Suhrkamp-Büros, Hans-Ulrich Zbinden, Dieter Bachmann und Anna Stolz, baten Ende Oktober darum, ihre Verträge zum nächstmöglichen Termin zu lösen. Sie wollten, wie es in einer Erklärung zur Kündigung hieß, keine Oase der Problemlosigkeit bilden, keine Geschäftsträger eines Schweizer Idylls sein. Anlaß für dieses Zerwürfnis war eine Dokumentation *Geschichte der Schweizerischen Arbeiterbewegung*, zusammengestellt von einer sozialdemokratisch-marxistischen Arbeitsgruppe von Studenten und Dozenten der Universität Zürich in Kooperation mit einem französischen Gastprofessor, dem Marxisten Georges Haupt. Die Dokumentation hatte ursprünglich im Verlag Huber, Frauenfeld, erscheinen sollen. Sie eigne sich »ausgezeichnet als Lehrmittel, Lektüre für Politiker« hieß es noch in der Verlagsankündigung. Der Band war bereits gedruckt, als der Huber Verlag ihn zurückzog und seinem Verlagsleiter Manfred Vischer kündigte. Das Buch sei »Extremistenliteratur«, seine Veröffentlichung hätte dem Verlag auf Jahre hinaus einen »Imageverlust« bereitet, so die Begründung des Rückzugs. Daß Siegfried Unseld dasselbe Buch dann auch ablehnte, hatte einen auf den ersten Blick einleuchtenderen Grund. Es sei nicht Sache eines deutschen Verlages, den Schweizern Demokratie und Liberalismus zu predigen. Die Publikation durch einen Auslandsverlag wäre der Sache dieses Denkanstoßes abträglich und würde ihn in eine vordergründige Provokation verwandeln. Diese Position, die auch von Marcel Reich-Ranicki in der *Frankfurter Allgemeinen Zeitung* (vom 2. 11. 1974) vertreten wurde, kommentierte Dieter E. Zimmer in der Wochenzeitung *DIE ZEIT* (vom 8. 11. 1974) so: »Hier wollen ja nicht Deutsche der Schweiz eine Lektion erteilen, sondern Schweizer in der Schweizer Dependance eines zur Hälfte Schweizer Verlags, der schon immer kritische Autoren gedruckt hat, auch solche aus der Schweiz – Max Frisch etwa. Von Frisch mußte sich der Suhrkamp Verlag (in der *Weltwoche*) sagen lassen: Unseld habe das Buch ungelesen abgelehnt, auf einen Wink der Schweizer Bankiersfamilie Reinhart hin, die mit 50% an Suhrkamp beteiligt ist und der das Suhrkamp-Reich, so Unseld, seine ›ökonomische Solidität‹ verdankt.«

zu. Der eine sei der, dass er das Eingreifen der Familie Reinhart zu erkennen gegeben habe. Der andere: Ablehnung des Buches ohne jedwede Kenntnis davon. Als er von Ihrem Brief in dieser Sache sprach, war er immer noch verletzt dadurch, dass jemand ihm so kommen kann, wenn sein Geburtstag doch schon in fünf Tagen (oder so) stattfindet. Zum anderen kratzt ihn die beigelegte Liste vergleichbarer Titel bei Suhrkamp als eine Unterstellung, er lese womöglich die von ihm publizierten Bücher nicht. (Diese Wunde ist neuerdings aufgeschürft worden durch einen Artikel in der Illustrierten »stern«, dessen Autor gegen Ende von S.U. meint, er verstehe sich als einen Intellektuellen, werde dies Ziel jedoch nicht erreichen.)[137] Sein Verhalten bei seinem neuesten Besuch in Zürich stellt er dar als ganz »un-unseldisch, fast schon wie Peter Suhrkamp«, worunter er versteht, dass er bei dieser Gelegenheit einmal die anderen habe reden lassen und erst dann seine Entscheidung getroffen habe. Diese bestand, wenn ich ihn richtig verstanden habe, in der Alternative, den Suhrkamp Verlag Zürich aufzulösen. Aus dem Gespräch bei Ihnen berichtet er als Äusserung Mariannes, sie verstehe ihn nun. Auf meine Frage, ob sie dabei Verständnis für seine Lage oder aber eine Billigung seines Verhaltens im Sinn gehabt habe, gab er die eher unseldische Antwort, auf solche Unterscheidungen könne auch nur ich kommen.

Wie wäre es mit »seldisch« als Adjektiv?

Jetzt ist es unten still, in »Max Frisch seinem« Zimmer. Das ist in fünf Stunden wohl die dritte Teepause. Er hat nicht viel verputzt, der Maurer. Aber in zwölf Tagen kommen die Möbel aus Berlin, und wenn Sie gern wieder einmal bei Bauarbeiten zu Besuch sein wollen, könnten wir ja von der Akademie-Tagung zusammen hierher reisen.[138]

Mit herzlichen Grüssen an Marianne und Sie,

Ihr Uwe Johnson.

137 Jürgen Serke, *Der Herr der linken Dichter. Wie der Verleger Siegfried Unseld seine Millionen verdient,* in *Stern,* 27. Jg. 1974, Nr. 41 (3.-8. Oktober), S. 138-142. Der Artikel schließt mit den Sätzen, auf die sich Uwe Johnson offenbar bezieht: »Er [Siegfried Unseld] muß vom Beruf her mit Intellektuellen zusammenarbeiten. Sein Fehler, daß er einer sein will.«

138 Die Mitgliederversammlung der Akademie der Künste fand vom 8. bis 10. November 1974 in West-Berlin statt. Die gemeinsame Reise nach Sheerness-on-Sea wurde nicht verwirklicht.

[53]

Küsnacht
13. November 1974

Lieber Uwe,
Ihr Brief von der unvorstellbaren Insel hat mich sehr gefreut: wenigstens Sie und Elisabeth und Katharina kann ich mir vorstellen, dazu noch die Büchergestelle – und den Nebel, den Nordseewind, etwaige Möwen ... Ich hüstle und grippe fieberlos, aber müde, sehr müde. Heute Sonne; mit Marianne auf dem Pfannenstiel,[139] wo Ihr auch mal gegangen seid. Uebrigens habe ich in Berlin angerufen, vergeblich, die gewesene Nummer; das hat meine Lust auf Berlin nicht entfacht. Und Sie haben es ja vernommen: Zürich braucht mich! Der Bericht, den Siegfried gegeben hat, ist sehr seldisch, aber nach seinem letzten Brief halte ich es für möglich, dass er etwas gelernt hat. Ich habe eine Kopie meines Generalvertrages verlangt, das wirkt wie kein Argument in guten Treuen. Zumindest halte ich eine Klausel für nötig, falls unser Verlag, der Not des Kapitals gehorchend, nicht dem eignen Siegfried, weiter rechts rutscht – z. B. wenn zu Geburtstagen keine Brecht-Lieder mehr erlaubt sind ... In dieser Woche bin ich mit meinem Buch fertig. Ich bin froh, dass ich es geschrieben habe; vorerst ohne an Veröffentlichung zu denken. Wenn Marianne das Manuskript gelesen hat, möchte ich es Ihnen gerne unterbreiten.[140]
Verzeihen Sie, lieber Uwe, die Kürze meines Briefes; der Schnupfen macht unlustig. Zur SV-Zürich-Story habe ich meiner Sekretärin etwas diktiert und lege es dazu als Privat-Information.
Wie hilft man einem Siegfried?
Herzlich grüsst Sie alle am neuen Ort
Ihr Max

139 Pfannenstiel ist der Name einer Hügelkuppe (850 m ü. M.), nördlich des Zürichsees oberhalb der Ortschaft Meilen; Ort der ersten Begegnung zwischen Max Frisch und Albin Zollinger. Vgl. auch Seite 123, Anm. 173.
140 Es handelt sich um das Manuskript der Erzählung *Montauk*.

[Anlage]

SUHRKAMP-VERLAG ZÜRICH

Bei der Gründung des Suhrkamp-Verlags Zürich wird vor der Presse betont: Kooperation mit schweizerischen Autoren. Hans-Ulrich Zbinden und Dieter Bachmann,[141] Zürich, halten sich an diesen Auftrag und besprechen das Zürcher Verlagsprogramm mit Adolf Muschg und Max Frisch. Der erste Vorschlag, den sie Siegfried Unseld für die Zürcher Produktion unterbreiten, umfasst 15 Titel, in der Hauptsache schöngeistige Literatur, 3 Titel sind kritische Dokumentation. Es stimmt durchaus nicht, dass es in dem ganzen Streit einzig und allein um den erwähnten Titel gegangen sei: »Dokumentation zur Geschichte der schweizerischen Arbeiterbewegung«.
Muschg und ich finden das vorgelegte Programm interessant und vertretbar, nicht einseitig. Anfangs September, als wir uns darüber unterhalten, trifft die Nachricht ein, dass die »Dokumentation zur Arbeiterbewegung« nicht in Frage komme. Balthasar Reinhart,[142] Winterthur, hat auf privaten Wegen von diesem Manuskript gehört und Siegfried Unseld telefonisch wissen lassen, dass dieser Titel sich wohl nicht für den Suhrkamp-Verlag eigne. Das ist, wie Siegfried Unseld immer wieder betont, das allererste Mal, dass sich die Herren Reinhart mit dem Verlagsprogramm befassen. Siegfried

141 Noch bei der Gründung wurde der Buchhändler und langjähriger Repräsentant des Luchterhand Verlages Hans-Ulrich Zbinden vorgestellt als »eine in vielfachen buchhändlerischen Unternehmungen engagierte Persönlichkeit«, der sein Metier kenne und beherrsche. – Dieter Bachmann, geb. 1940 in Basel, schweizer. Journalist und Schriftsteller. Nach seinem Literatur- und Philosophiestudium in Zürich wurde er Theaterkritiker, arbeitete dann am Zürcher Schauspielhaus und als Journalist. Von 1988 bis April 1998 war er Chefredakteur der Kulturzeitschrift *du*.

142 Die Kaufmannsfamilie Reinhart ist über das Handelsunternehmen »Gebrüder Volkart Holding AG« von Winterthur aus international tätig; schwergewichtig im Baumwollhandel. Mit der Übernahme der Unternehmensleitung durch Andreas Reinhart engagierte man sich seit 1985 stärker im Finanzbereich. Das Handelsunternehmen ist heute über eigene Börsenmaklerfirmen in New York und London vertreten. An der Kommandit-Gesellschaft des Suhrkamp Verlags war die Familie bis Ende 1998 zur Hälfte beteiligt.

Unseld kennt zu dieser Zeit das Manuskript noch nicht, gibt aber dem Wunsch von Balthasar Reinhart bedingungslos nach. Er übernehme die Verantwortung für dieses Veto, sagt er gegenüber Zbinden in Zürich. Es ist mir unverständlich, dass Siegfried Unseld sich gegenüber Balthasar Reinhart nicht anders verhalten hat; er sagt zum Beispiel nicht, dass er das Manuskript zuerst prüfen müsse und mit der Zürcher Verlagsleitung zu diskutieren habe. Er verhält sich wie ein Befehlsempfänger und erwartet von den beiden Zürchern, dass sie sich ebenfalls wie Befehlsempfänger verhalten. Dazu sind Zbinden und Bachmann nicht bereit. Zbinden will das Programm in Winterthur erklären, aber diese Begegnung wird von Frankfurt aus unterbunden. Zu diesem Zeitpunkt schreiben Muschg und ich persönliche Briefe an Siegfried Unseld im Sinne freundschaftlicher Mahnung, dass es hier um die Glaubwürdigkeit des Suhrkamp-Verlages gehe, wenn nämlich Siegfried Unseld daran festhält, dass die Produktion in Zürich grundsätzlich keine Texte enthalten darf, die der Schweiz gegenüber kritisch sind. Diese Devise scheint mir unannehmbar. Da Siegfried Unseld mit andern Unternehmungen überlastet ist, Geburtstag, Jubiläum des Insel-Verlags, Buchmesse, Brecht-Kongress in Kanada etc., kommt es erst am 22. Oktober zu einer Besprechung in Zürich. Zuerst eine Besprechung zwischen Siegfried Unseld einerseits und Zbinden und Bachmann andererseits. Am Nachmittag komme ich für drei Stunden dazu. Adolf Muschg kann an der Besprechung nicht teilnehmen, da er sich im Spital befindet. Es gelingt uns nicht, Siegfried Unseld abzubringen von seinem Vorhaben, im Suhrkamp-Verlag Zürich nur schöngeistige Literatur zu veröffentlichen. Er selber erwägt als erster, die Produktion in Zürich nicht starten zu lassen, da Zbinden und Bachmann sich mit seiner Devise nicht einverstanden erklären können. In der Besprechung geht es nicht mehr um die genannte Dokumentation, sondern um weitere Titel, die Siegfried Unseld noch nicht kennt, und für Zbinden und Bachmann um eine Garantie, dass kritische Texte nicht grundsätzlich ausgeschlossen werden. Diese Garantie will oder kann Siegfried Unseld nicht geben; seine These: vielleicht in 5 oder 10 Jahren sei das möglich. Nach siebenstündiger Sitzung ist es mir klar, dass Zbinden und Bachmann, sowie Anna Stolz sich zur Kündigung entschlossen haben. Damit nichts übereilt wird, soll der Entscheid aber nicht an diesem Abend ausgesprochen werden. Anschliessend ist Siegfried Unseld bei uns in Küsnacht; ich stelle mit Bedauern fest, dass Argumentationen überhaupt keinen Einfluss auf ihn haben, er gibt auch nur ungern zu, dass seine Argumentationen an der Kernfrage vorbeigehen. Die beiden Parteien haben abgemacht, dass sie sich Bescheid geben bis Montag, Siegfried Unseld kann nein sagen und die beiden andren können nein sagen. Zbinden und Bachmann fassen ihren Entschluss, bevor ich sie wieder gesprochen habe, also unabhängig von meiner Meinung; sie kündigen fristgemäss, da sie sich nicht hergeben wollen für einen Verlag, der unter der Etikette Suhrkamp genau das macht, was der Artemis-Verlag (Bührle-Konzern) schon macht. Es scheint, dass Siegfried Unseld von diesem Entscheid überrascht ist, er hofft, dass die Angelegenheit in der Oeffentlichkeit wenig Beachtung finde. Muschg und ich sehen sich aber genötigt, eine öffentliche Stellungnahme abzugeben, als schweizerische Autoren, die zur Schweiz bekanntlich ein kritisches Verhältnis haben und Autoren des Suhrkamp-Verlages Frankfurt sind. Soweit die Story in Kürze.

Diktiert, Küsnacht, den 14. November 1974
Max Frisch

[54]

Sheerness
5. Dezember, 1974

Lieber Herr Frisch,
am 5. November, auf dem Rhein/Main-Flughafen und unterwegs nach Berlin, rief ich Frau Zeeh im Suhrkamp Verlag an, Sie werden sagen: pflichtbewusst, ich setze dagegen: neugierig, und schränke das ein, denn ich gab vor, an einem weit entfernten Telefon zu sein. Frau Zeeh erkannte den Hintergrund, sagte mir die Täuschung auf den Kopf zu und brachte mir zwanzig Minuten später den Verleger Unseld an den Flughafen, damit er mir die bedrohliche Entwicklung in Zürich haarklein auseinanderklamüsern konnte. So bedrohlich stellte er sie dar, dass ich mit ihm für die folgende Sonnabendnacht eine telefonische Verständigung verabreden musste über den

Schritt, den Sie in der »Weltwoche«[143] würden getan oder unterlassen haben. Sie ahnen, dass wir eigens wegen des Versprechens noch Sonnabend in einem westberliner Hotel blieben, trotz der Lektüre vom Freitag; es wird Sie nicht überraschen, dass der Verleger dann den Anruf vergass.

143 Jener Artikel, den Max Frisch in *Die Weltwoche* am 6. November 1974 veröffentlichte, hatte folgenden Wortlaut:

»Nachtrag

Der Suhrkamp Verlag Frankfurt hat nicht allein eine literarische Reputation; das haben andere Verlage auch, er hat eine geistesgeschichtliche Bedeutung bekommen, indem er Exponenten einer konstruktiv-kritischen Intelligenz versammelt hat, Autoren wie Brecht, Benjamin, Bloch, Marcuse, Adorno, Habermas und viele andere. Der verdienstvolle Leiter dieses Verlages, Siegfried Unseld, ist daher in einer schwierigen Lage; wie soll er's einer lesenden Öffentlichkeit glaubhaft machen, dass er, der das Werk der genannten Autoren betreut, mit verlegerischer Verve, dem Suhrkamp Verlag Zürich untersagt, was er in Frankfurt grundsätzlich vertritt – dass er es von sich aus untersagt?

Es geht nicht allein um eine ›Dokumentation zur Geschichte der schweizerischen Arbeiterbewegung‹, einen Titel, den Hans-Ulrich Zbinden und Dieter Bachmann vorgeschlagen haben unter vielen anderen, also im Rahmen eines liberalen Programms, und der abgelehnt worden ist, bevor Siegfried Unseld das fragliche Manuskript hat kennen können. Eine solche Publikation, wie auch jede andere Publikation, die sich kritisch mit der Schweiz befasst, stehe einem ausländischen Verlag nicht zu. (Diese Erklärung bringt mich persönlich in Verlegenheit; ein Teil meiner literarischen Arbeit, veröffentlicht im Suhrkamp Verlag Frankfurt, wäre somit für den Suhrkamp Verlag Zürich untragbar.) Dazu ist zu bemerken: sämtliche Titel, die der Suhrkamp Verlag Zürich zur Diskussion vorgeschlagen hat, sind von Schweizern verfasst: Hans-Ulrich Zbinden und Dieter Bachmann, die für den Suhrkamp Verlag Zürich verpflichtet worden sind als Mitarbeiter, nicht als Befehlsempfänger, sind Schweizer; Siegfried Unseld anlässlich der Presse-Konferenz in Zürich am 9. März 1974: ›In der Beziehung zu den Herren Reinhart (Winterthur) beruht die ökonomische Solidität des Unternehmens Suhrkamp und der ihm angeschlossenen Verlage. Der Suhrkamp Verlag ist also zu einem guten Teil ein Schweizer Unternehmen.‹ Was gilt nun: ein zum guten Teil schweizerisches Unternehmen, das eine kritische Diskussion über die Schweiz untersagt, oder ein ausländischer Verlag, der, laut Presse-Konferenz, seine vermehrte Präsenz in der Schweiz anstrebt und zu diesem Zweck die schweizerische Literatur zu betreuen das Bedürfnis hat, dabei als ausländischer Verlag allerdings aus Gründen des Taktes nicht zulassen kann, dass Schweizer sich in ihre eigenen Angelegenheiten einmischen?

Inzwischen dürfen wir es wissen; Herr Balthasar Reinhart, Winterthur, hat es bekannt gegeben: ›Ja, es haben Gespräche über dieses Buch stattgefunden: der Entscheid aber liegt bei Herrn Unseld.‹ Das Kapital mischt sich nicht ein, es stellt nur die Weichen. Der Rücktritt von Hans-Ulrich Zbinden und Dieter Bachmann und Anna Stolz, die hier eine Aufgabe gesehen haben, ist nach dem gefällten Entscheid konsequent: ein Suhrkamp Verlag, der diesen Namen verdient, ist in Zürich nicht möglich.

Am 13., dem Datum Ihres Briefes, waren wir wieder in Sheerness und sahen das Haus schrumpfen unter den etwa 160 Bücherkartons, die hineingetragen wurden. Die Zeit seitdem will nun eine Epoche öde wiederholter Bewegungen gewesen sein: das vandalische Aufreissen der Verschnürung mit einem Messer, eben noch geduldiges Entfernen der Bücher, Zerschlagung des Kartonbodens und Bündeln der phylogenen Pappe, die uns bis jetzt den Zugang zu Lesestoff abermals erschwert und ihn mit Werbedruck wie »Fernschreiber – oben« oder »Papenburger Gemüse – bitterfrei« zu ersetzen trachtet. Recht gelegentlich kamen wir in die Stadt – doch, sie rühmt sich eines Broadway wie einer High Street – und erkannten ungefähr, wie längst Vergessenes, was Ihr Brief uns als feste Kenntnis vorhält: den Nebel selten in der sonnigen Milde, allerdings abends den strengen Westnordwest, schliesslich fast ohne Rest die Möwen: hinterm Pflug, in der frischen Saat, auf Schulwiesen, Abfallplätzen, Wäschemasten, sehr selten über der See, es sei denn bei Flut an ihrem bequem entblösstem Rand. Es bleibt dabei, Sie haben eine Zeitlang diese Gegend genauer im Bewusstsein gehalten als wir; nebenbei ist dabei für Ihr Zimmer ein Fussboden abgefallen, unsystematisch gefüllte Regale und, seit gestern, eine Flügeltür. Was Sie noch brauchen, ist ein Bett, was zum Schreiben

Die Schweiz als Idyll ohne politische Problematik, das ist die herablassende Einschätzung deutscher Touristen, zum Teil auch deutscher Literaturkritik; die Hoffnung deutscher Grundstückkäufer: die Schweiz als heile Welt – um dieses Trugbild weiter zu pflegen, dazu brauchen wir keinen neuen Verlag, weder einen schweizerischen noch einen ausländischen. Als schweizerischer Schriftsteller, der dem Suhrkamp Verlag Frankfurt seit dessen Gründung durch Peter Suhrkamp verbunden ist, bedaure ich den heutigen Tatbestand; eine vermehrte Präsenz der schweizerischen Literatur (der jüngeren und jüngsten) im deutschen Sprachgebiet wäre vonnöten – zur Reputation unseres Landes, mehr noch: zur Entprovinzialisierung der Schweiz.«
Mit halbjähriger Verzögerung konnte der Band dann doch noch 1975 im Limmat Verlag mit einem Geleitwort von Ezio Canonica, dem damaligen Präsidenten des Schweizerischen Gewerkschaftsbunds, und einer Einführung von Georges Haupt, Professor an der Ecole Pratique des Hautes Etudes (Sorbonne), erscheinen. Vgl. Arbeitsgruppe für Geschichte der Arbeiterbewegung Zürich (Hg.), *Schweizerische Arbeiterbewegung. Dokumente zu Lage, Organisation und Kämpfen der Arbeiter von der Frühindustrialisierung bis zur Gegenwart*, Zürich 1975. – Anna Stolz, die Hans-Ulrich Zbinden assistieren sollte, hatte fast 10 Jahre lang in einem Schweizer und in einem deutschen Verlag gearbeitet und Erfahrungen auf dem Gebiet der Verlagslizenzen und -rechte erworben.

sowie auch jenes oft erwähnte Fenster. Unsere Telefon-Nummer ist 0044 7956 2931.
Es liest sich wie eine Hoffnung, dass Sie »in einer Woche« mit Ihrem neuen Projekt[144] fertig sein würden; wir nehmen es als eine wissenschaftlich begründete Voraussage, nehmen den Abschluss für gemacht und wünschen Ihnen dazu auf das herzlichste Glück.
Da ich zu praktischen Versuchen an, sagen wir: »täglichen Aufzeichnungen« nicht kam, spielten sie sich ab in Kalkulationen des Möglichen, da ist mir nicht einmal vom Kriterium des Täglichen eine vertrauenswürdige Unschuld geblieben. Denn mit perfider Einladung, zum Beispiel, bietet sich zur, sagen wir: bloss Abrundung, nicht einmal Pointierung der naiven donnerstäglichen Wahrnehmung ein ergänzendes Detail vom Dienstag an, so dass die Niederschrift doch wieder hineingezogen würde in den heiklen Kreis des Arrangierens. Von der für mich noch schwierigeren Frage des stellvertretenden Notats ganz zu schweigen. Wenigstens, so ist durch Zögern verhindert worden, dass ich Papier beschädigte, und durch Packpapier.
Mit herzlichen Grüssen an Marianne und Sie,
Ihr Uwe Johnson.

1975

[55]

Sheerness
10. Januar, 1975

Lieber Herr Frisch,
nun ist es uns also doch ausgegangen wie wir wünschten, nämlich dass Sie der erste Gast sein sollten, der unter diesem Dach schläft. Ihr Besuch war uns sehr recht, und wir bitten um gewohnheitsmässige Wiederholung.[145]
Am Mittag nach Ihrer Abreise rief Marianne an. Bis eben noch in Basel, sei sie nicht zu erreichen gewesen. Ihr zügiges Weiterschreiten nach New York schien sie immens zu verblüffen, doch konnte

144 Mit dem »neuen Projekt« ist die Erzählung *Montauk* gemeint.
145 Max Frisch hatte die Familie Johnson vom 3. bis 6. Januar 1975 in Sheerness-on-Sea besucht und war am Dreikönigstag von London aus weiter nach New York geflogen.

ich ihr ja bloss versichern, dass Sie bereits bei der Ankunft in Heathrow dazu entschlossen waren. Auch hat sie, wie von Ihnen vorausgesagt, sich einen Brief über einen verhältnismässig kleinen Ort auf Long Island[146] bestellt.[147]
Gestern abend war Siegfried Unseld am Telefon und wollte meine Rezension seines Hesse-Buches abrufen.[148] Er hatte vor, sich früher zu melden, zog es aber vor, das während Ihrer hiesigen Anwesenheit zu vermeiden. Darauf schlug ich ihm vor, den vorrätigen guten Willen doch zu befestigen, indem er Ihnen sein letztes Werk separat schickt statt in einem Sammelpaket. Und es stimmt doch, dass wir durchaus über ihn gesprochen haben, mehr am Rande, oder? Seine Frage nach unseren Unterhaltungen über Montauk, N.Y., habe ich beantwortet mit der Auskunft, es sei so publizierbar. Er meinte, Marianne werde das verhindern, jedoch hat er keine Ahnung vom Text und mag sich das erträumt haben. Schliesslich erwähnte er seine Erwartung, Sie würden Ende Januar zurückkehren, seien Sie doch mit ihm und anderen in Tübingen verabredet.
Das Datum von Montaignes Vorrede habe ich noch einmal nachgesehen in der Biography von Donald M. Frame (New York, 1965). Dort wird auf Seite 181 der 1. März 1580 angegeben.[149]

146 Gemeint ist Montauk.
147 Vgl. S. 104 den Abdruck des Briefes an Marianne Frisch vom 13. Januar 1975; er war dem Brief Johnsons an Max Frisch vom gleichen Tage beigefügt.
148 Siegfried Unseld, *Begegnungen mit Hermann Hesse*, Frankfurt am Main 1975.
149 Max Frisch hatte seiner Erzählung *Montauk* ein Zitat aus der Vorrede von Michel de Montaigne zu dessen Lebenswerk, den *Essais*, vorangestellt. In der Vorrede *An den Leser* heißt es:
»Dies ist ein aufrichtiges Buch, Leser. Es warnt dich schon beim Eintritt, dass ich mir darin kein anderes Ende vorgesetzt habe als ein häusliches und privates ... Ich habe es dem persönlichen Gebrauch meiner Freunde und Angehörigen gewidmet, auf dass sie, wenn sie mich verloren haben, darin einige Züge meiner Lebensart und meiner Gemütsverfassung wiederfinden ... Denn ich bin es, den ich darstelle. Meine Fehler wird man hier finden, so wie sie sind, und mein unbefangenes Wesen, so weit es nur die öffentliche Schicklichkeit erlaubt ... So bin ich selber, Leser, der einzige Inhalt meines Buches; es ist nicht billig, dass du deine Musse auf einen so eitlen und geringfügigen Gegenstand verwendest / Mit Gott denn, zu Montaigne, am ersten März 1580.«
Zweifel an der Datierung der Vorrede waren möglicherweise aufgekommen, weil in der Übersetzung der *Versuche* von Wilhelm Vollgraf von 1907 der 12. Juni

Ein Zitat: »The wreck of the Richard Montgomery ... lies in the Thames Estuary with more than 4,000 tons of bombs and detonators rotting in its holds. At low tide, its masts jut from the waves, a reminder to those living nearby – Southend is but five miles away and the Isle of Grain, with its oil refineries, is only three – of possible danger. The ship, an American freighter, went aground in 1944 during a gale. The chances of a spontaneous detonation or blast following a collision with one of the ships that pass down the Medway only 700 feet away, are impossible to calculate, according to official sources. But nothing much can be done anyway. In 1952 the wreck was declared too dangerous to touch.« Alles wie uns, damit Ihnen, erzählt, bis auf den geringfügigen Umstand, dass wir [handschriftlich am Rande eingefügt: »i. e. Sheerness!«] also weniger als eine Meile davon sitzen mit Ihnen.[150] Dennoch zweifeln wir nicht an Ihrer Versicherung, Sie hätten jeweils gut geschlafen.
Dies wünscht Ihnen für New York,
mit herzlichen Grüssen,
Ihr Uwe Johnson.

[56]
[handschriftlich]

[5th Ave. Hotel]
New York City
11. Januar 1975

Lieber Uwe
liebe Elisabeth
die Tage bei Ihnen sind wichtig gewesen für mich. Ein anderes Mal, hoffe ich, werde ich offen sein für andere Thematik, offener für Sie;

1588 als Datum angegeben wird oder weil es in der Übersetzung von Johann Daniel Tietz (Leipzig 1753/54) heißt: »Geschrieben zu Montagne, den 12 Brachmonats 1580.«

150 Die Geschichte des in der Themsemündung gesunkenen Munitionstransporters *Richard Montgomery* veröffentlichte Uwe Johnson im Juni 1979 zuerst in der Zeitschrift *Merkur*, H. 6. S. 537-550, unter dem Titel *Ein unergründliches Schiff*. Geschrieben wurde sie aber für den 1980 von Jürgen Habermas unter dem Titel *Zur geistigen Situation der Zeit* herausgegebenen Band 1000 der edition suhrkamp. Zur Entstehungsgeschichte vgl. E. Fahlke (Hg.), *Uwe Johnson. Inselgeschichten*, Frankfurt am Main 1995, S. 184-191.

ich will aber nicht um Entschuldigung bitten dafür, dass ich Sie zu viel, zu lang mit meiner privaten Situation beschäftigt habe – sondern Ihnen danken. Der Text, den Sie gelesen haben[151] – ist zu verbessern, glaube ich; eine Aufgabe. Mein Aufenthalt hier ist etwas sinnlos; eine Übung im Schweigen, ich treffe niemand – nicht einmal mich. Ich denke gern an Sheerness-on-Sea –
sehr herzlich Ihr Max Frisch

[Auf dem von U. J. aufbewahrten Briefumschlag hat M. F. auf der Rückseite notiert:]
»Verfügung« folgt.

[57]

Sheerness
13. Januar, 1975

Lieber Herr Frisch,
hier kommt eine Kopie, drei Seiten, des von Marianne bestellten Briefes. Zum Wochenende sollte er in Küsnacht sein; streiken tun diesmal die schottischen Ambulanzdiener. Wenn sie ihn nun »so langsam liest, wie ich ihn geschrieben habe...«
Die andere Einlage, auch drei Seiten, zeige ich Ihnen als ein Beispiel für die Schlaglöcher, die ich auf Ihren Spuren wandelnd finde, nämlich wo Sie glatt und leichtfüssig dahingeschritten sind.
Es war eine jämmerliche Geschichte, und selbstverständlich war die Natur des Todesfalles von vornherein offenbar, so dass mir gleich anfangs die Manipulation vorzuhalten wäre. Schwerer hängt mir im Gewissen, dass ich schon hier meine, an einer Grenze angekommen zu sein. Denn ich mag diese Leute und habe ihnen obendrein dankbar zu sein für die Identität »Charlie« (für die sie sich weiterhin entschuldigen, für die aber ich, zwar bei Charles Lamb,[152] eines der Vorbilder für den Jargon gefunden habe: »To the last he called me Charley. I have none to call me Charley now.«). Elisabeth, mit ihrer für Kneipenzustände wild entfesselten Phantasie, glaubt die »pri-

151 Es handelt sich um das Typoskript der Erzählung *Montauk*.
152 Charles Lamb, geb. 1775 in London, gest. 1834 in Edmonton/London, engl. Schriftsteller, veröffentlichte gemeinsam mit seiner Schwester Mary Nacherzählungen von Werken Homers und William Shakespeares für Kinder.

vacy« der kameradschaftlich trinkenden Männer verletzt, da helfe guter Wille nichts. Die Geschichte ist wenig mehr als ein Test;[153] es geht fast nur um die Bedenken.

Hoffentlich habe ich Ihnen diesen Werbespot nicht schon zu schildern versucht: Die Handlung eines Spielfilms im T. V. geht über in den Anblick eines geräumigen Speise- oder Wohnzimmers, grossbürgerlich ausgestattet, da sitzen an einem langen, festlich gedeckten Tisch beim Essen vier Paare, um die fünfundzwanzig, beruflicher oder profitlicher Erfolg lässt sich vermuten. Fröhliches, entspanntes Sprechgeräusch wird allmählich übertönt von einem Kommentar in irgend wie romanischem Akzent:

Look at the Swiss!
Four hundred years without wars!
They prefer making love –

zärtlich windet sich weibliche Hand um männlichen Arm –

and watches.

Denn was war an dem Gelenk der Hand zu erwarten, und wie leben die Träger solcher Uhren? Es sind eben doch die Industriellen der Werbung die wahren Botschafter ihrer Länder.

Katharina ist nun in besserer Verfassung, als Sie noch gesehen haben. Das regelmässige Wochenende zu Hause, es wird ihre Bedenken gegen die Schule bald kurieren. Denn nicht nur waren die Abende schlimm, wenn unsere Besuche nach der Vorschrift zu Ende gehen mussten, auch war am Sonntagmorgen der Besuch des Gottesdienstes Pflicht, wo des Pastors Ausdeutungen von, sagen wir: Mao im Rahmen des Evangeliums anmuteten wie ein Lehrstoff, der aber doch augenblicklich zu vergessen war.

Wenn Sie auf der Rückkehr vorbeikommen, kriegen Sie Ente.

Mit herzlichen Grüssen,

Ihr Uwe Johnson.

153 Vgl. hierzu: E. Fahlke (Hg.), *Uwe Johnson. Inselgeschichten*, a. a. O., S. 195/196. In diesem 5. Band der Schriften des Uwe Johnson-Archivs sind auch die anderen Anekdoten über »Charly« zu finden.

[Anlage 1]

[57a]
[Uwe Johnson an Marianne Frisch]

Sheerness
13. Januar, 1975

Liebe Marianne:
Wie du wünschtest, fasse ich dir hier zusammen, was ich an Kommentaren zu MAX FRISCH: MONTAUK geben konnte.
Montauk auf der Titelseite, Montaigne auf der nächsten, sie setzen die Erwartung in ein Wechselbad. Der Name eines kleinen Küstenortes auf Long Island (circa 900 Einwohner) kündet einen Schauplatz an, von dort her erzählte Handlung. Die Stücke aus Montaignes Vorrede erinnern an seinen ursprünglichen Plan der autobiographischen Konfession. Tatsächlich setzen und halten diese beiden Bewegungen den Text zusammen.
Die eine richtet sich auf die erzählende Rekonstruktion eines Wochenendes, das der Autor mit einer Frau in und bei Montauk verlebt. In der anderen Bewegung blickt der Autor zurück aus dieser Zeiteinheit in frühere, so in die Vorgeschichte dieser Beziehung, in das Zusammenleben mit anderen Frauen, in eine unter Schmerzen ausgestandene Freundschaft, auf die Veränderung der eigenen Person durch Vorräte an Geld, auf die Geschichte der eigenen Person überhaupt. Die Konstruktion ist also eine Abwandlung der Rahmenerzählung, gegen die klassische Form unterschieden durch fortlaufende Rückgriffe statt bloss je eines zu Anfang und zu Ende. Ein Stück Gegenwart enthält durch Erinnerung Vergangenheit. Da nur Zeit war für einmaliges Durchlesen, kam ich nicht dazu, die Gelenke des jeweiligen Einsatzes zu vergleichen, oder die Quantitäten durchzurechnen. Der Lese-Eindruck enthält die Konstruktion als ökonomisch, stabil wie federnd, also als tragfähig, wie zu erwarten, wenn sie sich ganz und gar der Natur des Anlasses verdankt.
Der Gestus ist der der Fiktion. Der Entschluss zur Niederschrift rührt aus der Zeit von Montauk, der spätere Zeitpunkt des Aufschreibens setzt literarische Mittel für die Dokumentation voraus. Ebenso arrangiert ist das Material der anderen Ebene, da die Personen und Themen der Erinnerung durchaus damals das Bewusstsein

des Autors passiert haben können, jedoch nicht in diesem Zustand. Deswegen ist es möglich, das vom Autor meist verwendete Ich als Instrument zur Herstellung eines Blickwinkels einzuschätzen und den Text auf lange Zeit als fingierende Erzählung zu lesen. Einem in der Ferne lebenden Menschen, der weder mit dem Personalstil noch dem Namen des Verfassers vertraut ist, könnte dies bis zum Ende gelingen.

Jedoch das Material ist unfingiert, autobiographisch, wie versprochen mit dem Vorsatz Montaignes. Allerdings ist es bearbeitet, nämlich mit zwei Manieren. Die eine ist die des Journals, dem Tagebuch verwandt trotz der beliebigen statt täglichen oder regelmässigen Aufzeichnung, eben als Notat, sei es eines erinnerten Splitters Realität, eines intellektuellen Prozesses, oder einer Maxime. Die andere Manier ist die der Fiktion, obzwar das Material in seiner Tatsächlichkeit nicht angetastet wird, der Autor auf den angeblich zusammenfassend planenden Blick des herkömmlichen Erzählers aus freien Stücken verzichtet und seine Sicht ausdrücklich als seine Version reklamiert (womit er das Vorgebrachte in seiner Wahrheit beschränkt auf ihn allein). Er baut also den Text, nach der Verträglichkeit der Motive, ihren statischen Bedingungen, ihren quantitativen Abhängigkeiten. Er verschafft den einzelnen Anlässen den ihnen eigentümlichen Formzustand: den der Nacherzählung, des Dialogs, des Essays. Wie nur je ein Romancier lässt er aus, hebt hervor, arbeitet Entwicklungen aus, spannt verbindende Linien, sorgt für unterschiedliche Spiegelungen und überhaupt für Beleuchtung, als wolle er einer erfundenen Sache ihr volles, auch angemessenes Recht werden lassen. Das Bild, das so entsteht, entspricht aber seinem Bewusstsein, seiner Realität. Das nenne ich Erzählen auf seine Natur zurückgeführt, garantiert durch Wirklichkeit. Der Leser wird intellektuell amüsiert, weil die literarische Technik im Verein mit dem Personalstil ihn immer wieder hineintäuscht in die Spannung nach dem Fortgang einer Geschichte, den Spass an dem dialektischen Wachstum eines Gedankens, den Genuss an lebendiger Landschaft, die Freude am Wiedererkennen von Gesten oder Orten, die, als bekannt angenommen, doch erst im Wort des Schriftstellers erkannt wie fixiert werden. Dann fällt der Leser zurück, oder vorwärts, in die Tatsächlichkeit des Berichteten, entweder aus eigener Kraft oder weil der Autor ihm mit unverhofft variiertem

Zugriff genau diese Falle bereitet hat, und lernt, dass erst die Optik des Verfassers aus einzelnen Vorfällen eine Geschichte macht allerdings und Ausnahme halber eine wahre.
Ästhetisch hat er sich da in eine Ecke geschrieben: wie wir Angelsachsen sagen. Denn er hat die Form des von ihm entwickelten Tagebuchs hinter sich gelassen; dahin darf er nicht zurück. Zum anderen hat er den Ton der Erinnerung recht endgültig an dieses Buch vergeben; ein später folgender Nachtrag Memoiren ist schwer vorstellbar. Diese Leistung, aus dem eigenen Leben mit Mitteln der Literatur ein Kunstwerk herzustellen, ohne der Form noch dem Inhalt Gewalt anzutun, er muss sie in der nächsten Arbeit übertreffen. In dem Mass, wie die Entwicklung der Form die Entwicklung der Erkenntnisfähigkeit widerspiegelt, wird er es in der nächsten Zeit, eine Weile lang, hübsch schwer haben. Indessen verabschiedet er sich nur von zwei Gattungen. Und auf einen Roman, gedacht und geschrieben von der hier erreichten Höhe formaler Logistik und Versatilität, möchte ich nicht all zu lange warten müssen.
Auf enormes Verständnis von seiten der beamteten Kritik und von seiten einiger der erwähnten Personen kann dies Buch kaum rechnen, oder hoffen. Man wird sorgenvoll umherkauen an dem Begriff der Indiskretion. Das heisst falsch lesen, nämlich die Vorrede Montaignes überschlagen. Das heisst falsch zu Gericht sitzen, nämlich Montaigne und jedem anderen das Recht auf die Konfession absprechen. Indiskretion bedeutet Vertrauensbruch. Weder als Absicht noch als Handlung wäre dem Buch nachzuweisen, dass es vereinbarte Geheimnisse ausplaudert. Wohl aber kommen die Leute vor, mit denen der Verfasser gelebt hat. Darauf hatten sie gefasst zu sein. Seit 1947 führt er unter seinen Berufen den des Tagebuchschreibers an. Wenn er einmal, 1964, eine Geschichte vorführt mit der Begründung, er habe sie für eine vorrätige Erfahrung gesucht, so sind wir auf ein solches Verfahren nicht ausschliesslich abonniert. Wer mit einem Schriftsteller umgeht, tut dies ohnehin in der Voraussicht, sich einst als Erfahrung in einer Geschichte versteckt zu finden. Wer das Werk dieses Schriftstellers kennt, wird mit ihm umgehen in der Erwartung, sich selbst als einer unfingierten Erwartung in dessen Text zu begegnen. Er weiss von den Personen in seinem Leben, was sie ihm gezeigt haben; das hat an ihnen gelegen. Wenn einer sich freundliche Bemerkungen in einem der veröffent-

lichten Tagebücher gefallen lässt, schlicht als Wahrheit, hat er Wahrheit zugestanden und wird Erwähnungen voraussehen dürfen, die er auffassen möchte als unfreundlich. Er hat das Verfahren der Aufrichtigkeit fortgeführt; es war zu erwarten.
Eine andere Bedeutung von Indiskretion meint den Verstoss gegen die Schamgrenze. Es sei indiskret, alles zuzugeben, vom dirty incident bis zum dirty weekend. Das heisst abermals, Montaigne wie seinen Nachfolgern den Mund verbieten. Es ist im übrigen erst einmal die Schamgrenze des Verfassers. Die zieht er selber. Glaubt einer sie in diesem Buch verletzt, so wäre es nunmehr an ihm, im ersten Tagebuch die Passagen über Eifersucht oder die Reaktion auf Hass zu rechtfertigen. Von dir kann ich mir als Argument vorstellen: Es sei eines, einen Ehebruch über längere Zeit auszuleben, wohl einen Freundeskreis teilnehmen zu lassen, dies hingegen bei dem getäuschten Partner zu unterlassen, oder zu unterbinden; es sei ein anderes, Beschreibung davon und Kommentar dazu im Druck zu dulden. Das besagte, du zögest den Anspruch auf deine Realität zurück, zu Gunsten schicklicher Schonung. Die müsstest du dann auch für den Verfasser in Anspruch nehmen, von ihm nämlich, und ihm eben jene Beschreibung des eigenen Ehebruchs untersagen, mit der er dich durchgehend von Vorwurf entlastet. Damit wäre die Konstruktion der Erzählung aufgelöst, noch der Titel hinfällig, das Buch zerstört. Ich aber, siehst du, bin ein Leser dieses Buches, auf der Seite des Buches, und in einer anderen Eigenschaft fiele mir schwer hinzunehmen, dass einem Verfasser vorgeschrieben würde, welche seiner Erfahrungen er veröffentlichen darf und welche er unterdrücken muss. Es liefe doch hinaus auf Zensur, mit der üblichen Folge, dass es der Verfasser wäre, der ihre Eingriffe zu verantworten hätte. Das aber kann ich mir von dir nun doch nicht vorstellen, wie ich noch rechtzeitig merke.
Liebe Marianne, du wirst dir denken, dass das Gerüchtekarussel seine Musik auch über die ganze Breite des englischen Kanals auswirft, so dass ich ungefähr weiss, was du lieber gehört hättest, und dass es nicht dieses ist. Ich hatte die Wahl, dir mein tatsächliches Verhalten zu dem Buch darzustellen, oder dich mit Schweigen zu kränken.
Mit herzlichen Grüssen,
dein Uwe.

[Anlage 2]

[Uwe Johnson:]

18:30 bis 20:30

– Tag. Wie gehts.
– Tag. Mies. 'ch war erkältet, bis dicht an die Grippe, sitzt immer noch drin. Sheba ist tot. Champagner?
– Ach. Champagner, ja. Bitte.
– Heute morgen um zwei kam der Arzt und hat sie fertig gemacht.
– Nee nich vom Hahn. Flasche.
– Als ich es Charlie sagen musste, er konnte es nicht fassen. Vor einer Woche hat er sie noch gesund gesehen. Meningitis.
– Prost, du. Schrecklich.
– Konnte das Gleichgewicht nicht halten.
– War vielleicht besser so.
– 'ch geh mal raus.
– Es nimmt ihn ziemlich mit.
– Wo es doch seine war.
– Einunddreissig, bitte.
– Durfte ich doch sagen. Wenn das Gehirn einmal beschädigt ist. Wär doch ein Hundeleben gewesen. Aber nein. Muss er gleich raus gehen.
– Nee Charlie, das will 'ch dir sagen: Lass dich nich mit einer Sheba ein. Hängst dran.
– Ich versprechs. Du kommst ja nich in Versuchung, auf dem Schiff das ganze Jahr.
– Michael, Charlie will dir was kaufen.
– Champagner.
– Joe, dir auch.
– Halben Liter Bitter.
– Wie sie auf dem Sofa am Fenster sass, die Nase zwischen den Vorhängen, treu wartend auf Col.
– Col.
– Col ist heute mittag weggegangen zum Trinken. Traute sich nicht in seine eigene Kneipe.
– Da sass Bert. Bert hat Schwielen am Gemüt. Geht hin und sagt Col ins Gesicht: Es gibt Tausende davon, alle Arten –
– Die durchdringende Stimme von Bert.

– Nichts gegen ihn.
– Klar. Aber Col hat ihm Bescheid gestossen: Du lebst auch nicht mehr lange! Da oben wartet Tom Brown auf dich!
– Jeff. Pst. Jeff. Wer ist Tom Brown.
– Galt zu Lebzeiten als Bösewicht. Ist wohl kaum im Himmel.
– So. 'ch bin wieder da. Jetzt hab 'ch's überstanden.
– Na, Ron – ?
– Ja doch! Brandy.
– Tritt lieber bisschen kürzer, du.
– Aber Col. Col. Kenne ihn seit dreissig Jahren. Hab ihn nie weinen sehen.
– Ausser Elefanten.
– Was ist dir, Charlie.
– Elefanten leben mindestens so lange wie du.
– Länger.
– Platzfrage.
– Klein anfangen.
– Tag, wie getts.
– Rons Sheba ist tot.
– Ich hab zu Col gesagt: Sie sieht dich nicht! Sie ist blind!
– Ja wenn sie so zur Familie gehört hat.
– Col musste sie gestern den ganzen Tag die Treppe rauftragen.
– Sie roch ihr Abendessen, konnte nicht hingehen. Hab ich vor ihr gekniet und sie gefüttert. Wie ein –
– Dreieinhalb Jahre ist sie geworden. Eine Schande isses.
– Du musst dich entscheiden! sagte ich zu Col!
– Ron gehört ins Bett.
– Und wie ungerecht wir den Arzt verdächtigt haben: dass er uns ausnimmt. Sagt er: Mein lieber Ron, schon vor einer Woche hätte es aus sein können. Du wolltest pro Tag zehn Pfund für Pillen und Spritzen bezahlen! Und ich wollte es. Sagt er: Sie kann noch eine Woche leben, für fünfzig Pfund Arztkosten, und noch eine Woche. Wenn sie bloss am Leben bleiben soll –
– Da hast du dich entschieden.
– Für mich war die Sache gelaufen, als sie vom Krankenhaus in Canterbury zurückkam. Aber Col hat noch gehofft.
– Tag. Wie gehts.
– Sheba ist tot.

– Oh?
– Heute morgen um zwei.
– Ich geh jetzt.
– Michael. Trink aus. Du gehst mit. Er ist imstande und tut sich was an.
– In Ordnung.
– Wie nett sie einen ankucken konnte.
– Prost, Charlie.
– Was so ein jugendlicher Elefant wohl kostet?
– Verstand ja Englisch, Sheba. Jedes Wort.
– Col sitzt im Büro. Allein.
– Ron ist zum zweiten Mal rausgegangen. Konnte nicht mehr.
– Nee Charlie, für mich: nichs. Ich bin heute abend der einzige von uns dreien, der fest auf der Erde steht.
– Für dich wird es einmal jener Urlaub sein, in dem Sheba starb.
– Mensch ja.
– Jeff, dein Wort gilt doch. Ron will für Col eine neue besorgen zum Geburtstag. Im Februar!
– Dafür sorg ich, Charlie. Und eine andere Farbe wird es auch. Überhaupt die Art. Ob goldene oder anthrazitne Haarfarbe, kein Neufundländer kommt in Frage. Col würde immer Sheba in ihr sehen.
– Siehste.
– Danke.
– Bleib noch.
– Macht 7, 22, 31, 5 – zusammen?
– Tag. Was ist denn los!
– Sheba. Sheba ist tot.
– Oder Schildkröten. Schildkröten!

[58]
[handschriftlich]

[5th Ave. Hotel]
New York City
20. Januar 1975

Lieber Uwe,
Ihr Brief an Marianne: ein Akt letzter Hilfe. Ich danke Ihnen dafür. Wie sie sich dazu auch verhalten mag: ich bin mir jetzt im klaren, dass ich das Script weiter ausarbeite, verstärke, erweitere – mit dem Entschluss zur Publikation. Marianne kann sich scheiden lassen; Literatur als Ehebruch. Ihre Schamhaftigkeit bei dem Gedanken an ihr nächstes Auftreten an der Buchmesse – Indiskretion etc. – sie hat sich nicht geschämt, als der beigelegte Text von Barthelme erschienen ist, dieses noble Porträt von ihr und ihrem husband: – 9. X. 1971, while we were living in town ... Ich habe den Text erst gestern gefunden und finde ihn verwendbar,[154] eine Chance für Barthelme, sich selber darzustellen.[155]
Mittwoch nach Küsnacht, ich schreibe den Text an Sie; dann Tübingen; Berlin; Ungarn – ohne Marianne. Und ich habe die Idee auch nicht aufgegeben, dass wir einmal, wenn Katharina schulfrei ist, uns in Berzona sonnen: Elisabeth, Uwe, Katharina und ich. –
Danke und Ihnen das beste
herzlich Ihr Max Frisch

154 Vgl. *Montauk*, GW, Bd. 6, S. 726.
155 Der amerikanische Journalist und Schriftsteller Donald Barthelme wurde 1931 in Philadelphia/Pennsylvania geboren und starb 1984. Nach seinem Studium war er zunächst als Reporter für die *Houston Post* tätig. Von 1956 bis 1959 arbeitete er als Direktor des Art Museum in Houston, danach als Redakteur und verantwortlicher Herausgeber verschiedener literarischer Zeitschriften. 1962 erfolgte sein Umzug nach New York, dort gab er die Zeitschrift *Location* heraus, von der trotz prominenter Beiträger nur zwei Ausgaben erscheinen konnten. Danach begann er Erzählungen und Beiträge für den *New Yorker* und andere literarische Magazine zu schreiben. Seine erste Sammlung von Erzählungen, der weitere folgen sollten, erschien 1964 unter dem Titel *Come Back, Dr. Caligari* und 1970 auf deutsch in der edition suhrkamp. Das Zitat ist dem Artikel *Departures*, in: *New Yorker*, 47. Jg. 1971, H. 34, S. 42-44, entnommen.

[Anlage]

[Photokopie der Seite 44 aus dem *New Yorker* vom 9. Oktober 1971; 8. Abschnitt eines Textes von Donald Barthelme:]

»But where are you today?
Probably out with your husband for a walk. He has written another beautiful poem, and needs the refreshment of the air. I admire him. Everything he does is successful. He is wanted for lecturers in East St. Louis at immense fees. I admire him, but my admiration for you is... Do you think he has noticed? What foolishness! It is as obvious as a bumber sticker, as obvious as an abdication.
Your Royal Canadian Mounted Police hat set squarely across the wide white brow...
Your white legs touching each other at the banquet table.
Probably you are walking with your husband in SoHo, seeing what the new artists are refusing to do there, in their quest for a scratch to start from.
The artists regard your brown campaign hat, your white legs. »Holy god !« they say, and return to their lofts.
I have spent many message units seeking your voice, but I always get Frederick instead.
»Well, Frederick«, I ask cordially, »what amazing triumphs have you accomplished today?«
He has been offered a sinecur at Stanford and a cenotaph at C.C.N.Y.[156] Bidding for world rights to his breath had begun at $ 500,000.
But I am wondering –
When you placed your hand on my napkin, at the banquet, did that mean anything?
When you smashed in the top of my soft-boiled egg for me, at the banquet, did that indicate that I might continue to hope?
I will name certain children after you. (People often ask my advice about naming things.) It will be suspicious, so many small Philippas popping up in our city, but the pattern will only become visible with the passage of time, and in the interval, what satisfaction!

156 Chamber of Commerce, New York.

I cannot imagine the future. You have not made your intentions clear, if indeed you have any. What is the point of all this misery? I am a voter! I am a veteran! I am forty! My life is insured! Now you are climbing aboard a great ship, and the hawsers are being loosed, and the flowers in the cabins arranged, and the dinner gong sounded. I am sure you will eat well aboard that ship, but you don't understand – it is sailing away from me!«

[59]
[handschriftlich]

[5th Ave. Hotel]
New York City
22. Januar 1975

Lieber Uwe,
ich packe – Notizen zu MONTAUK; es wäre ärgerlich, wenn die Maschine nicht landen würde, jetzt da ich weiss, was ich an dem Skript zu tun habe. –

Für den Fall:
ich bestehe darauf, dass MONTAUK (auch in diesem provisorischen Zustand der Arbeit) publiziert wird; dabei bitte ich Sie und ermächtige Sie, das Lektorat zu übernehmen. Es befindet sich je eine Kopie bei Jörg Steiner, bei Adolf Muschg und in meinem Schreibtisch in Küsnacht.

Ihre Analyse (für Marianne verfasst) ist outstanding, Uwe.
Herzlich Ihr Max Frisch

[59a; Marianne Frisch an Uwe Johnson]

Küsnacht
28. Januar 1975

Lieber Uwe,
auf Grund eines Irrtums – ich war bis heute der Meinung, Du seist bereits in New York – mach' ich mich erst jetzt daran, Dir für Deinen ausführlichen Brief zum Manuskript »Montauk« zu danken. Ich sehe in dem Ernst und in der Mühe, mit denen Du meinem

Wunsch, mir zu dem Manuskript Deine Gedanken zu formulieren, gefolgt bist, ein beträchtliches Mass an Freundschaft.
Du wirst Dich, denke ich, gewiss nicht gesorgt haben, es seien die literarischen Vorsätze oder die Struktur des Manuskripts, die mir lesend entgehen möchten, dieweil ich mich kleinmütig begnügt haben wollte, über meine private Unantastbarkeit zu wachen. Ich will jedoch erklären, dass ich mich in dem Manuskript in eine Vergangenheit gerückt sehe, in der ich mich zu dem gegenwärtigen Zeitpunkt, an der Seite von Max lebend, nicht wohl fühle. Ich fühle mich gegenwärtiger. Dass dieser Eindruck Emotionen ausgelöst hat, die ich vor Max zu verbergen nicht als notwendig empfand, ist das zu verstehen? Was immer aus diesem internen Prozess entsteht, angehen wird er zwei Personen. Dass ich je daran gedacht haben könnte, Max vor der Veröffentlichung des Manuskripts auch nur drei Silben abzuhandeln, hast Du selbst, wie Du sagst, Gottseidank, doch noch rechtzeitig bezweifelt. Obgleich ich vernehme, dass man mich im Hause Suhrkamp nicht ungern als zensierenden Hausteufel an die Wand malt.
Lieber Uwe, soweit war der Brief gediehen bis zu Deinem Anruf. Ich bin dann zwei Tage später nach Frankfurt gefahren – Max möchte noch einige Wochen in Ruhe an dem Manuskript weiter arbeiten – und jetzt liegt der angefangene Brief auf der Friedenauer Tischplatte (Du hast sie besorgt). Was mich noch hinsichtlich des Manuskripts beschäftigt, ist ein Zweifel an der Tragfähigkeit der Lynn-Handlung, der Rahmenhandlung und des stichwortgebenden Motors zugleich. Mir scheint das Gerüst zu wacklig, die geschilderte Person dünn, klischiert. So konnte Homo Faber Menschen sehen, aber Max Frisch, glaube ich nicht. (Des Verdachtes, ich möchte mich hier eines der Oeffentlichkeit preisgegebenen Ehebruchs erwehren, wirst Du mich hoffentlich entheben.) Nur, es gelingt mir nicht, bei all meiner Neugier, mir diese Frau vorzustellen, da ist immer ein Illustrierten-Geschöpf im Weg.
Und noch etwas möchte ich Dich fragen: Ist Dir das Prinzip begreiflich, nach welchem vorkommende Personen nach ihrem polizeilichen Namen benannt werden, andere Namen aber wiederum mystifiziert werden? Warum heisst der Freund W., das Mädchen Lynn (ihr wirklicher Name ist Alice)? dann ist da »ein junger

Freund«, »eine jüdische Braut« etc.[157] Ich sehe den Gewinn an Radikalität, Genauigkeit, Wahrheit, der durch die direkte Namensnennung wie Ingeborg Bachmann, Marianne, Donald Barthelme etc. ins Manuskript eingebracht werden möchte, nicht, da das Ganze, wie Du selbst auch hervorhebst, ohnehin in die Fiktion hinüberwächst. Wäre der Schreiber dann mit durchgehend fiktiven Namen nicht freier für die Fiktion?

Einer Argumentation in Deinem langen Brief kann ich nicht folgen; Du sagst da auf Seite 3: »Wenn einer sich freundliche Bemerkungen in einem der veröffentlichten Tagebücher gefallen lässt, schlicht als Wahrheit, hat er Wahrheit zugestanden und wird Erwähnungen voraussehen dürfen, die er auffassen möchte als unfreundlich«. Würdest Du, lieber Uwe, – dies ein vergröberndes Beispiel – jemandem, dem Du gestattest, Dich als den grössten Wahrheitsfinder zu preisen, es nicht verargen, wenn er Dich zu einem späteren Zeitpunkt als Lügenbold darzustellen beliebte. Ich glaube nicht, dass man, indem man sich von einem Menschen Lob gefallen lässt, sich vertraglich bindet, aus dem Munde (der Feder) dieses Menschen alles und jedes als Wahrheit, unbezweifelbar, hinzunehmen.

Hab' nochmals Dank für Deinen sorgfältigen Brief, demnächst will ich eine kurze Verbeugung vor der Stierstrasse 3 machen; sehr herzliche Grüsse an Elisabeth und Katharina, Dir eine gute Reise nach New York, herzliche Grüsse auch da, an die beiden grand old ladies.[158]

Herzlich Deine Marianne

157 Der anonyme »junge Freund«, den Marianne Frisch erwähnt, ist Werner Coninx, Sohn einer Verlegerfamilie (*Tages-Anzeiger*, Zürich). In *Montauk* erzählt Frisch, wie er nur dank eines Darlehens des Freundes sein Architekturstudium von 1936 bis 1940 finanzieren konnte. – Die Amerikanerin Alice Locke-Carey, geb. 1943, hatte Max Frisch 1974 in New York kennengelernt. Auf einer von Helen Wolff organisierten Vortragsreise durch die USA sollte die junge Frau ihn begleiten und unterstützen. Das Wochenende, das beide am 11. und 12. Mai in jenem kleinen Küstenort auf der Spitze von Long Island miteinander verbrachten, ist Dreh- und Angelpunkt der Erzählung. Dort heißt die Begleiterin Lynn. – Bei der »jüdischen Braut« handelt es sich um Käte Rubensohn, vgl. Seite 269, Anm. 13.

158 Mit den beiden »grand old ladies« meint Marianne Frisch Hannah Arendt und Helen Wolff. Vgl. S. 23, Anm. 25 sowie S. 76, Anm. 116.

[Auf der 1. Seite des Briefes hat U.J. handschriftlich notiert:]
»Stempel 6275
Sheerness 8275«

[59b; Uwe Johnson an Marianne Frisch]

Sheerness
11. Februar, 1975

Liebe Marianne!
Mit einem Bein bereits beim Packen des Koffers –[159]
dies stelle dir vor –
will ich hoffen, dass dir meine Antwort auf deinen Brief vom 28. Januar und später nicht all zu hastig vorkommt. Zunächst danke ich dir für die Mühe, die du dir mit dem ausführlichen Schreiben gemacht hast; es kann nun kaum noch vorkommen, dass ich deinen Punkt in dieser Sache missverstünde. Du scheinst dich ein wenig zu mokieren über das Ausmass, das ich vorerst der ästhetischen Erörterung gelassen habe; es war jedoch dein Wunsch gewesen, über alle Ansichten des Buches »Montauk« berichtet zu bekommen, soweit sie mir zugänglich geworden sind.
Hieran, an der Konstruktion und der Machart im Einzelnen, hängt ja auch gleich deine erste Frage, nämlich, ob die Rahmenhandlung die ihr vorangegangenen – und fremden – Elemente überhaupt behausen kann. Von der Statik her würde ich das bejahen, eben da sie von der erzählenden Person garantiert ist. Da möchte ich zwischen Max Frisch und seinem Homo Faber allerdings den philosophischen Dissens anerkennen. Wenn es dir nicht gelingen will, die andere Frau in der Vorstellung wirklich zu machen, so entspricht dem mein (einziger) Lese-Eindruck, es sei ein solches Wochenende nicht allein mit appetitlichem Kirschen-Essen abgegangen, und ich vertraue darauf, dass da der Erzähler seinem Subjekt ein Bein gestellt hat, dem eigenen, versteht sich.
Wenn einzelne Personen mit ihrem bürgerlichen Namen vorge-

159 Vom 15. Februar bis zum 5. März 1975 reiste Uwe Johnson nach New York und Albany, um den ersten Band der amerikanischen Ausgabe der *Jahrestage*, die unter dem Titel *Anniversaries* bei Harcourt, Brace and Jovanovich unter dem Imprint »A Helen and Kurt Wolff Book« erschienen war, dem amerikanischen Buchmarkt zu präsentieren.

führt werden, andere jedoch mit Abkürzungen und in Umschreibungen, vermute ich den Grund in der Wichtigkeit, den die ersteren für den Erzähler in der Perspektive Montauks gewannen. Auf die Ungleichmässigkeit, die bei einer Lektüre des Buches im Jahr 1975 wirksam werden könnte, habe ich ihn hingewiesen; er bestand darauf mit einem Hinweis auf die Konstruktion. Du bist da schon im Dialog unentbehrlich.
Schliesslich, gewiss gibt es schreibende Leute, an die ich mich wegen ihrer Äusserungen über mich gar nicht gebunden fühle, es sei denn, dass ich nach Fehlern in meinem Betragen zu suchen begänne. Von Max Frisch aber, nachdem ich in Arbeit und Leben mit ihm umgegangen bin, will ich hinnehmen, was er über mich zu sagen für nötig findet, denn unzweifelhaft habe ich es ihn sehen lassen.
Deine Grüsse in Sheerness sind ausgerichtet, denen für New York steht es bevor. Diesmal freut mich die Reise nicht. Aber eine Ansichtenkarte sollst du doch bekommen!
Dein Uwe.

[60]

New York
19. Februar 1975

Lieber Herr Frisch:
Sie sind noch kraeftig vorhanden in der Stadt.
Erst heute morgen wurde mir Ihr Selb stbildnis gezeigt (»when he was youn g«).
Diese Spruenge m acht solche Maschine von ganz allein; verzeihen Sie nicht mir.
Auch heisst es, Sie haetten hier ohne ein Cognito auskommen wollen, und dass es Ihnen nicht gelungen sei in Begleitung einer jungen ungarischen Dame. Ein Schriftst eller namens Barthelme[160] wollte seinen Ohren nicht trauen und telefonierte aufgeregt umher, fragte auch b ei unserer Verlegerin[161] nach Ihrem Ergehen, worauf sie geantwortet hat: Triumphant (gehe es Ihnen).

160 Zu Donald Barthelme; vgl. S. 111, Anm. 115.
161 Helen Wolff, vgl. S. 23, Anm. 25.

In einem allerdings sind die meisten Stimmen einig: Sie seien abgereist, wer weiss ob by boat or b y plane.
Die Dame, die fuer Sie »Interviews« arrangiert hat, tut es fuer mich nicht. Denn einmal hat sie mit Luftpost aus England hergeschafft e Buecher zu lange in ihrem Schrank vergessen, ein anderes Mal hat sie eine ganze Saisonproduktion nicht gemeldet an »Books in Print«, zum Entsetzen nicht nur der Autoren. So gewann sie nicht die Medal of the President, sondern eine Kuendigung. Die Dame, die es fu er mich tut, hat eine erschrecklich tiefe Stimme, oft glaube ich einen baerb eissigen General zu hoeren und gehorche ohne Verzug.
Das Wetter, darin sind Fahrstuhlfuehrer und Broetchenkuenstler einig, fuer einen Februar zu schoen, naemlich sonnig und milde. Eine Stunde Gehens durch New York, und man hat eine gewisse Achtung vor sich selbst erworben. Wenn der Mann im Streifenwagen die Sirene anstellt, es aber bei dem ersten jaulenden Ton belaesst, wissen Sie was der tut? He is calling his partner, that's what he does. Neuerdings b edaure ich, nicht auch die akustische Seite von Tante Times[162] verwendet zu haben; es ist ruehrend, wie sie auch noch in der Werb ung ihres Senders bemueht ist um einen Sprechton, der ist selbstverstaendlich gebildet, ab er an Distinktion aller schmutzigen Konkurrenz u eberlegen obendrein.
Nun muss ich gehen und fuer den selben Burt Britton ein Bildnis von mir in das Buch werfen, ueber das er mit Random House einen Verlagsvertrag geschlossen hat.[163] Aber ich werde was anderes darunter schreiben als Sie. Gleich danach wird man ein Interview fuer mich »arrangiert« haben.

[handschriftlich :]
Lieber Herr Frisch, möchten Sie gut leben können.
Herzliche Grüsse!
Ihr Uwe Johnson.

162 Die »akustische Seite von Tante Times« ist der 1936 gegründete Radio-Sender »WQXR«, der 1955 von der *New York Times* erworben wurde.
163 Vgl. Burt Britton, *Self-Portrait. Book-People picture themselves.* New York (Random House), 1976.

[61]

Berlin
18. März 1975

Lieber Uwe,
zu danken für freundliche Signale hätte ich schon lang, nicht zu vergessen die Information (Gründe zu einer Entlassung bei HBJ)[164] – jemand schickte mir auch die BOOK REVIEW, mit der Fotomontage CENTRAL PARC / TIMES / JOHNSON.[165] Eine formidable Rezension; ich freue mich darüber. Es scheint und es heisst, Sie haben sich in NY wohlbefunden. Und ich habe mein Versprechen, Elisabeth in den Tagen ihrer Verlassenheit an der Themse anzurufen, nicht erfüllt. Versäumnisse ringsum. Ich bin die meiste Zeit in Küsnacht, zwei Mal eine Woche bei Marianne in Berlin; sie macht es gut, glaube ich. Und wir gehen nicht mehr im Kreis herum, glaube ich... Mein Manhattan-trip, dieses Mal ohne die gehabten Freunde aufzusuchen, ausgenommen Helen.[166] Jetzt, über Ostern, gehe ich für zehn Tage nach Ungarn. Das tönt so nach dynamischer vita, bzw. Depression, bzw. Unsinn. – In den nächsten Tagen schicke ich Ihnen und Elisabeth, damit sie's zu Ende lesen kann, das MONTAUK-Skript in letzter (?) Version. Es hat sich gezeigt: viel mehr Memoiren sind auf dem fragilen Wochenende nicht zu verstauen, und ich merke, dass ich froh drum bin; nicht aus Faulheit (schliesslich ist der Platz an der Schreibmaschine mein Refugium), sondern weil ich andere Gesellschaft brauche als die der Erynnien, der artigen. Es würde mich sehr interessieren zu hören, was Elisabeth, wenn sie die Musse zum Lesen hat, dazu zu sagen hat. Gestern war (Sie wissen es) Siegfried Unseld hier freundlich und frohen Mutes, nur etwas bänglich, so scheint es mir, im Hinblick auf dieses Skript. Er präsentierte die Buch-Idee.[167] Ich habe es erraten, bevor er zum Spruch gekommen ist; die Idee, die Sie einmal an der Stierstrasse in die Luft gehängt haben. Wenn Sie, lieber Uwe, das auf sich nehmen mögen, so ist es mir eine grosse Freude. Ich meine und

164 Die Abkürzung steht für das Verlagsimperium: Harcourt, Brace and Jovanovich.
165 Vgl. Ernst Pawel, *Uwe Johnson in New York: Anniversaries,* in: *The New York Times Book Review,* Vol. 80 vom 23. 2. 1975, S. 4-5.
166 Gemeint ist seine amerikanische Verlegerin Helen Wolff; vgl. S. 23, Anm. 25.
167 Uwe Johnson sollte eine Sammlung »sprechender Zitate« aus den Werken von Max Frisch zusammenstellen. Vgl. hierzu die Briefe auf Seite 136 ff.

sagte es dem Verleger auch prompt, dass Sie dabei völlig freie Hand haben sollten; je johnsonischer die Auswahl der Zitate, umso besser. Ich werde da nicht hineinreden, das heisst nicht, dass ich nicht gespannt bin, im Gegenteil. Es wäre keine gute Idee, wenn das irgend jemand macht; es muss schon das Feierabendwerk des Uwe Johnson sein. Kein »Brevier«, nicht Sammlung von Lebenshilfesprüchen; eher eine Obduktion, so denke ich. Dabei sind der Verleger und ich sich einig: das darf den JAHRESTAGEN nicht einen Arbeitstag entziehen.
Wie geht es mit SHEERNESS-ON-SEA? Noch wird man auf dem Laufsteg vor den Fenstern keine Badegäste sehen. Wenn diese kommen und lästig werden: Berzona (Schweiz) steht offen. Wir werden dort nicht mehr »wohnen«; das ist nun, beiden aus dem Herzen beschlossen, eine Datscha für Freunde mit Marianne oder ohne, mit mir oder ohne, mit der tessinischen Haushilfe und swimmingpool. Wie besprochen: Sie melden es an, wann immer Sie doch Lust haben. Gute Jahreszeit: ab sofort bis Mitte Oktober, Höhe über Meer 760 m.
Heute sonniger Tag in Friedenau, Marianne ist mit Freundin eislaufen gegangen, die Flugzeuge landen noch immer in Tempelhof.
Ja –
Ich grüsse Sie beide und Katharina
von Herzen Ihr Max Frisch

[62]

Sheerness
22. März, 1975

Lieber Herr Frisch,
ich bedanke mich für Ihren Brief vom 18. März und will gleich, der Richtigkeit zuliebe, versichern, dass nicht ich unserem unseldischen Menschen Ihren neuen Buchplan ins Gehirn gehängt habe. Es ist dies sein originaler Einfall. [...][168] Nun freue ich mich über Ihren Auftrag. Unser aller Siegfried, am Telefon von seinem Besuch bei Ihnen berichtend, machte hinwiederum einem anderen Namen

168 An dieser Stelle wurden zwei Zeilen einer in Klammern gesetzten Einfügung zur Wahrung von Persönlichkeitsrechten Dritter ausgespart.

Ehre durch die Anregung, ich möge doch vor allem ausgehen von dem Ersten Ihrer veröffentlichten Tagebücher und nicht in einem fort einen Max Frisch vorstellen, der Unzufriedenheit mit dem Zustand der Gesellschaft illustriert und streikende Arbeiter und schiessende Polizei. Zwar ahnt er, dass eine Einmischung von seiner und solcher Seite mich lediglich dazu bringen würde, diese Arbeit still wegzulegen; dennoch sind mir Ihre Vollmachten reichlich willkommen. (Ganz gewiss wird es eine »Obduktion« nicht werden, die liesse schon das Wort nicht zu; und ich bin wieder einmal betrübt über Ihren ausdauernden Blick auf Ereignisse nach Ihrem Ableben, da doch die Ärzte Fehl an Ihrem Zustand zu finden ausserstande sind. Mit solchem Verhalten lenken Sie Herrn Frisch ab.) Wie aber die Sache ausfallen könnte, das sage ich nicht, ausser, dass Elisabeth schon viel gelacht hat über Möglichkeiten.
Sie freut sich auf MONTAUK.
In Sheerness die Promenade gehört noch den Einheimischen, hausväterlich nützen sie sie zu Gängen zwecks ehelichen Schweigens oder eben solcher Aussprache, erfreuen den eigenen Hund, nicht ohne die bekannten Köter zu begrüssen, gewandte Kinder auf dem Rade fahren kunstreich vorbei an den Schildern, die das Radfahren auf der Promenade untersagen. Bei der Rückkehr find ich auf der Dritten Ebene Doppelfenster eingesetzt (nein, leider fehlen sie in Ihrem Zimmer noch), die erwiesen die Tüchtigkeit der Firma, indem der Wind im Raum steht wie je zuvor. Allerdings, es ist ein steifer Nordost gewesen, so dass die Gespräche der Ansässigen an Aufrichtigkeit zunahmen. Der Anblick der vielen Bücher auf Ihrer Ebene hat die Leute auf meinen richtigen Beruf verfallen lassen, und gelegentlich fordern die Herren im Seaview Hotel (Beer by Hürlimann) mich auf, über ihren jeweiligen Intimfeind einen Roman zu verfassen; so vernichtend soll die Strafe sein. Zurückgekehrt aus einer Gegend,[169] da mir fast alle Sprechentschlüsse resolut abgenommen wurden, werde ich hier mit nicht nachlassendem Zartgefühl eingeladen, mein ausländisches Englisch zu wiederholen (ausgenommen von Personen mit einer Art Bildung). Immerhin überreichen die Eisenbahner mir schon solche douceurs wie »thanks ta«.

169 Auf einer Lesereise hatte sich Uwe Johnson vom 9. bis zum 14. März 1975 in Duisburg, Gütersloh, Bad Salzuflen, Kamen, Köln und Düsseldorf aufgehalten.

Lieber Herr Frisch, wir lesen erleichtert, was Sie über den Umgang zwischen Marianne und sich sagen mögen, wünschen Ihnen beiden ein Auskommen so gut wie möglich und grüssen herzlich.
Ihr Uwe Johnson.

[63]
[Telegramm]

Budapest
26. März 1975

WOULD VISIT EASTERN BE CONVENIENT? PLEASE ANSWER TO GELLERT HOTEL BUDAPEST CORDIALLY MAX FRISCH

[64]
[Telegramm]

Sheerness
26. März 1975

YOU ARE MOST WELCOME PLEASE WIRE ARRIVAL INFORMATION VERY MUCH LOOKING FORWARD ELISABETH & UWE

[65]
[Telegramm]

Budapest
28. März 1975

THANK YOU STOP ARRIVAL SWISSAIR 804 AT 14.10 SATURDAY[170]
MAX FRISCH

170 Max Frisch war, so der Eintrag Uwe Johnsons im Kalendarium, am 29. März 1975 um 14.10 Uhr in London angekommen und bis zum 2. April 1975 in Sheerness-on-Sea geblieben. Am Ostersonntag, dem 30. März, hatte man gemeinsam die Kathedrale von Canterbury besichtigt.

[66]

Sheerness
3. April, 1975

Lieber Herr Frisch,
Gruss zuvor. Guten Tag.
In Ihrem Literaturmagazin Nummer 3 von Rowohlt[171] habe ich die beiliegende Karte gefunden. Die handschriftlichen Vermerke auf der Rückseite sehen mir aus, als habe jemand Ihnen da Adressen für Büchersendungen angegeben und Sie hätten die gewünschten Bücher spezifiziert.[172] Da ich nun sehe, dass Sie nicht etwa unsere Exemplare verschickt haben nach Ungarn, überlasse ich Ihnen, ob zumindest jener eine Ungar von Ihnen eine Meinung erwerben soll, die der Ihren von seinem Lande vergleichbar wäre.
Weiterhin angekommen ist von Suhrkamps Erben eine Sammlung Ihrer Äusserungen in der periodischen Presse. Nach ersten Einblicken sehe ich voraus, dass FRISCH ANGESTRICHEN Druckorte enthalten könnte, von denen FRISCH WERKAUSGABE nichts sich träumen lässt.
Da ich beim Anblättern in die Ecke Zollingers[173] geraten war, erlaube ich mir ein Ansinnen, das Sie, bitte, vergessen wollen, ausser sie fiele Ihnen beim Spazierengehen in der Stadt wieder ein. Das ist die Bitte, gelegentlich nach einer Gesamtausgabe Zollingers zu fra-

171 In dem von Nicolas Born im Februar 1975 unter dem Titel *»Die Phantasie an die Macht«. Literatur als Utopie* herausgegebenen 3. Band des *Literaturmagazins* ist auch ein Text von Donald Barthelme, *Pionier Paul Klee verlegt ein Flugzeug zwischen Milbertshofen und Cambrai, März 1916* (S. 205-208), enthalten, den Marianne Frisch – als Marianne Oellers – aus dem Amerikanischen übersetzt hat.
172 Die Beilage ist nicht erhalten.
173 Der Lyriker und Erzähler Albin Zollinger, 1895 in Zürich geboren und 1941 dort auch gestorben, arbeitete seit 1922 als Lehrer im Umkreis der Stadt. Im gleichen Jahr debütierte er mit dem Roman *Die Gärten des Königs*. Dessen Roman *Pfannenstiel. Die Geschichte eines Bildhauers* hatte Frisch im November 1940 für die *Neue Zürcher Zeitung* rezensiert, seine erste Begegnung mit Zollinger im *Tagebuch 1946-49* unter der Zwischenüberschrift *Pfannenstiel* festgehalten. Im Herbst 1942 erinnerte Frisch mit dem Essay *Albin Zollinger als Erzähler* an den ersten Todestag des für ihn so bedeutsamen Autors. Schließlich verfaßte Frisch noch einen Nachruf auf Albin Zollinger für eine 1961 in Zürich erschienene Ausgabe der *Gesammelten Werke*. Vgl. GW, Bd. 1, S. 177-179; Bd. 2, S. 492-500; Bd. 1, S. 206-213; Bd. 4, S. 265-271. In Uwe Johnsons Bibliothek sind keine Bücher von Albin Zollinger vorhanden.

gen und die Bücher im Falle eines Erfolgs bis zu meinem nächsten Besuch aufzubewahren.
Zu der Gelegenheit sommers in Berzona lassen Sie uns noch einmal sagen, dass wir dringend hinter schon gegebene Zusagen zurücktreten dürfen möchten. Einmal gäben wir Marianne ungern noch einmal Anlass zu irrtümlichen Schlussfolgerungen; zum anderen würde uns die Suppe dort nicht immer schmecken, schwämme darin das Haar, das ein anderer Bewerber sich aus Neid und Ärger ausgerissen hat.
Nach den gestrigen Abendnachrichten[174] sollten Sie wohlbehalten in Zürich angekommen sein. Das wünschen wir Ihnen.
Mit herzlichen Grüssen,
Ihr Uwe Johnson.

[67]

Küsnacht
9. April 1975

Liebe Elisabeth und lieber Uwe,
ich glaube jetzt nicht mehr an die Nummer: 00441/7956-2931. Sonst hätte ich mich längst bei Ihnen bedankt für die freundliche Aufnahme. Es summt immer nur, wenn ich anrufe ... Ich danke. Ein gar leichter Gast bin ich wieder nicht gewesen.[175] Das Haus an der Themse verdient es, dass ich es ein nächstes Mal, bitte, nicht grad mit Lebensübermut betrete, jedoch als intakter Zeitgenosse. Sie beide, auch die Fremde Hertha,[176] taten mir gut.
Es ist also geregelt: Berzona steht Ihnen offen vom 11.8. bis 11.9. Einführung in die technischen Anlagen gibt der Hauseigentümer. (Ich bin ganz froh, so ein fixes Datum in diesem Sommer zu haben.) Nächste Woche kommt Siegfried vorbei, er hat schon nach Lektüre meines Skriptes das Wort gefunden, das mir fehlte: HERZBLUT, geschrieben mit. (Wogegen Marianne in Berlin meinen Wunsch, ihre literarische Kritik zu formulieren, nicht erfüllen kann; im üb-

174 Anspielung auf Frischs allgegenwärtige Angst vor einem Flugzeugabsturz.
175 Sein Aufenthalt zu Ostern in Sheerness-on-Sea wurde von einer tiefen Depression überschattet.
176 Bekannte der Familie Johnson, die sich mit ihrer Tochter während der Ostertage 1975 gleichfalls in Sheerness-on-Sea aufhielt.

rigen sind wir herzensgut miteinander, und Berlin missfällt ihr weniger und weniger.)
Ich sehe jeden Tag etwas ein, nur ist es oft dasselbe, was ich vor einer Woche schon eingesehen habe; da hilft Aufschreiben gar nichts: irgendwann, in der Morgenfrühe, sehe ich's doch wieder ein –
Freunde, ich grüsse herzlich
Max Frisch

Ein Brief von Uwe nach Berlin soll mir nachgeschickt werden.

[68]

Sheerness
17. April, 1975

Lieber Herr Frisch,
bitte, verzeihen Sie, dass ich Sie noch einmal langweilte mit meinen Vermutungen zu einer Gedichtzeile von Günter Eich. An Ihrer Äusserung über ihn im MERKUR vom Juni 1967[177] habe ich gesehen, was für Möglichkeiten Ihnen längst bewusst waren.
Wir bedanken uns für Ihren Brief vom 9. April und für das endgültige Angebot von Ferien in Berzona. Wir werden gern kommen und freuen uns auf die Einführung in die technischen Anlagen. Nur werden wir nicht bis zum 11. September bleiben können und müssten am 31. August uns verabschieden.
Das hat eine erfreuliche Seite. Nämlich, heute vormittag hat Katharina sich vorgestellt in der Sheppey School und ist angenommen worden. In einer Zukunft also wird sie zum Unterricht mit dem Fahrrad reisen können und danach zu uns zurückkommen statt in ein Internat. Dessen Sitten, auch die Uniform, sind ihr dann erspart. Dafür müssten wir uns mit den Terminen begnügen, die eben nicht so lässig-vornehm angesetzt sind wie in den eleganten Wäldern im Süden von Croydon.
Siegfried Unseld hat mir in einem Brief vom 11. April mitgeteilt, was gegen unseren Titel spricht: einmal habe Herr Fleckhaus[178] den

177 Vgl. S. 283, Anm. 20.
178 Professor Willy Fleckhaus, geb. 1925 in Velbert, gest. 1983 in Castelfranco di Sopra/Toscana, gestaltete seit 1959 Buchumschläge, Plakate, Prospekte und Poster, die das Gesicht des Suhrkamp Verlags prägten.

seinen schon in der Mache, er müsse den Buchhändlern ja noch vor Mai gezeigt werden; im übrigen erinnere er an den ursprünglichen Beruf eines »Grossen Führer(s)«. Der letzte Teil des Arguments verschliesst mir das Tastenfeld der Maschine; nun bin ich neugierig auf Ihre Antwort. Denn der Verleger verspricht: »Ich werde mit Frisch sprechen, wenn ich ihn sehe...«

In Montauk, p. 56, heisst es:

> dass ich vor zwei oder vor fünf Jahren genau zu derselben Einsicht gekommen bin – nur habe ich sie dann wieder vergessen, weil es mir gelungen ist, nach meiner Einsicht zu leben; ich habe das Gegenteil gelebt mit zäher Energie.

Elisabeth fragt sich, ob das »Gegenteil« am Ende im vorangehenden Satzteil ein »nicht« brauchen würde. Auch protestiert sie gegen eine neu eingefügte Bezeichnung meiner Person; da werde ich mich dann anschliessen. Sonst haben wir noch gar nicht darüber geredet; ich muss einen Teil des IV. Bandes verändern und bin abends ganz taub.

(Deswegen werde ich [mich] vor der Akademietagung[179] drücken müssen, dies Mal.)

Unsere Vorwahl aber ist 0044 (England) 7956 (Sheerness); mit 00441 geraten Sie unweigerlich ins londoner Netz und bekommen bloss ein Summen. Das wünscht Ihnen nicht,

mit herzlichen Grüssen,

Ihr Uwe Johnson.

[69]

Küsnacht

11. Juli 1975

Lieber Uwe!

Über allem steht jetzt die Sorge um Ihre Gesundheit[180] – ich will aber doch, so rasch wie möglich, von Frankfurt berichten, um Ihnen wenigstens einen Kummer zu nehmen, einen falschen.

Am 8.7. nach Ankunft in Frankfurt las ich das Paket der STICHWORTE, das an Sie zurückgegeben worden ist (auf mein Drängen;

179 Die Mitgliederversammlung der Akademie der Künste fand vom 23. bis zum 26. Mai 1975 in West-Berlin statt.

180 Ende Juni 1975 hatte Uwe Johnson eine heftige Herzattacke erlitten.

Sie wissen inzwischen, dass ich nicht, wie Sie meinten, den Apparat eingesetzt habe, um Ihnen die Texte zu entreissen durch fliegenden Boten; ich habe Siegfried Unseld allerdings gesagt, ich sei sehr gespannt und würde gerne einen Blick da hineinwerfen, bevor die Herstellung losgeht; kein unnatürlicher Wunsch, meine ich, kein Beweis von Vertrauensmangel –) und ich habe bei der allerdings flüchtigen Lektüre gestaunt, was Sie, zusammen mit Elisabeth, zusammengetragen und gesichtet haben. Unterdessen sass Burgel im Flugzeug; ich war sehr glücklich, dass Sie, trotz Ihrer bedrängten Lage, dieses Unternehmen abschliessen konnten und die Collage des Materials nicht Dritten haben überlassen müssen. Zu Ihrem Vorwort Uwe, ich danke Ihnen herzlich für dieses Vorwort! Das sagte ich Elisabeth auch am Telefon schon, ich sei sehr glücklich. Die Aufregung im Verlag entstand aus der Meldung, dass das Material nicht unterzubringen ist auf 224 Seiten; eben traf der Satz ein, übrigens ein guter Schriftgrad. Bei Durchsicht des Bündels mit den Texten, die Sie, zur Kürzung genötigt, ausgeschieden haben, war ich ebenfalls einverstanden. Inzwischen wurde von den Herstellern gerechnet und gerechnet, ob diese Kürzungen ausreichen. Zu diesem Zeitpunkt (Mittagspause) kannte ich die 21 Themen-Kreise, noch nicht die neue Ordnung, die das neue Paket enthielt.
Nach der Mittagspause (ich brauchte die, da ich seit 6 Uhr morgens auf den Beinen war) erwartete mich im Verlag der Alarm: die Kürzungen reichen bei weitem nicht, es müssen noch 57 Seiten heraus! Und das ist bei dem telefonischen Gespräch offenbar gar nicht klargeworden. Die Collage, die Sie veranstaltet haben, habe ich im Prinzip verstanden; im Prinzip, denn die Musse zum soliden Studium war nicht gegeben, Siegfried und ich lasen zusammen, während die Hersteller nochmals rechneten. Das Papier für eine Auflage von 200 000 liegt bereit, zwei Druckereien warten. Sie verstehen, Uwe, das war kein gelassenes Lesen an diesem Tag. Einerseits begriff ich die Komposition, die Verteilung der bisherigen 21 Themen-Blöcke auf 49 Text-Einheiten; was aber, wenn da noch einmal 57 Seiten entfallen müssen? – und das galt nun als absolutes Gebot. Auch wenn wir nur probehalber (ohne zu entscheiden) so viele Seiten herauszogen, ergab sich der Eindruck: dann geht die Collage nicht mehr, dann werden einzelne der 49 Text-Gruppen so frag-

mentarisch, dass die Gruppierung nicht mehr erhellend wirkt, sondern verwirrend. Daher der Vorschlag an diesem späteren Nachmittag: ob es unter diesem Zwang der Reduktion nicht besser wäre, die 21 Themen-Blöcke in sich bestehen zu lassen. Ich verstehe Ihren Schrecken über diesen Antrag, aber völlig irrig ist Ihr Schluss: »dass Max Frisch sich darin missverstanden fühlt.« Was Siegfried im Gespräch mit Elisabeth gesagt hat, habe ich zum Teil gehört; es ist seine Sprechweise, aber auch er hat nicht den Verdacht eingeführt, dass ich mit dem Ganzen unglücklich sei, und ich selber habe Elisabeth gesagt, ich bin glücklich über das schöne Vorwort, erstaunt und glücklich über das Ganze. Die Striche, die Sie dann noch gebilligt haben (Kissinger, Schauspieler, Lyrik), reichten nicht aus, um die Kalamität zu lösen. Wir waren ratlos. Siegfried auf seine Weise; er hängt an dem grossen Unternehmen. Und wie es mich angeht, brauche ich nicht darzulegen. Nicht einen Augenblick wurde vergessen, dass es Sie, lieber Uwe, ebenso viel angeht: als eine Arbeit von Ihnen. Als ich dann hörte, was Elisabeth als Ihr Votum[181] durchgegeben hatte, war ich nicht bloss erschreckt; es tat mir leid, dass Sie sich verletzt fühlten und nicht verstanden. Ich konnte Ihren Vorschlag, dass Sie aus dem Unternehmen ausscheiden, keinesfalls annehmen; ich war bereit, nach Sheerness zu fliegen, aber ich weiss, dass Ihnen jetzt die Anstrengung eines solchen Besuchs erspart bleiben muss. Die erste Erwägung von Siegfried: man gibt das Ganze nochmals in Satz, in einem kleineren Schriftgrad; die beiden Hersteller hatten wieder zu rechnen. Ich wäre damit einverstanden gewesen. Sein zweiter Vorschlag, kurz darauf, gefiel mir noch besser: man erweitert das Buch STICHWORTE um zwei Bogen, also auf 256 Seiten. Da dann das bestellte Papier nicht reicht, setzt man

181 Im Briefwechsel mit Siegfried Unseld findet sich Uwe Johnsons Votum unter dem Datum vom 9. Juli 1975 auch schriftlich fixiert: »Ihr habt mich um eine Arbeit gebeten. Ihr habt eine Arbeit von mir bekommen. Es tut mir leid, dass Max Frisch darin sich missverstanden fühlt. Was ihr damit vorhabt, ich hätte es zu verantworten. Verfahrt wie ihr wollt. Ersetzt meinen Namen auf dem Titelblatt und unter dem Vorwort durch Siegfried Unseld. Überweist mir 75 % des Honorars auf mein Postscheckkonto, nachdem ich meine Arbeit immerhin gemacht habe. Dieser mein Entschluss hat nichts zu tun mit Arroganz, Eigensinn oder Einbildung sondern mit dem Zustand meiner Krankheit, für den die Ärzte mir Anstrengungen dieser Art strikte untersagt haben.«

die Auflage auf 180000 herab.[182] Die Unkostensumme ist eindrucksvoll, aber unser Verlag wird sie verkraften: und das Buch wird dafür, was es sein soll, und kein Krüppel. Ich bin Siegfried Unseld dankbar für diesen Entschluss. Am andern Tag, während ich die MONTAUK-Korrekturen unter Dach brachte, rechneten die Hersteller nach dem neuen Plan: 256 Seiten. Es ergab sich, dass nochmals drei oder vier Seiten zu eliminieren wären, und ich bitte Sie jetzt um freundliche Nachsicht, Uwe: um Sie in Ruhe zu lassen, übernehme ich die Verantwortung für diese wenigen Striche, die noch zu machen gewesen sind, nachdem der Verlag sich zur Erweiterung des Bandes hat entschliessen können. Leider habe ich die Liste dieser Striche nun doch verloren; selbstverständlich habe ich darauf geachtet, dass nicht Eckpfeiler ausfallen, sondern eher nebensächliche Texte oder solche, die wiederholen, was in andern auch auftaucht. Z. B.: Wenn es keine Kioske gäbe/Das broschierte Buch/Die Schweiz hat Angst (was anderswo auch signalisiert wird)/GERMANY'S GRASS (nun ja) –
Heute, in Küsnacht, habe ich in der Morgenfrühe und in der Ruhe nochmals das Fahnen-Paket durchgeblättert. Was ich Ihnen hätte sagen wollen, bevor die Krisenstab-Telefonate losgingen: – Sie haben mir ein grosses Geschenk gemacht, Uwe und Elisabeth, ein merkwürdiges, kein schmeichlerisches, ich sehe es als einen Auftrag, dass ich mich nicht fallen lasse.
Ich danke Ihnen.
Aber nun – die Sorge, die Sorge um Sie. Ist es richtig, dass Sie in Sheerness bleiben? Ich höre, dass Frau Ansorge[183] einen guten Platz für Sie hätte. Und ich wiederhole, was ich Elisabeth gesagt habe: Kosten für alles, was empfehlenswert wäre, damit Sie sich erholen, sind kein Problem, ein Zeichen genügt. Ich bin sehr bekümmert. Lassen Sie mich erraten, was ich tun kann.
Ich danke Elisabeth für ihren lieben Brief. (Ein MONTAUK-Umbruch wird nach Sheerness geschickt werden in einer Woche.) Ich

182 Das Buch sollte in einer einmaligen Auflage von 200000 Exemplaren hergestellt werden und zu einem Preis von fünf Mark (in einer gebundenen Ausgabe) verkauft werden; insofern spielte die Kalkulation bei diesem Projekt eine besondere Rolle.

183 Die Internistin Dr. Ingeborg Ansorge arbeitete als leitende Ärztin im Alpensanatorium in Bad Wiessee-Tiefensee, das Uwe Johnson zur Jahreswende 1976/77 aufsuchen mußte. Vgl. auch S. 186, Anm. 264.

bin sicher in Küsnacht bis zum 21.7., dann vielleicht für eine Woche im heissen Rom.
Von Herzen Ihr Max Frisch

[70]
[Telegramm]

Küsnacht
20. Juli 1975

LIEBER UWE WIR DENKEN HEUTE AN DICH MIT GROSSER HERZLICHKEIT
MARIANNE UND MAX

[71]

Küsnacht
20. Juli 1975

Lieber Uwe,
zu unserem Gespräch vorgestern: – ich habe in diesen Tagen nochmals Michel Leiris gelesen, MANNESALTER,[184] ein klassisches Beispiel exhibitionistischer Selbstdarstellung: kühner als ich es könnte (verglichen damit, so sagte ich Ihnen, komme ich mir feige vor) und auch widerlich in der Rücksichtslosigkeit gegenüber Mitmenschen; wie der Bruder als Erzspiesser vorgeführt und gerichtet wird; wie die Frauen (unter Weglassen des Namens) entblösst werden. Eine Frage des Mutes? der Scham? Ich meine nicht, dass mein kleines Buch unaufrichtig ist; aber es kommt mir sehr verschämt vor. [...][185] Die Grenze in diesen Dingen ist individuell; Scham nicht ohne weiteres gleichzusetzen mit Mangel an Mut; der Mut, diese Grenze zu überschreiten, ist zuweilen vorhanden, und das Ergebnis: man kann es dann nicht stehenlassen, es ist im Inhalt aufrichtig, wahrheitsgetreu, aber zugleich ist es eine Pose, die nicht stimmt, nämlich nicht aufrichtig im Umgang mit der eignen

184 Michel Leiris' *L'Age d'Homme* war 1975 in deutscher Übersetzung unter dem Titel *Mannesalter* im Suhrkamp Verlag erschienen.
185 An dieser Stelle wurden zwei Zeilen zur Wahrung von Persönlichkeitsrechten Dritter ausgespart.

Scham. Was der eine sagen kann (weil er es kann, ohne seine Scham zu verletzen), das wird beim andern peinlich; ein Gestus – Plagiat, beleidigend. Das ist ja die crux: ich unterschlage nicht, dass ich aus der Ehe mit Constanze[186] ausgebrochen bin nach vielen Jahren, ich beschönige diesen Ausbruch auch nicht (das Blut von ihren Fingern am Verputz) und bleibe mir doch etwas schuldig: [...][187] Oder zum Beispiel mit Ingeborg Bachmann: ihre medizinische Situation zu melden, so weit sie mir bekannt geworden ist, steht mir nicht zu, indem ich mich darauf berufe: DIES IST EIN AUFRICHTIGES BUCH. Elisabeth hat einmal zu Recht geschrieben, alldies müsse ja nicht berichtet werden, freilich dürfe nichts berichtet werden, was im Widerspruch stünde zum geheimen Wissen des Schreibenden. Ich meine, darauf habe ich geachtet. Es gibt auch ein aufrichtiges Verschweigen. Als Gradmesser der Aufrichtigkeit erwähnen Sie das Bekenntnis von Montaigne, dass er den Beischlaf nicht im Stehen habe machen können. Nun ist das ein schönes Beispiel für sein unbefangenes Mitteilen, »so weit es nur die öffentliche Schicklichkeit erlaubt hat«, aber es ist ja auch noch keine Schande, dass ein Mann sich zum Liebesakt lieber hinlegt, und vor allem: seine Mitteilung verletzt nicht die Persönlichkeitsrechte seiner Liebesgenossinnen, verrät nicht deren Geheimnisse. Insofern ist es eine arglose Konfession. Manches in meinem kleinen Buch geht in Richtung auf die eigene Schande erheblich weiter. Wenn ich am Telefon gesagt habe, mein Buch kommt mir plötzlich etwas feige vor, so ist das vielleicht nicht der richtige Ausdruck; richtiger wäre: etwas verschüchtert, zu zaghaft und zwar in der Behandlung andrer Personen. Ihrem Rat, das Montaigne-Motto zu streichen, möchte ich nicht folgen, lieber Uwe. Das Motto signalisiert ein Ziel, einen Wunsch; es behauptet nicht, dass ich das Ziel erreicht habe. Immerhin kommt es zu Eingeständnissen, zu ganz direkten (dass ich, während ich Ingeborg Bachmann liebe und uns die Ehe vorschlage, zu einer andern Frau gegangen bin) und zu dezenteren. Und es kommt, gegen Ende des Versuchs, zu der Frage: DIES IST EIN AUFRICHTIGES BUCH, LESER, und was verschweigt es

186 Max Frisch war in erster Ehe von 1941 bis 1959 mit Gertrud Constance von Meyenburg verheiratet.
187 An dieser Stelle wurden zwei Zeilen zur Wahrung von Persönlichkeitsrechten Dritter ausgespart.

und warum? (S. 197). Die Vorrede von Montaigne selbst, so scheint es mir, ist naiv, wie wir es kaum sein können. Was hat Herr de Montaigne verschwiegen? Einmal davon abgesehen, dass es eitel ist, wenn einer seine Aufrichtigkeit nicht in Frage stellt, und abgesehen davon, dass Aufrichtigkeit zu messen ist an den Spitzen, an der Reichweite des einen oder anderen Satzes und natürlich nicht verpflichtet, kein Geheimnis zu wahren – ich habe mich daran erinnern müssen, dass ich, im letzten Sommer, eine Gemütsverfassung habe darstellen wollen durch Erzählung; Sie haben sofort gesehen: das Vehikel (Montauk) würde eine totale Inventur nicht tragen. Und das war es auch nicht, was ich wollte; ich habe allerlei, was ich dann doch geschrieben habe, wieder ausscheiden müssen: um der Wahrheit der epischen Situation willen. Bedürfnis nach einer Gegenwart, einer dünnen Gegenwart; was sie für ein Mal aufheben soll an Geschichte, dafür genügt das eine und andere Signal, dass da kein Jüngling am Strand sitzt, kein Unbelasteter. Es dispensiert mich zwar nicht von dem Versuch, aufrichtig zu sein, aber es gehört zur Wahrheit der Situation, dass ich assoziativ erzähle (so wie ich mich in der Situation erlebe) und dass die Erinnerungen daher fragmentarisch bleiben.

20. 7.
Heute ist Ihr Geburtstag. Was ich Ihnen wünsche, Uwe, ist leicht zu sagen: die rasche und völlige Wiederherstellung. Ich glaube mir sehr wohl vorstellen zu können, dass es für Sie, als Mann von 40, ein Schock ist, eine Zeit lang auszufallen und genötigt zu sein, die Arbeit liegen zu lassen. Dass Sie jetzt alles tun und zulassen, was die Genesung fördert, hoffe ich dringlich. Es darf keine Beschädigung zurückbleiben. Eine Erfahrung wird bleiben.
Am Freitag brachte Frau Zeeh (da Siegfried Unseld vergrippt ist) auch den Umbruch von den STICH-WORTEN, 247 Seiten. Also habe ich, gestützt auf die Rechenkunst der Hersteller, doch 8 Seiten zuviel herausgenommen. Bitte um Nachsicht. Wie ich im letzten Brief dargelegt habe: Sie an jenem Tag nochmals zu bedrängen mit dem Auftrag, Striche auszuwählen, schien mir nicht verantwortbar. Die Zusammenstellung des Ganzen, jetzt überschaubar, finde ich sehr überzeugend. Was die Meckerer erwarten, eine »Blütenlese«, bekommen sie nicht; es ist ein Buch: von Uwe Johnson (mit Elisa-

beth) als Leser, ein ebenso natürliches wie ungewöhnliches Unternehmen, ein freundlich-kluges, ein freundschaftliches; so sehe ich es.
Wenn Sie diesen Brief bekommen, bin ich in Rom. Für eine Woche etwa. Hotel Eden, via Ludovisi. Dann wieder in Küsnacht. Warum gerade Rom in dieser Hitze? Es ist keine Laune, keine Flucht, kein Tourismus.
Herzlich Ihr Max Frisch

[72]

Berzona
Val Onsernone/Ticino
18. August 1975

Lieber Uwe,
es ist, von hier aus gesehen, schon schade, dass Sie und Elisabeth und Katharina nicht hier sind; am 10. 8. hätte Sie allerdings Regen empfangen, dann aber Sonne – jetzt nicht mehr heiss, jetzt schon das milde Herbstlicht. Ein freundlicher Ort; ohne Zukunft, doch gerade noch vorhanden; nur die Boccia-Bahn ist vergrast und anzusehen wie ein Geviert in Pompej: So also haben die Leute gelebt. Uebrigens habe ich nachzutragen, dass das Wiedersehen mit Rom seltsam war; nach zehn Jahren.
Wie geht es Ihnen, Uwe?
Sheerness-on-Sea im Sommer – wie ist das? Wie sehen Ihre Tage aus? Was denken Sie? Ich kann mir nicht vorstellen, dass Sie nicht arbeiten. Hier ist grad ein junger Anwalt aus Berlin, eigentlich aus Mecklenburg; er wartet auf die JAHRESTAGE, die drei Bände hat er seiner Braut (die ihm abhanden gekommen ist) vorgelesen.
Ich selber mache zurzeit gar nichts.
Es graut mir vor der Lese-Tour[188] im September; ohne Sie. Keine Ahnung, wie das zu machen ist ohne Sie. Wer soll die STICHWORTE vorlesen?
Es bekümmert mich, wenn ich nichts von Ihnen höre.
Ich grüsse Sie alle herzlich Ihr Max Frisch

188 Geplant war eine gemeinsame Lese-Reise, auf der Max Frisch *Montauk* und Uwe Johnson *Stichworte* vorstellen sollten.

[73]

Sheerness
20. August, 1975

Lieber Herr Frisch,
Sie beschämen mich mit Ihrem Brief von vorgestern, denn ich habe ja schon zwei zu beantworten unterlassen. Das kann ich nicht entschuldigen mit den Folgen jenes anekdotischen Infarkts, leider muss ich dies Versäumnis erklären mit dem beiliegenden Brief an Sie, an dem ich fünf Wochen lang gesessen habe. Diese letzte Fassung ist auch noch misslungen, ich möchte die Sache nun aber vom Halse haben. Sie werden die Angelegenheit, oder meine Darstellung davon, albern finden; ich bin ziemlich bereit, Ihnen zuzustimmen. Aber, es Ihnen zu verschweigen, das machte mir ein ähnlich unbehagliches Gewissen; eine mündliche Besprechung, womöglich mit Alkohol, wünschte ich unter allen Umständen zu vermeiden. Bitte, antworten Sie mir in diesem Punkt nicht, es soll ganz weg sein. Bitte, denken Sie an meine Zuversicht, Sie würden meine Beweggründe zu verstehen suchen, selbst wenn Sie in Zorn geraten.
Wie Sheerness-on-Sea ist im Sommer, ich werde es Ihnen kaum beschreiben können, denn viel Vertrauen zu meinem Bau von Sätzen hat die Krankheit nicht übrig gelassen, und zum anderen kann ich Ihnen nur den Blick aus dem Fenster anbieten. Den aber kennen Sie, und dass das Meer sich fast mit dem Atem ändert in Bewegung und Farbe unter den Wolken und der Sonne.
Nein, einmal, und abgesehen von den Ambulanzfahrten zum Landeskrankenhaus in Maidstone, bin ich doch aus dem Haus gewesen. Ich bin ins Seaview gegangen, jene Kneipe, wo sie mir in ihrer Herzenshöflichkeit zu Weihnachten den Namen Charles gegeben haben, damit sie mich doch wenigstens anreden können, wo sie mich tarnen gegen deutsche Touristen, wo ein ehemaliger Bomberpilot mir schilderte, »now I bombed Hamm to fucking bits«, mir ausdrücklich meine Nationalität verzieh und daraufhin sofort Lokalverbot bekam, wo ich manchmal schon mitmachen durfte bei den gelegentlich vorgeschriebenen Redensarten (»it's all in the mind«), wo es mir also weniger geht um das Bier von Hürlimann. Nun fehlte ich also schon zwei Wochen, da schickten sie Abgesandte und sind wohl etwas erschrocken über Elisabeths Auskünfte. Also glaubte ich ihnen in der achten Woche, einen Besuch schuldig zu

sein; da geschah Unglaubliches. Fast jeder fragte etwas scheu, whether you are better, Charles. Einmal war ein Hocker nicht frei, da wurde einer für mich geräumt. Einer, bedenken Sie, von diesen fast norddeutsch schüchternen Engländern hat mich kurz mal an der Schulter berührt, als er mir wünschte to be all right soon. Leider will das langsam voran, zurück auch, so dass ich doch also verwiesen bin auf das Fenster, und auf Elisabeths Erzählungen.

Bevölkert kann man die Promenade nur nennen an Sonntagen, dazu müssen sie obendrein sonnig sein. British Rail hat ja abermals die Tarife angehoben, da werden wohl viele Londoner auf den Tagesausflug verzichten. Als Badeort wird Sheerness ja zu den ärmlichen gerechnet, für die ärmeren Leute, denen Ramsgate, zum Beispiel, schwer erschwinglich wäre. Elisabeth trifft in der Innenstadt oft Leute, die scheinen ihr auswärtig. Sie hat die für Feriengäste aus der Hauptstadt gehalten, bis die Einheimischen ihr erzählten, dass das meist Holländer und andere Europäer sind, die mit den zwei täglichen Fährschiffen aus Vlissingen hier ankommen und hier den Urlaub in England beginnen. Immer noch wundert sie sich über den genauen Blick der Ansässigen für sie; so gibt es Tage, da sehen sie Elisabeth »an«, oder solche, da sehen sie »um« sie, je nachdem wie es ihr geht eben, aber es gibt keinen Tag, da ihr nicht das Lächeln bei Begegnungen angeboten und beigebracht würde. Eine Frau, mit der hat sie gesprochen ohne ihr einen Namen zu nennen, begrüsst sie unverhofft als Mrs. Johnson. Wo wir wohnen haben sie ja auch herausbekommen, jene Mecklenburger im Seaview. Es wird den Hiesigen ihre Stadt also nicht weggenommen im Sommer von den Fremden, sie halten zusammen. Sheerness im Sommer, das ist wohl schon vorbei. Denn alle Auffahrten zur Promenade sind beschriftet mit einem Radfahrverbot. Es wird auch strikte eingehalten, in der Saison. Wenn die Leute von Sheerness wieder unter sich sind, fahren sie rad auf der Promenade, da mag der Winterwind noch so scharf sein. Heute morgen habe ich zwei Jungen auf der Promenade gesichtet, die hatten viel Spass mit ihrem Tandem.

Sheerness im Sommer, dazu gehört der carnival, ein festlicher Umzug an einem Sonntag im August. Die zogen wohl eine Stunde unter dem Fenster vorbei, die weiblichen und die männlichen Scouts, die Seekadetten, auf Wagen die Königinnen an Schönheit mit ihren Hofdamen, auf Tieflastern die Selbstdarstellungen der Vereine oder

auch mal ein Autowrack, das auf den schlechten Strassenzustand in Teilen der Insel hinweisen sollte, dazwischen als Afrikaner verkleidete, wild tanzende Kerls, Modelle der Folklore, immer wieder Musikkapellen, Kinder in würdigem Spiel mit einem Stöckchen. Gewiss, es war Kommerz dabei, eine Witzszene mit Anspielung auf die ökonomische Politik der Regierung war eben ausdrücklich von Barclays Bank inszeniert, aber die Leute auf den Wagen und die lachenden, spendenden, oft jubelnden Zuschauer längs des Zuges waren sich doch vordringlich des Spasses und der Freude bewusst, dass sie am Leben waren, und auf ihre Art zusammen.
Ihr Brief klingt, als wären Sie allein in Berzona. Das wünschte ich mir anders. Wollten Sie nicht anders wo eine Baracke errichten?
Mit herzlichen Grüssen,
Ihr Uwe Johnson.

[Anlage 1]

Sheerness
13. August, 1975

Lieber Herr Frisch,
ich bedaure sehr, dass mein Kommentar zu der endgültigen Fassung von »Montauk« so ausfiel. Wünschen Sie, dass ich Sie um Verzeihung bitte, werde ich es gewiss tun; es ist Ihr Buch. Bitte, wenn Sie dessentwegen sich gegen uns wenden, bedenken Sie, dass wir viel Überlegung und tägliches Leben daran gewandt haben (insbesondere Elisabeth, der Sie mit Ihrem eigenen Motto der Aufrichtigkeit quälend zusetzten), und gedenken wenigstens unserer Anstrengung, selbst wenn deren Erscheinungen Ihnen zuwider gewesen sein mögen oder sind.
Das zweite Thema ist ihr zweites Buch, die »Stich-Worte«; auch da ist mir bewusst, was an meinen Kommentaren ungehörig ist. Weiterhin ist mir bewusst, dass ich wünsche, Sie sollten davon wissen, wenigstens damit dies nicht in einem mündlichen und anblicklichen Gespräch mit Ihnen vorkommen wird. Mein Verhältnis zu Ihnen habe ich Ihnen gelegentlich so erklärt, dass Ihnen erinnerlich sein könnte, warum ich Ihnen, Dinge Sie betreffend, nichts verschweigen möchte.
Der Termin für die Ablieferung von Einzelheiten aus Ihrem Geschriebenen, ursprünglich auf den 15. Juli festgesetzt, war auf den

1. Juli vorverlegt worden. Es ist ja schlimm für das Projekt gewesen, dass mich mein Herz erwischt hat, dennoch gedachte ich den Termin zu halten. Verlangt wurde die Übergabe für den 29. 6., an welchem Tage Joachim Unseld mich besuchen wollte. Wegen meines unstabilen Zustandes verbat sich Elisabeth jeglichen Besuch und sagte dem Suhrkamp Verlag zu, sie werde die Druckvorlage am 30. Juni auf dem Flughafen Frankfurt/Main einem Beauftragten des Verlags übergeben. Wegen einer Verschlechterung meines Zustandes musste sie am Tag vorher dem Verlag ankündigen, die Übergabe auf dem Flughafen Frankfurt werde sich um eine Woche verschieben. Am 30. Juni abends, weder erwünscht noch erwartet, erscheint Joachim Unseld und nimmt das noch nicht geordnete Textmaterial an sich (ohne dass der Flugplan noch einen für ihn erreichbaren Kurs nach Frankfurt ausgewiesen hätte.) In der Nacht kann man Siegfried Unseld erreichen, er kennt das Material, er spricht nur von zu korrigierenden »Nuancen« und davon, dass Herr Frisch das Manuskript lesen wolle. Dies erinnert mich an jene »Vorzensur«, die Sie nun gerade nicht ausüben wollten. Am 1. Juli spricht Elisabeth mit Ihnen, Sie geben sich entsetzt und versichern abermals, es käme Ihnen nicht darauf an, die Druckvorlage jetzt zu lesen oder »in drei Wochen«. Am 2. 7. ruft Elisabeth Unseld an, der erklärt, die Abholung sei allein seine Entscheidung gewesen, Herr Frisch sei daran nicht beteiligt. Wer sagt hier was? Am 2. Juli ist alles Textmaterial wieder da. Wir versichern, die Druckvorlage könne am 9. Juli abgeholt werden, verlegen das per Telefon auf den 8. Juli. Das war ein Dienstag, und ist richtig geschehen, und der Wunsch nach Streichung von 50 Seiten ist von uns auf die Zeile genau erfüllt worden. Dann sind Sie im Verlag, lesen und äussern Wünsche, die mir bekannt vorkommen, denn schon am 2. Juli hatte Siegfried Unseld vorgeschlagen, den Text über Brecht, »Gier nach Geschichten«, die über Henry Kissinger und den mit der Erwähnung Donald Barthelmes auszuscheiden. In meinem Brief vom 8. Juli 1975 heisst es:

> »Du siehst, die Kapitel haben sich geändert in zwei Punkten. Aus ›Auswärts‹ ist ›Reisen‹ geworden, ›Unterwegs‹ ist weggefallen und ersetzt durch ›Brecht‹. Wie von Dir gewünscht, ist der Brecht-Text, betreffend Lyrik, rausgenommen. Du sagst, ›Lyrik ist nicht zentral für Frisch‹; demgegenüber meine ich doch, sie sei wesentlich für den

Leser Frisch; du selber hast ihm ja gerade eben für eine Anthologie seine drei liebsten Brecht-Gedichte abverlangt. (Solltest du dich zur Wiederaufnahme dieses Lyrik-Textes entschliessen, schiene mir eins der Arrangements ›Dank an Kollegen und Zeitgenossen‹ mehr geeignet. Aber die exakte Stelle müsste Frisch bestimmen, oder, wenn er die Sache nun doch nicht in Frankfurt kontrollieren muss, eben leider ich. Aber ich bin ja hier von dir nur um eine telefonische Tarifzone mehr entfernt als ich es war in Westberlin.) ›Gier nach Geschichten‹, da hast du recht, das soll überhaupt nicht wieder aufgenommen werden. Was Herrn Kissinger angeht, so habe ich bei meinem letzten Besuch in den U.S.A. erlebt, dass fast jeder Reporter und studentische Frager mich in eine Beziehung zu diesem Aussenminister zu setzen versuchte; auch dir wird es doch wohl so gehen, dass jener Teil deines Lebenslaufes, der zu beschreiben wäre als Zugehörigkeit zu den Kissinger boys, unter der und auf der Hand im Stellenwert verändert wurde. Und anders als wir ist doch Max Frisch dieser leider welthistorischen Figur mit Worten sehr nahe gekommen. Warum ein Text mit Donald Barthelme unabgeltlich, und zwar gegens Ende, dabei sein muss, könnte sich erklären aus der Verbindung, die er herstellt zwischen diesem Buch und dem doch fast gleichzeitig erscheinenden ›Montauk‹; ich bin sicher, dass Herr Frisch in diesem Fall eher mir beipflichten als widersprechen würde.

Bitte, macht hieraus ein Buch, das klug aussieht, lebendig und elegant.«

Das hat man Ihnen offenbar nicht gezeigt. Zwar kam am 9. Juli 1975 ein Anruf vom Suhrkamp Verlag, Herr Unseld sagte, die Kürzungen seien genau sortiert, die verbleibende Textmasse sei jedoch grösser als das ursprüngliche Material. Sie selbst begründen weiterhin notwendige Streichungen wegen Kissinger, in Sachen Barthelme sagen Sie Elisabeth, es sei ja nun der Name in »Montauk« gar nicht mehr erwähnt. In einer Fotokopie des Umbruchs von »Montauk«, für die ich Ihnen oder dem Sekretariat des Suhrkamp Verlages zu danken habe, sehe ich auf Seite 52 den vollständigen

Namen Donald Barthelme und auf Seite 164 den Abdruck eines Textes aus dem New Yorker, den jeder mit literarischem Verstand erkennen wird als einen Text von Donald Barthelme.[189] Weiterhin liessen Sie sich von Elisabeth meinen Vorschlag erwähnen, in dem Kapitel »Dank an Kollegen und Zeitgenossen« den Abschnitt über Schauspieler zu streichen. Das haben Sie dann nicht getan, das steht unbeschädigt im Buch. Was Sie hingegen gestrichen haben, ist im beiliegenden Verzeichnis aufgeführt, und daraus möchte ich die folgenden Texte besonders anführen:

> 4. 10. 1938
> In Berlin finden Verhandlungen über die Einführung eines Visumzwangs für Deutsche statt. Die schweizerische Delegation begnügt sich mit dem Antrag, stattdessen nur die Pässe von deutschen Juden, die ins Ausland reisen wollen, mit einem J zu kennzeichnen. Der Bundesrat stimmt einstimmig zu. – Dienstbüchlein, S. 107
>
> Wenn ich nicht will, so brauche ich mich nicht zu erinnern. Warum will ich? Zeugen sterben langsam aus. Warum erinnere ich mich ungern? Ich sehe: Ich war ziemlich feige; ich wollte nicht sehen, was Tag für Tag zu sehen war. – Dienstbüchlein, S. 155
>
> Was die höheren Armeeführer sich von unserem Leckt-mich-am Arsch-Gehorsam versprachen, war ihre Sache. Eine fügsame Mannschaft im Zustand des Stumpfsinns; Gehorsam ohne Interesse, das Geschütz als ein Requisit für Drill. – Dienstbüchlein, S. 30
>
> Buchmesse. Der Unterschied zwischen einem Pferd und einem Autor: das Pferd versteht die Sprache der Pferdehändler nicht. – Tagebuch 1966 -1971, S. 346

welches insgemein zu denen gehört, die Siegfried Unseld kraft eigener Erinnerung nicht würde wünschen wollen. Es sind viele kurze Texte, was bedeutet, dass Sie in die Struktur der Kapitel eingegriffen haben; es sind darunter solche Texte, deren nochmalige Vorzeigung Sie bei den Anhängern von »Recht & Ordnung« eher diskreditiert hätte als empfohlen; es sind diese von Ihnen herausgenommenen,

189 Vgl. *Montauk*, GW, Bd. 6, S. 651 und S. 726; zu Donald Barthelme vgl. S. 111, Anm. 155.

»gestützt auf die Rechenkunst der Hersteller«, doch acht Seiten zuviel, und Sie haben sie nicht zurückgetan.
In diesem ganz faktischen Sinne ist dies Ihr Buch, und wer später mich anklagen wird, ich hätte Teile Ihrer natürlichen Äusserung missverständlich dargestellt, wird mit mir nicht viel zu reden haben. Indem ich wiederhole, dass ja Ihr Recht ist, etwas zur Feier des Verlages nicht nochmal vorzeigen zu wollen von Ihrer Person und Ihrem Werk,
Ihr sehr ergebener Uwe Johnson.

[Anlage 2]

Von Herrn Frisch aus der Druckvorlage der »Stich-Worte« ausgeschiedene Texte:
Die Schwierigen, S. 138 (»Jede Frau ... Mann sei.«)

Dienstbüchlein, S. 30 (Was die höheren Armeeführer ... Drill.), S. 107 (4.10. 1938), S. 155 (Wenn ich ... zu sehen war.)

Stiller, S. 87 (Gestern in Davos ... beschrieben hat.), S. 309 (man muss einem Kritiker ... soviel wie sie.)

Dramaturgisches, S. 38f. (Engagement ... auftritt, gerade dann.)

Tagebuch 1966-1971, S. 9 (Sind Sie sicher ... wirklich interessiert?), S. 97f. (Wenn es keine Kioske ... unsere Anteilnahme nach ihrem Ermessen.), S. 259 (Gesetzt den Fall ... unbefangener an?), S. 299ff. (Natürlich möchten wir ... Hier also –!), S. 305ff. (Jede Firma ... Tragödie für wen?), S. 321 (Gesetzt den Fall ... erwerben?) (Gibt es ... verehren zu können?), S. 322f. (Hier wird er ... gegenüber Deutschland.), S. 346 (Buchmesse ... Pferdehändler nicht.), S. 423f. (New York, Mai ... und es ist wahr.)

Neue Zürcher Zeitung 1524 vom 20.6.1954 (Das broschierte Buch ... fühle ich mich wohler.)

Festrede. In: Öffentlichkeit als Partner, edition suhrkamp 209, S. 8 (Ich glaube, die Schweiz ... andere Länder.)

Überfremdung 2. a. a. O. S. 114ff. (Wir sind eigenartig … keinen Schaden.)

Homo Faber, S. 254 (Mein Spanisch … Sprache will.)

Tagebuch 1946-1949, S. 408 (Gespräch über Ehrlichkeit … einsam sein.)

[75]

Sheerness
11. September, 1975

Lieber Herr Frisch,
es belastet mich sehr, so gar nichts von Ihnen zu hören. Da kann ich mir einreden, Sie hätten genug Anderes zu tun, oder, mein letzter Brief sei ja erst vom 20. August gewesen. Kräftiger bleibt die Furcht, Ihr Schweigen könnte verursacht sein durch den damals beigelegten Brief vom 13. August und durch Ihre Meinung, auch wir gehörten zu denen, die Wohltaten vergelten durch Undankbarkeit.
Lieber Herr Frisch, wir wissen täglich, was Sie für uns getan haben. Wir sind Ihnen von Anfang an dankbar gewesen für Ihre Freundschaft. Eben wegen dieses Verhältnisses zwischen uns glaubte ich Ihnen die Sache darstellen zu müssen, wie sie für uns aussieht. Das unterlassen wäre doch eine Lüge gewesen, und ich mag ja auch wohl beeinflusst gewesen sein durch unsere ausgiebigen Diskussionen über Aufrichtigkeit. Einmal hingeschrieben, sollte es aber abgetan sein, nie mehr vorkommen. Ich hoffte sehr, Sie verstünden das, und hoffe es noch.
Zum Beweis dessen die anliegenden Blätter aus den »Jahrestagen IV«. Sie werden sich des Morgens erinnern, als wir beide in der Küche sassen und uns unterhielten über Ehebruch, Eifersucht und Verwandtes. Mitten im Gespräch ging die Tür auf, da war Elisabeth aus London nach Hause gekommen, da brachten Sie uns sofort auf ein anderes Thema. Es ist mir aber Ihre Ansicht von jenen Handlungen und Gefühlen nicht aus dem Kopf gegangen, und so habe ich das, was ich Ihnen damals nicht mehr habe antworten können, einer Person in dem Buch angehängt, einem Menschen, der sich

nicht erholen kann von der Tatsache, dass ein über alle Massen geliebtes Mädchen ihm heimlich einen Liebhaber mitbringt in die Ehe und neben der Ehe über dreizehn Jahre lang dies Verhältnis fortführt. Für den Ehemann ist aber das Zusammenleben mit ihr ohne jeden Zweifel und simples Glück gewesen bis zu dem Moment nach so viel Jahren, da er die Wahrheit erfährt. Da fängt das Stück an, und Sie werden gleich sehen, warum ich wünschte, Sie würden es lesen, und vielleicht auch mir antworten. Elisabeth und ich finden diesen Dr. Hinterhand eher komisch in seinen Theorien und in seinen Tiraden gegen die Ansichten des Schriftstellers Max Frisch, aber mir ist es ernst als Fortsetzung des damals abgebrochenen Gesprächs mit Ihnen. Bitte, entschuldigen Sie die schlechte Qualität der Kopie; Elisabeths Maschine ist einfach zu schwächlich.
Mit herzlichen Grüssen aus dem Haus, in dem ein Zimmer nach Ihnen heisst,
Ihr Uwe Johnson.

[Anlage][190]

686
Mr. Hinterhand wird die Frau noch einmal los, durch den Tod, sie fehlt ihm unablässig. Er entbehrt ihr Dasein obendrein, weil er nicht fertig geworden ist mit dem Versuch, sie zu begreifen. Er findet versäumte Fragen an sie. Sie hat ihm versichert, seit 1942 sei es »aus« gewesen zwischen ihr und Mr. Bovine. Warum aber hat sie sich noch 1945 einen Ausflug schenken lassen in die nördlichen Wälder und ihn heimlich benutzt für Kontakte mit Mr. Bovine? Es kann doch nur eines gelten. (Mr. Hinterhand pflegt seit dem eine Abneigung gegen die Catskills.) Ihn quält der Mangel an Vertrauen, mit dem sie sein Vertrauen vergolten hat. Er ist sicher, sie noch herausgeholt zu haben aus Deutschland, hätte er gewusst von ihren

190 Die beigefügten Seiten 686 bis 688 des Typoskripts wurden von Uwe Johnson nicht in die endgültige Fassung der *Jahrestage. Aus dem Leben von Gesine Cresspahl* aufgenommen. In der ersten erhaltenen Fassung gehörten diese Seiten zum Tageseintrag vom 18. Juli 1968. Kurz danach bricht das Typoskript dieser Fassung zu Beginn des 21. Juli 1968 mit der Seite 710 ab. – Bei dem aus dem Konvolut der *Jahrestage* dann herausgebrochenen Textstück handelt es sich um eine Vorfassung der *Skizze eines Verunglückten*, Johnsons späteren, gänzlich umgearbeiteten Beitrag zu *Begegnungen. Eine Festschrift für Max Frisch zum siebzigsten Geburtstag*, Frankfurt am Main 1981, S. 69-107; vgl. auch S. 161, Anm. 208.

Nächten mit Mr. Bovine; warum hat sie das gemeinsame Leben nicht gerettet mit der Wahrheit? Das ist anfangs seine Beschäftigung: Lesen ihrer Briefe, seiner Briefe, Brüten über ihren Fotografien; gelegentlich Beratung von Kollegen, wenn sie durch die Post abgemacht werden kann. Allmähliche Verarmung; Vermietung der meisten Zimmer. Auf die Strasse geht er nicht gern; er kann keine Szene ehelicher Verständigung, insbesondere keine Liebespaare sehen, ohne dass ihm Tränen kämen. Deswegen sind ihm die vielen Kinotheater am Brodway verschlossen, hat er mit dem Fernsehen gar nicht erst angefangen. Auch mit den Bars muss er vorsichtig sein; einmal wurde ein Apparat im Dunkeln eingeschaltet und ein Schauspieler sagte zu einem anderen: It would be like paying a stranger for getting to bed with your wife. Sehen kann er es schlecht, auch hören bringt Missgeschick, so in einer Rundfunksendung von Jane Eyre der von Jane gesprochene Satz »I do love you for my heart«, im Lesen lernt er allmählich es zu ertragen. Allerdings gibt es ein Gedicht von Storm, das sollte Leuten wie ihm vorenthalten bleiben. Mit der Zeit legte er sich eine Sammlung von Zitaten an, die sich mit Untreue zwischen Liebes- und Eheleuten befassen; recht ordentlich, auf Karteikarten in Kästen, mit verschieden farbigen Reitern. Da redete er mit Tolstoi wie Fontane, da suchte er Auskunft bei Saul Bellow oder bei Max Frisch. Auf diesen Max Frisch

687
hatte er seinen eigenen Zorn. Denn der lässt in einem Roman eine Ich-Person, einen Ehebrecher, von der Frau sagen: Es ist ihre Sache, wie sie es in ihre Ehe einbaut. Als ob es eine so beiläufige, eine so unumgängliche Sache sei, das Zusammenleben zweier Leute zu zerstören. Durch Einbau! eines S-sprengsatzes! Spreng-reng-rengsatzes! (Manchmal war sein Sprechen gestört.) Eben dort der Satz, ungefähr: »Warum soll die Frau, die man liebt, nicht andere Männer haben? Es liegt in der Natur der Sache.« Wieso Sache. Wieso Natur. Das habe bei den Naturvölkern nicht als Betrug gegolten, in der zivilisierten Gesellschaft gelte es als natürlich keineswegs. Warum dulde er in zivilisierter Gesellschaft die feierliche Zeremonie, in der die Frau das Gegenteil verspricht. Vom selben Max Frisch wusste er auswendig allgemeine Bemerkungen über die Eifersucht, und be-

stritt sie heftig. Was denn das schon für ein Wort sei, Eifersucht. Das bedeute die Sucht, Eifer zu zeigen, eifrig zu sein, aber es fehle der Inhalt, die Richtung, nämlich a) Unduldsamkeit gegen Rivalität oder Untreue; b) Verdacht, es gebe diese beiden; c) die Furcht, eine Zuneigung, eine Liebe zu verlieren; d) Hass auf den Einschleichdieb. Die vier dazugehörigen Gefühle beschreibt Max Frisch als die Angst vor dem Vergleich, nichts als das. Er, Mr. Hinterhand, verbitte es sich, verglichen zu werden (oder sich zu vergleichen) mit einem Fremden, und hierin! Er gebe zu, er sei ungern verwandt im Geschlecht seiner Frau mit jemandem, den er nur dem Namen nach kenne. Max Frisch möge recht haben mit den Provinzen des Geschlechts, wo einer nicht über seine eigenen Grenzen hinauskomme, wohl aber über die des anderen. Aber es sei nicht zu Ende mit dem Gefühl »dass sie dich an den Pranger stellt«. Sie tut es keineswegs, sie tut es heimlich, sie tut etwas anderes: sie liefert dich aus. Sie bringt dich mit in den Zärtlichkeiten, die sie von dir gelernt hat, die sie für dich erfunden hat, in eben dem Erlöschen des Gesichts, das sie dir gezeigt hat. Es gehe weiter hinaus, als das Sexuelle zu reichen vermöge. Andererseits weiss Max Frisch genau: »Wäre sie nicht gewesen,

688

hättest du deine Liebe an einer anderen erfahren.« Wenn wir lieben, so kann es aber nicht jedermann sein und beliebig; es muss diese Umgebung der Augen, diese Stimme, diese Blicke müssen es sein, die wir gesucht haben, die wir ertragen können, die wir brauchen für unser Leben. Wenn wir lieben, so wendet der eine sich vollständig dem anderen zu in Begehren, Schutz, Hilfe, unfähig zur Entbehrung; will von sich erreichen, was er im anderen liebt, durch ihn, aufgehen in ihm. Wenn wir einander unsere Kindheit anvertrauen, unsere Träume, unsere Wünsche, unsere Ängste, wenn unsere Erlebnisse in der Zeit von Trennung erst wirklich werden als dem anderen erzählt und einverleibt, was wollen wir denn, als aufgehen in dem anderen, was werden wir denn, als Teil des anderen, und er Teil des einen, einer abhängig von der Unabhängigkeit und dem Stolz des anderen, zwei Personen vereinigt. Wenn dann mein Mädchen, meine Frau, zu einem Dritten läuft und schenkt ihm den Genuss an ihrem Geschlecht und dazu ihre Kindheit, ihre wie meine Heimat, mich selbst in Berichten vom Charakter meiner Kinder, so bin ich verraten in dem Geheimnis, ohne das ich nichts bin ausser in ihr, so bin ich hin als Person, so habe ich von zwanzig bis vierzig, von der Jugend bis zum Anfang des Alters vergebens gelebt, ins Leere, für nichts, umsonst. Sehr geehrter Herr Frisch, es ist das vielmehr das Gefühl des Verrats, des verschleuderten Selbstverständnisses, des Verlustes der eigenen Identität. Mr. Hinterhand versuchte sich an immer anderen Fassungen dieses Briefes an den Schriftsteller; er mag ihn abgeschickt haben. Das zu den Zuständen eines monogamen Menschen; ob das für Peter passt?

– Ja, du Dietrich Erichson. So kann ich ihn behalten. Und diesem alten Mann hast du das Warten auf den Tod ein wenig abgewöhnt.
– Ach was. Gelernt habe ich was von ihm.
– Geerbt?
– Nein. Gelernt. Ich möchte es aber ungern sagen.

[76]

Friedenau
27. September 1975

Lieber Uwe,
die STICHWORTE-Reise ist überstanden, Bonn, München, Düsseldorf, Marburg, Berlin (wo, unter der Direktion von Walter Höllerer,[191] eine Diskussion mit Publikum stattfand) und ich hoffe, es sei einigermassen gelungen, das Buch zu präsentieren gegen den Verdacht, das sei ein schieres Reklame-Ding. Schöner wäre es natürlich gewesen, Sie selber hätten einige Stichworte vorlesen können; so tat es ein Schauspieler. Meine kurze Einführung (ungefähr so gesprochen) lege ich Ihnen bei. Das junge Publikum ist heute sehr brav, nicht stumpf, etwas zu brav; Presse habe ich keine gelesen. »Die Mitteilung, die in dieser Auswahl enthalten ist«, hat Walter Höllerer am besten avisiert. Ob es richtig gewesen ist, STICHWORTE zu konfrontieren mit MONTAUK-Passagen? denen Stichworte widersprechen oder auch nicht –

191 Zu Walter Höllerer vgl. S. 57, Anm. 88.

Und nun?
morgen nach Frankfurt, dann nach Küsnacht, dann mit Marianne ein paar Tage ans Meer; ihre Angst vor MONTAUK, in den letzten Wochen gross, scheint sich zu lösen (– Rezensionen sind noch nicht erschienen, ausgenommen in der ZEIT, Rolf Michaelis)[192] und sie will den Flug nach Frankfurt wagen, ja, Flug.
Und Sie, Uwe und Elisabeth?
Friedenau ohne Sie beide ist kein Ort. Vorgestern kurz bei Anna; der Günter in Wewelsfled, der Erwin im Tessin,[193] Friedenau ohne Fluglärm, WIE RASCH VERGANGENHEIT ZUSTANDE KOMMT. Ich werde gefragt: WIE GEHT ES UWE JOHNSON? und dann sage ich, was ich mir wünsche: GUT, GUT, GLAUBE ICH, GUT, und denke, dass ich bald einmal nachsehen will.
Herzlich Euer Max Frisch

[Anlage]

»STICHWORTE«

In seinem Vorwort spricht Uwe Johnson, als Herausgeber, von einer Mitteilung, die in dieser Auswahl enthalten ist. Was also nicht gemeint ist: eine sogenannte Blütenlese. Sondern eine Mitteilung vom Herausgeber. Das Ergebnis seiner Auswahl, so mutmasst Uwe Johnson, werde er (Max Frisch) weder ahnen noch im voraus berechnet haben können –
Das stimmt.
Texte, die man vergessen hat, als seine eignen erkennen zu müssen auf Grund der sprachlichen Manier – vergessen nicht nur im Wortlaut, ich habe nicht mehr gewusst, dass sie je geschrieben worden sind – vergessen, das heisst: verdrängt. Wäre Uwe Johnson nicht verhindert, hier zu stehen und selber solche Stichworte vorzulesen, er täte es mit der freundlichen Forderung, dass der Verfasser sich dazu bekenne. Zum Beispiel zu einem Patriotismus, keinem kriegerischen, einem durchaus rührenden, der später abhanden gekom-

192 Rolf Michaelis, *Love Story – und mehr. Die Erzählung »Montauk« und das Lesebuch »Stichworte«*, in: *DIE ZEIT*, Nr. 39 vom 19. September 1975, S. 43.
193 Anna und Günter Grass sowie Günther Erwin Schulz, der spätere Lebensgefährte von Anna Grass. Vgl. S. 68, Anm. 102.

men ist, nicht ohne einen Giftrest von Enttäuschung zu hinterlassen, so wie zu allerlei Metaphern, die man sich später nicht mehr abnimmt. Also ich bekenne mich dazu. Was aber den Verfasser, bedient mit Stichworten seiner schreibsüchtigen Unreife, am meisten verblüfft: so viel Vorwegnahme von späteren Erfahrungen. Zum Beispiel in der Beziehung von Mann und Frau. Als sei man sein eignes Orakel gewesen. Und wie es mit Orakeln so geht: eine Hälfte davon, die härtere, wird lesbar erst nach gemachter Erfahrung. So kann es sein, dass man sich fürchtet vor eignen Texten. Die literarische Voraussage erspart uns nichts. Vermutlich hat Uwe Johnson, eigentlich mit einer dringlicheren Aufgabe beladen, diese Stichworte gesammelt, weil er schon im Gespräch öfter hat sagen müssen: Das haben Sie nämlich schon geschrieben, Herr Frisch, im Jahr 1949, ja, fast wortwörtlich. Gehe ich also im Kreise herum? Es bleibt die Hoffnung, wenigstens sei es eine Spirale. Zum Beispiel durch langsames Ansteigen politischen Bewusstseins... Es fragt sich natürlich, was der Leser von einem solchen Buch hat, abgesehen von der Irritation, dass es preisgünstig ist. Der Leser: der nichtschreibende Zeitgenosse, dem man nicht unter die Nase halten kann, was er nämlich schon 1949 gesagt hat, ja, fast wortwörtlich, oder 1968, nämlich das Gegenteil dessen, was er heute sagt mit einer Miene, als habe er nie anders geredet.

Ein neues Buch, das in diesen Tagen erscheint, ist Uwe Johnson, als er seine Stichworte gesammelt hat, im Manuskript bekannt gewesen; seine Stichworte sind zum Teil, so vermute ich, als Mahnungen dazu gemeint.
Herr Hoenicke liest Stichworte, ich lese aus der neuen Erzählung MONTAUK.

[77]

Sheerness
1. Oktober, 1975

Lieber Herr Frisch,
wir danken Ihnen herzlich für die Zusendung von »Montauk« mit der Widmung,[194] die zumindest ich so kaum verdient habe.
Bisher kenne ich die Besprechungen des Buches durch Herrn Michaelis und Herrn Karasek.[195] Von Kleinigkeiten abgesehen, finde ich da allerhand Grund zu Zufriedenheit für Sie und wünsche Glück.
In Ihrem Brief vom 27. September erwähnen Sie, Sie wollten »bald« einmal bei uns nachsehen. Das tun Sie nur, Sie sind uns sehr willkommen. Neulich am Telefon kündigten Sie Ihren Besuch für »Ende Oktober« an. Deswegen muss ich nun melden, dass wir vom 17. bis 25. Oktober[196] verreist sein werden, leider, so dass wir für diese neun Tage ausfallen. Aber wir freuen uns, wenn Sie vorher oder nachher kommen.
Die Reise ist schwer aufzuhalten, weil die Verleiher des Raabe-Preises in einer eigentümlich dringenden Weise auf der Anwesenheit des Empfängers bestehen. Überdies hat Frau Boveri mich eingesetzt zum Verwalter ihres autobiografischen Nachlasses, den muss ich nun endlich in Berlin abholen.[197]

194 Die Widmung lautet: »Für Elisabeth
und Uwe
in grosser
Dankbarkeit
Max Frisch
22. 9. 1975«

195 Hellmuth Karasek, *Bekenntnisse auf Distanz* in: *Der Spiegel* 29. Jg., Nr. 40 vom 29. September 1975, S. 196.

196 Die Reise führte am 17. Oktober über Hannover nach Braunschweig zur Verleihung des Wilhelm-Raabe-Preises (am 18. Oktober), dann wieder nach Hannover und am 20. nach Berlin-Tegel. Am 22. Oktober folgte ein Flug nach München zur Verlagsbesprechung im Piper Verlag, bei dem die von Johnson in enger Kooperation mit seiner Frau bearbeitete Autobiographie *Verzweigungen* von Margret Boveri erschien; am gleichen Tag noch Rückflug nach Berlin-Tegel zu weiteren Arbeiten an deren Nachlaß in der Staatsbibliothek. Nach einem Tagesbesuch in Leipzig am 24. war dann für den 25. des Monats ein Aufnahmetermin im Sendehaus des Norddeutschen Rundfunks in Hannover notiert; von dort aus erfolgte der Rückflug nach London am 26. Oktober 1975.

197 Die »große Dame des politischen Journalismus«, Margret Boveri, war 1975

Die Voraussicht auf Berlin bestätigt die Gewissheit, wir hätten uns die Stadt als lebenslanges Eigentum erworben, aber auf die Reaktionen an Ort und Stelle kann ich nur neugierig sein in dem Zustand der Niedergeschlagenheit, den ich wohl nie mehr los werden kann. Wahrscheinlich werde ich dem neuen Flughafen die Anerkennung verweigern.
Ihr Schweigen zu meiner Beilage mit dem Hinterhand'schen Komplex[198] möchte ich mir gerne so deuten, dass Sie gegen eine Veröffentlichung in dieser Form nicht protestieren würden. So eifernd die Polemik gegen den Schriftsteller Max Frisch ist, sie entblösst ja bloss die Komik des Herrn Hinterhand in seiner Leiderei. Katharina hat den »Stiller« gelesen, ohne Kommentar. Vom »Homo Faber« nahm sie Abstand auf unser Anraten. Dann aber geriet ihr »Montauk« in die Finger, ohne dass wir es rechtzeitig bemerkten. Elisabeth ist dafür, das Kind sollte diese Lektüre um einige Jahre verschieben; was mich an einer Warnung hindert ist die Tatsache, dass sie genug gelesen haben mag, um den Grund dafür zu kennen. Begönnert zu werden aber ist ihr verhasst. So. Jetzt bin ich hingegangen und habe sie gebeten, das Buch später einmal zu lesen. Sie nahm es gelassen auf; vielleicht ist sie nicht neugierig.
Mit herzlichen Grüssen an Sie beide
Ihr Uwe Johnson.

[78]
[Telegramm]

Zagreb
9. Dezember 1975

WOULD YOU LIKE OUR STOPPING BY ON SUNDAY FOURTEENTH DECEMBER
YOURS SINCERELY UWE & ELISABETH

im Alter von 75 Jahren in einem Berliner Krankenhaus gestorben. In ihren letzten Lebensjahren hatte sie damit begonnen, ihre Erinnerungen auf Band zu sprechen und niederzuschreiben. Gesprächspartner waren ihr dabei das befreundete Ehepaar Johnson. Testamentarisch bestimmte Margret Boveri dann Uwe Johnson als Herausgeber mit voller Verfügungsgewalt über den von ihr noch nicht vollendeten Text. Vgl. Uwe Johnson (Hg.), *Margret Boveri: Verzweigungen. Eine Autobiographie*, München/Zürich 1977.

198 Vgl. die Anlage zum Brief vom 11. September 1975.

[79]

Sheerness
20. Dezember, 1975

Lieber Herr Frisch,

es ist eine aktuell sozialistische Schwierigkeit gewesen, die unsere Zwischenlandung bei Ihnen verhinderte.[199] Nämlich unsere Flugkarten, in Zagreb ausgestellt, waren in Dinar bezahlt worden. Bei einer Unterbrechung der Reise in Zürich hätten wir für den Rest der Reise nach London eine andere als die Staatliche Jugoslawische Luftfahrtgesellschaft benutzen müssen, und sollten diese Strecke also in Westdevisen bezahlen. Die aber hatten wir nicht, denn man darf England mit höchstens 25 Pfund in der Tasche verlassen, und das Honorar mussten wir verwenden auf den Aufenthalt in Jugoslawien. Was blieb da übrig, als Ihnen zu telegrafieren. Auch auf dem Postamt ging es sehr ordentlich zu: wir bekamen eine Quittung über die Tatsache, dass wir irgend ein Telegramm nach »Kuesnacht« geschickt hatten.

Es ist schade, denn wir hätten Sie viel zu fragen gehabt und auch einiges, Ihnen zu erzählen. So zum Beispiel unser Besuch beim Bosnischen Schriftstellerverband, der sein Büro in einer Ecke des Kammertheaters von Sarajevo hat, mit Ausgang über die Bühne. Fünf ernste Herren standen da, dazu der Sekretär und ein dolmetschender Lyriker. Der Chef hielt mir eine Begrüssungsansprache, oh Mann! und ich kannte jedes Wort vorher. Literatur verbindet Völker... Anliegen der Humanität... Austauschen der Erfahrungen... Verschiedenheit der Sprachen, aber Einheit in der Sprache... Einheit auch in der Idee... es fehlte nur noch, dass wir uns ein Ehrenpräsidium gewählt hätten. Es ging ohne das ab, denn die Zusammenkunft wurde ausdrücklich für informell erklärt. Sie können sich vorstellen, wie würdig ich geantwortet habe. Es müssen die Leute nicht Parteimitglieder gewesen sein, aber ihre Formen, die waren die der Partei. Auf meine Fragen nach der Sicherung von Schriftstellern im Zustand von Invalidität und Alter wurden alle

199 Vom 8. bis zum 14. Dezember 1975 hielt sich Johnson gemeinsam mit seiner Frau in Zagreb und Sarajevo zu einer Vortragsreise auf. Auf der Rückreise hatten sie ursprünglich Frisch besuchen wollen. Der Text des Vortrags ist unter dem Titel *Wenn Sie mich fragen...* abgedruckt in E. Fahlke (Hg.), *»Ich überlege mir die Geschichte...« Uwe Johnson im Gespräch*, Frankfurt am Main 1988, S. 51-64.

recht eifrig, und wir haben uns eine muntere Stunde lang unterhalten, ohne dass am Ende mehr dabei herausgekommen wäre, als dass diese Angelegenheit von der staatlichen Sozialversorgung übernommen wird, oder eben von den Medienbetrieben, in denen die meisten Schriftsteller dort ohnehin ihr Brot verdienen müssen. Wer aber den Staatspreis bekommt, der hat fürs Leben ausgesorgt. Gut. Ja. Elisabeth sah nun ein wenig gelangweilt aus, so stellte ich eine Frage, deren provokatorische Wirkung ich weit ausserhalb meiner Absichten stellte, für deren möglicher Weise indiskreten Charakter ich mich entschuldigte: Was geschieht mit einem Romanmanuskript, in dem der 22. August 1968 vorkommt? Er wird gedruckt, was denken Sie denn, er muss nur gut sein, und im übrigen sind die Stellungnahmen unserer Regierung bekannt. Ja, aber ein Schriftsteller, ein Kommunist, oder ein überzeugter Anhänger eines Staates in einem Bündnis mit der Sowjetunion, muss der nicht unterscheiden zwischen einer Wahrheit, die das Bündnis kränkt und einer, die bloss wahr ist? Keineswegs. Die Stellungnahmen unserer Regierung sind bekannt. Es erscheinen in Jugoslawien durchaus Romane, die nicht ins Russische übersetzt werden. Jetzt werden Sie übermütig. Sie stellen sich den Herren hypothetisch vor als jungen bosnischen Schriftsteller, so vom Lande, der kommt in die Stadt mit einem Roman. Wie geht das weiter? Ganz einfach. Der Chef des Verlages übergibt das Manuskript zwei »Rezensenten«. Finden die was dran, so wird eine Kommission gebildet, darin ist vertreten der Schriftstellerverband, »örtliche Instanzen«, der Verlag... bis zu zwanzig können das sein, und die sprechen nun einzeln oder als Körperschaft mit dem Autor über die Änderungen etc. Wenn dann etwas übrig bleibt, geht es an die herkömmlichen Lektoren und in Satz. Sprach der Chef, mich fest und begeistert anblickend: Zensur gibt es nicht.

Wenn aber nun jemand ganz oben Anstoss nimmt an dem fertigen Produkt, fällt die Verantwortung auf das Kollektiv, das mit dem Verfasser gearbeitet hat; das wäre also das Prinzip der Selbstverwaltung in der jugoslawischen Literatur. Wir sprachen denn nun noch einiges Hochverräterische über die Idee und die Forderung der Führung, den Massen die Vision einer künftigen Gesellschaft beizubringen, ob man denn da bei einer ernsten Nachprüfung in Ehren bestehen werde... über Kontrastwirkungen, über Optimis-

mus... Als ich äusserte, zuversichtlich würden die Wasserstoffbomben in der Welt bleiben, sah der Chef auf seine Uhr und begann mit einer sehr langen, ausgefeilten, ernsten Schlussansprache betreffend den Austausch von Erfahrungen, Zusammenarbeit, gegenseitige Verständigung... Als wir ins Hotel eilten, waren wir ganz benommen von dem Erlebnis, mit dem Zeremoniell der Partei Sachen besprochen zu haben, die die Partei vorläufig anders besprochen haben möchte. Gewiss ist das Träume entfernt von ostberliner Verhältnissen, im Vergleich geradezu vorzüglich, aber uns grauste doch bei der Vorstellung, von solchen Leuten einmal im Unguten verhört zu werden.
Glücklicher Weise mussten wir in den sieben Tagen nur zweimal unter geselliger Aufsicht essen. Das hätten Sie sehen müssen, wie Elisabeth sich in den weitläufigen Hallen über die Speisenkarte beugte, ganz leuchtend von der Vorfreude. Sie weiss nun auch, was Palatschinken ist, wenn es ein Palatschinken sein soll.

Sheerness is our home. Kommen Sie doch und begehen mit uns das Neue Jahr.

Was beiliegt, habe ich geschrieben, als die Frankfurter Allgemeine Zeitung mir den Tod von Hannah Arendt mitteilte. Lange hatte ich Sorge, ob es denn am Ende indiskret sei, aber Elisabeth und Helen Wolff haben mich überredet, es so zu lassen.
Lieber Herr Frisch, Sie kennen die Seiten Ihres täglichen Ergehens, nach denen wir hätten und würden fragen wollen; tun Sie doch einfach so, als hätten wir gefragt. Wir wären dankbar.
Wenn Sie kommen zu Weihnachten, werden Sie meinen, das Haus verwechselt zu haben. Elisabeth hat Teppiche legen lassen auf den Treppen! Das hat die nachteilige Folge, dass ich nun nicht mehr am Klang der Stufen erkennen kann, wer denn da kommt, ob da Elisabeth geht oder das Kind; das hat einen Effekt, den wir unpassend finden, so vornehm ist das. Kommen Sie zum Nachprüfen.
Mit herzlichen Grüssen,
Ihr Uwe Johnson.

[Anlage]

[Ausriß aus: *Frankfurter Allgemeine Zeitung* vom 8. Dezember 1975, S. 19][200]

Uwe Johnson

Ich habe zu danken.

Es ist zehn Minuten her, seit ich erfahren habe von Hannah Arendts Tod, zugleich mit der Aufforderung, etwas dazu zu schreiben. Wenn ich wüsste, wie sie gestorben ist. Es ist noch Post an sie unterwegs, ein englisches Buch zum Gedenken W. H. Audens, es wird sie verfehlen. W. H. Auden, Walter Benjamin, The New School, »Elemente und Ursprünge totaler Herrschaft«, die heute morgen abgegeben wurden »im Auftrag der Autorin« – mehr Berufene werden dazu etwas sagen. Mir bleibt nur, ihr zu danken. Wir waren einmal Nachbarn am Riverside Drive von New York. Den Streit wegen Brecht, den hatten wir schon 1968. Dem folgte die Einladung, zu ihr und Heinrich Blücher aufs Land zu kommen, in die Catskills. Eines Abends, in einem Restaurant in Palenville, gingen plötzlich alle Lichter aus, unerklärlich, plötzlich. Ich sprach weiter im Dunklen, als sei ich nicht erschrocken, sie wies mir meinen Schreck nach, und gestand den eigenen. Sie hatte recht, was lag näher als der Gedanke an die Ankunft des Krieges. Das war im Sommer, ich hatte mich schon ein Jahr lang eingelassen auf ein Buch mit Mecklenburg und New York, daran unterhielt ich Zweifel, sie sagte: Ach was! Das ist New York! Dann durfte man sie necken mit ihrer Weigerung, je die subway von New York City zu benutzen. Ich danke ihr. Drei Jahre später war ich einige Wochen lang Ihr Gast in der Wohnung hoch über dem Hudson, in Heinrich Blüchers Zimmer, unablässig verwundert, warum da auf der Kommode ein westdeutscher Groschen lag. Ich bekam Seminare in Philosophiegeschichte, zeitgenössischer Politik, Zeitgeschichte, je nach Wunsch. Zu einem Besuch in Westberlin war sie nicht zu bewegen. Sie hat den U.S.A. die Gastfreundschaft gelohnt, jedes Mal litt sie

200 Vgl. auch den Wiederabdruck des Textes in E. Fahlke (Hg.), *Uwe Johnson. Porträts und Erinnerungen*, Frankfurt am Main 1988, S. 74-77 und die Erläuterungen auf S. 159-162.

unter den Fehlern und der Unredlichkeit in der Führung des Landes, jedes Mal ging sie hin und half sie berichtigen. Die alte Dame aus Jamaica, würdig vor britischem Wesen, die ihr im Haushalt half, trat nicht in den Ruhestand, bevor sie ihr eine Ablösung verschaffte, die kam aus Harlem herüber, beide nennt man dort »gefärbt«, mit dieser weissen Person waren die beiden eher befreundet. Das Kochen aber besorgte Frau Professor selbst. Solche Anreden, selbst im Scherz, hat sie sich verbeten. Alles was sie erzählte von Königsberg, die nächtlichen Fahrten mit den Fischern, ich wollte es aufschreiben, sie verweigerte es. »Wir waren die letzten in Keenichsbarch, die mit den Händen redeten.« Sie ist an einem Herzinfarkt gestorben, in New York, ich wünschte in einem Zimmer. Im Lift ist sie einmal angegriffen worden von einem Messerhelden, so jung und verängstigt, dass sie eher erheitert war. Ich bewunderte die Gelassenheit, mit der sie ihrem Mann ins Krankenhaus brachte, was er eben benötigte, über den Verstand der Ärzte hinaus. Es war das Selbstverständliche, sie zeigte es einem noch einmal. Da sind keine Tugenden, die ihr nachzurühmen wären, sie kam ohne dergleichen aus; sie bezog ihre Haltung aus ihrer eigenen Wirklichkeit. Jetzt ist der dritte Anruf gekommen. Es war abends, sie hatte Gäste, sie war nicht allein. Bewirtet wurde man bei ihr in der Bibliothek, einem Zimmer zum Durchgehen mit Hoffenster; wie kann man denn in New York leben und kein Berliner Zimmer haben! »Kindchen« konnte sie sagen, zärtlich lächelnd, nachdem sie eine andere Meinung angehört hatte. Einmal hat sie mich ausdrücklich hinweisen müssen auf den Umstand, dass sie eine Jüdin ist; im Umgang mit ihr war es zu vergessen. »Es gibt keine jüdische Frage mehr; das ist jetzt eine deutsche.« Es ist doch so, nur noch einmal kommt ins Bewusstsein der Blick aus diesem sanften, wilden Gesicht; danach weiss der Verstand, sie ist tot, sie ist wahrhaftig gestorben, dann muss schon die Erinnerung arbeiten, die liefert keine Gegenwart. Wie hart ihre Stimme werden konnte in Momenten der Empörung, der Verachtung. Sie hat bereits einen Infarkt überstanden, sie wusste davon lustig zu erzählen, sie glaubte sich geradezu gebessert in der Gesundheit. Ein »massiver Infarkt«, sie benutzte am Telefon das Wort, das sie selbst beim Tode ihres Mannes verwendete. Jetzt kommt die Tochter aus der Schule, für die ist Hannah Arendt nach sieben Jahren Trennung nur noch ein Name im Gedächtnis und viel wirklicher in einem Text aus einem Schullesebuch, der beschreibt einen Besuch bei ihr... wie sie an der Tür steht... wie sie die Hand mit der Zigarette bewegt beim Erzählen einer Geschichte... all das »wie sie ist«. Es machte Hannah-Blücher-Arendt Spass, die Dame zu spielen; wenn der Begriff überhaupt noch Wert hat, sie war eine. Wer mit ihr das Clubrestaurant der Columbia-Universität betrat, er wurde unter den Blicken der Kellner zum Ausgezeichneten; im Hotel Windermere in Chicago wurde sie empfangen wie eine entbehrte Königin. Sie war eine Frau. Wollte sie etwas wissen über einen Mann, steckte sie sich hinter dessen Gefährtin mit der Erkundigung, ob er denn ein langsamer Mensch sei. Des Gegenteils versichert, was das Denken betreffe, wollte sie im Gegenteil wissen, wie er sich benehme beim Kofferpacken, bei häuslichen Arbeiten... Sie brauchte den konkreten Eindruck, den Beweis. Einmal durfte ich sie in einem überwiegend jüdischen Teil New Yorks spazieren führen, da erklärte sie mir an den Passanten deren gesellschaftliche Stellung und Beschäftigung (mit Wohnorten) vor der Emigration aus Deutschland, zuversichtlich wäre ich bereit gewesen zu einer Stichprobe. Das fiel ihr schwer zu begreifen: dass einer ausserstande ist, Jüdisches am Gesicht zu erkennen. »Hannah, Hannah, du siehst doch aus wie sieben Synagogen!« Ein heller, vergnügter Nachmittag. Sie konnte bar jeden Zweifels von Leuten sagen, sie seien ohne Fehl und Tadel; sie riskierte ihre eigene Person mit dem Urteil, sie hat mich den Ausdruck noch einmal neu sehen gemacht. Ihre Freundschaft war ehrlich genug für Tapferkeit vor dem Freund. Das ist ein Zitat, es kommt nicht von ungefähr. Ich habe ihr zu danken für das, was sie mir gezeigt hat an Benehmen gegen Menschen, gegen das Alleinsein, gegen das Alter. Was sie mir schreibt in ihrem letzten Brief im August, es gehört zu ihr, aber ich bin doch dankbar und froh darüber, dass sie es sagen konnte, sie geniesse nach wie vor das Alt-sein. Es hat ein Ende mit dem Werden, und sie wundert sich, dass es seit Ciceros De Senectute nichts Vernünftiges darüber gebe. So war sie einverstanden mit ihrem Tod, wie jeder von uns einverstanden sein soll mit dem eigenen und den des anderen hinzunehmen sich weigert.

[80]

Küsnacht
16. März 1976

Lieber Uwe,
eine der unerlässlichen Voraussetzungen, so sagten wir unterwegs, sei Uebermut, eine Art von Frechheit. Anders bringt man fingierte Figuren nicht zum Reden, kaum zum Handeln, d. h. für Gesine: zum Heiraten. Ich habe Sheerness nicht sorglos verlassen.[201]
Heute Abend hätte in Milano, anlässlich einer Vernissage,[202] das ungezwungene Wiedersehen mit Dürrenmatt stattfinden können, leider liegt Marianne mit Fieber, sodass wir nicht haben reisen können, und zum Geburtstag hat sie sich mit heissem Oel auch noch den Fuss verbrannt; die Götter, scheint es, haben die Aussöhnung anders programmiert. Was gibt es eigentlich auszusöhnen? Zu melden wäre, dass ich, seit zehn Tagen etwa, wieder in Gockhausen arbeite, im Atelier von Honegger;[203] viel Platz, Werkstatt mit fremdem Gerät, eine lange leere Wand, wo ich meine Blätter anheften kann, und das ist gut, sonst kommt in meinem schlechten Gedächtnis alles durcheinander; hier kann ich, Hände in den Hosentaschen, vor der Wand stehen (zum grossen Teil noch leer) und die Scenen-Skizzen in ihrer Reihenfolge umhängen, um ihren Stellenwert zu ändern, mit Reisnägeln; ich muss nur die Hände aus den Hosen-

201 Max Frisch, so die Einträge in seinem Kalendarium, war am 24. Februar 1976 nach London geflogen, hielt sich bis zum 26. Februar in Sheerness auf und kehrte am 27. Februar wieder nach Zürich zurück.

202 Mit der Vernissage am 16. März 1976 wurde eine Ausstellung des Malers Varlin in der »Rotonda di via Besana« in Mailand eröffnet. Der schweizerische Maler und Zeichner Varlin, Pseudonym für Willy Guggenheim, wurde 1900 in Zürich geboren und starb 1977 in Bondo/Graubünden; von 1923 bis 1932 lebte und arbeitete er als Karikaturist in Paris. Unter den in Mailand ausgestellten Bildern Varlins, der später bevorzugt genrehafte Motive (Stadtlandschaften) und Porträts schuf, waren – wie der Katalog ausweist – ein Porträt von Friedrich Dürrenmatt und zwei von Hugo Loetscher zu finden. Max Frisch wurde 1958 von Varlin porträtiert; das Bild ist heute im Besitz der Öffentlichen Kunstsammlung Basel. Für den *Katalog zur Varlin-Ausstellung* 1958 im Kunstmuseum von St. Gallen hatte Frisch einen Beitrag geschrieben. Vgl. *Varlin* in GW, Bd. IV, S. 226-228.

203 Max Frisch arbeitete im Atelier des Freundes an den szenischen Bildern zu *Triptychon*. Vgl. Seite 30, Anm. 38.

taschen nehmen; Komposition als schlichte Handarbeit. Ob es ein Stück wird, kann ich noch nicht sagen. Gut ist: ich fahre zur Arbeit (eine Viertelstunde), ich bin allein, Rumpelstilz mit Imbiss, gegen Abend fahre ich nachhause und die Geister, so ungenau sie noch sind, schlafen in Gockhausen. Sie brauchen sich dort vor keinen Besuchern zu verstecken. Nicht gut ist die regelmässige Müdigkeit über Mittag; sie erinnert mich an den alten Suhrkamp, der mir sagte, dass er nur noch vier Stunden am Tag arbeitsfähig sei, und ich fand es schrecklich. Ein Gartensessel neben dem Oel-Ofen, Blick auf eine Wiese oder gegen Wald. Es ist nicht schrecklich, aber lästig; Schübe von körperlicher Müdigkeit, so dass es Willen braucht, um aufzustehen. Das mitten im Tag. Plötzlich ist der Tag einfach zu lang.

Der Text aus Ihrem Brief, den Sie für den Ueber-Band gegeben haben, steht jetzt am Schluss (»Aus einem Brief, 13. 1. 1975«) und beschämt die Berufs-Rezensenten durch die Klarheit der Struktur-Analyse.[204] Ich bin froh um diesen Text, und froh, dass ich jetzt, nachdem Hans Mayer sein Nachwort des Herausgebers überarbeitet hat, auch mit der WERKAUSGABE nichts mehr zu tun habe; das war doch ein melancholisches Geschäft, nicht funeral, aber lähmend. So viel Ballast, nicht bloss literarischer, kommt da zum Vorschein. Umso notwendiger die leere Wand in Gockhausen – so unerlässlich wie der Uebermut ist die Illusion, man fange etwas Neues an; Spielraum durch Vergessen.

Ich habe nicht fragen wollen, wann Sie voraussichtlich den vierten Band abgeschlossen haben werden. Vielleicht haben Sie dann doch Lust, zusammen mit Elisabeth und Katharina sich in Berzona auszuruhen; das Haus steht noch.

Herzlich grüsst Sie
Ihr Max

204 Uwe Johnson, *Zu »Montauk«*, in: W. Schmitz (Hg.), *Über Max Frisch II*, Frankfurt am Main 1976, S. 448-450. Vgl. hierzu den Brief an Marianne Frisch S. 104 ff.

[81]

Sheerness
21. März, 1976

Lieber Herr Frisch,
wir danken für Ihren Brief vom 16. März und beklagen den Gebrauch, den Marianne von heissem Öl gemacht hat. Allerdings vertrauen wir darauf, dass der Fuss heilt, und wünschen ihr auch das Fieber weg.
Nein, »Aussöhnung« ist auch für mich kaum das Wort, das ich zwischen Sie und F. D.[205] setzen wollte, eher wäre es Verständigung, nämlich darüber, was für Vorbehalte denn eigentlich der eine dem anderen gegenüber unterhält, eine gemeinsame Inventur, aus der dann jene Spontaneität wachsen könnte, in deren Sachen Sie mich neulich beraten haben. Er ist doch in Manchem das, was wir Angelsachsen Ihre opposite number nennen würden, und da wollen mir die Störungen zwischen Ihnen vorkommen als eine Art Verschwendung. Die Nation, bei der wir zu Gast sind, hat es schwer. Es ist doch fast zehn Jahre her, dass das »neue Geld« eingeführt wurde, und immer noch tun die Leute sich schwer damit. Sie trauern der guinea nach, und den neuen halben penny nennen sie »half«, um das Andenken des zerschmolzenen »hejpenny« in Ehren zu halten, und in einem fort werden Löhne und Preise umgerechnet in »bobs«, so dass wir nebenher doch wieder ein Nebendenken in Schillingen erlernen müssen. Das wirkt sich bunt aus in Gelegenheiten, wo an den Rechenkünsten nur noch zu zweifeln ist: wir hatten eine verlegene Minute mit einem Busschaffner, den die Nennung von zwei Fahrpreisen (Erwachsener mit Kind) so in Verwirrung versetzte, dass er sie an den Fingern zusammenzuzählen versuchte, mit falschem Ergebnis, so dass er am Ende lieber jede Summe allein erledigte. Der Tabak kostet ab morgen 4.91, aber die vorhandenen Bestände werden noch zu 4.90 abgegeben, das weiss die Verkäuferin; verlangen Sie aber nun noch Süssigkeiten zu 0.22 hinzu, nimmt die Dame Papier und Bleistift. In der Buchhandlung war etwas abzuholen für zwölf Pfund, aber die Ladenkasse kann nur einstellige Pfundsummen drucken, wie machen wir das bloss? Das alles mit der Mehr-

205 Mit »F. D.« pflegte Friedrich Dürrenmatt seine Zeichnungen und Gemälde zu signieren.

wertsteuer verrühren, durch einen Taschencomputer in Wallung bringen, und Sie bekommen ein Gericht, dem man wohl erst mit den russischen Rechenkugeln Geschmack abzugewinnen weiss. Sicherlich sind das Ausnahmen, aber auch Elisabeth meint: es sind ein bisschen viel, und es braucht eine gelinde Ergebenheit, das Spiel der Mädchenfinger auf den Kassen der Supermärkte zu betrachten und hinzunehmen.

Auch in moralischer Hinsicht steht es anders als zum besten. Neulich wollte eine Freundin auf Heathrow einen Zuschlag in deutschen Mark bezahlen: händeringend versuchte die Stewardess sie von diesem wirtschaftlichen Selbstmordversuch abzubringen. Der Gentleman im Reisebüro verrät uns den Trick europäischer Geschäftsleute, die nur den Weg bis England in ihrer Währung bezahlen, den weiteren oder den Rückweg aber mit den billigeren Pfunden begleichen: der Mann ist durchaus bereit zum Verrat an seiner Nation, kann er uns nur als Kunden fesseln.

In Kenntnis dieser Umstände haben wir uns der Meinung des Steuerinspektors gebeugt, wir seien in diesem Lande steuerpflichtig …

Vielleicht interessiert Sie diese Meldung des Börsenblattes für den deutschen Buchhandel: der Verlag Piper plant für 1977 eine Gesamtausgabe Ingeborg Bachmann.[206] Herausgeber sollen sein Christine Koschel, Inge von Weidenbaum und Clemens Münster. In vier Bänden angelegt, soll die Ausgabe aus dem Nachlass unter anderem enthalten: unveröffentlichte Gedichte, frühe Erzählungen, einen unvollendeten Roman aus der Reihe »Todesarten« und zum ersten Mal vollständig die Frankfurter Vorlesungen. Ingeborg Bachmanns Erben … unveröffentlichte Gedichte oder frühe Erzählungen sind doch solche, von deren Veröffentlichung die Verfasserin abgesehen hat, oder?

Neuigkeiten aus der Landwirtschaft: Das zuständige Ministerium führt in gemischten Kommissionen Gespräche über die Frage, ob die Rosen am besten noch einmal zurückgeschnitten werden sollen. Elisabeth leugnet es, aber sie muss etwas gegen Rosen haben. Der hohe, unversetzbare Strauch ist ganz dicht überwuchert von Jelängerjelieber, der wird ihn zum Verderben bringen, dem sieht sie zu mit etwas, was sie auf Befragen Fatalismus nennen würde … und

206 Die Werkausgabe erschien 1978.

die Mittelfläche aus der einmal ein geradezu klassischer Rasen werden soll, gräbt sie um und siebt sie durch, wie sie sonst nur den Brotteig knetet. Kurz, es ist die fast spartanische Idee eines Gartens, aber immer wenn wir vorbeikommen an dem verwilderten, verunkrauteten, gänzlich unbehelligten Hof unterhalb der Neptun-Terrasse, sagt sie: Diesen Garten mag ich am liebsten von allen in Sheerness.

Unnötig zu sagen, dass sie sich unseren Verzicht auf ein Veto in Fragen der Land- und Forstwissenschaft gesichert hat.

Lieber Herr Frisch, wir freuen uns sehr, dass Sie wieder Arbeit gefunden haben.

Gleichzeitig aber wollen wir es vorausgewusst haben, denn auch ich habe noch jedes Mal nach dem Abschluss einer Sache gemeint: jetzt wüsste ich nichts mehr. Es ist dann aber immer jemand da, der etwas von einem wissen will, und sei es niemand als man selbst. Dies Hin- und Hergehen vor der Wand, mit den Händen in den Hosentaschen, wir stellen uns das gern vor.

Mit herzlichen Grüssen
Ihr Uwe Johnson.

[82]

Sheerness
10. Mai, 1976

Lieber Herr Frisch,
was schenken wir Ihnen nun zu Ihrem runden Geburtstag?[207] Nach einigem Zögern haben wir etwas Nationales ausgesucht, in der Hoffnung, es sei Ihnen weniger bewusst. Wollen Sie sich, bitte, erinnern an den 10. August 1792, die Erstürmung der Tuilerien? Wir meinen an dieser alten Kamelle jenen Umstand, dass aus dem siegreichen Volk einige aus den roten Uniformen der hingemetzelten Schweizer sich Banner oder Fahnen verfertigten, damit zu paradieren – was nämlich nach Georges Sorel (Reflections on Violence, Huebsch, New York o. J.; p. 184) die erste Gelegenheit ist, bei der die rote Fahne als ein Symbol der Revolution benutzt wurde, made in Switzerland.

207 Den 65. Geburtstag beging Max Frisch am 15. Mai 1976.

Wussten Sie das? ja, dann müssen Sie selber etwas wählen, zum Beispiel das Hausrecht auf den Rasen (denn uns ist ein Rasen geliefert frei Haus), oder aber beliebige Seitenwahl beim Tischtennis (der Ihrer Rechten missliebige Rosenstock ist ausgegraben) oder auch das Bruststück von der Ente, die wir Ihnen gebraten hätten...

Jener Versuch über falsche Ehe ist umgearbeitet;[208] ich bedanke mich nochmals für Ihre Beratung. Ansonsten hätten wir Ihnen zu erzählen, warum die Prinzessin Anne ihrer Nation einen Nachwuchs versagt: um noch an der Olympiade teilnehmen zu können. Danach wird sie wohl verzichten müssen auf das Leben zu Pferde, denn sie fällt zu oft vom Rücken desselben. Wir haben nun mit eigenen Augen gesehen, wie dies in Wahrheit eine Insel der Schafe ist; dicht waren die Weiden bestanden mit grossen und kleinen, die Mütter verzweifelt über die dumme Neugier der Kinder, die Angst ausstanden auf menschlichen Wegen, statt sich an den Bauch der Mama zu halten... – Es gibt Schafe, die sehen aus wie frisiert: sagte Elisabeth, und in der Tat war an manchem noch die Spur der Brennschere kenntlich. Und seit mir von einem Zollkommissionär des Hafens ein Bier spendiert wurde, dürften wir zur Not auch einen kleinen Handel mit Illegalien aufmachen. Wieder und wieder gibt es Momente, da verzweifeln wir an der Möglichkeit, uns dieser Mentalität zu adaptieren, so beim Anhören eines Quiz im Rundfunk, wo Einer in drängendem, federndem, treibenden Ton nach der letzten Äusserung einer Notoreität vor der Hinrichtung fragt und die Antwort quittiert in der folgenden Weise: Eichmann. Korrekt. Und nun begeben wir uns auf das Gebiet der klassischen Musik!... Sie haben ja recht, es geht sie nichts an, sie sind Äonen davon entfernt; damit aber wir von ihnen auch. Dann beim Einkaufen legen wir das Kleingeld einmal ausgesucht hin und bekommen auf das schönste gesagt: Lovely!

Wes ohngeachtet wir aber bereits borgen dürfen, und es tun, indem wir uns erheben und Ihnen singen nach zwei Melodien HAPPY BIRTHDAY TO YOU! sowie auch MANY HAPPY RETURNS!

Mit herzlichen Grüssen

Ihre Uwe & Elisabeth Johnson.

208 Vorfassung der *Skizze eines Verunglückten*, Johnsons späteren Beitrag zu *Begegnungen. Eine Festschrift für Max Frisch zum siebzigsten Geburtstag*, Frankfurt am Main 1981, S. 69-107.

[83]
[Telegramm; in den Birkenweg 8 nach Küsnacht]

Sheerness, Kent
18. Mai 1976

SURPRISE SURPRISE CONGRATULATIONS[209]
ELISABETH & UWE & KATHARINA

[84]
[Ansichtskarte »Museum Delphi: ›Wagenlenker‹ (475 v. Chr.)«; handschriftlich]

[Delphi]
16. Mai 1976
[abgestempelt 21.05.1976]

Liebe Elisabeth,
lieber Uwe!
mit Ihrem Geburtstagsgruss unterwegs in die Antike. Heute nach Kreta, wo ich hoffe, Zeit zu haben für Briefe! – Ja, es ist sehr schön. Euch alles Beste.
Herzlich Max F.

Zu wenig Platz, um das Loblied der Alten angemessen zu singen. Also sage auch ich: schön. Und grüsse Euch herzlich (Katharina auch sehr).
Marianne

[85]

Küsnacht
1. Juni 1976

Lieber Uwe!
Gestern zurückgekehrt, und das ist der erste Bogen, den ich in die Maschine (eine alte, die ihre Tücken hat; sie ist 1958 der reisenden Ingeborg[210] auf neapolitanisches Pflaster gefallen) spanne nach drei

209 Die Nachricht, daß der Börsenverein des Deutschen Buchhandels den Friedenspreis für 1976 an Max Frisch verleihen werde, war gerade verkündet worden; darauf beziehen sich die Glückwünsche der Familie Johnson.
210 Ingeborg Bachmann.

schreibfreien Wochen. Delphi, Mykene, Knossos. Ueberall Bus-Kolonnen mit Touristen, was man, selber Tourist, so gar nicht mag. Die Zeiten, da man Griechenland besuchen konnte, sind vorbei, es sei denn, es komme eine Geldkrise über Deutschland und Amerika; die Briten, die Knossos ausgegraben und die Akropolis geplündert haben, sind schon ausgefallen. Meine vierte Griechenlandreise (die erste als Prähippy zufuss, die zweite mit Volksbus, die dritte mit dem römischen Fiat) war voraussichtlich die letzte; die erste für Marianne. Der Geburtstag, der mich zum Rentner deklariert,[211] wurde mit Schwimmen verbracht, also beinahe gewichtslos; denn das Meer dort ist sehr salzig, und das Salz trägt einen mehr als eine Werkausgabe.

Uwe, wie geht es Ihnen?

Ich danke Ihnen für den Brief, den ich hier vorgefunden habe, und möchte noch mehr wissen von Ihnen. Wann sehen wir uns und wo? Passt Berzona für Sie in diesem Sommer? Uebrigens könnte es auch Küsnacht sein. Ich sollte mir jede Einmischung versagen, aber kann nicht verhehlen: die Vorstellung, dass Sie wieder den ganzen Sommer an der Themse bleiben, bekümmert mich; Sheerness ist (langsam glaube ich's) eine Insel. Ich weiss, Sie wollen keinen Ausflug, bevor die JAHRESTAGE abgeschlossen sind. Ist das aber richtig? Ich will nicht zudringlich sein, nur möchte ich Sie wissen lassen, dass die Einladung nach Berzona besteht; der Feigenbaum wurde versehentlich gefällt, sonst ist alles wie bekannt, und ich werde Sie diesmal nicht mit Lektorat belasten, allenfalls die eine und andere Frage stellen, betreffend die Lage der deutschen Nation, zu der ich im September etwas sagen soll,[212] und Sie zu keinen Berggängen nötigen, Ehrenwort. Auch wenn Berzona eine ganz verkehrte Idee ist

211 Frisch reiste von Februar bis Oktober 1933 zum ersten Mal durch Ost- und Südosteuropa. Die Reisen wurden vor allem durch Reisefeuilletons und Sportberichterstattung finanziert. Im Mai 1957 unternahm er seine zweite Griechenlandreise gemeinsam mit Madeleine Seigner-Besson. Mit dem »römischen Fiat« reiste er 1961 gemeinsam mit Ingeborg Bachmann zum dritten Mal nach Griechenland, um dort seinen 50. Geburtstag zu feiern. Anläßlich seines 65. Geburtstages reiste er gemeinsam mit Marianne Frisch ein viertes Mal nach Griechenland.

212 Der Friedenspreis des Börsenvereins des Deutschen Buchhandels wurde 1976 an Max Frisch vergeben. Der Preis wird alljährlich zur Zeit der Frankfurter Buchmesse in der Paulskirche verliehen. Dem Preisträger obliegt es, aus diesem Anlaß eine Rede zu halten.

– vielleicht bringt es Sie und Elisabeth auf eine bessere, ich meine aber, dass Sie etwas brauchen (was vielleicht wie ein Umweg aussieht) zur Erhaltung. Beim letzten Besuch in Sheerness hatte ich für Augenblicke den bestürzenden Eindruck, Sie geben etwas auf, Sie trauen sich etwas nicht mehr zu; Sie richten sich gegen sich selbst. Vielleicht wagt es Ihnen niemand zu sagen: Das dürfen Sie nicht, Uwe, wir lieben Sie.
Meine Pläne für den Sommer sind schlicht. Keine Reisen; China rückt ferner,[213] und wenn ich sage, die Visa-Geschichte wird langwierig usw., so ist das nur der halbe Grund; es zeigt sich dabei, dass es mir an Energie fehlt, an Kraft (Ausdauer der Lust) und vielleicht sogar an Neugierde, oder genauer gesagt: die Neugierde wird zu mühsam, ich lerne immer langsamer, und man müsste vor einer solchen Reise sehr viel gelernt haben. Selbst wenn ich verstehe, was ich lese, so bleibt zu wenig haften. Shit! – ich hoffe, dass ich demnächst in die begonnene Arbeit zurückfinde, die Entwürfe nicht verwerfen muss beim Wiedersehen. Die Rede, die in der Paulskirche zu halten ist, sollte eine nützliche sein; eine halbe Stunde, aber sie fordert, dass ich mir über den Stand meiner politischen Erwartungen klar werde, also vor mir selber antrete. Darin liegt wohl der einzige Sinn einer solchen Verleihung, und diesen Sinn muss ich ihr selber geben.
Ich hoffe, Sie haben die Werkausgabe erhalten, die unterdessen erschienen ist; ich schulde Ihnen, lieber Uwe, grossen Dank für Ihre beharrliche Forderung, dass eine solche Ausgabe auch enthalten soll, was ich, von heute aus gesehen, lieber nicht geschrieben haben möchte. Ihr lästiger Rat war richtig. Da stehen schon Sätze, viele, die meinen Pflichtverteidiger vor dem Jüngsten Gericht der Literatur in Verlegenheit bringen – geschrieben von einem Mann in dem Alter von Uwe Johnson, als der seine MUTMASSUNGEN schrieb ...[214]
Lassen Sie mich wissen, Uwe, wie es Ihnen geht.
Herzlichst Ihr Frisch

213 Mit dem damaligen Bundeskanzler Helmut Schmidt war Max Frisch als Mitglied einer offiziellen Delegation vom 28. Oktober bis zum 4. November 1975 nach China gereist. Sein Reisebericht wurde zuerst unter dem Aufmacher veröffentlicht: *Nein, Mao habe ich nicht gesehen*, in: *Der Spiegel*, Nr. 7 vom 9. 2. 1976, S. 110-132. Vgl. auch GW, Bd. 6, S. 757-784.
214 Uwe Johnson hatte seinen ersten veröffentlichten Roman *Mutmassungen über Jakob* im Alter von 23 Jahren geschrieben.

[86]

Sheerness
12. Juni, 1976

Lieber Herr Frisch,
zu danken haben wir für den schwer versehrten Wagenlenker, den Marianne und Sie uns aus dem Museum von Delphi haben überstellen lassen,[215] und bedauern seine Invalidität um so mehr, als sich unmöglich so zurichten kann, wer noch im ruhigen Faltenwurf seines Gewandes Gelassenheit auszudrücken imstande ist. Was nützt ihm nun, dass er damals freigesprochen wurde. Zu danken ist für Ihren langen Brief vom 1. Juni aus Küsnacht.
Sheppey, damit Sheerness, ist eine Insel, in solcher Feststellung deuten Sie Befürchtungen an. Um ihnen vorzubeugen, lassen wir schon mal mit uns reden, wenn die Verwaltung der Stadtbücherei Kassel ein hundertjähriges Bestehen auch begehen will mit der Vorführung eines der Lieferanten.[216] Auf dem Flughafen Frankfurt ist noch wenig entgangene Welt nachzuholen, aber wenn in einem Taxi am Bahnhof beide Kopfstützen geziert sind mit giftigfarbenen Aufklebern des Wortlauts AUS LIEBE ZU DEUTSCHLAND – CDU, dann weiss man fast sicher, dass das Defizit an Kenntnis westdeutscher Zeitläufte geringer ausfallen wird als anfangs befürchtet. Was allenfalls versäumt wurde, wird notgedrungen erworben durch morgendliches Schwimmen mit Herrn Unseld, durch Aufwarten und Vorsprechen bei Frau Zeeh, Frau Borchers, Frau Ritzerfeld, Herrn Busch[217] – dann weiss man in Sachen Tendenzwende mitzusprechen, und lässt es lieber sein. Sollte man Kassel vergessen haben, so macht es sich gegenwärtig mit einer Pressekonferenz, zu der von der Verwaltung drei Vertreter erschienen sind und von der Presse keiner, denn der Kulturfachmann der einzigen Zeitung am Ort ist bei der Feier eines Geburtstags im Schnaps hängengeblieben und wird erst nach der Veranstaltung auftreten, wirr im Kopf, automatisch redend in der Hoffnung,

215 Anspielung auf das Motiv der Ansichtskarte vom 16. Mai 1976.
216 Am 31. Mai 1976 hat Uwe Johnson in der Stadtbücherei Kassel aus seinen Werken vorgelesen.
217 Burgel Zeeh, Elisabeth Borchers (Lektorin und Lyrikerin), Helene Ritzerfeld (Leiterin der Rechtsabteilung und ehemalige Sekretärin Peter Suhrkamps) und Günther Busch (Lektor): Mitarbeiter/innen des Suhrkamp Verlags.

seine trostreiche Freundin werde schon etwas von seinem Gesprochenen (und dem des Gastes) aufzeichnen, denn mit der Frau geht es schlechter, seit er diese Freundin, weswegen noch ein Bier – das wussten Sie schon, oder Sie wollten es kein zweites Mal erfahren. An der Grenzübergangsstelle Berlin Friedrichstrasse werden Sie bei drei Besuchen dreimal angehalten, einmal müssen Sie Ihr Geld auf den Pfennig vorzählen, das andere Mal sollen Sie Ihren Aktenkoffer vorzeigen und den Inhalt erklären, und zum Abschied sind Sie bitte so freundlich und leeren sämtliche Taschen Ihrer Kleidung aus; wenn man dann verschwiegen, geradezu blicklos von dannen zieht, sind die Kontrolleure über das Abbrechen einer menschlichen Kommunikation ehrlich enttäuscht. Danach hätten auch Sie nur ungern einen Nachmittag und einen Vormittag auf dem Flughafen Tegel verbracht, aus einem Aufenthalt im Hotel Schweizerhof bloss zum Zwecke des Wartens wäre Ihnen ungenügend Weltgefühl geworden, da wären Sie wenig empört über die Ankunft in einer Gegend, da ist es still, da singt man keine Lieder.[218]
Lieber Herr Frisch, ich bedanke mich herzlich für Ihre Einladung. In unachtsamen Momenten ist die Versuchung gross, einfach loszufahren und eine Ferienzeit zu verbringen mit Gesprächen, Spazier- und Müssiggang – without a care in the world. Aber ich habe noch jemanden in der Welt, für den muss ich zuerst sorgen, Mrs Cresspahl, die wird langsam ungeduldig in der Ecke, aus der herauszukommen sie doch selber zögert. Kurz, solche Reise nach Kassel und Berlin, zwar gerechtfertigt durch Archivarbeit für ein anderes Vorhaben, soll nun die letzte Gelegenheit gewesen sein, mit der ich dem Schluss des Buches ausgewichen bin. Es ist nun einmal so, dass das Buch im Keller dieses Hauses steckt und schlecht mitgenommen werden kann auf eine Reise, wo Manches vielleicht sich lässiger und unbefangen ergäbe. Wenn ich angekommen sein werde bei den letzten drei Worten (die ich leider weiss), sollen Sie mich gleich fragen hören, in welcher Ihrer Erholungsanstalten Sie denn Besuch haben mögen. Inzwischen wird Ihnen hoffentlich gewärtig bleiben, dass

218 Uwe Johnson hielt sich vom 1. Juni bis zum 4. Juni 1976 in Berlin auf, um in der Bibliothek der Humboldt-Universität zu recherchieren; am 6. Juni 1976, so die Einträge in seinem Kalendarium, flog er von Hannover aus zurück nach London-Heathrow.

eines der Zimmer in diesem Haus nach Ihnen heisst und für Sie bereitsteht.
Den Glückwünschen, die wir Ihnen zum Börsenpreis – ein Dauerversprecher – zum Friedenspreis des westdeutschen Buchhandels telegrafierten,[219] fügen wir nun pflichtschuldigst unsere Kondolenz bei. Denn bei aller Ehre, es bleibt da doch der Auftrag zur Rede, zu halten für alle Fernseher in den Ländern der Eurovision, ohnehin kein kleines Kunststück, jetzt aber verschärft durch den nahen Termin der Wahlen zum Bundestag. Wir, da festgelegt auf den politisch negativen Schluss der »Jahrestage«, werden natürlich besonders warten auf Ihren Rückblick in Sachen der C.S.S.R. vor und nach dem August 1968.
Es war sehr freundlich von Ihnen, uns »im Auftrag des Verfassers« die Werkausgabe zukommen zu lassen. Bitte, entschlagen Sie sich doch der Sorge wegen der frühen Stücke. Sie sind unentbehrlich, weil sie dem Leser die Herkunft und Veränderung Ihrer Schreibweise zeigen, nicht nur stilistisch, sondern vor allem im Bereich der politischen Haltung. Der vorsichtige Ekel, mit dem Sie schon 1935 über Hitlers Deutschland berichtet haben, gibt doch die Voraussetzung für Ihre heutigen Ansprüche. Fehlte das, so wäre die Ausgabe einer Biographie vergleichbar, aus der die Jugend weggeschnitten ist.
Auf welches Jahr, übrigens, würden Sie den westdeutschen An- und Ausspruch schätzen »wir sind wieder wer«? Gewissheit darüber könnte ich ganz gut brauchen für das »Nachwort«, mit dem ich die »Jahrestage« beschweren möchte.[220]

219 Vgl. das Telegramm auf S. 162.
220 Das »Nachwort«, mit dem Johnson die *Jahrestage* »beschweren« wollte, ist Fragment geblieben. Für das Projekt unter dem Titel *Heute neunzig Jahr* war er frühzeitig schon auf der Suche nach »sprachlichen Sedimenten«, die für die jeweils zu erzählenden Jahre einprägsam waren. Systematisch suchte er nach solchen »wahrsagenden, witzelnden, dummen Sprüchen«, mit denen er den ganzen Text durchsetzen wollte, »um die persönliche Zeitgenossenschaft zu verbinden mit der gesellschaftlichen«. Mit diesem Verfahren, das »Gerüst der öffentlichen Redensart« für jedes Jahr um »mindestens eine vom Volksmund adoptierte amtliche oder auch nur alberne Redensart« fortzuführen, versuchte er erklärtermaßen auch eine Wissenslücke zu kompensieren, hatte er selbst doch erst seit 1959, also sechs Jahre später als Gesine Cresspahl, das »öffentliche Bewußtsein der Bundesrepublik« studieren können. Vgl. Norbert Mecklenburg (Hg.), *Uwe Johnson. Heute neunzig Jahr*, Frankfurt am Main 1996, S. 159-160.

Dies ist ein sonderbarer Haushalt! Vorn im Keller sitzt einer an der Maschine und schreibt, was der andere dann hinten im Keller auf einer Maschine noch einmal schreibt. Darüber in drei Stockwerken spielt ein Kind Urlaub von der Schule. Aber dann werden wir spazieren gehen auf einem der Wege, die Sie kennen.
Mit herzlichen Grüssen an Marianne und Sie,
Ihr Uwe Johnson.

[87]

Berzona
Val Onsernone/Ticino
22. Juli 1976

Lieber Uwe,
es regnet sich ein nach Monaten der Dürre, das Schwimmbecken füllt sich, die Tage werden schon wieder etwas kürzer. Dazu die Pflicht, über den Frieden nachzudenken; zwei Monate noch habe ich Zeit, bevor die Paulskirchenkanzel zu besteigen ist, und lese, um wenigstens einigermassen zu wissen, was in 30 Minuten alles nicht zu sagen ist. Darf ich Ihnen einen ersten Entwurf der Rede unterbreiten zur Kritik? während ich eine Pause mache, d. h. wieder einmal das eigene Heft auf den Tisch nehme, Dialoge am Styx.[221]
Nach Ihrem lieben Brief sehe ich Sie im Souterrain, ich hoffe: gesund, arbeitslustig in der Zielgeraden. Kürzlich kam Peter Weiss[222] (zusammen mit Martin Walser) nach Küsnacht: weil er in Stockholm sich wie am Ende der Welt (der Literatur) fühlt, und wir besichtigten unsere Sackgassen kameradschaftlich; damit da keine Fronde entstehe, kam Siegfried auch dazu; so erfuhren wir unter anderem, dass H. M. Enzensberger der wahre Vorspürer ist, man könnte etwa sagen: der in der Tendenzwende nicht die Wünschelrute verliert. Aufschrei von Martin, Staunen meinerseits haben den Verleger nicht irritiert in seiner herzhaften Zuversicht, dass der SV, dank Magnus, in der geistesgeschichtlichen Vorhut bleibt.

221 Unter dem Arbeitstitel *Dialoge am Styx* schrieb Frisch erste Entwürfe zu den drei szenischen Bildern *Triptychon* (1976/79).

222 Das Treffen fand am 5. und 6. Juli 1976 statt; siehe Peter Weiss, *Notizbücher 1971-1980*, Frankfurt am Main 1981, Bd. 2, S. 507.

Danach machte ich einen Besuch bei Jürgen Habermas in Starnberg,[223] worauf manches wieder komplizierter erscheint. In Berzona angemeldet hat sich Lars Gustafsson.[224] Im Pingpong fühle ich mich auf Senioren-Höchstform, nur im Kopf sind immer mehr Löcher, die nicht zu zeigen ich mich redlich bemühe. Ein Mittagessen mit Walter Scheel,[225] der Frohnatur, findet am 17. September statt. Uwe, was soll ich ihn fragen? Unser Nachbar, Alfred Andersch, ist ein verwandelter Mann; wir unterhalten uns krampflos, Lachen nicht ausgeschlossen, das macht dieses Tal etwas weiter. Ueberhaupt ist das Alter anders als beschrieben; am Sonntag werde ich Ehrenbürger von Berzona, es gibt einen Risotto vor der Casa Communale, ich stifte ein Fass Wein dazu, da die Wahl (17 Stimmen) einstimmig erfolgt sei. Und um auf eine Frage zu antworten, die Sie auf dem Damm der Marine Parade aufgeworfen haben damals: Lynn[226] hat jetzt das Buch gelesen und schreibt, keine Zeile habe sie verletzt. Ein ruhiger Sommer also.
Und Sie und Elisabeth?
Ich grüsse Euch herzlich
Euer Herr Frisch
[handschriftlich:]
Skript folgt.

223 Der 1929 in Düsseldorf geborene Philosoph Jürgen Habermas, der von 1964 bis 1971 als Professor für Philosophie und Soziologie an der Universität Frankfurt lehrte, war ab 1971 Direktor am Max-Planck-Institut zur Erforschung der Lebensbedingungen der wissenschaftlich-technischen Welt in Starnberg. 1983 kehrte er wieder an die Frankfurter Universität zurück und lehrte dort bis zu seiner Emeritierung.
224 Lars Gustafsson, der 1936 in Västerås (Mittelschweden) geborene Lyriker, Romancier, Dramatiker und Kritiker, lebte Anfang der siebziger Jahre in West-Berlin und konnte dank einer großzügigen Unterstützung der Stadt seinen Romanzyklus *Die Risse in der Mauer* verwirklichen. In dieser Zeit lernte er auch Max Frisch und Uwe Johnson kennen. Heute lehrt Gustafsson, der sein Studium der Philosophie, Ästhetik, Soziologie und Literaturgeschichte 1961 in Uppsala abgeschlossen hatte, als Gastprofessor an der University of Austin/Texas. Vgl. Lars Gustafsson, *Palast der Erinnerung*, München/Wien 1996; vor allem das Kapitel *Eine Ecke von Berlin*.
225 Der 1919 in Solingen geborene Politiker (FDP) war von 1969 bis 1974 als Vizekanzler und Außenminister im Kabinett von Willy Brandt maßgeblich an der Gestaltung der neuen Ostpolitik beteiligt. Von 1974 bis 1979 amtierte Walter Scheel als Bundespräsident.
226 Lynn ist der Name jener literarischen Figur in *Montauk*, für die Alice Locke-Carey als Modell diente, vgl. S. 115, Anm. 157.

[88]
[handschriftlich]

Berzona
Val Onsernone/Ticino
25. Juli 1976

Lieber Uwe,
das also wäre der erste Entwurf für Frankfurt.[227] Ihre Einwände wären mir wichtig; damit Sie nicht Zeit verbrauchen für Briefschreiben, könnten wir auch telefonisch uns unterhalten – eines müssen Sie mir zugeben: keine leichte Aufgabe!
Herzlich Ihr Max Frisch

[89]

Sheerness
29. Juli, 1976

Lieber Herr Frisch,
ich lese Ihre Rede zum Friedenspreis des Deutschen Buchhandels 1976, erleichtert, dass mir eine solche Aufgabe erspart ist, und freue mich über den Schluss, da Sie darin Peter Suhrkamps gedenken als dessen, der Sie an den Ort Ihrer Rede gebracht hat.[228] Der einzigen Gefahr bei einem solchen Thema, dem Pathos, sind Sie heil entgangen. »Einwände« habe ich keine, bloss Bemerkungen.

227 Jener Entwurf der *Rede zur Verleihung des Friedenspreises des Deutschen Buchhandels*, der Uwe Johnson vorlag, ist als geschlossener Text nicht erhalten. Das hängt auch mit einer Eigenart der Arbeitsweise von Max Frisch zusammen. Einzelne »Stücke« der Rede wurden gänzlich überarbeitet, neue eingefügt, bereits geschriebene noch einmal umgestellt. Die einzelnen Überarbeitungsschritte sind aber nicht vollständig dokumentiert. Dennoch war es möglich, aus den im Max Frisch-Archiv aufbewahrten Typoskriptseiten zumindest den Wortlaut jener Passagen zu rekonstruieren, auf die sich Johnsons »Bemerkungen« zur Rede beziehen; vgl. hierzu die folgenden Anmerkungen 228-242.

228 »Ich danke den deutschen Lesern. Einer der ersten war Peter Suhrkamp: Zuspruch mit Maß, die Bereitschaft zur Anerkennung als Vorschuß, Kritik nie aus Geiz, sondern aus der generösen Erwartung, einmal könnte es ja gelingen, Zustimmung und Widerspruch als Herausforderung, den eigenen Standort in der Zeitgenossenschaft zu suchen, dafür danke ich den Lesern in beiden deutschen Staaten.« Hier zitiert nach: *Wir hoffen. Rede zur Verleihung des Friedenspreises des Deutschen Buchhandels 1976*, GW, Bd. 7, S. 19.

SEITE 1

»unserem nicht immer genehmen« Berufsstand – ist es nicht ein wenig kokett, auch noch bei dieser Gelegenheit daran zu erinnern, dass gelegentlich von Amts wegen Anstoss genommen wird an unseren Sachen – und das auch nur bei Manchen von uns? Ausserdem hat das Wort den Beiklang von »willkommen« und könnte zu der Aussage führen, es werde der gesamte Berufsstand bei den Behörden nicht vorgelassen.[229] Überdies werden Sie Ihren Zuhörern erscheinen als jener Schriftsteller, der eben erst noch mit dem Bundeskanzler nach China flog.

Das Zitat aus Freuds Brief an Einstein, versteht sich, ist ein »Fund«. Es kann aber auch funktionieren als eine

SEITE 2

captatio benevolentiae, und dahin folge ich Ihnen ungern. Denn in Sachen des Friedens waren die beiden keine Fachleute; nach dem Zitat sprach Einstein als ein »Menschenfreund«, statt die Informationen und Verfahren seiner Wissenschaft anzuwenden. Er griff mit seiner Frage universal zu, wie Sie es tun werden, als Spezialist in dem Arbeitsgebiet Literatur und als jemand, der sich hier abermals zu einem allgemeinen Problem äussert. Also sind Sie kein Laie, oder diese beiden Forscher sind auch welche gewesen.

»der Laie, der es nicht lassen kann, Ethos in die Waagschale zu legen« – das mutet an wie die Definition eines Laien und scheint den Praktikern jegliches Ethos abzusprechen. Wenn Sie dabei bleiben wollen, sich selbst als einen Laien zu bezeichnen, wäre es vielleicht besser, von »einem« Laien zu sprechen.[230]

229 Frisch nimmt den Einwand auf und streicht das monierte Adjektiv: »Die diesen Preis verleihen, verstehen Literatur als ein Vehikel für Gesinnung und verbinden die Ehre, die durch die Anwesenheit hoher Behörden unserem nicht immer genehmen Berufsstand erwiesen wird, mit der Herausforderung, etwas über den Frieden zu sagen.« Vgl. GW, Bd. 7, S. 7.

230 Frisch berücksichtigt den Einwand und streicht nach dem Satz: »Sieben Jahre später brach der Weltkrieg aus…« die durch Unterstreichung markierte Einfügung: »Wer also, wenn nicht Männer wie Einstein und Freud, wäre in der Friedensfrage kompetent? Sicher nicht der Laie, der es nicht lassen kann, Ethos in die Waagschale zu legen, damit sie sich nach der Seite seines Wunsches bewege.« Das anschließende »Mein Wunschdenken nach Hiroshima…« wird zu »Unser Wunschdenken nach Hiroshima…«. Die Zitate von Einstein und Freud zum Auftakt der Rede bleiben unverändert; vgl. GW, Bd. 7, S. 7.

Hiroshima – das war die Atombombe. Die Wasserstoffbombe wurde erst am 1. November 1952 durch Sprengung erprobt (Zerstörung der Insel Elugaleb im Eniwetok-Atoll).[231]

»rationales Mittel im Klassenkampf« – wer den Einsatz von nuklearen Waffen so diskutiert hat, sollte nicht geschont werden mit »wie auch schon zu hören war«, sondern namentlich, zumindest, wenn das eine Erwägung im Dienst einer Staatsmacht war.[232]

SEITE 3

»Autorität« – das ist ein falsch besetztes, ein verdorbenes Wort, finde ich, und würde sehr etwas vorziehen wie »Verwaltung unseres Zusammenlebens«, damit nicht gleich die Assoziation von Repression und Verweigerung des Dialogs einrastet.[233]

SEITE 4

Eine Freiheit, für die Wenigen sei ohne Zweifel viel prachtvoller, als es die Freiheit für alle je sein könne: sagen Sie. Damit geben Sie die Utopie Preis. Sechs Zeilen weiter beklagen Sie, dass die parlamentarisch-demokratische Apparatur den Bürger zu Resignation, und zur Preisgabe jeder Utopie [treibt].[234] Auf Seite 7 bezeichnen Sie die Utopie als unerlässlich.

231 Wasserstoffbombe wird durch Atombombe ersetzt.

232 Aus dem Johnson vorliegenden Entwurf streicht Frisch in der folgenden Passage die beiden durch Unterstreichung gekennzeichneten Nebensätze: »Die neueste Hoffnung, man weiss, geht dahin, dass ein nuklearer Schlagabtausch (Krieg wird da ein romantisches Wort) zwar keineswegs auszuschließen ist, dass er aber nicht das ganze Menschengeschlecht vernichte, sondern nur die Hälfte etwa, vielleicht sogar nur ein Drittel, womit er, wie auch schon zu hören war, als rationales Mittel im Klassenkampf durchaus in Frage komme. Das bedeutet: Wer heute vom Frieden redet…« GW, Bd. 7, S. 8.

233 Johnsons Einwand findet kein Gehör; der Satz bleibt unverändert: »Demokrat ist man in der Hoffnung, dass Herrschaft in rationale Autorität überführt werde.« Vgl. GW, Bd. 7, S. 8.

234 Obwohl Frisch diese Passage noch einmal überarbeitet, bleibt auch dieser Einwand Johnsons unberücksichtigt. Der Text, der ihm vorlag, lautete an dieser Stelle. »NOBLESSE OBLIGE; wenn aber die Eigentümer-Macht, zum Beispiel die Boden-Spekulation oder ein Konzern, auf solche Noblesse, die das Grundgesetz unterstellt, gar keinen Wert legt? Wir brauchen den Staat. Leider. Der Ruf nach Freiheit, mehr Freiheit vom Staat, kommt von den Landsleuten, die zugleich die Polizei verstärken möchten; sie sind zu fragen, wessen Freiheit sie

SEITE 5
Den Punkt über den Terrorismus wiederholen Sie auf Seite 9. Wäre es nicht besser, dies nur einmal zu erwähnen? Zweimal Verständnis gezeigt, das könnte leicht missdeutet werden.
Das »Etikett« »links« halte ich nicht für so lebensgefährlich wie »entartet« und »verjudet« sich ausgewirkt haben, nämlich zu totalem Ausschluss aus der Gesellschaft und körperlicher Vernichtung.[235] Gewiss sind die so genannten Radikalen-Erlasse eine Schande für die Bundesrepublik, aber sie machen aus ihr noch kein faschistisches Land.

SEITE 6
»Von Rüstung verstehe ich wenig.« Diese Einschränkung wird man Ihnen nach dem »Tagebuch II« und der Bührle-Affaire nicht abnehmen dürfen.[236] Könnten Sie nicht doch etwas sagen über das

meinen. Eine Freiheit für die Wenigen, kein Zweifel, ist prachtvoller, als es die Freiheit für alle je sein kann... Der Grund, warum ich als Demokrat nicht euphorisch bin, ist dieser: die parlamentarisch-demokratische Apparatur, eingespielt auf Kompromiss in Permanenz, erzieht nicht zur Toleranz, was ja eine humane Qualität wäre über den staatsbürgerlichen Bezirk hinaus, mehr noch erzieht sie zur Resignation, zur Preisgabe jeder Utopie. Was eines Tages bleibt: eine Technokratie, als solche effizient; es schwindet die spirituelle Substanz der Politik. Der Rest ist Merkantilismus mit dem Ergebnis: ein gewisser Wohlstand für viele als Köder für den Verzicht auf Selbstbestimmung, die Verkümmerung unserer Humanität in Komfort-Hörigkeit – eine Konkurrenz-Gesellschaft mit demokratischem Vokabular, wobei es eine Lüge wäre zu sagen: eben diese Konkurrenz garantiere ja, dass die Leistung entscheide; es bleibt, wie liberal man sich auch gibt, eine Konkurrenz zwischen Benachteiligten und Bevorzugten... Die Jugend, die in den späten Sechzigerjahren...« Vgl. hierzu GW, Bd. 7, S. 8-9.

235 Johnsons Anmerkungen bleiben unberücksichtigt; vgl. hierzu a. a. O., S. 10.

236 Die Passage wird von Frisch ganz im Sinne des Einwands überarbeitet; der durch Unterstreichung markierte Satz gestrichen. Die Johnson vorliegende Textstelle lautete: » – als Ausländer, der sich hier nicht in der Fremde fühlt, verweise ich, da die Rede sein soll vom Frieden, auf ein Phänomen, das sich nicht an Landesgrenzen hält und mit der Friedensfrage zu tun hat, genau gesagt: mit der Frage nach unsrer Friedensfähigkeit. Von Rüstung verstehe ich zu wenig; als Schriftsteller, der keine Theorie vorzulegen hat, nur epische und theatralische Diagramme persönlicher Erfahrungen, hat mich beschäftigt die Genesis der Feindbilder; das ANDORRA-Syndrom: das Ressentiment, das die Majorität erfasst wie eine Epidemie; die blinde Unterstellung, der Andersdenkende könne es nicht redlich meinen; die Verketzerung, ob mit Erlass oder ohne, aus der biedermännischen Angst vor Selbsterkenntnis.« Vgl. a. a. O., S. 10.

Funktionsverhältnis zwischen Auftraggeber und Hersteller von Kriegsgerät, über die Mentalität der Arbeiter in dieser Industrie? Das letztere würde ja zu Ihren Ausführungen über das Feindbild passen.
Bei den Erwägungen hinsichtlich der Feindbilder setzen Sie voraus, dass Ihr Publikum hinsichtlich Ihres spezifischen »Andorras« orientiert ist; ich hielte es für günstiger, wenn Sie an dieser Stelle nicht von einer künstlerischen Lösung sprächen, sondern konkret die Herstellung der Feindbilder beschreiben, zum Beispiel die Erzeugung einer öffentlichen Kriegsbereitschaft durch Umwandlung der privaten Habgier in eine nationale.

SEITE 6/b
Ist die Angst vor Selbsterkenntnis denn tatsächlich auf den Biedermann beschränkt?[237] Solche Angst darf man doch auch bei Intellektuellen annehmen, und auch von Politikern.

SEITE 7
Wegen jenes Verbotes, sich ein Bild zu machen vom anderen, wollte ich Sie schon lange etwas fragen. So offen Sie bleiben für alle Veränderungen Ihres Partners, er wird doch Tag für Tag mehr für Sie die Summe seiner Handlungen und Äusserungen. Dieses Wissen ist doch da, unausrottbar. Wenn aber der Andere Ihnen nur zeigt, was Sie an und in ihm sehen wollen, insgeheim aber diesem Bilde, das er Ihnen macht, auf das strikteste zuwiderhandelt, werden Sie dann sagen: ich habe mir kein Bildnis von ihm gemacht, um ihm alles zutrauen zu können, auch das Fürchterlichste?
Utopie erreichen, indem wir uns selbst wählen: könnte man da hinzufügen: indem wir sind, was wir von uns verlangen?[238]

SEITE 9
An der Existenz einer modernen Sozial-Ethik, die der Macht durch Eigentum eine sittliche Autorität bescheinigt, zweifeln Sie doch wohl selber. Sie sprechen da von einem Konzern, und fragen darauf

237 Das Adjektiv »biedermännisch« wird zur Charakterisierung der »Angst vor Selbsterkenntnis« gestrichen.
238 Der Abschnitt unter dem Zwischentitel *Wozu die Utopie* (a. a. O., S. 12) bleibt unverändert; Johnsons Ergänzungsvorschlag wird nicht aufgenommen.

wegen »Profit als Wonne der Persönlichkeit«, da kann ich den Konzern und die Persönlichkeit nicht zusammenbringen.[239] Warum nicht offen von dem Atavismus reden, der den Erfolgreicheren und Stärkeren auch gleich immer als den Besseren erkennen will?

SEITE 10
»Es hilft nichts; ein menschliches Dasein ohne Macht über andere gilt als menschenunwürdig.« Dieser Satz, und die folgenden klingen riskant resigniert, und, was schlimmer ist, affirmativ. (Der eingefügte Psychiater hat eine belastende, verwirrende Wirkung.) Gegen dies Verständnis der Menschenwürde würde ich deutlicher protestieren, etwa mit der Feststellung, wir seien feige genug, uns mit einer solchen Vorstellung davon abzufinden.[240]

SEITE 11
Der Sozialismus gehöre der Steinzeit an: das habe ich nun noch keinen Angehörigen der Oberen Zehntausend sagen hören.[241] In solchen Gesprächen war er im Grunde immer auf eine besorgte Weise im Bewusstsein vorhanden. Bei dem Ausmass, in dem westdeutsche Grossindustrie Geschäfte mit der Sowjetunion betreibt, muss man doch wohl eine Anerkennung der Realien annehmen.

SEITE 14
Das Wort »kreativ« hat leider einen etwas exklusiven Klang, und nebenbei wäre es erfreulich, wenn dieser Begriff einmal grundsätzlich erläutert würde.

239 Der Einwand Johnsons bleibt unberücksichtigt; vgl. a. a. O., S. 13.
240 Frisch überarbeitet diese Sätze noch einmal. In der von Johnson kritisierten Fassung lauteten sie: »Es hilft nichts; ein menschliches Dasein ohne Macht über andere gilt als menschenunwürdig, eine Art von Selbstverwirklichung, die vielleicht ohne Psychiater auskäme, als undenkbar. Hat man infolgedessen eine Hoffnung auf Menschwürde für alle nicht anzubieten – denn solange Menschenwürde darin besteht, dass wir Macht über andere haben, muss es ja auch diese andern geben – so bleibt, um die Gefolgschaft von Wählern zu gewinnen, nur der Aufruf zur gemeinsamen Angst: vor der Krise, vor der Arbeitslosigkeit, vor dem äusseren Feind, dessen militärische Stärke, in der Tat, bedrohlich ist. Nur entwaffnen wir ihn nicht...« Vgl. a. a. O., S. 14.
241 Johnsons Einwand bleibt unberücksichtigt. Der Satz, der Sozialismus gehöre der Steinzeit an, wird im nächsten Brief von Frisch (vom 27. August 1976) als ein Zitat von Franz Josef Strauß identifiziert (vgl. S. 214, Anm. 297).

»ist diese Vernichtung trotz Nicht-Krieg bereits im vollen Gang«. Das ist der formale Schluss-Satz, und er kommt mir viel zu kurz vor. Ich fürchte, es werden sich viele erheben mit dem Gedanken, Sie hätten ja wohl etwas von Verschmutzung der Umwelt gemeint. Könnten Sie dies ausbauen?[242]

Was Sie am 17. September die Frohnatur Scheel fragen könnten, ergibt sich vielleicht aus seiner heute in der »Zeit« zitierten Äusserung: »Was kann Wagner dafür, dass Hitler ihn mochte?«[243] Mag der Herr Bundespräsident in der Ideologie, wenn man denn den Antisemitismus so nennen will, das auch, was Hitler mochte?

Ich gratuliere Ihnen auf das schönste zu der Ehrenbürgerschaft von Berzona, zu der Verwandlung Ihres Nachbarn, nicht zuletzt zum Regen. (Hier ist noch Dürre, herrscht ein Verbot des Rasensprengens und eine amtliche »Schlauchbrigade«, die nach Verstössen fahndet.) Elisabeth ist in Berlin, Frau Boveris Papiere im Geheimen Staatsarchiv zu untersuchen,[244] die Tochter ist bei Freunden im Niedersächsischen in den Ferien, hier wird nur der Keller bewohnt.

Mit herzlichen Grüssen, Ihr Uwe Johnson.

P. S.

Welche Ihrer Telefon-Nummern für Berzona ist nun die richtige: 90 120? 85 11 20?

242 Frisch überarbeitet den Schluß der Rede gänzlich. Die von Johnson kritisierte Textstelle lautete ursprünglich: »Es gibt Phasen, wo wir nicht ohne Auseinandersetzung auskommen, aber ohne Feindbild: wenn wir kreativ sind. Gemeint ist natürlich nicht die künstlerische Kreativität allein. Wieviele Menschen aber haben in der vorhandenen Gesellschaft die Möglichkeit, kreativ zu leben? Ob der Wille der Gattung zum Ueberleben, das die Abschreckungs-Strategie nicht zu garantieren vermag, ausreicht zu einem Umbau unsrer Gesellschaften in eine friedensfähige, weiss ich nicht. Der Glaube an eine Möglichkeit des Friedens (und also des Ueberlebens) bleibt ein revolutionärer Glaube, begründet in der Voraussicht, dass der Konflikt mit der Umwelt grösser wird als jeder denkbare Konflikt zwischen Staaten oder System-Blöcken. Während jede Abschreckungs-Strategie in der Absicht, einen Nuklear-Schlagabtausch zu vermeiden, dem Menschengeschlecht erschwert, der Vernichtung seiner Lebensmöglichkeit auf diesem Planeten gemeinsam zu begegnen, ist diese Vernichtung trotz Nicht-Krieg bereits im vollen Gang.

——————— «

243 Johnson hatte das Walter Scheel zugeschriebene Zitat unter der Rubrik *Worte der Woche* in *DIE ZEIT* vom 30. Juli 1976, S. 2 gefunden.

244 Zu Margret Boveri vgl. S. 148, Anm. 197.

[90]

Berzona
Val Onsernone/Ticino
27. August 1976

Lieber Uwe,

spät kommt mein Dank für Ihren hilfreichen Brief vom 29. Juli – dafür werden Sie sehen, dass ich die meisten von Ihren Bemerkungen habe verwerten können. Die Rede, so wie ich sie Ihnen heute schicke, muss nun so gehalten werden. Ob sie dem Börsenverein gefällt? Als in der Zeitung stand, dass ich an einem Seminar im Engadin teilnehme, bei dem auch Herbert Marcuse[245] dabei ist, zeigte sich schon etwas Nervosität; man liess durch die Sekretärin anfragen, wo ich brieflich zu erreichen sei – in der Hoffnung wohl, es stelle sich heraus, das mit dem Marcuse sei eine Zeitungsente. Und nun meldet sich auch der schweizerische Bundesrat, der auf den Offenen Brief wegen der Chile-Flüchtlinge[246] nie geantwortet hat: Einladung zu einem Mittagessen im kleinen Kreis und so. Ich werde hingehen. Vielleicht ist es nützlich, indem der Bundesrat mich eher empfangen muss, wenn ich einmal keinen Appetit habe, sondern einen Fall: Einreiseverbot (Redeverbot) für Mandel (während der ZDF-Löwenthal ohne weiteres hierzulande öffentlich reden darf) usw.[247]

245 Herbert Marcuse, geb. 1898 in Berlin, gest. 1979 in Starnberg, Sozialphilosoph aus der »Frankfurter Schule«, gilt wegen seiner Kritik der »spätkapitalistischen« Gesellschaft und seiner Aufforderung zur Tat als einer der Vordenker der studentischen Protestbewegung von 1968. Max Frisch hatte Herbert Marcuse am 18. August 1976 auf einer Tagung in Salecina im Engadin getroffen. Die Stiftung Salecina war 1971 von Theo und Amalie Pinkus als internationales Bildungszentrum gegründet worden. Vgl. Rudolf M. Lüscher, Werner Schweizer, *Amalie und Theo Pinkus-De Sassi: Leben im Widerspruch*, Zürich 1994², S. 386-396.

246 Vgl. Max Frisch, *Offener Brief an den Schweizerischen Bundesrat* (vom 2. März 1974), GW, Bd. 6, S. 519-521.

247 Ernest Mandel, belgischer Wirtschaftswissenschaftler deutscher Herkunft, geb. 1923 in Frankfurt am Main, gest. 1995 in Amsterdam, vertrat als Sekretär der Vierten Internationale eine marxistische politische Ökonomie trotzkistischer Prägung. – Gerhard Löwenthal, Journalist und Fernsehmoderator, geb. 1922 in Berlin, vertrat seinen erzkonservativen politischen Standort auch außerhalb der Fernseharbeit. Er gehörte im November 1970 zu den Mitunterzeichnern des Gründungsaufrufs für den konservativen Bund »Freiheit der Wissenschaft« und war einer der Initiatoren des »Bundes Freies Deutschland«.

Vorgestern war Tankred[248] hier. Wie es Uwe gehe. Vorher Michaelis,[249] der auf den vierten Band wartet und das Unternehmen JAHRESTAGE mit grossem Arbeitseinsatz würdigen will. Morgen kommt Lars Gustafsson für eine Woche. Was nicht immer ganz strikte gelingt: mein Alkohol-Verzicht. Wenn er über eine Woche gelingt, so fühle ich mich wohler, immer gegen Depression und Resignation.

Apropos: Sozialismus gehöre der Steinzeit an – also gesagt von F. J. Strauss am Parteitag der CSU, orkanartiger Beifall.

Hier herbstelt es. Die Sonne, wenn sie überhaupt durchkommt, ist dünn, besonders schön. Herbstzeitlosen im Gras, der blaue Dunst nimmt den Bergen ihre Sturheit, sie hängen mehr wie Soffitten. Die paar Sonnenblumen sind noch auf ihren Stengeln, aber welk, Gesicht nach unten. Die Trauben über dem Steinstein schon blau, aber noch sauer. Wir bleiben noch bis Mitte September.

Uwe, geben Sie ein Zeichen, wie es in Sheerness geht? Hat Gesine die Ehe gewagt? Nein? ICH STELLE MIR VOR: wenn Sie den letzten Band aus der Hand geben – alle diese Gestalten, ihr Exodus – plötzlich haben Sie nur noch uns!

Wir erwarten Sie herzlich,

Ihr Max F.

248 Der auch mit Uwe Johnson freundschaftlich verbundene Schriftsteller Tankred Dorst; vgl. S. 25, Anm. 29.

249 Rolf Michaelis, Journalist und Literaturkritiker, geb. 1933 in Schwäbisch Hall, arbeitete nach seinem mit der Promotion abgeschlossenen Studium der Literaturwissenschaft zunächst in der Feuilletonredaktion der *Stuttgarter Zeitung*. Seit 1964 leitete er das Literaturblatt der *Frankfurter Allgemeinen Zeitung*, für die er 1968 als Kulturkorrespondent nach Berlin ging. 1973 wechselte Michaelis zur Feuilletonredaktion der Wochenzeitung *DIE ZEIT*, für die er bis heute schreibt. Mit sachkundiger Kritik begleitete er nicht nur Johnsons Publikationen, sondern legte auch das *Kleine Adreßbuch für Jerichow und New York. Ein Register zu Uwe Johnsons Roman »Jahrestage«* an, das 1983 zum Abschluß des 4. Bandes der Gesamtausgabe des Romans beigefügt wurde und heute bereits in der 8. Auflage vorliegt.

[91]

Küsnacht
Birkenweg 8
20. Oktober 1976

Lieber Uwe!

Die Rede ist gehalten, das Echo wirr, zum Teil wie erwartet. »Sie Arschloch aus der Schweiz, vom Kommunismus gevögelt«, schreibt einer, Absender: FUCK FRISCH. Willy Brandt reagierte positiv. Ein Korb voller Zuschriften. Theo Sommer, DIE ZEIT,[250] nachsichtig mit der Feststellung, dass da eben ein Laie schwätzt. Zustimmung aus der DDR mit Zitaten: wobei gestrichen wird, was denen nicht passt; dieselbe Fälscher-Methode in Moskau. Gleichzeitig hat der Bundesrat mich zu einem Ehren-Diner im Palais von Wattenwyl[251] empfangen, um nicht hinter Walter Scheel zurückzustehen; ich bin hingegangen nicht ohne Hemmung, ganz ohne Lust, nicht ohne die Hoffnung, dass man, einmal im Gästebuch des Bundesrates eingetragen, bei Gelegenheit auch vorgelassen werden muss mit einer Beschwerde. Wir werden sehen.

Ihr seid in den USA jetzt, ich hoffe, es gehe Euch gut. Ihr werdet die grosse Hannah Arendt vermissen. Ich bin gespannt, was Ihr von Amerika heute berichten werdet, wenn wir uns wiedersehen, ich warte in Zürich.

Im Sommer habe ich meine Arbeit, eine Art von Bühnenspiel,[252] so weit gebracht, dass ich jetzt nicht weiter weiss; es führt in eine selt-

250 Theo Sommer, geb. 1930 in Konstanz, schloß das Studium der Anglistik, Geschichte und der politischen Wissenschaften mit der Promotion ab. Seine journalistische Laufbahn begann er als Lokalredakteur in Schwäbisch Gmünd. 1958 stieß er als politischer Redakteur zur Wochenzeitung *DIE ZEIT* und befaßte sich vor allem mit Fragen der Außen- und Militärpolitik sowie mit deutschlandpolitischen Fragen. 1968 wurde er stellvertretender Chefredakteur und übernahm am 1. Januar 1973 von Marion Gräfin Dönhoff die Chefredaktion der Wochenzeitung, deren Herausgeber er seit dem 1. Januar 1979 ist.

251 Das Palais Wattenwyl, ein Patrizierhaus in Bern, Junkersgasse 52, ist seit 1934 im Besitz der Schweizerischen Eidgenossenschaft. Die Landesregierung empfängt hier jeweils ihre Ehrengäste; über dieses Vorrecht verfügen auch die Bundesräte. Frisch war hier am 5. Oktober 1976 Gast von Bundesrat Hans Hürlimann, Vorsteher des Departements des Inneren, dem auch die »Kultur« unterstellt ist.

252 Arbeit an den szenischen Bildern von *Triptychon*.

same Gegend, eine, wo es fast nichts mehr zu sagen gibt. Ich schicke das Manuskript, vielleicht hilft Euer Urteil mir weiter.
Mit vielen Wünschen grüsst Euch von Herzen
Euer Max

[92]

Berlin
14. November 1976

Lieber Uwe!
welcome in Old-Europe – wo Sie unter vielen Briefen auch einen von mir finden, vier Wochen alt, und ein Manuskript, das inzwischen überholt ist; ich bitte Sie also (und das ist einmal eine Bitte, die keine Zumutung enthält) das Manuskript OSTERN AM STYX nicht zu lesen – ich wäre froh, Sie als unbefangenen Lektor zu haben für eine spätere Fassung.[253] Ich arbeite weiter daran.
Wie erging es Ihnen und Elisabeth mit den USA?[254]
Wann wo sehen wir uns?
Ich bin reiseunlustig, im Dezember wieder in Küsnacht, am 8. Januar in Frankfurt, wo S. U. vor 25 Jahren in den Verlag eingetreten ist;[255] es ist mir gestern gelungen, Burgel Zeeh zu überzeugen, dass dies kein bundesdeutsches Jubiläum ist, allenfalls Anlass für ein internes Betriebsfest zu Ehren des Unternehmers; ohne Festschrift; das Thema WIE SIEGFRIED IN MEIN LEBEN EINTRAT soll aufgespart werden für 1984. Dass ich das erlebe, ist nach Rücksprache mit meinem Arzt zu befürchten.
Und sonst –

253 *Ostern am Styx* war der Titel der 2. Fassung (vom September 1976) des zentralen Bildes von *Triptychon*, für das es zwölf Fassungen zu unterscheiden gilt. Ein Blick auf die verschiedenen Fassungen zeigt, wie Frisch versucht, die Textmenge zu reduzieren und verschiedene Methoden der Sinnzuweisung zu testen.
254 Uwe Johnson hielt sich gemeinsam mit seiner Frau Elisabeth zu einer Vortragsreise vom 11. Oktober bis zum 5. November 1976 (»Atlanta«, letzte Eintragung im Kalendarium) in den USA und Kanada auf. An verschiedenen Universitäten trug er unter dem Titel *Versuch, einen Vater zu finden* auch Abschnitte aus dem Fragment *Heute neunzig Jahr* vor. Vgl. auch S. 167, Anm. 220.
255 Gemeint ist das 25. Dienstjubiläum Siegfried Unselds. Am 1. Januar 1952 trat er in den Verlag ein. In einer Art Assistenz für Peter Suhrkamp betreute er die jüngsten deutschen Autoren des Verlags und baute die Werbe- und Verkaufsabteilung auf.

Ich hoffe, wir sehen uns bald einmal, Uwe, und ich finde Sie im Zustand der Zuversicht
herzlich Ihr Frisch

[93] Brief
Uwe Johnson an Max Frisch

Sheerness
26. November [1976]

Lieber Herr Frisch,
ich zitiere:

> »im Foyer des Hotels Unter den Linden, wo Max Frisch erwartet wurde und eintraf. Er hatte zuvor dem D.D.R.-Fernsehen ein Interview gewährt und war hungrig. Der Kellner, der gebührend auf sich warten liess, näherte sich dem Tisch, um, wie man zu spät erkannte, den Aschenbecher zu leeren. Max Frisch äusserte mitten hinein seinen unvorsichtigen Wunsch nach einem Bier und ein paar Sandwiches. Der Kellner: immer langsam, guter Mann, ja?! Ich hab schliesslich zu tun!«

Sollten Sie diesen Bericht bestätigen können, gedenke ich seinen Erstatter unter festen Vertrag zu nehmen.
Das Manuskript jenes Bühnenspiels, das Sie in Ihrem Brief vom 20. Oktober ankündigen, haben wir in unserer Post nicht vorgefunden. Wir sind aber beruhigt durch Ihren Brief vom 14. November, wonach Sie eine Kopie haben.
Über unsere amerikanische Reise sollten Sie Elisabeth vernehmen.[256] Die mag da etwas gesehen haben; für mich war das a busman's holiday. Allenfalls von Montreal kann ich Ihnen berichten von einem Herrn Lechner, der »Montauk« nach Ihrem Besuch gelesen hat wie ein Tagebuch. Das sagt er auf eine so herzensgut empfindsame Weise, dass man sich unverhofft nach den Sehenswürdigkeiten der Stadt erkundigt.
Ja, doch, unser Verleger als Gastprofessor in Austin[257] ist uns nachdrücklich aufgefallen. Er hatte an jenem Tage gerade seine »Identi-

256 Vgl. S. 180, Anm. 254.
257 Siegfried Unseld lehrte vom 24. Oktober 1976 bis 2. Dezember 1976 als Gastprofessor an der University of Austin/Texas.

tät«, die Kennkarte der Universität mit echtem Photo, in die Hand bekommen und freute sich wie ein kleines Kind. Auch fährt er einen Wagen, der ist so wenig geräumig, Martin Walser würde dessen sich schämen. In seinem Seminar behandelt er auch »Eine Reise nach Klagenfurt« und will auch erwähnen, dass er diese Reise einmal abgetan hat als Geste. Er beschreibt sein Lebensgefühl als das eines Studenten, weil er eine Zweizimmerwohnung mit Bad und Küche allein bewohnt und gelernt hat, sich selber ein Frühstück zu bereiten. Frau Zeeh meint, er werde gänzlich emanzipiert zurückkehren nach Europa. Der Einladung zu seinem Dienstjubiläum, das Sie ihm in Frankfurt richten wollen, werde ich auf das gehorsamste Folge leisten.
Auch Hannah Arendt sind wir begegnet. Denn Helen Wolff im Verein mit der Nachlassverwaltung haben sich in den Kopf gesetzt, Frau Arendts Biographie sollte von mir geschrieben werden.[258] Darüber würde ich gern mit Ihnen reden, wenn wir einander wiedersehen.
Mit herzlichen Grüssen,
Ihr Uwe Johnson

1977

[94]

Bad Wiessee,
Alpensanatorium am Tegernsee
1. Januar, 1977

Lieber Herr Frisch,
ich wünsche Ihnen ein Jahr, von dem Sie in ein paar Tagen, so um die dreihundertfünfundsechzig, sagen könnten, es sei im Grunde doch recht gewesen.
In diesem Moment sagt mir die American Forces Radio and Television Network, Munich: Now that you are sufficiently awake, go back to sleep – nobody cares today. Mir aber ist ein Typoskript hinterlassen, betitelt »Ostern am Styx«,[259] das will nun endlich zum dritten Mal gelesen und einmal auch schriftlich besprochen sein.

258 Die Absicht wurde nicht verwirklicht.
259 Es handelt sich um die dritte Fassung des zentralen Bildes *Ostern am Styx* vom Dezember 1976.

Da geht mir die Vermischung von christlicher und griechischer Sage schwer ein. Die allgemeine Vorstellung der christlichen Ostern, die Sie voraussetzen, beruht auf dem meist bekannten Evangelium, dem von Lukas:

> Es kam nun der Tag von Ostern, auf welchen man musste opfern das Osterlamm.
>
> (Kurz vor dem Tod durch Kreuzigung das Versprechen an den einsichtigen Sünder:) Heute wirst du mit mir im Paradiese sein.
>
> Also ist's geschrieben, und also musste Christus leiden, und auferstehen von den Toten am dritten Tage, und predigen lassen in seinem Namen Busse und Vergebung der Sünden unter allen Völkern... Ihr aber sollt in der Stadt Jerusalem bleiben, bis dass ihr angetan werdet mit Kraft aus der Höhe.

Versprochen also wird neben der Wiederkehr zu einer Art Leben die Erfüllung des Individuums mit seinem eigenen (und göttlichem) Sinn, eine Zukunft.

Vom Styx hingegen weiss das Publikum ungefähr, es sei ein Fluss in der Unterwelt, unterschieden von der Quelle des Vergessens, der Lethe, durch seine Funktion als Kultgegend, indem da die Götter ihre unverbrüchlichen Eide schwören. Der Styx bezeichnet die Unterwelt allgemein, als den für die Zeit nach dem Tode bestimmten Ort, an dem das Individuum sich nicht mehr verändert, und ihm überhaupt Entschlüsse verwehrt sind, mag da eine Rekapitulation der irdischen Vergangenheit erlaubt sein. Sie unterstützen das durch den Prolog oder das Vorwort nach Walter F. Otto: »Der Mensch wird im Tode nicht wachsen«.[260]

260 Johnson bezieht sich hier auf ein Zitat, das Frisch ursprünglich seinem Stück vorangestellt hatte:
»Der Tote kann kein handelndes Subjekt mehr sein, aber die Gestalt des Gewesenen ist nicht ausgelöscht./Denn das ist das zweite: auch drüben ist der Tote kein tatkräftiges Wesen wie früher, sondern nur ein dünner Hauch, der die Gestalt des einstigen Lebens besitzt, aber keines seiner Vermögen./Da steht auf den Grabskulpturen das abgeschlossene Leben in seiner natürlichen Haltung, rührend-liebenswürdig oder in ernster Würde, und das Auge, das durch nichts in die Zukunft gewiesen wird, schaut ergriffen die Ewigkeit des Vergangenen./Freunde im Leben sind auch als Schatten beieinander./Wenn der Mensch das Ziel

Diese beiden Pferde im Joch des Titels, die das Stück ziehen sollen, beissen einander, in meinen Augen. Gelegentlich scheint mir die Benutzung der österlichen Assoziationen ein von aussen in das Stück hineingebrachter Mechanismus, unnötig im Grunde, da die Toten ja ohnehin im Tode erscheinen, im Hades. Der Hades lässt nur ein statisches Verhalten zu: die Wiederholung des versuchten Fischfangs, das Stehenbleiben in dem Moment des Todes: »Warum leben die Leute nicht?« »Es gibt kein Gericht.«
Dem widersprechen aber die Richtungen solcher Fragen: offenbar will der Pastor immer noch eine letzte Aufrechnung, für ihn ist da etwas offen, das er noch erwartet. Für den Sträfling ist seine Situation, obwohl endgültig besiegelt, weiterhin einer in den nächsten Schritt führenden Erfüllung bedürftig: dass die Leute ihm glauben, was er bei einem zweiten Banküberfall tun würde. Leben sollen die Leute im Hades demnach doch. Das hervorragende Beispiel ist das märchenhafte Liebespaar, Masche und der Botaniker, im Leben getrennt, deren einem Zukunft versprochen wird »Sie werden sie finden«, und die einander finden, in einer Umarmung, auf die Gregorianischer Gesang folgt, ein Versprechen auf weiteres Leben besiegelnd.
Und schon die Rekapitulation kommt aus einer Bewegung, statt aus einem Stillstand: wozu sollte einer etwas wissen wollen aus dem von ihm versäumten Leben der später Gestorbenen, als weil er dazu sich neuerdings zu verhalten gedächte. Nicht bloss Handlung, schon gegenseitige Information verändert den persönlichen Status: wer Fische im Styx vermutete, wird verändert durch die Kenntnis, dass er mit dem Angeln gar nicht erst anzufangen braucht. Wer nun endlich seine Frau sieht in dem Zustand, den sie, ihm unbekannt, während

seines Lebens erreicht hat, ist es in dieser Welt wirklich mit ihm zu Ende. Er wird im Tode nicht wachsen.
Aus Walter F. Otto: DIE GOETTER GRIECHENLANDS
———————— «

Das mehrfach wiederaufgelegte Buch des Altphilologen Walter F. Otto (1874-1958) erschien zuerst 1929 unter dem Titel *Die Götter Griechenlands. Das Bild des Göttlichen im Spiegel des griechischen Geistes* in Frankfurt am Main. Die 2. Auflage (mit geringen Änderungen und Zusätzen, ergänzt um ein Register) erschien 1934. Die 3. Auflage 1947 und alle folgenden waren unveränderte Nachdrucke. Die einzelnen durch Schrägstrich voneinander getrennten Zitate wurden von Frisch so zusammengestellt und sind auf den Seiten 179 bis 185 in der 8. Auflage des Buches von 1987 zu finden. Bereits während der Arbeit am *Homo faber* hatte Max Frisch sich auf diese Quelle gestützt.

ihres Lebens erreicht hat und ihn beurteilt (»Du bist schön geworden, Anna«), der nimmt eine neue Haltung ein, ist ein anderer geworden. Eine solche Vermischung von Stehenbleiben und Änderung zumindest im Ausblick, stellt Grundsituationen her, von denen das Publikum eine weitergeführte Entwicklung erwarten konnte. Wenn Sie das verweigern, sind Sie hier einer von denen, die den Kuchen wohl haben möchten, ihn zu essen aber sich scheuen.
Dies ist, durch den Titel eingeführt und bekräftigt, das eine, das offene Zentrum des Stückes. Das andere, das heimliche, das auf einer Bühne alsbald sich vordrängen wird, ist Katrin, die Frau, die mit keinem von insgesamt vier Männern zufrieden gewesen ist, aber noch jetzt vor einer Analyse davonläuft mit schnippischen Ausflüchten, die zwar sie im Äusseren umreissen, aber ihre Motive der Vermutung überlassen. Es ist, als sei der Verfasser fasziniert von dieser Frau und schrecke gleichzeitig davor zurück, ihrer Wirklichkeit so nahe zu treten, dass er sie zwänge, sich selbst zu definieren. Ihre Haltungen sind am wenigsten banal, stereotyp, im Vergleich zu denen der anderen Gestalten, besonders weil sie eine Zukunft im Hades weiss (»Sie werden sie finden«); mit ihr werden die meisten Mitwirkenden unmittelbar befasst; das Stück insgesamt könnte ihr Stück werden.
Im einzelnen möchte ich noch einmal Sie bitten, auf das Motiv des Spanienkrieges zu verzichten. Sie handeln sich damit lediglich einen Mangel an Überraschung ein; die verschiedenen Variationen, denen Sie diese Sache bisher schriftlich unterzogen haben, sind dem Publikum bekannt, erst recht den Kritikern. Wiederholen also möchte ich als erbetenen Ersatz den Ingenieur oder Handwerker, der in den zwanziger Jahren in das Vaterland der Werktätigen zog, bloss um der Wirklichkeit des Sozialismus näher zu sein als er das je vermöchte in der Schweiz, und der nun bis in den Tod zurückgekommen ist mit seinen Erfahrungen von Schauprozess, Deportation, meinetwegen Kriegseinsatz, abermaliger Verbannung ins Lager und der nutzlosen Rehabilitation. Das bezöge sich nicht nur direkt und in bedauerlicher Dialektik auf die Niederschlagung des ungarischen Aufstands, den sie bereits im Stück haben, es brächte auch die gegenwärtige Bewusstseinsszenerie hinein, die doch eher auf den gegenwärtigen Zustand des praktischen Sozialismus, von Moskau bis Ostberlin angewiesen ist.

Zweitens, ich möchte etwas vorbringen gegen die Form, die der Name Katharina im Stück angenommen hat. Einmal ist es unwahrscheinlich, dass alle ihre Männer sie so genannt haben. Wichtiger: wenn eine Person in einem Stück von Brecht[261] so heisst, ist der Name stark genug besetzt, dass man bei einer Verwendung in einem eigenen Stück einen wie auch immer gearteten Bezug annimmt; der ist für mich unsichtbar geblieben. Warnen möchte ich auch vor einem noch immer recht populären Romantitel, der da lautet »Die Katrin wird Soldat«.[262] Schliesslich will mir der Name für eine so wichtige Figur in dieser Form zu burschikos, zu flott, zu sehr wie ein Stempel erscheinen.
Drittens, ich würde Sie bitten, für den Ausbruchsvorschlag zwecks Luftballon ein anderes Motiv einzusetzen.[263] Selbst hartgesottene Verächter der Schlagerindustrie haben jenen Schmarren im Ohr, schon weil sie ihn als Abgrenzung ihrer Haltung benötigen: »Schenk mir einen bunten Luftballon, flieg mit mir davon: in das ferne weite Märchenland...«. Zum Verdacht des Kitsch-Zitats gesellt sich unpraktisch das allgemeine Wissen, dass man ja tatsächlich Ballons mieten kann, vorausgesetzt, man hat seinen Ballonführerschein gemacht und ist ein echtes oder ausländisch assoziiertes Mitglied des Vereins der Ballonflieger e. V.

Lieber Herr Frisch, ich habe noch nicht heraus, auf welcher Ebene Sie Kommentare zu einer Ihrer Arbeiten auffangen und verarbeiten; gemerkt habe ich schon, dass es eine ganz andere ist als die, auf der zum Beispiel ich mit Ihnen zu argumentieren versuche. Das lässt sich bei einem mündlichen Gespräch leichter erfassen als in einem Brief; dieser soll denn auch lediglich gemeint sein als ein Auftakt für die Unterhaltung über das Stück, die er hoffentlich einleiten kann. Die Grossfürstin, die diesem Institut vorsteht,[264] hat in ihrer ärzt-

261 Johnson meint hier die »stumme Kattrin« aus Bertolt Brechts Stück *Mutter Courage und ihre Kinder.* Trotz der Bedenken des Freundes ändert Frisch den Namen »Katrin« im zweiten Bild von *Triptychon* nicht.

262 Adrienne Thomas, *Die Katrin wird Soldat. Ein Roman aus Elsass-Lothringen,* Köln (Kiepenheuer) 1950. Der Roman wurde mehrfach wiederaufgelegt.

263 Frisch behält dieses Motiv – ebenso wie das weiter oben genannte Motiv des Spanienkriegs – trotz der Bedenken Johnsons bei, vgl. GW, Bd. 7, S. 139-140.

264 Die »Großfürstin«, die dem Alpensanatorium in Bad Wiessee »vorstand«, war die Internistin Dr. Ingeborg Ansorge.

lichen Eigenschaft eingesehen, dass es widersinnig wäre, mich nach einer solchen Ausschweifung, wie sie für den achten Januar in Frankfurt zu vermuten ist, mich in eine Kur zurückzuholen, hat mich jedoch entlassen auf Grund meiner Ankündigung, ausgedehnte Ferien im Tessin traute ich mir ohnehin kaum zu, weswegen ich mich nach dem 8. zurückziehen würde ins Niedersächsische, wo ich auf einer Bibliothek etwas Längeres nachzusehen hätte. Nun ich höre, Sie planen in der Tat nur einen Besorgungsbesuch von drei Tagen, käme ich mir kaum wortbrüchig vor, wenn ich am Sonntag abends (am 9.) in Zürich ankäme und, nachdem ich Sie zum Nachsehen im Tessin begleitet habe, am 12., dem Mittwoch so rechtzeitig in Zürich wäre, dass ich am nächsten Morgen wahrhaftig abreisen kann nach Hannover. Dies ist nur für den Fall, dass Sie wirklich Gesellschaft wünschen auf dem Abstecher in eine ihrer Heimaten, und für den anderen, dass Sie zufällig gerade diese Tage vom 10. bis zwölften Januar dafür vorgesehen haben.
Das Typoskript von »Ostern am Styx« bringe ich nach Frankfurt mit. Gegenwärtig traue ich der Post kaum zu, dass sie ein solches Päckchen rechtzeitig bis zu Ihrem Abflug in die Sarrazinstrasse tragen kann.
Yours, sincerely,
Uwe Johnson.

P. S.
Bitte, würden Sie die unsaubere Schrift entschuldigen; es ist eine fremde Maschine, eine ungehorsame.

[95]

Bad Wiessee,
Alpensanatorium
am Tegernsee
2. Januar, 1977

Lieber Herr Frisch,
abbiamo una confusione grande, wenn man Siegfried Unseld hört am Telefon.
Denn Frau Zeeh hat anfangs auch zu Personen ausserhalb des Verlages gesprochen von dem festlichen Anlass, der geboten sei am 25.

Jubiläum des Tages, da Siegfried Unseld in die Dienste Peter Suhrkamps trat, so zum Ehepaar Klasen,[265] und bei denen im besonderen von der Vorliebe des Jubilars für den Pianisten Franz Just.[266] Worauf Frau Klasen, tüchtig, hilfsbereit erklärte: das werde alles sie erledigen, nämlich Herrn Just gewinnen, die Frage des Honorars bereinigen und was haben Sie noch (and what have you).
Auftritt Herr Frisch mit seinem austerity program, seiner Sparflamme und wiegelt das Ereignis von der bundesdeutschen Ebene herunter in die Intimität einer Privatfirma, innerhalb derer Siegfried Unseld verbunden ist mit seinen Lohn- und Honorar-Abhängigen; folgt die entsprechende Erklärung durch Frau Zeeh an Herrn Klasen, die leider verstanden wird als eine Ausladung. »Eine halbe Stunde hat er mich am Telefon beschimpft, wegen Taktlosigkeit, und so«, der Herr Bundesbankpräsident in Person mit einer zürnenden Gattin im Hintergrund, und was Herr Unseld entgegnen konnte, war lediglich, dass ihm diese Sache aus den Händen genommen sei. Klingt unglaublich, und schon Frankfurt am Main ist voller Charaktere, denen er mannigfach verbunden und verpflichtet wäre mit einer Einladung zu einem Feste, die auszusprechen ihm nun verwehrt ist. Dies nur als Vorwarnung von Stimmungen oder Launen, deren Ausläufern Sie bei Ihrer Ankunft am 8. Januar nun in einem mehr aufgeklärten Zustand begegnen können.
Lieber Herr Frisch, was die Tessiner Reise angeht, so werden Sie hoffentlich meine Terminbindung vom zehnten bis zwölften abtun als die Kleinigkeit, die sie ist, und grundsätzlich entscheiden, wann und ob es Ihnen denn von Ihnen aus passt.
Mit den schönsten Grüssen an Marianne,
und wiederholtem Dank für Ihren Besuch in dieser waldigen Gegend,
Ihr Uwe Johnson.

265 Der Bankfachmann Karl Klasen, geb. 1909 in Hamburg, dort auch 1991 gest., amtierte von 1970 bis 1977 als Präsident der Deutschen Bundesbank. Die im folgenden genannte »zürnende Gattin im Hintergrund« war Ilse Klasen.
266 Etwas verballhornt ist hier der Name des von Siegfried Unseld geschätzten Pianisten; gemeint ist Justus Franz.

[96]

Sheerness
25. Mai, 1977

Lieber Herr Frisch,

– der könnte auch schon eher geschrieben haben: werden Sie denken; aber zwischen die Ankunft des Stückes »Styx«[267] und das Wiederlesen ist eben die Reise in die D.D.R. gekommen.[268] Sogleich dann war ich verabredet, meiner Depression wegen psychoanalytische Unterhaltungen zu beginnen, was mich wiederum für Tage behindert hat.

Die Bitte um Entschuldigung liesse sich in einer Reihe fortsetzen. Denn ich habe das Stück nun noch zwei Male gelesen und nichts Neues gefunden, das ich meinem Kommentar vom Januar hinzufügen könnte, ausser Kleinigkeiten.

So die, dass mir in dieser Märzfassung die Verhältnisse zwischen dem Piloten und Xaver, zwischen dem Sträfling und dem Bankkassierer, dem Invaliden und Proll, zwischen Proll und Carlos allesamt tatsächlich statisch erscheinen, wie es passt zu der Lage am Styx. Allerdings ist der Widerspruch geblieben, dass Katrin dem Botaniker doch eine Zukunft voraussagen kann und dass diese eintritt als Erfüllung, als Glück, also Bewegung und doch wieder Leben an einem Ort, da »geschieht nichts, was nicht schon geschehen ist« (Katrin).

Misstrauisch gegen das Gedächtnis für Schuldinge, habe ich vor der Lektüre noch einmal nachgelesen über den Styx, und fand meinen ungefähren Verdacht bestätigt, es habe mit diesem Fluss doch etwas mehr auf sich, als dass die Götter dort ihre Eide schworen. So soll er, zum Beispiel, die Styx heissen, eben nach jener Nymphe gleichen Namens, der Tochter des Okeanos, die in ihm wohnt. Das Wort ist verwandt mit dem für »hassen« und bei den Adjektiven verschwägert mit »dunkel, finster, trübe; schwermütig, trübsinnig, düster, traurig; hoffnungsvoll [sic], entmutigend«. Sie mögen das mit Recht für eine kleinliche Beckmesserei ansehen; ich möchte nur

267 Es handelte sich um die vierte Fassung des zentralen Bildes von *Triptychon* vom März 1976.

268 Im Anschluß an die Frühjahrsversammlung der Akademie der Künste in West-Berlin vom 13. bis 15. Mai reiste Johnson vom 16. bis zum 19. Mai 1977 nach Rostock und Güstrow. Am Abend des 19. Mai kehrte er nach London zurück.

zu bedenken geben, dass im Publikum jemand auswendig weiss, was ich nachsehen musste, und sich nun wundert, warum die Bühne »sehr hell« ist und die Leute miteinander doch recht manierlich umgehen, ergeben in die Situation, die sie der Mythologie nach doch hassen sollten.

Nach wie vor erscheint mir Katrin als das heimliche Zentrum des Stücks, und nachgerade beginnt sie mich zu ärgern. Wenn in einer Gesellschaft eine Person dermassen zickig sich benähme, suchte ich nach meinem Regenschirm. Xaver hält ihr eine lange Rede, abschliessend mit der Frage, warum sie denn weggelaufen sei. Sie antwortet mit etwas, das unter diesen Umständen auch heissen könnte: am Mittwoch schliessen die Läden früher. Sie habe verstanden, sagt sie, dass sie alles nur noch wiederholen (Präsens), weil und noch im Tode befindlich, er hat aber nach der Vergangenheit gefragt. Es ist ein »weibliches« Ausweichen und Übergehen im miesesten Sinne. Später will sie »die ganze Nacht lang« überlegt haben, was er ihr auf jenem Abschiedsbahnsteig vorhielt; in der übernächsten Szene haut sie ihm an den Kopf, sie habe nicht zugehört. Diesem Mann also läuft sie weg, weil er ihren Stolz verletzte mit der Bemerkung, ihre Intelligenz sei um eine Nummer zu klein, und wegen ihrer Meinung, sie hätten einander nicht erkannt. Das mag sein, aber warum bleibt sie nicht bei Jonas, der ihr doch versichert, sie wisse alles? Offensichtlich ist ihr das zu langweilig, wenn einer für die Revolution schreibt oder angeschossen nach Hause kommt. Was sie dann doch lieber haben möchte, ist Klas, ein Zahnarzt, mit Ferienreisen in grosszügige ausländische Hotelzimmer, und obwohl er ihre entnervende Unordentlichkeit erträgt und beseitigt, läuft sie auch diesem davon, und gerade ihm wird bestätigt: ihn habe sie geliebt. Das sagt Proll, und der muss es ja wissen, denn ihm erklärt sie bei ihrer Hinwendung zu noch jemand anderem, dem Direktor nicht bei Nestlé, sie habe einen Mann gebraucht, einfach so, und es musste einer sein, der einen Wintermantel für sie hatte, der war mit zwei Monaten abgezahlt. Schliesslich nimmt sie noch den alten Proll durch, weil zwei Dunkelhäutige ihre Blicke in einer Bar missverstanden und sie verfolgten; so zu sagen als Bezahlung für seine schützende Begleitung holt sie ihn ins Bett, und gerade wenn er ihr jene seltsame Ballonreise schenken will sagt sie: ich liebe dich. Es ist ihr allerdings von Proll gesagt worden, sie ekle sich vor ihm und dulde ihn nur, weil er ihr aus Angst vor der Einsamkeit vorspiegele, er halte sie für intelligent. Das hat sie gehört, unter den obligaten Tränen, und überlegt; viel Achtung vor sich selbst hat sie selber nicht. Wer ist diese Person überhaupt, dass sie anderen Hochmut und Überlegenheit zeigen dürfte? Was für ein Recht hätte denn sie, den Sträfling auszulachen? Ein einziges Mal hat sie »etwas gewusst«, in einem Zustand von Verzweiflung, aber auszudrücken vermochte sie es nicht. Sie war ein Mannequin, mit Ideen von Studienfächern im Kopf, aber sie hat ein Studium eben so zu vermeiden gewusst wie jede Leistung, die sie zu einer Person gemacht hätte. Sie weiss von sich offenbar rein gar nichts, ausser dass sie unter allen Umständen ihren Willen und ihre Bequemlichkeit bekommen muss. Ihre Bildung reicht eben aus für einen unnötigen Witz – ein Lenin-Grabmal auf einem Friedhof in der Schweiz –, damit irgend jemand, etwa Jonas, verletzt werde, und zu einem Menschen scheint ihr nicht nur das eigene Zentrum zu fehlen, sondern auch eine Bereitschaft auf Menschen mehr einzugehen als sie auszunutzen. Ende der Tirade.

Eine Tirade, aber gerichtet gegen einen Schatten. Es geht mir eigentümlich mit »Styx«. In allen Ihren anderen Stücken habe ich beim Lesen eine Vorstellung von den Personen gehabt, etwas merklich Individuelles mitbekommen; hier sind sie alle Schatten. Zweifellos werden viele dies als die Botschaft des Stückes verstehen: es lohnt sich nicht, zu leben, und es macht keinen Spass, das Leben in den gut ausgeleuchteten Schatten am Styx zu wiederholen. Wäre Ihnen das recht?

Aus für gewöhnlich gut unterrichteten Kreisen verlautet, unser Verleger werde Frau Wapnewski am 22. Juni einen Geburtstag feiern helfen.[269] Gehen Sie auch dahin?

Mit herzlichen Grüssen,

Ihr Uwe Johnson.

269 Monica Wapnewski, die Ehefrau des Berliner Germanisten Peter Wapnewski, feierte ihren 40. Geburtstag in Baden-Baden. Peter Wapnewski gehörte zum Freundeskreis Uwe Johnsons aus der Berliner Zeit. Ein sporadischer Briefwechsel mit dem 1922 in Kiel geborenen Hochschullehrer bezieht sich vor allem auf die Zeit von 1968 bis 1972 und bricht 1981 ab. Von 1966 bis 1969 war Wapnewski Professor an der FU Berlin, danach an der TU Karlsruhe. Von 1981 bis 1986 leitete er als Rektor das Wissenschaftskolleg Berlin und lehrte von 1982 bis zur Emeritierung an der TU Berlin.

[97]

Küsnacht
11. Juni 1977

Liebe Elisabeth und lieber Uwe!
Schon vor dreiviertel Jahren habe ich unserem Autor anhand eines Lexikons nachgewiesen, dass es Die Styx heisst, griechisch, auch wenn im Deutschen fälschlicherweise Der Styx nicht unüblich ist. Auch habe ich ihm gesagt, dass ich es nicht für meine Aufgabe halte, Freunden zu erläutern, was er meint und was durch seinen Text offenbar nicht evident wird. Uebrigens befindet er sich zurzeit nicht an der STYX, sondern auf der PLACE DES PYRAMIDES,[270] eine Scenerie suchend für dieselbe Thematik. Wenn Sie es nicht verargen, lasse ich ihn jetzt, vorläufig, auf dieser Suche und verwahre Ihre beiden Briefe bis zu seiner Rückkehr. Darf ich bitten, dass Elisabeth nicht besorgt ist? Er wird Ihnen dankbar sein, das darf ich versichern. Ob einsichtig? Auch mir macht er manchmal Mühe und mehr und mehr. Habe ich ihm nicht gesagt, dass der Hades, laut Homer, dunkel, finster und düster ist? und trotzdem will er die Scene so hell, so grell wie Mondgelände. WARUM LEBEN DIE LEUTE NICHT? so ein Sätzchen, meint er, sei ein Ja zum Dasein in der Zeit, wenn auch reziprok. Vom Publikum ganz zu schweigen, aber auch die Freunde (ich zähle ihm sechs Namen auf!) runzeln die Stirne. Wenn er aber nur noch für sich selber dichtet, dann soll er uns seine Trilogie (nämlich von einer Trilogie träumt er) auch nicht unterbreiten, meine ich
herzlich Euer
Max F.

[98]

[Küsnacht]
14. Juni 1977

Lieber Uwe,
Sie sind in Berlin gewesen,[271] ich fliege nächste Woche dahin, damit Marianne nicht allein mit dem Wägelchen nach Zürich rollt, das ist

270 *Place des Pyramides* war ursprünglich der Titel des Schlußbildes, also des dritten Teils von *Triptychon*, auf dessen 1. Fassung vom Mai 1977 Johnson sich im folgenden bezieht.
271 Zur Frühjahrstagung der Akademie der Künste vom 13. bis zum 15. Mai 1977.

doch eine lange Strecke. Morgen schicke ich Ihnen die erste Fassung von PLACE DES PYRAMIDES, was Sie aber nicht bedrängen soll; ich werde es, zusammen mit dem STYX-Stück, vorerst einmal zur Seite legen, das alles hat Zeit, ich meine, es drängt nicht an die Oeffentlichkeit.
Schön wäre es zu hören, dass es Ihnen sehr gut geht.
Herzlich Ihr Max Frisch

[99]

Sheerness
21. Juni, 1977

Lieber Herr Frisch,
zugegeben, das war eine spannende Dekade. Der Autor von »Styx« war dazu übergegangen, mit uns nur über einen Mittelsmann zu verkehren,[272] dann kam das vordere oder hintere Stück eines Triptychons ohne Widmung, zu unserer Erleichterung allerdings mit einer Lenin betreffenden Mitteilung versehen,[273] dann endlich schrieb der Autor wieder als er selber, und ich freue mich sehr.
Sollte ich die Geschichte erzählen, wüsste ich dies: Der Ort ist die Place des Pyramides. Den mag es geben oder nicht, mein Brockhaus weiss nichts von ihm, und seltsamer Weise steht da ein Denkmal für die Heilige Johanna, die wenig genug mit Ägypten zu tun hat. Das fragt sich auch im Gespräch des Paares im Vorraum eines Cafés, Francine, die mit Sicherheit tot ist und für eine letzte Auseinandersetzung mit Roger noch einmal auf die Szene gekommen ist. Die beiden haben einmal drei Jahre lang versucht, als das vollkommene Paar zu leben, es geradezu von neuem zu erfinden, und sind gescheitert. Darüber ist sie als Person und Tote hinweg; er nicht. Denn man kann nach einem solchen Fehlschlag noch eine texanische Ann heiraten, die einem kraft Schlichtspruch des Scheidungs-

272 Johnson bezieht sich hier auf die ersten Sätze des Briefes von Frisch vom 11. Juni 1977.

273 In der 1. Version von *Place des Pyramides* vom Mai 1977 heißt es:
»ROGER: Einmal bist du in Moskau gewesen und hast erzählt: Lenin im Mausoleum, es sei dir übel geworden, ein kluger Kopf, der seit fünfzig Jahren keine Erkenntnisse mehr hat. Dann haben wir über Leninismus gestritten. Du hast recht: wir leben mit Toten, und die denken nicht um.« (Ms. S. 32) – Vgl. GW, Bd. 7, S. 199.

richters ab und zu einen Jungen ausliefern muss, aber es ist eben immer nur eine Frau, mit der man wirklich aneinander, ineinander gerät, vor der man auf Ewigkeit sich rechtfertigen möchte, bei der man nach aller Trennung doch geblieben sein will, und sei es in einem Gespräch über die Trennung; jeden Falles diesem Roger geht es so. Er hat zwei Bedrängnisse. Das erste ist, dass man ihm den Ausspruch nachsagt: »Was hat mich diese Frau gekostet!«, was offenbar unter seiner Würde ist, nie ausgesprochen wurde, auch insofern unstimmig ist, als diese Frau ihn hätte kosten dürfen was sie wollte, weit über den Bereich des Geldes hinaus, ausgeschlossen immer ihren Verlust. Darauf bekommt er von Francine keine eindeutige Antwort. Was er, zweitens, schlecht verwinden kann, ist die auf ihn gemünzte Feststellung, er habe nie geliebt, er werde niemals einen Menschen lieben können, was er aber von sich verlangt, wie eine Tugend oder eine Potenz, und sei es im Leumund, und er verrät sich tatsächlich, indem er anerkannt haben will, was er ja als Leistung ganz insgeheim von und für sich wissen könnte. Mit diesem Selbstbewusstsein hapert es, und Francine erklärt ihm seinen Mangel an dieser Fähigkeit mit den Interpretationen, denen er sie ausgesetzt hat: Ersatz für die Mutter, die Ehefrau als Spiegel für Narcissus, und was sie sonst noch gelernt hat. Dadurch immer tiefer gekränkt, dennoch immer mehr darauf bedacht, die sich erweiternde Kluft zwischen ihnen zuzuschütten, sucht er wenigstens die technische Wiedervereinigung mit ihr durch Selbsterschiessung am frühen Morgen, wobei er sich geirrt haben könnte, denn was er nun mit ihr gemeinsam hat, ist bloss der Tod, ob sie einander treffen werden im Reich des Todes, und ob sie da etwas mit einander werden anfangen können, das steht dahin, das ist nun sehr die Frage, die freilich für den Kenner des Stückes »Styx« schon aufgelöst ist, und auch Francine scheint von daher einige Erinnerungen mitgebracht zu haben, denn sobald er ihre Brille bewundert, lässt sie die verschwinden, damit er ja nichts hat von ihr, an das er sich halten könnte. Es war einmal ein Paar.

Ich danke Ihnen für die freundliche Erkundigung nach meinem Befinden und melde mit allen Zähnen, dass ich lieber einer von den alten Griechen wäre, denn bei denen flossen zügig die Zähren, ohne dass es eine Schande gewesen wäre. Innerhalb meines Mundes hat ein londoner Zahn-Bader einen Zustand entdeckt, den er »klassisch« nennt, mit Begeisterung, weswegen er mich mehrmals in der Woche kommen lässt, um daran herumzuschneiden und darauf einzuhacken. Ich sage Ihnen dies mit einem ganz langen Gesicht.

Als die-und-die, nennen wir sie Dotty, neulich geheiratet hat, fing das Unglück schon am Morgen an. Kam der Junge mit den Zeitungen und musste ihm gesagt werden, die Comics solle er man lieber wieder mitnehmen, die Dame heirate nun gleich. Vor dem Altar versagt dem Vater die Stimme bei der Frage, ob er nun dieses Mädchen weggeben wolle, und es sprang ein Mann von der Strasse ein, ein Polizist, wie Sie sicher auch gleich gedacht haben. Na, und was beim Hochzeitsmahl vorkam – ! Das erspare ich Ihnen, alldieweil Sie keine Köchin sind. Nicht auf der Insel, aber anderswo, war ein Mensch des ganzen Rummels um das Jubiläum der Königin müde und stellte ein Schild ins Fenster, darauf stand: OLIVER CROMWELL.[274] Da haben unbekannte Nachbarn eines Nachts ihm das Haus in den nationalen Farben angestrichen, schön dauerhaftes Blau und Rot und Weiss und mit eben dem selben Qualitätsöl solche Sprüche angebracht wie LANG LEBE ELIZABETH II REGINA. Technisch gesehen braucht der Mann auf Jahre hinaus keinen neuen Anstrich, aber wenn Sie es einmal menschlich betrachten wollen... Und neulich hat ein kleiner Junge, weil er nämlich lesen gelernt hatte, ganz in sich aufgenommen, was aussen stand auf seiner Badeseifentube, und kam ganz empört aus der Wanne: Ja, sauber bin ich nun, aber wo bleibt das Gefühl der schwebenden Erfrischung? Und Charles, der von 26 Marine Parade, der mit der grossen Uhr, der hat neulich zu einer Beerdigung einen Kranz schicken lassen, da stand auf der Schleife: von Clife. Wir haben den ganz bestimmten Verdacht, der heisst ganz anders als Charlie.

Das wünscht Ihnen nicht,
mit herzlichen Grüssen, Ihr Uwe Johnson.

274 Unter Oliver Cromwell (geb. 1599 in Huntington, gest. 1658 in London) wurde England Republik. Nachdem König Karl I. auf Drängen des Parlaments 1649 hingerichtet worden war, erhielt Cromwell 1653 als »Lord Protector« die oberste Staatsgewalt übertragen.

[100]

Küsnacht
15. Juli 1977

Lieber Uwe,

ich habe eben gepackt – für Island – Rucksack knallblau, Trainingsanzug, den mein Bauch ganz und gar füllt, Schlafsack, Anorak ebenfalls blau, Taschenmesser, Wollmütze, Essbesteck und Plastikteller, zwei Pullover etc., die Gummistiefel, die in Island zu beschaffen sind, dürften gelb sein – ein bunter Rübezahl also und gerüstet (unauffällig) mit Herztabletten und vollem Vertrauen, dass Oswald Wiener[275] nicht bloss starten, sondern die einmotorige Piper auch landen kann. Marianne kommt leider nun doch nicht mit, weil sie sich nicht gesund genug fühlt auf dem Magen.

PLACE DES PYRAMIDES ist ein realer Platz in Paris, Kreuzung Rue de Rivoli und Rue des Pyramides, angrenzend an den Jardin des Tuileries, allda steht eine vergoldete Jeanne d'Arc – hingegen weiss ich, dass das Stück nicht steht, so jedenfalls nicht, und ich möchte mich eigentlich entschuldigen, dass ich es doch zum Lesen gegeben habe. Uebrigens sind Sie nicht der Einzige, lieber Uwe, dem der Satz WAS DIESE FRAU MICH GEKOSTET HAT so in die Augen gestochen ist; für mich ein beiläufiges Exempel: wie Gerüchte von aussen entstehen, die dann die Beteiligten trotzdem betroffen machen. Kann ohne Verlust gestrichen werden. Zentral ist das nicht, aber offenbar sticht es im Text so heraus und reduziert, was mir wichtig wäre, zentral: WIR LEBEN MIT TOTEN, UND DENKEN NICHT UM. Sie haben recht (in Bezug auf Roger), da hapert es mit dem Selbstbewusstsein; ob ein Mensch der Liebe fähig gewesen ist und sein wird, das muss er selber wissen. Ja. Nur gibt es ja auch Menschen, die da ihr intaktes Selbstbewusstsein haben und

275 Oswald Wiener, geb. 1935 in Wien, Schriftsteller. Nach einem Studium der Rechtswissenschaften, Musikwissenschaften, afrikanischen Sprachen und Mathematik arbeitete das Mitglied der »Wiener Gruppe« eine Zeitlang als Direktor einer Datenverarbeitungsabteilung. Frisch lernte den Informatiker Wiener als Gastwirt in West-Berlin kennen. Gemeinsam mit seiner Frau Ingrid, deren Kochkünste hoch gerühmt wurden, betrieb Oswald Wiener dort die Gaststätte »Exil«. Als Schriftsteller und Mitglied der »Wiener Gruppe« hatte er sich 1969 mit dem Entwurf eines auch sprachlich anarchischen Romans *Die Verbesserung von Mitteleuropa* einen Namen gemacht. Gemeinsam mit Wiener hielt sich Frisch vom 17. Juli bis zum 6. August 1977 in Island auf.

sich grässlich irren. Von einem toten Partner auf Umwegen zu hören, man sei der Liebe nicht fähig, ich meine, das kann schon irritieren, vielleicht sogar töten... Aber das eben müsste dargestellt werden. Was im ersten Ansatz offenkundig nicht gelungen ist. Ich habe den Text jetzt weggelegt, vielleicht greife ich ihn später noch einmal auf, wenn der Stoff für mich kalt geworden ist, mein Interesse daran ein pures Interesse – wie zu Beginn der Arbeit, das Interesse an der szenischen Situation, die, als solche unwirklich, eine psychische Realität verkörperlicht (theatralisiert).
Ihnen, lieber Uwe, geht es nicht gut. Ich weiss es, sonst hätte ich mich nicht erkundigt. In Berzona habe ich gehofft, wir kommen zum Gespräch.[276] Es fiel so viel Schnee. Vielleicht habe ich etwas falsch gemacht.
Uwe, seien Sie wohlwollend mit sich selbst
Herzlich Ihr Frisch

[101]

Sheerness
4. August, 1977

Lieber Herr Frisch,
Elisabeth hat mir die Bitte aufgeschrieben, Ihnen »mitzuteilen, dass es sich bei dem Satz ›ich habe nie jemand geliebt‹ nicht um Kolportage handelt (er ist mir nicht von Frau Bachmann gesagt worden und auch von sonst niemand als dem Ich und Er in ›Montauk‹).«
End of the message.
Denn sie hat so gar keine Zeit für einen Brief, sie sitzt an den Korrekturen der und dem Register zu den Lebenserinnerungen Frau Boveris.[277]
Der Verlag Piper scheint in diesem Buch einen möglichen best seller zu erblicken und will das fördern mit Veranstaltungen, in denen ich auftrete. Aber auch andere Gelegenheiten, eine Vorlesung in West-

276 Johnson hatte Frisch vom 10. bis zum 13. Januar 1977 in Berzona besucht; während der Tage, an denen sie im Tessin eingeschneit waren, wechselte er kaum ein Wort mit seinem Gastgeber. Erst am 15. Januar kam es wieder zu einem ersten Gespräch über *Ostern am Styx*. Am nächsten Tag flog er von Zürich nach Frankfurt. Von dort reiste er direkt mit dem Zug weiter nach Hannover.
277 Zu Margret Boveri vgl. S. 148, Anm. 197.

berlin,[278] das Jubiläum der Gruppe 47,[279] die Akademie-Tagungen und nicht zuletzt der fünfzigste Geburtstag von Günter Grass[280] werden mich in diesem Herbst so oft »auf den Kontinent« holen, dass ich Sie ganz ungefähr jetzt schon nach Ihren Reiseplänen fragen möchte. Und wo, zum Beispiel, gedenken Sie am 29. und 30. August zu sein? Ich möchte Sie gern wiedersehen. Wenn ich versuche, Sie in Zürich anzurufen, bekomme ich vielsprachig versichert, es sei diese Nummer ausser Betrieb, und werde gebeten, doch im Telefonbuch nachzusehen. Das Telefonbuch von Zürich in Sheerness...

Sheerness hat seinen öffentlichen Disput. Der Gemeinderat träumt davon, Teile von High Street und Broadway in eine Fussgängerzone umzuwandeln, versuchsweise erst einmal für die Sonnabende. Denjenigen, die von den schweren Lastwagen Schlimmes für die Standfestigkeit der alten Häuser befürchten, soll das recht sein, aber da bekommen sie schon Streit mit den Ladenbesitzern, die Käufer mischen sich ein mit Klagen über die weiten Anmarschwege mit den vollen Taschen zu den Bussen, und ganz zufrieden sind nur diejenigen, die den Gemeinderat für völlig unfähig halten, das Projekt noch in diesem Jahrhundert durchzuführen. Charlie? Ja, der hat keine Meinung, aber hört sich jede gerne an; so einer ist das.

Dass Ernst Bloch[281] heute morgen zwischen Aufwachen und Frühstücken gestorben ist, »eingeschlafen«, habe ich in der letzten halben Stunde komplett vergessen, und den ganzen Tag lang mache ich mir klar, dass ich diesen Tod noch nicht begriffen habe. Ich bin zwar Frau Zeeh dankbar, weil sie uns die Nachricht telefonisch übermittelt hat, »damit Sie es nicht aus der Zeitung erfahren«. Ich denke solche Sachen wie »Totenmaske«, an die dräuende Trauer-

278 Zu einer Lesung mit Hans Bender, Jürgen Becker, Walter Höllerer und Hans Mayer hielt sich Uwe Johnson vom 7. bis 9. September in Berlin auf. Zur Herbsttagung der Akademie kehrte er dann wieder vom 6. bis 18. Oktober 1977 in die Stadt zurück.

279 Die erste Tagung der »Gruppe 47« hatte vom 6. bis 7. September 1947 in Bannwaldsee bei Füssen stattgefunden, das 30. Jubiläum wurde beim Treffen der Gruppe vom 16. bis 19. September 1977 in Saulgau begangen.

280 Günter Grass wurde am 16. Oktober 1977 fünfzig Jahre alt.

281 Der Philosoph Ernst Bloch, den Uwe Johnson seit seinem Studium in Leipzig (1954-1956) kannte, starb am 4. August 1977 im Alter von 92 Jahren in Tübingen.

feier, aber die Tatsache selbst dringt ungeheuer langsam zu mir durch. Offenbar hatte Ernst Bloch von mir den Auftrag, ewig zu leben.
In der Hoffnung, Sie seien wohlbehalten zurück aus Island,
mit herzlichen Grüssen,
Ihr Uwe Johnson.

[102]

Berzona
Val Onsernone/Ticino
9. September 1977

Lieber Uwe,
ich wäre erleichtert, wenn Sie mir die erste Version von PLACE DES PYRAMIDES zurückschicken möchten – oder mir bestätigten, dass Sie das Heft vernichtet haben. Die zweite Version, die ich Ihnen heute als Drucksache schicke, verpflichtet Sie nicht zur prompten Lektüre; das alles hat jetzt Zeit, viel Zeit (auch der STYX, der sich wenig und doch etwas verändert) – wie ich plötzlich viel Zeit habe; die letzten fünf Tage habe ich verbracht, indem ich, allein, zwei bis drei Stunden steige, was dann, da ich immer wieder nachhause absteige, eine körperliche Tagesleistung von vier bis fünf Stunden ergibt, eine gute Ermüdung vorallem in den Beinen und Hüften. Hoffentlich hält das ordentliche Wetter an, ein wenig Regen kann nicht schaden, aber Nebel würde zu einer andren Lebensführung nötigen, und die sehe ich im Augenblick nicht.
Was Sie mir in Tübingen[282] unter vier Augen gesagt haben, ich habe es verstanden und grüsse Sie herzlich
Ihr alter Frisch

282 Frisch und Johnson trafen sich anläßlich der Beerdigung von Ernst Bloch am 9. August 1977 in Tübingen. Vgl. hierzu auch den Brief vom 31. August 1978, S. 203.

[103]

Sheerness
21. September, 1977

Lieber Herr Frisch,
hier schicke ich Ihnen die 1. Version von »Place des Pyramides« zurück. An der zweiten gefällt mir der Unterschied, dass nunmehr die weibliche Partnerin viel mehr zu tun hat und sich dialektisch ausleben kann; das wird auch die Schauspielerin freuen. Wenn ich dürfte und etwas vom Theater zu verstehen vorgeben könnte, nähme ich die neue Einfügung nach Moodys Buch »Leben nach dem Tod«[283] wieder heraus, denn Roger kann davon doch viel weniger wissen als Francine, und obendrein sollten beiden ungefähr auch die gleiche Quantität an Text verschafft werden. Zur Nachricht von Ernst Blochs Tod frage ich mich, wozu das Stück diese Datierung braucht, da es doch ansonsten frei in der Zeit sich bewegt.
Sie werden davon gehört haben, dass am vergangenen [Wochen-] Ende die »Gruppe 47« zum letzten, zum dreissigsten Jahr ihres Bestehens, getagt hat,[284] und da man diese Veranstaltungsreihe eines Tages als das Lebenswerk von Hans Werner Richter beschreiben wird, wollte ich ihn durch meine Abwesenheit nicht kränken. Hans Mayer fragte bei Beginn, ob wir denn fähig sein würden, »uns« gut darzustellen, aber diese Sorge war unnötig, das Ritual spielte von Anfang an zuverlässig mit uns, selbst dann noch, wenn H. W. Richter des Spasses wegen einmal davon abwich, etwa wenn Hildesheimer aus einem bereits erschienenen Buch vorlas (vielmehr: seines Augenleidens wegen vorlesen liess) und danach auf Befragen erklärte, wie und warum er das angelegt habe.[285] Den letzten Vormittag, eine Probe aus Grass' »Butt«[286] und die Verlesung einiger

283 Raymond A. Moody, *Leben nach dem Tod,* Reinbek 1977. Die Originalausgabe erschien 1975 unter dem Titel *Life after Life: The Investigation of phenomenon – survival of bodily death* in Convington, Georgia. Die deutsche Fassung liegt seit Januar 1998 im 437. Tausend vor. Frisch folgt hier dem Rat Johnsons; die Bezugnahme auf Ernst Blochs Tod bleibt jedoch erhalten.

284 Die »Gruppe 47« traf sich zum dreißigsten Jahr ihres Bestehens vom 16. bis 19. September 1977 in Saulgau.

285 Wolfgang Hildesheimer ließ aus dem essayistischen Prosastück *Mozart* vorlesen, das 1977 im Suhrkamp Verlag erschienen war.

286 *Der Butt* von Günter Grass beschäftigte seit seiner Auslieferung am 10. August 1977 die Feuilletons. Vgl. S. Cofalla (Hg.), *Hans Werner Richter. Briefe,* München, Wien 1997, S. 709.

selbstverfasster Kritiken von Joachim Kaiser, F. J. Raddatz und anderen, habe ich in sänftiglichem Schlummer verpasst. Zuverlässig empfehlen kann ich das Restaurant des Hotels: die in stundenlangem Dienst von unseren Extravaganzen überforderten Serviererinnen blieben immer gleich freundlich – also werden sie gut behandelt von den Besitzern und ersparen dem Gast das übliche schlechte Gewissen: Hotel Kleber-Post, Saulgau in Württemberg.
Wegen des hiesigen Bäckerstreiks kam ich zurück mit drei Kilo Brot, da war er schon abgeblasen. Now for the bad news, from a letter by the Under Secretary of State, concerning »the highly volatile wreck of the SS Richard Montgomery«: »As you know, it has been the consistant view of the Government's explosives experts that any bid to salvage the wreck or its cargo was inherently more dangerous than leaving it untouched«. Also geht das Warten auf den big bang weiter.[287]
Ein erträgliches Tessin wünscht Ihnen,
mit herzlichen Grüssen,
Ihr Uwe Johnson.

1978

[104]

Sheerness
4. April, 1978

Lieber Herr Frisch,
ich bedanke mich auf das schönste für die Übersendung von »Triptychon« und für das Handgeschriebene vorn drin.[288] Es kam überraschend, einmal wegen der Erinnerung, Sie wollten das vorerst nicht drucken lassen, zum anderen, und grundsätzlich, weil Sie

287 Der Munitionsfrachter »Richard Montgomery« war mit seiner hochexplosiven Ladung im April 1945 im Gewässer der Themsemündung wenige Meilen von Johnsons Haustür entfernt gesunken. Keine Bergungsfirma traute sich bis heute, das Schiff zu heben. Vgl. auch S. 101, Anm. 150.
288 Die Widmung lautet: »für
Elisabeth und Uwe
herzlich
Max Frisch
Ostern 1978«

mich nun hereingelegt haben mit meiner Meinung, der Verfasser eines Triptychons beginne jeweils mit seinem ersten Teil und arbeite sich so bis zum dritten vor. Also war ich ganz hübsch verwirrt bei meinen Versuchen, im letzten Drittel des Buches einen neuen Teil zu erkennen, bis ich endlich merkte, dass Sie den linken Flügel dieses Bildes als letzten hergestellt haben. Daran, an diesem ersten Bilde, leuchtet mir besonders ein, dass das Auftreten von Francine und Roger darin es über das Thema hinaus nun auch durch die Gemeinsamkeit des Personals mit den beiden anderen verbindet. Da wir das Thematische ja gründlich besprochen haben, bleibt mir nur zu bemerken, dass ich die Anwesenheit des Toten unter den Lebenden für einen grossartigen Einfall ansehe, eben wegen der Plausibilität, mit dem der Schrecken seiner Gegenwart durch den Schauspieler aufgelöst wird in der Darstellung des Weggehens. Herr Hürlimann in seinem Transit durch Zürich wollte bloss wissen, was seine Umwelt anfängt mit seinem Verstorbensein;[289] hier wird mehr anspruchsvolle Antwort verlangt. Ich sehe schon die Diskussion voraus, die »Triptychon« als optimistisch oder pessimistisch zu klassifizieren suchen wird; ich bin sicher, dass das Stück nur einzuschätzen sei durch die Frage, die es stellt.

Überraschend war die Sendung auch, weil Sie seit dem September vorigen Jahres brieflich und in anderer Weise verschollen waren für mich. Einmal, bei Grass, fragte ich ihn nach Ihrem Verbleib, und er fragte sogleich in die Runde seiner übrigen Gäste: Weiss einer, wo Max Frisch ist? Einer sagte dann zögernd: New York, glaube ich. Das wollte ich denn wohl glauben, aber es hat ja jeder sein New York für sich, und wie schnell kann man von dort verschwinden. Seit ich aber weiss, dass Sie an der Festkundgebung für Robert Walser in Zürich[290] teilnehmen, habe ich meine Ankunft in Ihrer Stadt

289 Uwe Johnson spielt hier auf *Zürich-Transit* an, die *Skizze eines Films*, die 1965 entstanden war. Vgl. GW, Bd. 5, S. 401-454.

290 Zur Hommage an Robert Walser anläßlich dessen 100. Geburtstags hielt sich Johnson vom 13. bis 15. April 1978 in Zürich auf. Für seinen Auftritt anläßlich der öffentlichen Lesung am 14. April hatte er sich den Lebenslauf Simon Tanners aus Robert Walsers *Geschwister Tanner* (Bibliothek Suhrkamp Bd. 450, S. 320-332) ausgesucht. Am nächsten Tag war Johnson dann nach Berlin geflogen. Gemeinsam mit Karin Kiwus trug er abends bei einer Veranstaltung in der Akademie der Künste Dialoge aus dem letzten von Robert Walser noch selbst herausgegebenen Buch *Die Rose* vor.

schon für einen Tag vorher gebucht. Ich kann mir gewiss vorstellen, dass Sie an diesem »freien« Abend genugsam beschäftigt sein werden mit all dem auswärtigen Besuch, ich wollte nur die Chance eines kurzen Gesprächs nicht versäumen. Ich würde mich freuen, von Ihnen eine Nachricht vorzufinden im Hotel Krone-Unterstraß (Schaffhauser Strasse 1), andernfalls würde ich mir erlauben, Sie am 13. April gegen 18 Uhr anzurufen. Zu erzählen habe ich durchaus nichts Neues; es würde mich eben nur freuen, Sie einmal wieder zu sehen.
Mit herzlichen Grüssen,
Ihr Uwe Johnson.

[105]

Sheerness
31. August, 1978

Lieber Herr Frisch,
am Rande von Ernst Blochs Beerdigung, in der »Krone« zu Tübingen, habe ich Ihnen gesagt, Sie würden aus einer meiner nächsten Arbeiten vielleicht schliessen auf eine private Notlage und dann wünschen, ich hätte Sie bereits ins Vertrauen ziehen sollen, als sie begann. Jedoch werde ich eher behindert durch die mündliche oder briefliche Mitteilung von einem Unglück, das zunächst einmal nur mich betroffen habe, und ich wolle vertrauen auf den Versuch herauszufinden, ob es darüber hinaus auch geeignet sei, erzählt zu werden als eine weniger subjektive Erfahrung. Sie haben dies auf der Stelle verstanden, und ich danke Ihnen für die Unbefangenheit, die Sie unserem Umgang erhalten haben.
Es sind nun drei Jahre geworden, die mir gelassen wurden für einen solchen Versuch. Dann war es wohl unausbleiblich, und auf die übliche Art unerklärlich, dass jemand in Westdeutschland etwas läuten hörte. Weniger unabdingbar war seine Entscheidung, eine Fragen-Kampagne in Gang zu setzen. Aber er ist nun einmal süchtig nach Gerüchten, und gar nach solchen intimen Charakters. Hätte er mich selber befragt, so wäre ihm ja die politesse du coeur auferlegt gewesen, die er sich innig nachsagt, und der Kitzel, der Spass entgangen. Nun braucht es ihm wenig anzukommen auf die erwartbare Folge, dass eine solche Veröffentlichung von dritter Seite die

Beteiligten festhält in Verhältnissen, aus denen sie sich noch hätten lösen können, wären sie in Ruhe gelassen worden. Da er Leute benutzt von so vervielfältigender Kraft wie Hans Mayer, muss ich befürchten, dass etwas zu Ihren Ohren dringt, auf das Sie unter diesen neuen Bedingungen einen Anspruch haben in der Form einer persönlichen Meldung, hier ist sie:
Elisabeth und ihre Tochter leben seit einigen Monaten von mir getrennt, unter einer mir unbekannten Adresse.[291]
Eine Erklärung für diese Lage, kommt sie nun von einem der Betroffenen, wird sich selbst der Parteilichkeit verdächtigen, und, obendrein, ich bin immer noch ausser Stande, sie in ein Schriftbild zu bringen. Vorläufig bitte ich Sie, bei der schlichten Tatsache bleiben zu dürfen.
Sollte ich nun doch nicht der erste sein, der Ihnen dies sagt, so bitte ich um Entschuldigung. An Entwürfen zu diesem Brief sitze ich seit zwölf Tagen, und dieser muss abgehen wie er ist, da ich nun übergenug Zeit verloren habe Ihnen gegenüber.
Mit herzlichen Grüssen,
Ihr Uwe Johnson.

[106]

Küsnacht
6. September 1978

Lieber Uwe,
das ist eine schlimme Nachricht. Ich weiss übrigens – aufrichtig gesprochen – nicht, ob ich schon davon gewusst habe. Dass da ein schweres Leid ist, worüber Sie mit mir nicht sprechen können, weiss ich durch Sie, und dass es ein Unglück zwischen Elisabeth und Uwe ist, darauf deutete die Art Ihres Verstummens, wenn ich mich nach Elisabeth erkundigt habe. Von Elisabeth habe ich nie wieder ein Zeichen bekommen; mein letztes Buch habe ich (wenn mich mein Gedächtnis nicht im Stich lässt) Beiden gewidmet.
Lieber Uwe, wie es dazu gekommen ist, dass Elisabeth und »ihre« Tochter unter einer Ihnen unbekannten Adresse leben, frage ich Sie nicht und auch nicht andere, die es vielleicht wissen. Wie es John-

291 »endlich der Brief an Frisch«, so die lakonische Eintragung Johnsons im Kalendarium am 31. August.

son oder Uwe geht – diese Frage, die ich, seit Sie damals Berlin verlassen haben, so oft und von vielen Seiten gehört habe und als einer, der Gast in Sheerness-on-Sea gewesen ist, habe beantworten können mit einer Schilderung der Themse-Mündung und der Marine Parade, habe ich seit einem Jahr kaum mehr gehört; ich hätte sie auch nicht beantworten können. Als wir uns das letzte Mal gesehen haben (in Gesellschaft) anlässlich der Robert Walser-Lesungen, sind Sie, ich weiss, irritiert gewesen; Sie sagten: Herr Frisch, warum sind Sie so zu mir? Meine Zuneigung, lieber Uwe, ist unverändert, eine grosse Zuneigung. Diese ist allerdings stumm oder ratlos geworden, hilflos unter dem Bewusstsein, dass Sie schon seit einiger Zeit etwas Schweres erleben, wovon ich nicht wissen soll; Ihr Besuch im verschneiten Berzona hat es deutlich gemacht, dass Sie niemand ins Vertrauen ziehen wollen.[292] Das hat mich nicht verletzt. Ein paar Jahre zuvor, als ich Sie ins Vertrauen gezogen habe, haben Sie mir sehr geholfen, lieber Uwe, das vergesse ich nicht. Ohne Ihre Begleitung damals im Morgengrauen, Ihre Gegenwart in Friedenau, ich weiss nicht, was geschehen wäre. Auch später, bei meinen Besuchen in Sheerness, habe ich Sie und Elisabeth mit meiner Not belastet. Hätten Sie mich ins Vertrauen gezogen, es wäre wie eine Umkehrung gewesen; ich verstehe, dass Sie das nicht wollten und nicht wollen. Ich kenne das aus einem anderen Fall: es entstehen Parallelen, die falsch sind, daher verletzend. In Ihrem erschrekkenden Brief schreiben Sie von einer Unbefangenheit, die ich unserem Umgang erhalten habe. Unbefangenheit? Ich meine, es gibt auch in einer Freundschaft kein Anrecht auf Preisgabe eines Geheimnisses, aber natürlich bin ich Ihnen gegenüber befangen geworden, lieber Uwe, in Sorge, der Fragen versagt sind. Man weiss, dass der andere in Briefen überspielt, was ihn am meisten bedrängt, und es entsteht etwas Unstimmiges, etwas Unhaltbares sozusagen Komisches, wenn ich versucht habe, Briefe zu schreiben, als bekümmere mich, Sie betreffend, keine Ahnung. Es geht nicht. Ich habe es dann und wann versucht und ich habe es gelassen. Ich hoffe, dass Sie das verstehen. Es ist nicht Gleichgültigkeit – wenn auch Gleichgültigkeit gegenüber Gerüchten, was wenigstens ein Gutes hat: man kommt mir nicht mit Gerüchten über Uwe Johnson.

292 Vgl. S. 197, Anm. 276.

Gestern sind wir von Berzona, wo wir vier Wochen (mit Gästen) verbracht haben, hierher gefahren, Marianne über San Bernadino, ich über Sankt Gotthard; in ein paar Tagen fährt Marianne nach Berlin, dann nach New York, ich zurück nach Berzona, wo ich, nach einem ungelungenen Versuch im Frühjahr, nochmals versuche allein im Haus zu sein, ohne zu saufen, und wenn das meine Kraft übersteigt, reise ich. Wohin? Keine Ahnung. Ich habe nochmals die alte KLIMA-Geschichte geschrieben; sie ist, vermute ich, zum vierten Mal und somit endgültig missraten.
Ich versuche mir vorzustellen, wie Sie allein an der Marine Parade hausen, lieber Uwe, vielleicht können Sie das, ich wünsche Ihnen eine andere Zukunft
von Herzen Ihr Max Frisch

[107]

Sheerness, Kent
13. September, 1978

Lieber Herr Frisch,
ich danke Ihnen für Ihren Brief vom 6. September.
Ja – nun muss es aufhören mit den beiläufigen Berichten von der ureigenen Lebensart der Leute auf der Insel Sheppey, es hat zu lange etwas verdeckt, Sie haben recht. Ein Ende, und weil es zu tun hat mit dem Weggeschwiegenen, will ich nachtragen: die Handwerker, die ins Haus kommen noch zu Aufträgen, die sie von uns gemeinsam erhalten haben, versprechen sich besten Falles ein einziges Mal, und nie mehr ist die Rede von »Mrs Johnson«. Im Pub sind früher vergnügte Witze gerissen worden über die Pünktlichkeit, mit der »Charlie« früher wegging zu einer Familientafel – »wir wissen schon, wann dein Donnergong schlägt, Charlie, nach dir stellen wir die Uhr!« –, jetzt gibt es keinen Kommentar dazu, dass ich zu ganz anderen, späteren Abendzeiten komme, und jede Erkundigung nach meinen privaten Umständen hat aufgehört. Ein Name ist vollständig verschwunden aus dem Gespräch. Nun ja, manchmal kommt eine zu redselige Ehefrau mit, der unterläuft er im vielfältigen Flusse ihres »yak-yak«, aber der Mann ist hinter ihr her, das unterbleibt. Die anderen Frauen scheinen es zu riechen, und erkundigt sich eine einmal zu inständig nach meinem Familienstand, wird

ihr ernsthaft bedeutet, ohne dass ich ein Wort zu sagen hätte: Charlie ist in festen Händen. Und die Damen hinter den Theken, für die ich von neuem ein Käufer und Kunde geworden bin, reden mich an mit »dear« und »my love« wie je, als sie in mir noch einen Junggesellen vermuteten.

Es bleibt mir, Ihnen zu danken für die Genauigkeit, mit der Sie meine Beweggründe noch einmal ausgeführt haben, und für das Verständnis: welches Verhalten mir gerade Ihnen gegenüber verwehrt war.

Dass ich mich in Sachen der Unbefangenheit geirrt habe, bedaure ich ungemein, um so mehr, als ich Ihnen da lästig geworden sein mag. Aber Sie haben recht, ein brieflicher Umgang unter solcher Belastung, er verbietet sich. Ich bin traurig darüber, habe aber die jämmerliche Genugtuung, das einsehen zu können.

Wenn eine Ebene übrig geblieben sein sollte, auf der wir, zum Beispiel, über die »Klima-Geschichte« verhandeln könnten, wäre ich ziemlich erleichtert.

Mit Dank und herzlichen Grüssen,
Ihr Uwe Johnson.

[108]
[Karte mit Photographie »Haus Berzona«;
handschriftlich]

Venezia
27. Dezember 1978

Lieber Uwe,
was Sie auf dieser Karte sehen: BERZONA, Herbst 78. Was ich Ihnen alles wünsche im neuen Jahr, sage ich nicht: ich wünsche es aber von Herzen! – und wenn ich bemerke, dass es eingetreten ist, werde ich sagen: Sehen Sie, Uwe, sehen Sie! –
Wie geht es Ihrem Buch?
Ihr alter Frisch

1979

[109]

Sheerness

4. Januar, 1979

Lieber Herr Frisch,

ich bedanke mich für Ihre Karte aus Venezia, datiert an einem festfreien 27. Dezember, und wünsche Ihnen ein Neues Jahr, von dem Sie hinterher wenigstens mitteilen können, es habe Ihnen gefallen.

Das wollte ich Ihnen schon mündlich sagen, in der Silvesternacht, aber sobald die Computer des internationalen Selbstwählverkehrs erkannten, dass es gerade Ihre Nummer war, die ich wünschte, schickten sie mir einen Dröhnton ins Ohr, welcher verhiess: diese Nummer gibt es nicht. Ist da etwas geändert?

Für Ihre Wünsche bedanke ich mich weiterhin, will aber bescheiden anmerken, dass ja die Spanne weit ist jener Möglichkeiten, zu denen Sie dann sagen werden: Sehen Sie? sehen Sie?

Das Buch muss warten, denn unser aller Unseld hat mir fünf »Vorlesungen zur Poetik« verordnet,[293] zu halten an der Universität Frankfurt am Main. Hielten auch Sie es für zweifelhaft, wenn ich da schlicht meine eigenen Erfahrungen (meinen »Fall«) in diesem Fache zum Anlass nähme?

Das Buch hat seinen Knacks, aber nur mit ausgesprochenem Eingeständnis eines Bruches im Bau und Vorhaben könnte ich es zu einem Ende bringen. Wie ich voraussehe, wird der Verleger »Fragen des Geschmacks und des Taktes« dabei aufs Tapet bringen, und so würde ich mich gern einmal mit Ihnen darüber beraten.

Sollten Sie einmal unverhofft vor dem Haus stehen und die Gartentür verbarrikadiert finden, so wollen Sie doch an etwas anderes

293 Das Buch, das »seinen Knacks« hat und warten muß, ist die Arbeit am 4. Band der *Jahrestage*. Die fünf Vorlesungen hielt Johnson am 7., 14., 21., und 28. Mai sowie am 18. Juni 1979 im Hörsaal VI der Johann Wolfgang Goethe-Universität. Nach einer Unterbrechung von über zehn Jahren hatte Siegfried Unseld für die Wiederaufnahme dieser renommierten Vorlesungsreihe gesorgt und Uwe Johnson als Dozenten gewonnen. 1980 erschienen die Frankfurter Vorlesungen Johnsons unter dem Titel *Begleitumstände* in der edition suhrkamp. Vor der Unterbrechung hatte Hans Erich Nossack im Wintersemester 1967/68 die Poetik-Dozentur wahrgenommen und seine Vorlesungen unter das Thema *Ist Poesie lehrbar?* gestellt.

glauben als an Menschenfeindschaft, nämlich an die Flutgefahr. Vor einer Woche hat ein Hochwasser, von einem Sturm angetrieben, zweimal an einem Tag die niedrig gelegenen Teile von Sheerness überschwemmt, und da ja diese Schreibmaschine auch zweimal am Tag lange unter Meereshöhe steht, habe ich heute denn doch den Zugang mit Balken verstemmt, als die Polizei der Marine Parade über Lautsprecher mitteilte, als eine »police message«: This area is likely to be flooded. Auch war die Windstärke Neun recht überzeugend.

Stünden Sie einmal vor dem Haus, ich freute mich sehr.

Mit herzlichen Grüssen,

Ihr Uwe Johnson.

[110]

Küsnacht

11. Januar 1979

Lieber Uwe,

ich freue mich über Ihren freundschaftlichen Gruss.

Vorlesungen zur Poetik in Frankfurt. Ich erinnere mich, wie Ingeborg Bachmann sich dabei gequält hat, von Termin zu Termin, immer in den letzten Tagen davor, und es hat sich gelohnt.[294] Ich erinnere mich an Ihren englischen Vortrag über den Roman[295] und zweifle daher nicht einen Augenblick, dass Sie das nicht nur sehr gut machen, sondern hervorragend; ich bin gespannt darauf, Ihre Vorlesungen zu lesen. Wenn Sie »schlicht« von Ihren eignen Erfah-

294 Ingeborg Bachmann hatte im Wintersemester 1959/60 die Reihe der Stiftungs-Gastdozenturen für Poetik an der Johann Wolfgang Goethe-Universität eröffnet. Von den ursprünglich fünf geplanten Vorlesungen wurden nur drei gehalten. Zur ersten Vorlesung am 25. November 1959 begleitete Frisch Ingeborg Bachmann nach Frankfurt am Main. Ihre *Frankfurter Vorlesungen* wurden unter dem Titel *Probleme zeitgenössischer Dichtung* veröffentlicht in: Christine Koschel, Inge von Wangenheim, Clemens Münster (Hg.): *Ingeborg Bachmann. Werke*, Bd. 4, München 1978, S. 182-274.

295 Max Frisch spielt auf jenen Text an, den Johnson 1975 für seine Vortragsreise nach Jugoslawien konzipiert hatte, dessen englische Fassung den Titel *Do we need a novel* trägt. Die zentralen Thesen dieses Vortrags wurden unter dem Titel *Vorschläge zur Prüfung eines Romans* veröffentlicht in: Eberhard Lämmert u. a. (Hg.), *Romantheorie. Dokumentation ihrer Geschichte in Deutschland seit 1880*, Köln 1975, S. 398-403.

rungen ausgehen, das wäre nicht nur statthaft, sondern genau im Sinn dieser Einrichtung; so war sie gedacht, genau so: dass zur Poetik einmal die Macher sprechen, nicht bloss die schlauen Voyeurs, die auch Kluges sagen können, gewiss – nur ist es immer ziemlich ahnungslos; Analyse der Produkte ohne Ahnung von der Produktion und ihren Problemen. Davon zu hören ist für die Studenten jedesmal umwerfend. Ich hoffe, Sie handeln von Ihrem Fall, Uwe.
Was Sie über Ihr neues Buch andeuten, beunruhigt mich nicht. Knacks? Wenn er Ihnen bewusst ist, vielleicht gehört er zu diesem Unternehmen. Fragen des Geschmacks und des Taktes – dazu haben Sie selber 1974 auf der Promenade an der Themse hilfreich gesprochen; nicht nur der Verleger, auch kein andrer Freund kann hier die Grenze bestimmen. Sie ist bestimmt durch die Schamhaftigkeit des Autors, also subjektiv. Als Leser nehme ich dem einen Autor ab, was ich dem andern nicht abnehme, und wenn wir es nicht abnehmen, so hat es, meine ich, immer damit zu tun, dass der Autor sozusagen seine eigene Schamhaftigkeit überzieht. (In der Umgangsrede erleben wir es auch schon; einer redet von Fotze, niemand nimmt Anstoss, und wenn ein andrer dasselbe Wort braucht, so ist es peinlich.) Ich weiss noch nichts von dem Buch, daher rede ich allgemein. Takt?
Wenn ich einmal das Manuskript kenne, lieber Uwe, vielleicht kann ich Ihnen sagen, wo es mich in dieser Hinsicht irritiert, aber nicht bestimmen, was erlaubt ist, was nicht. Wem erlaubt? Möglicherweise ist Ihnen viel mehr erlaubt, als Sie sich bisher erlaubt haben, und das irritiert Sie, nicht den Leser. Natürlich verstehe ich Ihre Sorge, Sie wissen, dass ich diese Sorge kenne und immer froh gewesen bin, Ihre Leser-Reaktion zu erfahren: als Warnung, als Einladung, zu prüfen, wo meine Schamhaftigkeit, die eigene, die Grenze setzt.
Es geht mir, nach der Kur im Schwarzwald,[296] gesundheitlich recht gut, und das ist wichtig; im neuen Jahr habe ich vieles zu ordnen. Ohne Hysterie. Ich bin dabei – in einer Art trockener Hoffnung, den Rest der Zeit vielleicht doch mit Anstand zu bestehen.
Herzlich grüsst Sie
Ihr Max Frisch

296 Max Frisch hatte sich vom 2. bis 23. Dezember zur Kur in Waldkirch im Schwarzwald aufgehalten.

[111]

Sheerness
6. März, 1979

Lieber Herr Frisch,
an einigen der letzten Sonntage war ich mit Ihnen vom Vormittag bis zum Abend unterwegs, wie immer das anders aussehen mag in Ihrem Tagebuch. Denn manchmal gebe ich mir den siebenten Tag »frei« und fahre andere Städte in Kent besuchen, und immer, wenn der Weg entlang einer Küste ging (Dover – St. Margaret's Bay, Dover – Folkestone; Broadstairs – Ramsgate), kam die Erinnerung an unseren letzten Spaziergang oberhalb Zürichs mit und Sie so deutlich, dass ich mich mit Ihnen unterhalten habe in Gedanken.
Nämlich über die Ermunterung zu meinem Entwurf jener frankfurter Vorlesungen, die Sie mir am 11. Januar aufgeschrieben haben. An der inzwischen verstrichenen Zeit können Sie sehen, wie ausführlich das Gespräch mit Ihnen verlief. Auf meine Bedenken haben Sie jeweils geantwortet: Auch das! Oder: Auch das gehört noch hinein, gerade das! Ich habe Ihnen also herzlich zu danken. Wenn die Sache mir gelingt, wird es für mich recht vorteilhaft sein, weit von Frankfurt am Main zu leben, irgend wo auf dem Lande, schwer erreichbar.
Es gibt allerdings Rückfälle. Auf dem Bahnhof Chatham versieht oft ein gesetzter Inder die Zug-Abfertigung, es mag auch ein Pakistani sein, mit einem weissen Turban, der hat sich einmal vor mir verbeugt, bloss weil ich eine Wagentür zugeworfen und ihm einen langen Laufmarsch erspart habe. Der fädelt eine schnell laufende Wagenkette nach der anderen so gelassen in das schmale Öhr des dort nur zweispurigen Tunnels, der benutzt das Handmikrophon mit solchem Stolz auf seinen fremdländischen Akzent, der grüsst die einheimischen Zugbegleiter mit einem Selbstbewusstsein, dass ich wünsche oft und oft, ich wäre an seiner Stelle. Inzwischen hat er wohl vergessen, warum er auf meinen Gruss abonniert ist, jedoch erwidert er ihn freundlich und förmlich in einem. Dieser Mensch kann eine so verlässliche Auskunft geben wie: I am with British Railways.
Oder: in der vorigen Woche wurde ein Stück im Broadway aufgerissen, zwecks Erneuerung des Asphalts, da sah ich einen Mann die vom Presslufthammer locker gebrochenen Pflasterstücke mit der

Spitzhacke lockern, und mit Vorwurf dachte ich, dafür gebe es denn doch auch eine Maschine. Das muss jemand gehört haben, denn gestern morgen erschienen die Leute vor meinem Fenster mit schweren Geräten, einschliesslich des von mir vermissten, und schenkten mir schweren Lärm. Aber sie brachten so geschickt, so sichtbarlich etwas zustande, dass ich sie beneidete, mein in dem Typenschreiber stillstehendes Blatt Papier vor Augen. – What do you do for a living, Charlie? – Well…

In »Max Frisch sein Zimmer« habe ich einen besseren, weniger wackligen Schreibtisch gestellt, so dass es einer nochmaligen Einweihung bedarf. Bitte, wollen Sie mir mitteilen, welche Vergütung Sie für Ihre Ansprache erwarten.

Mit herzlichen Grüssen,

Ihr Uwe Johnson.

[112]

[Karte »Photo Haus in Berzona«]

Zürich

21. Juni 1979

Neue Adresse:
Stockerstrasse 39
CH 8002 Zürich
Tel. 01-202 53 02

mit alter Freundschaft,

Ihr Max Frisch

[113]

Sheerness

13. Juli, 1979

Lieber Herr Frisch,

ich danke Ihnen für die Übermittlung Ihrer neuen Wohnanschrift, habe Sie auch sogleich, auf dem Stadtplan von Zürich, besucht und wünsche nun, das Haus möge dem Botanischen Garten näher stehen als der Kongresshalle.

Was immer ich an Ihren überholten Adressen und Telefon-Nummern entfernte aus meinem Verzeichnis, die Daten zu Berzona habe ich wieder eingeschrieben. Zu dieser Hoffnung fordern Sie auf, wenn Sie eine Ansicht des Tessiner Hauses schicken, worin ich das Gartenfeuer lieber für ein gutes, ja für ein schmückendes Omen nehmen möchte.

Nun wünsche ich Ihnen Glück zu dem Umzug und hoffe, es möge Ihnen wohl ergehen an dem neuen Ort.

Zum Wohnen aber, wem sage ich das, gehört das Verreisen, damit man wiederkommen kann, und deswegen habe ich der Einladung von Helen Wolff nach New York ein bescheidenes »via Sheerness« hinzugefügt.

Denn mir liegt nun viel daran, Sie zu sehen, ob hier oder anderswo. Denn es ist mir endlich, nach fast vier Jahren, gelungen, was ich für unmöglich hielt: mich an den eigenen Haaren emporzuziehen aus dem schwarzen Loch, in das ich hineinfiel im Sommer 1975. Zwar ist mir noch immer die Vorstellung unerträglich, das zu Papier zu bringen und womöglich auf eine Postreise zu bringen; aber reden kann ich nun wieder. Es ist eine Nachricht, die ich vor allem Ihnen melden möchte, und zwar mündlich.

Ihre Ermutigung im Rücken, habe ich jene Frankfurter Vorlesungen tatsächlich halten können, nur die fünfte und letzte improvisierend, und sehe mich jetzt einer Reinschriftaufgabe von etwa zweihundertfünfzig Seiten gegenüber. Seien Sie bedankt für den Anstoss.

Ihr Zimmer wartet, Anfang August begeht die Insel Sheppey ihren jährlichen »carnival«, die Themse ist fast sauber genug zum Schwimmen – wenn Sie einmal vorbeikämen, würde ich mich sehr freuen.

Mit herzlichen Grüssen,

Ihr Uwe Johnson.

[114]

Berzona
9. August 1979

Lieber Uwe,

dass Sie wieder reden können (was Ihnen vor anderthalb Jahren, als Sie zuletzt in diesem Haus sassen, so ganz unmöglich gewesen ist) – das ist eine gute Nachricht.

Wie man sich an den eignen Haaren aus dem schwarzen Loch emporzieht, darüber werde ich Sie aber nicht befragen. Das geht nämlich nur, wenn man's selber herausfindet; ich weiss. Mein schwarzes Loch, dasselbe in Zürich wie hier, ist ziemlich gross, auch New York hat noch Platz darin. Weswegen ich keine Reise plane; aber vielleicht findet sie dann plötzlich dennoch statt. Vorderhand, bis Mitte dieses Monats, mache ich hier Heimurlaub mit wechselnden Gästen. Dann versuche ich mich in Zürich einzuwohnen. Vielleicht treffen wir uns in Zürich, das nicht allzuweit von Frankfurt entfernt ist. Ich freue mich darauf, Sie wiederzusehen, Uwe.
Es ist, ausgenommen zwei frühere Aufenthalte in Kliniken, das erste Mal, dass ich Wochen lang nichts schreibe. Ich habe auch kein Projekt, jedenfalls keines, das mich an die Schreibmaschine zieht. Was kann die Schreibmaschine dafür, dass ich Ekel vor ihr empfinde (– wie vor der Handschrift übrigens auch) und, wenn ich die Hände nicht grad für Messer und Gabel brauche, mit den Händen in den Hosentaschen durch diesen Sommer gehe.
Wie verhindern wir F. J. Strauss?[297]
Herzlich Ihr
Max Frisch

[114a]
[nicht abgeschickter Brief-Entwurf; durchgestrichen]

Sheerness
7. September, 1979

Lieber Herr Frisch,
seit drei Wochen betrachte ich allmorgendlich Ihre Erwägung, wie wir denn F. J. Strauss verhindern können, und finde erst heute Ausdruck für mein Erstaunen über Sie.
Lieber Herr Frisch, ich bitte Sie. Da fragen Sie noch? Ja, was wäre denn einfacher als das?

297 Der Vorsitzende der CSU und damaliger Ministerpräsident von Bayern, Franz Josef Strauß (geb. 1915 in München, gest. 1988 in Regensburg) wurde am 2. Juli 1979 von den Mitgliedern der Bundestagsfraktionen der CSU und der CDU in einer Stichwahl gegen den Ministerpräsidenten von Niedersachsen, Ernst Albrecht, zum Kanzlerkandidaten der Unionsparteien ernannt. Die Wahl am 5. Oktober 1980 verlor er dann allerdings gegen den seinerzeit amtierenden Bundeskanzler Helmut Schmidt (SPD).

(Allerdings begreife ich Ihre Bedenken insofern, als dies »wir« anzunehmen ist in einer recht geringen Zahl von Mitgliedern. Auf respektvolle Nachrede und andere Unterstützung kann F. J. Strauss ja rechnen von all jenen Zeitungsverlegern, die sich nach seiner Erhöhung zum Staatsmann Belohnungen erhoffen, sei es in Sachen des Kabelfernsehens oder der Bildschirmzeitung. Sehen Sie auf liberale Blätter wie die »Frankfurter Rundschau« oder »Die Zeit«, so werden Sie wie vor zehn Jahren hingewiesen auf jene unsere Verantwortung, wonach F. J. Strauss unser unausweichliches Risiko sei, und im besten Falle werden Sie eine Zusammenfassung seiner bisherigen Fehltritte finden, jedoch immer ohne den Ton eines Vorwurfs, weit jenseits der Annahme, auch nur eine seiner Handlungen könne gerechnet werden zu den unerlaubten, dies alles in der fast devoten Haltung von Porträtisten, die sich gerade noch enthalten, dieser Person zu schmeicheln, im Namen der Gerechtigkeit, und so sein Bild angenehmer, ja, schöner machen als es je gewesen ist. Davon verstehen wir nichts, das ist Politik! Wir mögen ja aufatmen, wenn Willy Brandt, sozusagen befreit von »dienstlichen« Rücksichten gesagt haben soll, es gebe gegen diesen

> gefährlichsten aller bourgeoisen Politiker nur die rücksichtsloseste Konfrontation mit allen Mitteln,

bis eben Brandts Rechtsanwalt von Straußens »Bayernkurier« die Unterlassung und den Widerruf des Zitats verlangt und dies Leib-Blatt, wir sind von Grund auf freiheitlich und demokratisch geordnet, obendrein von Brandt den Nachweis verlangt, dass ihm seine Lippen zu gut sind für einen angemessenen Ton. Nein, auch der fällt aus. Und der einzige, dem ich den Willen und die Absicht zutraue, F. J. Strauß mit dem Nachweis unannehmbarer Vergehen am Aufstieg zu hindern, dieser hat ausgerechnet auf italienischem Gebiet sich erwischen lassen mit vierzig Gramm Haschisch, Strafverfahren eingeleitet in Sardinien wie Hamburg, damit der Mann und seine Maschine in Misskredit geraten bei solchen, auf die wir andererseits auch gern gerechnet hätten.[298] Davon abgesehen –)
es ist ganz leicht, F. J. Strauß zu verhindern.

298 Rudolf Augstein, geb. 1923 in Hannover, Mitbegründer (1946) und Herausgeber des Nachrichtenmagazins *Der Spiegel*, war am 23. August 1979 auf dem Flughafen der sardischen Stadt Olbia wegen des Besitzes von 40 Gramm Haschisch verhaftet worden.

Denn wir werden es mit diesem zoon politikon halten wie mit jedem vergleichbaren Herrn, der uns gebeten hat um Einführung in einen Freundeskreis oder auch nur eine Gesprächsrunde, dem oder der wir den Vorzug geben, weil auch er da sich bilden, Gesellschaft beim Tee geniessen oder für einen von uns seine Eignung zu ehelicher Erfüllung erweisen möchte. Die Aufgabe wird uns ein wenig widerstreben. Aber es schliesst das Gebot, falsch Zeugnis wider den Nächsten und noch fernere Bekanntschaft zu vermeiden, in sich die Aufforderung, vorerst das für ihn und seine Mannschaft Günstige anzuführen, und auf unsere Manieren wollen wir immerhin achten. Nach denen werden wir unverzüglich gefragt, nach denen von F. J. Strauß nämlich. Nur keine Verlegenheit! Wir beginnen mit dem Anspruch, es müsse einem Menschen eher gutgeschrieben werden als eine Tugend, wenn er den eigentümlichen Sitten und Gebräuchen seiner heimatlichen Gefilde verpflichtet geblieben ist. Gesten der Zivilisation, Französisch und Konversation, Diplomatie und Disziplin, gewiss, er hat sie erlernt, im Dienst und zu Besuch bei hohen Ämtern des Vaterlandes wie der ihm verbündeten Nationen, aber es ist eine Kunsthaut, was soll sie denn anderes tun als platzen, im Überschwang eines Gefühls, aus Freude an der eigenen Bodenständigkeit, im Suff und überhaupt, weil eine Entladung nun doch einmal die liebste Wohltat ist nach einer Spannung. Dies wird man uns schon zugestehen müssen, eine Bereicherung der westdeutschen Stammespalette durch seine schreienden Farben, seine urtümlichen Laute. Und es bleibt ein Liebenswert unvermindert erhalten, auch wenn jemand einen Gebrauch davon nicht machen möchte. Das wäre eine erste Runde, und wir haben sie mit einem Punktgewinn überstanden. Sagen Sie es frei heraus, wenn Sie etwas auszusetzen haben an unserer Beinarbeit!

[auf dem Entwurf handschriftlich vermerkt:]
nicht abgeschickt

[114 b]
[nicht abgeschickter Brief-Entwurf; durchgestrichen]

Sheerness
3. Oktober, 1979

Lieber Herr Frisch –
wenn einer vermeinend ist, er sei seinem schwarzen Loche entkommen und werde in Zukunft seine Schreibmaschine wieder bedienen können wie ein normaler Mensch, ja, wie ein geheilter, wird er leicht seine Hoffnungen in einen Gegenstand verwandeln, etwa in einen Manuskripthalter, dessen mit Fusstaste betriebene Schiene obendrein das Ablesen erleichtert. Vor der Arbeit aber kommt die Korrespondenz, und so hat denn Ihr Brief vom 9. August das Gerät eingeweiht. Es ist die Wahrheit, wenn ich Ihnen versichere, dass er seit dem 13. August neben der Maschine gestanden hat, und dass ich seit diesem Tag an keinem imstande gewesen bin, ihn zu beantworten. Zurückgefallen in jenes Loch, fehlt mir schlicht von neuem der Mut, der zu jedem Schreiben gehört, und nun erst zu einem Brief. Das ist für Niemanden von einem Interesse, und ich erwähne es nur als den sachlichen Grund für mein Schweigen, damit Sie nicht vermuten, ich hätte einen anderen dafür.
Lieber Herr Frisch, ich hätte Ihnen gern geschrieben, und will es gleich versuchen, sobald es möglich scheint. Vorläufig bitte ich um Ihre Entschuldigung.
Mit herzlichen Grüssen,
Ihr Uwe Johnson.

[Das Original des Briefes hat U. J. in einem an M. F. adressierten Briefumschlag aufbewahrt, der gleichfalls aufbewahrte Durchschlag wurde durchgestrichen und mit dem handschriftlichen Vermerk versehen: »n. a.« [nicht abgeschickt]

[115]

Truro, MA 02666
Cape Cod, MA./USA
25. Juni 1980

Lieber Uwe!
Danke fuer Ihren Geburtstagsgruss. Ich habe meinen Geburtstag nach New York verlegt, und das ist schon lang her. Habe ich den Brief, geschrieben nach Ihrem Besuch in Zuerich,[299] nun abgeschickt oder nicht? Ich weiss es wirklich nicht, weiss aber sehr, was Sie mir berichtet haben. Da Marianne Frisch-Oellers, damals grad in Zuerich, mich fragte, was wir denn geredet haben, sagte ich: Uwe hat eine bittere Geschichte. Punkt. Ich verstehe mich als Geheimnistraeger, auch wenn ich feststelle, dass ich verschweige, was einigen Leuten laengst bekannt ist so oder so. Ich denke, Uwe, das muessen Sie wissen; andere wissen es nicht durch mich.
[...][300]
Eigentlich wollte ich nur fuer zwei Wochen nach New York, aus ploetzlicher Laune (Was soll ich in der Mansarde an der Stockerstrasse in Zuerich?) mietete ich hier ein Haus fuer zwei Monate. Kueste. Duenen. Ich bin nicht ganz allein. Aber vermuten Sie nicht ein Abenteuer. Und fuer den Herbst habe ich in New York eine kecke Wohnung gemietet; auch fuer zwei Monate. Wozu? keine Ahnung –
Langsam wird es mit der Gesundheit schwierig.
Uwe, machen Sie einen guten Sommer!
Herzlich Ihr Max Frisch

299 Johnson hatte Frisch vom 27. bis 29. Februar 1980 in Zürich besucht.
300 An dieser Stelle wurden zehn Zeilen zur Wahrung von Persönlichkeitsrechten Dritter ausgespart.

[116]
[auf vorgedrucktem Briefpapier der Lufthansa:]

[Sheerness]
10. Juli, 1980

(An Bord des Lufthansa-Flugzeuges von)
Sheerness, Kent (nach) Truro, Mass. 02666,

lieber Herr Frisch,

befände sich gern

(denn auf den Brief, geschrieben nach meinem Besuch bei Ihnen in Zürich, hätten Sie mich sehen können »wie ein Schiesshund aufmerken« ‹Adelung, 1780›. Denn ich war ja abgefahren mit zwei gutachtlichen Empfindungen.
Die eine wollte wissen, ich sei zu Gast gewesen bei einem Ihnen geglückten Zustand. Nämlich, Ihre Anstände mit der Stadtplanung und Steuergerechtsame von Zürich, ich wollte sie durchaus in einem kleinen Verhältnis verrechnen, gegen die Vorzüge, denen ich Sie ausgesetzt sah. Das lag gewiss an der Optik eines, dem es dauerhaft verwehrt ist, zurückzukehren in die Stadt und die Sprache, in der er aufgewachsen ist; Sie sah ich in einem fort zu Hause, in der Mundart bewillkommnet in einem fort am Telefon, selbstverständlich in dem, was ich einen Ratskeller nennen würde, und noch in der eben ausführbaren Trauer über eine Stadt, die diesen Bürger nachts allein lässt über leeren Büros, wenn er denn in ihrer Mitte wohnen will. Einen Beneidenswert wollte ich ableugnen, eine Genugtuung zugeben. Es kam ja noch besser, wenn auch über mein Begreifen, mit der Nachricht, dass Sie zu einem gelassenen Umgang gefunden hatten mit einer Person, die Ihr Bewusstsein von der Person Max Frisch einmal erheblich beschädigt hat, und das in so anstrengenden Arten des Zusammenseins, wie der Spaziergang oder das Eintreten bei Freunden sie darstellen. Das war so kräftig gegen meine Überzeugung, dergleichen sei nur durchzuhalten unter Hängen und Würgen, dass ich ganz freiwillig für Sie die Ausnahme und die Regel machte: dieser eine hat es eben geschafft; dieser eine hat sich selber heilen können.
Die andere Empfindung war ratlos in jener Sache, die Ihnen vorzu-

tragen ich mich für verpflichtet hielt. (Darin bleiben Sie für mich ein »Geheimnisträger«, so verdrossen auch Sie diesem Ausdruck die Lächerlichkeit versetzen, die er sich auch noch verdient aus der »Bescheidwisserei« anderer; aus welcher Hand auch immer die ihr Hörsagen beziehen und verbreiten – Sie haben das meine von mir gehört. Es ist ein betrübliches Monopol, bleibt aber eines.) Denn auf den drei Sätzen, deren Wiederholung Sie sich für den Abend bestellten, haben Sie weder am Abend nach meinem Bericht bestanden ‹die waren da gerade in jenem Stadium des Gesetztwerdens, da noch an ihnen zu bauen gewesen wäre. Nun sind sie gedruckt, wie Ihnen aufgesagt, auf den letzten drei Sätzen [scil. Seiten] jener »Begleitumstände«, und zu Ihrer Unterhaltung führe ich die Reaktion von Günter Grass an, der sich als einen »Geheimnisträger« von gewiss einer anderen Seite als der meinen her empfindet: Der grosse G. G. bezeichnet in einem Telefongespräch mit Suhrkamps jene letzten drei Seiten[301] als »unmöglich«; vor allem dann begehrt er zu wissen, wer der dafür zuständige Lektor sei. Dieser in Person von Siegfried Unseld erklärt ihm den etwas offensichtlichen Sachverhalt noch einmal. Die literarische Ehrengerichtsbarkeit, als deren Sitz unser aller G. G. sich selbst etabliert hat, schickt zum tieferen (und sinnlosen) Nachgraben eine Hilfstruppe vor, Fritzchen Raddatz[302] von der »Zeit«, der nun in einem Telefongespräch mit Suhrkamps nähere Auskunft begehrt wegen der letzten drei Seiten und unbedingt besteht auf der Erkundigung: wer denn der hierfür zuständige Lektor sei. Beide Herren wissen wo, und unter welcher Telefonnummer ich aufzufinden bin; sie ziehen es vor, diese Sache ohne ihren Autor mit einander zu besprechen und mit denen, die ihnen gleichen. Das wirkt wie eine vorbeugend wiederholte Schutzimpfung.›

301 Gemeint sind die Seiten 451 bis 453 der *Begleitumstände*.
302 Fritz J. Raddatz, geb. 1931 in Berlin, schloß sein Studium der Germanistik, Geschichte, Theaterwissenschaft, Kunstgeschichte sowie der Amerikanistik 1954 mit einer Promotion an der Humboldt-Universität ab. Von 1953 bis 1958 war er Leiter der Auslandsabteilung und stellv. Cheflektor beim Staatsverlag »Volk und Welt«. Nach seiner Übersiedlung in den Westen arbeitete er von 1958 bis 1960 als Cheflektor des Kindler Verlags, von 1960 bis 1969 dann als stellv. Leiter des Rowohlt Verlags. Seit 1968 ist er auch in der akademischen Lehre als Lehrbeauftragter, Privatdozent, Honorar- und Gastprofessor tätig; 1971 erfolgte seine Habilitation an der TU Hannover. Von Anfang 1977 bis Ende 1985 war er Leiter der Feuilleton-Redaktion der *ZEIT*, für die der auch als Schriftsteller ausgewiesene Publizist heute noch als Kulturkorrespondent tätig ist.

noch am Morgen danach, obwohl Sie da eigens zwei Stunden bestimmt hatten zu einem Spaziergang am Ufer Ihres Sees. Mir fehlte das Gefühl, zum Vorschlag eines Themas, und nun doch des meinen, berechtigt zu sein. Ich war recht taub geworden von Ihrem beharrlichen Schweigen, und erschrak eher über Ihre abschliessende, nämlich unverhoffte Bemerkung beim Abschied an der Strassenbahn: nun werde man ja des öfteren von einander hören. Dessen ungeachtet fing ich schon eine Woche später, nachdem ich mich durch eine Postkarte[303] an Sie dazu ermutigt hatte, mit dem Warten auf Ihren Brief, der mir also gefehlt hatte bis zu dem Morgen vor Ihrem Abflug nach New York und bis heute.

Wenigstens nach dem Anlass für eine solche Reise Hals über Kopf erlaubte ich mir da am Telefon zu fragen, und da Sie sowohl schlechte Manieren der Stadtverwaltung Zürich als auch der von Ihnen geschiedenen Frau ausschlossen, war ich verlegen um jeden Reim. Nach wiederum zwei Monaten bat ich Helen Wolff um jene Adresse zwischen Montreal und New Orleans, an der Geschriebenes sie träfe, aber diese Dame ist auch geschickt, wenn sie einen Briefpassus vorerst übersehen möchte. So unentschieden war die Lage bis zum Eintreffen Ihres Briefes, datiert den 25. Juni von »Cap Cod«, für den ich mich auf das schönste bedanke.

Was Sie darin ausdrücklich als »Fussnote«[304] – vielleicht aber doch als Ursache für Ihre Abwesenheit von Zürich & Umgebung – anführen, es ist Ihre Sache, ich werde davon mich gehörig zurückhalten. Mir bleibt davon die Tatsache Ihrer Entscheidung, der ich allerdings auch ein Gelingen zutraue.

Das war vorläufig das einzig Klare. Es versteht sich, dass ich mich ergebe in das, was Sie mir zuteilen mögen. Ich bitte Sie jedoch, mir die Versicherung nachzusehen, dass mein Bedürfnis nach Teilnahme an Ihrem Ergehen weder der Neugier noch einem blossen Wissenwollen sich verdankt. So wünschte ich mir, Sie könnten wenigstens in Ihre Andeutung von Schwierigkeiten mit der Gesundheit eine kleine, aber hell strahlende Lampe hängen.

Von mir kann ich melden, dass ich an für die Arbeit verdorbenen

303 Diese Postkarte war nicht zu ermitteln, aller Wahrscheinlichkeit nach ist sie nicht erhalten.

304 Dieser Hinweis bezieht sich auf eine Passage des Briefes vom 25. Juni 1980, die zur Wahrung von Persönlichkeitsrechten Dritter ausgespart wurde.

Tagen die Umgebung der Insel Sheppey absuche nach Wegen und Ansichten, die man jemandem noch zumuten darf, der gerade aus der Gegend von Truro in Massachusetts oder von einer Fleckhaus-Gipfelkonferenz[305] in Zürich zurückkommt. Jedoch veranlasst mich dazu weniger Ihre mutmasslich unbändige Begierde auf landschaftliche oder bauliche Besonderheiten der Grafschaft Kent als das Vertrauen auf Ihre Erinnerung, dass diese Gegend zwischen den Ihren in einer Mitte gelegen ist.

Wie ich sehe, hat man auch Sie gebeten, zu Hans Werner Richters Sammlung von Erfahrungen mit der Stadt Berlin etwas beizutragen.[306] Wenn Sie diesen Vorschlag erwägen, so wäre ich Ihrer Mitbringsel vom dortigen Meldeamt für Ausländer begierig, auch der von Biermann, ebenso derer vom Kontrollpunkt Friedrichstrasse und vieler von denen, über die wir uns unterhalten haben in früheren Zeiten, die nun aber noch von Ihnen aufgeschrieben zu bekommen ich begierig bin.

Die Teilnahme an jenem Symposion in Zürich[307] habe ich ausgeschlagen, mit der für Siegfried Unseld erhebenden Begründung, ich wolle mir kein Loch reissen lassen in meinen Arbeitsfleiss, aber an Bord eines Flugzeuges von Sheerness nach Cape Cod befände sich gerne

yours, truly,

Uwe Johnson.

305 In den Sommermonaten 1980 gab es im Verlag einige Differenzen mit dem Buchgestalter Professor Willy Fleckhaus; für den 24. September war ein Gespräch mit Fleckhaus und Walser, Muschg und Frisch in Zürich vorgesehen. Das Gespräch fand dann – ohne Autoren – allerdings bereits am 12. September statt, weil Frisch schon in Amerika weilte. Von dem renommierten Designer Fleckhaus, der das graphische Erscheinungsbild des Suhrkamp Verlags seit 1959 entscheidend prägte, ist der Stoßseufzer überliefert: »Es wäre eine herrliche Arbeit, wenn es keine Autoren gäbe.« Vgl. zu Willy Fleckhaus auch S. 125, Anm. 177.

306 Gemeint ist das von Hans Werner Richter herausgegebene Buch *Berlin, ach Berlin*, das 1981 bei Severin und Siedler in Berlin erschienen ist. Max Frisch gab dieser Anthologie aber dann doch keinen Beitrag. Von Uwe Johnson wurde der 1965 für das *Kursbuch I* geschriebene Text *Eine Kneipe geht verloren* aufgenommen; a. a. O., S. 203-226.

307 Mit dem Symposium in Zürich meint Johnson offenbar die o. g. »Fleckhaus-Gipfelkonferenz«.

[117]

Berzona
Val Onsernone/Ticino
15. September 1980

Lieber Uwe,
Sie sehen: als er siebzig war, drängte es den Alten doch nach Ordnung und Vorsicht gegenüber Verleger und Erben; daher die Stiftung. Wie halten wir es nun mit unserem Briefwechsel? Die Briefe von Ihnen kommen ins Archiv; wer Zugang dazu haben wird, entscheidet der Stiftungsrat, und es wird kein Ort für Schnüffler sein. Die Briefe von Ingeborg Bachmann und Marianne Oellers (und noch andere) liegen unter Sperrfrist; zwanzig Jahre nach Tod. Für Briefwechsel mit Freunden habe ich keine Sperrfrist verfügt. Die Frage also: – laut Rundschreiben... Was übrigens das JOURNAL betrifft, dessen Anfang (bis 1975?) Sie in einer Kopie verwahren:[308] dieses liegt im Archiv ebenfalls unter Sperrfrist, BERLIN JOURNAL 1973-1980.
Ihr Frankfurt-Buch, dessen Schlussatz, wie ich von Ihnen vernehme, Günter Grass zum Schiedsrichtertum ermuntert, habe ich noch nicht erhalten; ich bin gespannt.
Wie, lieber Uwe, geht es Ihnen?
Herzlich Ihr Max Frisch

P. S.
Ich werde bis Mitte November in New York sein, Anfang des Jahres in Frankfurt wegen Theater.[309] Wie lange Lynn (Alice Carey) mich begleiten wird, weiss ich nicht; ich danke ihr für einen Sommer.

308 Max Frisch war offenbar entfallen, daß Johnson das Typoskript *Berlin Journal 1973-1980* einem Notar zur Aufbewahrung übergeben hatte.
309 Allerdings platzte die geplante deutschsprachige Erstaufführung von *Triptychon* in Frankfurt am Main; sie fand dann am 1. Februar 1981 am Wiener Burgtheater statt.

[Anlage (Rundschreiben)]

Max Frisch Stiftung

Zürich
15. September 1980

Sehr geehrter Herr Johnson,
im Namen der Max Frisch Stiftung, die im Oktober 1979 errichtet worden ist, gelangen wir mit einer Bitte an Sie.
Zweck der Stiftung ist die Verwaltung des literarischen Nachlasses und die Schaffung eines wissenschaftlichen Archivs, das sich auf Wunsch des Stifters in der Schweiz befinden soll. Darüber hinaus soll die Stiftung, sofern ihr Kapital es erlaubt, Stipendien an Literaturwissenschaftler und an Schriftsteller erteilen, sowie Beiträge zu kulturellen Unternehmungen leisten.
Dem Stiftungsrat gehören an:

- Peter Bichsel, Bellach SO
- Prof. Dr. Peter von Matt, Dübendorf ZH
- Prof. Dr. Adolf Muschg, Kilchberg ZH
- Max Frisch, Berzona TI (später ein Vertreter seiner Erben)
- Dr. Siegfried Unseld, Suhrkamp-Verlag, Frankfurt a. M.

Die Eidg. Technische Hochschule Zürich hat in ihrem Hauptgebäude zwei Räume für das Archiv zur Verfügung gestellt, so dass jetzt mit dem Aufbau des Archivs begonnen werden kann; in diesem Zusammenhang gelangen wir an Sie mit der Frage, ob Sie Briefe von Max Frisch besitzen oder Manuskripte (Typoskripte, Entwürfe, frühere Fassungen etc.) eventuell auch andere Dokumente, und ob Sie bereit sind, solche Materialien in das Archiv zu geben, sei es als Schenkung oder als Leihgabe, was im Inventar selbstverständlich vermerkt würde. Das Archiv-Material, das Max Frisch seinerseits zur Verfügung gestellt hat, bleibt Eigentum der Stiftung. Falls Sie sich nicht zu einer Schenkung und auch nicht zu einer Leihgabe entschliessen können, so wäre Ihnen die Stiftung sehr dankbar, wenn Sie das Material wenigstens zum Photokopieren freigäben. Das Archiv, fachkundig überwacht, wird nur für Forschungszwecke zugänglich sein. Sollte Ihnen eine Einsichtsnahme in Briefe, die an Sie gerichtet sind, aus persönlichen Grün-

den nicht genehme sein, so könnten Sie für solche Briefe eine Sperrfrist verfügen; Max Frisch selber hat für bestimmte Briefwechsel eine Sperrfrist verfügt.
Wir hoffen auf Ihre freundliche Bereitwilligkeit und danken Ihnen im Namen des Stiftungsrates.

Peter Bichsel Peter von Matt

[118]

Sheerness, Kent
22. September, 1980

Lieber Herr Frisch –
ich danke Ihnen für den Brief vom 15. September aus Zürich. In Wahrheit zwar sind Sie in New York City, und als Adresse geben Sie Berzona an, so dass dorthin das dritte Exemplar meiner »Begleitumstände« geht. Bitte, wollen Sie übrigens die Seite 164 beachten.[310]
In Sachen Archiv werde ich so verfahren, dass alle Skripten seit Montauk an die Stiftung gehen. Vielleicht finden Sie dies übereilt und der Pietät ermangelnd. Meine Erklärung verdankt sich dem Umstand, dass die Widmungen immer noch an eine zweite Person gerichtet sind, und in die Richtung dieser Person zu denken muss ich mich immer noch hüten.
Ihre Briefe an mich schicke ich dem Archiv, sobald ich an eine unbewachte Kopiermaschine gerate.
Bleibt das »Berlin Journal«, oder vielmehr davon der Teil, der in Berlin bei dem Notar Kraetzer hinterlegt ist. Den werde ich Anfang November dort abholen, wüsste aber vorher gern, ob Sie das etwa selbst schon getan haben, damit der Herr mich ganz harmlos ansieht.
Hier bitte ich, eine zweite Frage zu erlauben. Wie Sie wissen, ist jener Teil in einem verschlossenen Umschlag, mithin sein Inhalt mir unbekannt. Da Sie nun aber den Stiftungsräten das vollständige Journal übergeben, und ihnen damit eine Lektüre frei gestellt ha-

310 Auf Seite 164 der *Begleitumstände* findet sich eine Photographie: »Oberer Broadway, Manhattan«.

ben, würden Sie mir wenigstens das Studium des ersten Teils erlauben? Für die Frage entschuldige ich mich mit den beiden Umständen, dass ich mit Ihren Büchern lebe seit zwanzig Jahren und Ihr Leben, so oft Sie mich das sehen liessen, in meine eigene Biographie aufgenommen habe wie eine andere Sorte Kunstwerk. Bitte, könnten Sie sich hier verstehen zu einer schriftlichen Entscheidung?

Eine »kecke Wohnung« in New York kündigen Sie an für sich in diesem Herbst, und ich wünsche Glück. Denn im August bin ich inmitten einer britischen Reisegesellschaft durch Ostdeutschland gekarrt worden und bekam das fremde Land in einem sozialistischen Englisch bis zur Unkenntlichkeit erklärt;[311] nur an den vier mecklenburgischen Tagen (auf die es mir angekommen war) war meine Erinnerung gelegentlich befreundet mit der Tatsache, dass ich dort aufgewachsen bin, und diese Anlässe waren landschaftliche. Die Obere Westseite von New York ist eine Heimat, die ich wahrhaftig zu entbehren imstande bin, und ich wäre dankbar, wenn Sie dort gelegentlich nach dem Rechten sehen wollten.

Seien Sie herzlich gegrüsst von Ihrem, das ist:
Yours, truly,
Uwe Johnson.

[119]

New York
26. Oktober 1980

Lieber Uwe!
Ich danke Ihnen für den lieben Brief. Die BEGLEITUMSTAENDE erwarten mich also in Zürich und Berzona, ich bin sehr gespannt / auf das Ganze.

Wie können Sie allein leben?

Ein seltsamer Sommer, und Alice Carey ist noch mit mir, gemeinsam das Bewusstsein der Zukunftlosigkeit, der lange leichte Nach-

311 Vom 14. bis 25. August 1980 stattete er inmitten einer englischen Reisegruppe als »Mr. Johnson« der DDR einen Besuch ab, der ihn auch vom 17. bis 20. August nach Rostock und Güstrow führte; eine Unternehmung, die er im Juni 1982 noch einmal wiederholte.

mittag von Montauk ist schwerer geworden, aber wahrscheinlich begleitet die Frau mich noch nach Frankfurt / Triptychon-Proben / Weihnacht vermutlich in Berzona.
Ich arbeite endlich wieder, aber nicht gut...
In Sachen Archiv:
Ich danke Ihnen, dass Sie es auffüllen; das wird nicht das Schlechteste darin sein. Das BERLIN JOURNAL von Februar 1973 bis April 1980, ist unter Sperrfrist, also auch den Stiftungsräten nicht zugänglich. Ich möchte, dass die Kopie, die Sie beim Notar hinterlegt haben, in Ihren persönlichen Besitz übergeht, lieber Uwe, unter der Bedingung, dass Sie dieses Journal niemand zeigen und, wenn Sie, als Einziger, es gelesen haben, mit niemand darüber sprechen. Ich weiss nicht mehr, was darin steht, viel Krudes, so vermute ich, viel Selbstgerechtigkeiten. Hoffentlich steht nichts darin, was Sie verletzt. Die späteren Hefte befassen sich nur noch mit Marianne/bis zum Begräbnis meiner Hoffnung, dass eine nacheheliche Freundschaft möglich sei. Sicher ist manches anders gewesen, als der Schreiber dieses Journals es erlebt; ich weiss nur: es ist abgelebt. Und Sie wissen, was das heisst.
Lieber Uwe, wann sehen wir uns?
Ich hörte von Siegfried Unseld in der Plaza-Oister-Bar, dass Sie arbeiten, dass Sie die JAHRESTAGE vollenden, und das ist das Beste von allem, was ich, der an der Upper-West-Side einkauft, kurz und bündig aus Europa vernommen habe.
Uwe, ich grüsse Sie sehr herzlich
Ihr Max

[Am Kopf des Briefes hat sich U.J. handschriftlich die Adresse von M.F. in New York notiert:]
»Apt. 7G
300 Central Park West
N.Y., N.Y. 10024«

[Anlage]

[Auf einem Briefbogen der Max Frisch Stiftung,
auf den Max Frisch seine New Yorker Adresse angegeben hat:]

New York
26. Oktober 1980

VOLLMACHT

Herr UWE JOHNSON, Schriftsteller, wohnhaft in Sheerness-on-Sea, England, ist hiermit berechtigt, die Fotokopie meines BERLIN JOURNALS, das er für mich bei Notar Kraetzer in Berlin hinterlegt hat, zu sich zu nehmen als sein Eigentum/unter der Vereinbarung, dass er den Text keinen Drittpersonen zu lesen gibt.

Max Frisch

[120]

Sheerness
31. Oktober, 1980

Lieber Herr Frisch,
seien Sie auf das schönste bedankt für Ihren Brief vom 26. Oktober, vor allem für die Erlaubnis, das Berlin Journal anzusehen. Zwar werde ich es nun in Berlin beim Notariat Kraetzer abholen, aber doch gehörig zögern vor und mit dem Aufschnüren. Denn hätte ich gewusst, dass Sie auch den Stiftungsräten dieses Gelände gesperrt haben, so wäre mir meine Anfrage kaum in die Finger gegangen. Ich sehe mich sitzen vor dem Paket, heikel gefangen in einem Zwiespalt. Lieber Herr Frisch! Nun Sie eine Adresse angeben in New York, 300 Central Park West, darf ich Sie auf das beflissenste willkommen heissen in einem Gebiet der Stadt, das ich namens und im Auftrag meiner Mandantin Gesine Cresspahl verwalte. Sie mögen diese Hausnummer für undurchschaubar gehalten haben. Für uns jedoch ist alltägliches Wissen, dass Riverside Drive und Central Park West aus dem Entschlüsselungssystem für die übrigen Avenuen der Stadt herausfallen. Beim Riverside Drive wird die Hausnummer, jeden Falls bis zur 165. Strasse, durch zehn geteilt und dem Ergebnis die Zahl 72 zugefügt. Das ergibt für Mrs. Cresspahls 243 Riverside

Drive 96,3, und richtig war ihre Wohnung ja zwischen der 96. und der 97. Strasse gelegen, und zwar mehr zur 96. hin. Bei Central Park West ist die Zusatzzahl 60, 30 plus 60 ergibt für Sie als Querstrasse die 90. Die kennen wir, haben es auch aufgeschrieben und drucken lassen, dass wir da, nämlich am 27. April 1968, an einer Demonstration uns beteiligt haben, bis sie uns zu dumm wurde.[312] Gegenüber dem Hause, in dem Sie wohnen, Herr Frisch! Wir hatten Sie ja gebeten, in dieser unserer Heimat ein wenig nach dem Rechten zu sehen, und wir danken Ihnen für die Mühe.
Benutzen Sie die INDependent[313] von der 86. Strasse aus?
Welches Kino bevorzugen Sie, das New Yorker zwischen der 88. und 89. Strasse oder das Thalia an der 95.?
Wenn Sie mögen, und es auch schicklich ist, bitte ich Mrs. Carey empfohlen zu werden.
Kaufen Sie Ihren Tabak an der 72., Ecke Broadway, oder an der Fünften, Ecke 50.?
Da Sie nun einmal fragen, erlaube ich mir den Hinweis, dass der klassische Luftweg von New York nach Mitteleuropa über London-Heathrow verläuft, und dass ich vom 23. November an mich da aufstellen könnte zu jeder Zeit, die Sie mir als wünschenswert angeben. In Sheerness bedarf ein verlegtes Gästezimmer, nach Ihnen benannt mit gutem Grund, der wiederholten Prüfung und Genehmigung.
Mit herzlichen Grüssen,
Ihr Uwe Johnson.

P.S.
Ein Exemplar Begleitumstände ist in einer Stunde nach N.Y.C. unterwegs.

312 Vgl. *Jahrestage. Aus dem Leben von Gesine Cresspahl*, Bd. 3, Frankfurt am Main 1973, S. 1069-1075.

313 Die Abkürzung IND (Independent Subway System) steht für das dritte New Yorker U-Bahn-System. Mitte der zwanziger Jahre wurde es auf Initiative des damaligen Bürgermeisters, John F. Hylan, eingerichtet, der die beiden existierenden U-Bahn-Gesellschaften IRT (Interborough Rapid Transit) und Brooklyn Rapid Transit (später: Brooklyn-Manhattan-Transit, BMT) als korrupte Monopole abgekanzelt hatte, die die Belange der Einwohner sträflich mißachteten. 1940 wurden die drei Gesellschaften zu einer im Besitz der Stadt vereinigt. Vgl. hierzu auch den Eintrag zum 26. November 1967 in *Jahrestage. Aus dem Leben von Gesine Cresspahl*, Bd. 1, Frankfurt am Main 1970, S. 367-374.

1981

[121]

//leidend unter der neuen Telefon-Nummer 0795 662931 //
aber noch gemeldet unter
26 Marine Parade, SHEERNESS, Kent, ME12 2BB, England
16. Juni, 1981

Lieber Herr Frisch:
Da war noch etwas auszurichten zum 15. Mai, von Charles, dem anderen. Das ist jener, der überwacht den Garten hinter diesem Haus und achtet des weiteren darauf, dass ich wenigstens einmal im Monat Gesellschaft habe beim nachmittäglichen Tee, da schweigen wir drei geräumige Tassen lang ein jeder über das seine. Damit er aber nicht vergebens klingelt, muss ich ihm eine Reise jeweils ansagen, und als er von dieser den Grund und den Anlass erfuhr, rutschte aus seinem Munde die herbe Abfuhr: Chicko!
Denn er ist fünfundsiebzig, und sieht ein Alter wie das Ihre an wie . . .. Hühnerfutter, sagen wir mal. Damit es Ihnen nunmehr ausgerichtet wäre.
Eine Sprechstunde wenn Sie hätten halten können an jenem Nachmittag.
Immerhin, ich habe anbringen können, dass ich Ihnen meine Übungen im Konjunktiv[314] darlegen wollte zum Beweise und zum Danke dessen, das ich von Ihnen gelernt habe.
In einer Sprechstunde jedoch hätte ich Sie unterhalten mögen mit anderen Geschichten, etwa dieser, einer privaten:
von einem jungen Mann, mit dem habe ich Sie einmal spazieren geführt über die berliner Dahme, wo sie Der Lange See heisst, und dann durch die Wälder von Köpenick, aber einen Personennamen verkneife ich mir, das will die Natur der Geschichte so, wo sie der der Person entspringt. Auch Ihnen hat der Mensch dargestellt, wie betrüblich seine akademischen Bemühungen einer Belohnung von seiten seines Staates entraten, und nun werden Sie nur noch wenig verblüfft sein über seine Verblüffung, einen runden Geburtstag, sagen wir den fünfzigsten, wahrhaftig erleben zu müssen ohne eine

314 Mit den »Übungen im Konjunktiv« meint Uwe Johnson das Prosastück *Skizze eines Verunglückten*, seinen Beitrag zur Festschrift zum siebzigsten Geburtstag von Max Frisch.

Festschrift neben dem Frühstücksteller, wie sie doch der Brauch ist unter Gelehrten in deutschen Landen, wenn auch manchmal erst zu einem späteren Jahr.[315] Ein Schmerz, nicht wahr?
Man muss ihn nur recht zu tragen verstehen. Schliesslich wird er wahrgenommen von jenen Freunden, die er mit seinen wissenschaftlichen Künsten sich erworben hat ausserhalb seiner Landesgrenzen, die wollen ihm das Entbehrte wohl verfertigen, zu verlegen in den Niederlanden, zu drucken in Hongkong, zu schreiben noch in einer anderen Sprache als der seinen, der englischen, damit ein jeder sieht: eine private Freundestat ist es, die wir hier uns erlauben, keinerlei politische Handlung. Dies zu betonen, wandten die Herausgeber sich an einen Jugendfreund des Jubilars, damit er den akademischen Fleissarbeiten der Festgemeinde ein Vorwort stifte mit Näherem und Vergnüglichem zu seiner Person. Das war im August vorigen Jahres, und seufzend begann ich mein Englisch ins Schriftliche zu trainieren.
Wenn das Wasser hindurch ist unter der Brücke, dann ist ersichtlich, wohin man gespuckt hat: da haben Sie recht. Aber damals durfte ich berücksichtigen als ein Argument für eine solche Führung durch die persönlichen Eigenheiten des Geburtstagskindes, dass zwischen ihm und mir ein offener Briefwechsel lief, ohne Harm für den Freund, dass er mir bei Besuchen seine Tür öffnete ohne auffällige Zeichen von Angst. Zum anderen, meine Verbindung zu ihm war nirgends öffentlich gemacht; wer anders konnte die Redakteure dieser Festschrift auf mich hingewiesen haben als ihr künftiger Empfänger selber und in Person? Denn meine Tele-

315 Johnson erstattet hier in eigenartig verschlüsselter Form Bericht über jene Kontroverse, die im August 1980 durch die Bitte der beiden Herausgeber ausgelöst wurde, einen Beitrag für die Festschrift zum fünfzigsten Geburtstag des Freundes Manfred Bierwisch zu verfassen. Die von den Direktoren des Max-Planck-Instituts für Psycholinguistik in Nijmwegen, Wolfgang Klein und Willem Levelt, herausgegebene Festschrift *Crossing the Boundaries in Linguistics. Studies Presented to Manfred Bierwisch*, Dordrecht/Boston/London, erschien 1981 ohne Johnsons Beitrag. Vgl. hierzu auch: Uwe Johnson, *Fünfundzwanzig Jahre mit Jake, auch unter dem Namen Bierwisch bekannt*, sowie E. Fahlke, *»Wenn man einem Freund eine Festschrift macht...«. Zum Festschriftenbeitrag Uwe Johnson*, in: Roland Berbig/Erdmut Wizisla (Hg.), *»Wo ich her bin...« Uwe Johnson in der DDR*, Berlin 1994, S. 51-67 sowie S. 68-79. Eine Darstellung der Rahmenbedingungen gibt Manfred Bierwisch, *Wissenschaft im realen Sozialismus*, in *kursbuch*, Jg. 1990, H. 101, S. 112-123.

fon-Nummer mitsamt ihrer heiklen Vorwahl, sie stand nicht öffentlich angeschlagen in den Niederlanden, war lediglich zwei Freunden in Leipzig und Umgebung bekannt, darunter diesem. Wenn er sie Fremden gibt, damit sie rascher mit mir verhandeln können, werde ich den Antrag auffassen als eine Botschaft von ihm, wie immer vermittelt, als einen Auftrag, zuverlässig erteilt von einem Freund und einer politischen Person, der und die etwelche Umstände und Folgen einer solchen Publikation für einen Bürger der D.D.R. wohl genauer zu beurteilen weiss als jemand, der dem Innendruck dieser Gegend nun im zwanzigsten Jahre fern und entfremdet lebt. Nun brauchte ich diese Ableitungen nur noch zu mischen mit der Freude, einem Freunde ein Vergnügen zu bereiten, immer vorbehaltlich einer formellen Bestätigung auf Verlagspapier, damit jede Täuschung oder Provokation ausgeschieden war. Bisschen unsicher, die Zeiten heute. Aber die Firma gab es, die Herausgeber hiessen wie sie sich gemeldet hatten am Telefon, und die Verbindung zwischen uns war eindeutig das Geburtstagskind, eindeutig, unstreitig, wer wollte nun noch daran tippen.
»Nur naive Menschen bewegen die Welt.«
Die Arbeit wurde vereinbart noch im August, der Verlagsvertrag unterzeichnet im November, der Text abgeliefert am 24. November, die Korrekturen angekündigt für den 20. Februar. Am 6. März ward mir die Kunde, eine Veröffentlichung der Festschrift mit meinem Text werde sowohl die beruflichen Aussichten des Betroffenen ruinieren als auch ihm das Reisen ins Ausland vermasseln auf ewig. Und sei ich bereit, das Böse abwenden zu helfen von des Freundes Haupt?
Während ich verzichtete auf meine Rechte aus dem Vertrag, lag mir doch an einer Aufklärung. Denn ich hatte ja sorgsam solche Einzelheiten umgangen und vermieden, in denen die Dienstvorgesetzten des Jubilars mit meiner Erinnerung oder meiner Ausdeutung überzwerch sind, und wäre überdies bereit gewesen, über jeden Fehler in dieser Richtung reden zu lassen mit mir. Die Antwort lautete: »dass ich mich (besser: uns) in dem Portrait gerne erkannt habe und dass ich es (Befangenheit eingestanden) als rundum zutreffend gern akzeptiere und dass ich auch weiss, was du aus Freundschaft ausgespart hast.« Aber es muss unterdrückt werden »weitgehend noch gänzlich unabhängig davon, was im Einzelnen in Deinem

Text steht, da Du ja zugleich der Autor wohlbekannter anderer Veröffentlichungen bist.«
Hier wird die Geschichte komplett: Als er im August gefragt wurde, wer denn geeignet sei für das wissenschaftliche Vorwort, das private, und er meinen Namen sagte mit Nummer von Telefon und Haus, er wusste im selben Moment: dieser Name in irgend einer Nähe zu dem meinen in einem gedruckten Text, es ist eine Spielerei mit Hochspannung. Während ich beschäftigt war, unsere Weisstdunochs und Wiewardasnochs über die Ebene eines Kongress-Englisch zu stemmen, durfte er sich laben an der beklommenen und gerührten Erwartung dessen, was da kommen werde als Bekenntnis zu ihm und etwas, das ausgerottet werden muss mit Stumpf und Stiel. Wenn man im Dezember Beispiele aus dem Text zu ihm schmuggelt, ist sein Appetit so ungezügelt gewachsen, dass er auf einer vollständigen Kenntnis besteht (»weil ich es für sinnlos hielt, über herausgelöste Zitate eine Meinung zu formulieren«). Und fast drei Monate sitzt er neben einem eigenen Telefon, ohne mir in einem klaren oder andeutenden Ton anzuvertrauen, was er den Herausgebern im Niederländischen längst hat ausrichten lassen; jede Woche dreimal hat er Besucher, die ihm zuliebe einen Zettel mit acht Worten darauf in den Westen tragen würden; erst Mitte März erklärt er sich und darf den Text behalten, zu dem er von Anfang an nicht hätte stehen wollen und jetzt aufgibt in erhabener Selbstvernichtung. Seit dem reist er mit dem Text und leiht ihn aus und gibt ihm Hintergrund; immerhin hat das nicht ein jeder, die erschlichene Freundschaftsarie, die er so verwandelt in einen Nachruf zu Lebzeiten.
Die politische Geschichte:
fängt an mit der vorigen, nämlich indem ich sie vortrage bei einem Menschen in der Nähe der politischen Macht in der D.D.R., mit der Bitte um eine vertrauliche Behandlung, mit der Folge, dass sogleich die Mitglieder jenes Haushaltes eingeweiht werden, der Name freimütig geraten und ausgesprochen wird, übrigens mit dem bündigen Bescheid: Wer auch nur ein wenig Ahnung hat vom Funktionieren der ostdeutschen Gesellschaft, hätte mich von Anfang an herausgehalten aus einer solchen Festschrift, spätestens vor dem Beginn der Arbeit.
Dies wird abgetan in einem Nebenbei, weil doch erheblicher scheint, dass der Auskunftgeber nun selber in ein Abseits geraten

ist. – Ich bin eine observierte Person! sagt er, aufs Telefon deutend, zur Decke hin, zu der anderthalb Meter entfernten Wand des benachbarten Hauses.

Statt einen solchen Gutachter nun zu verweisen auf seine Pflicht, mich schon an der Tür wieder auf die Strasse zu schicken, mir fürsorglich den Mund zu verbieten und was sonst an Vorschriften sich von selbst versteht, übe ich mich in Höflichkeit und frage ehrerbietig, auch gefällig angeschauert: wie denn mein Gastgeber die Überwachung seiner Person unter einen Hut bringt mit seinen persönlichen Beziehungen zu einigen Köpfen der Staatsführung, und bekomme zur Antwort: Ich muss es den verantwortlichen Genossen überlassen, sowohl mir als auch dem Minister für Sicherheit zu vertrauen.

Dies waren seit langer Zeit meine ersten Versuche, Leute in der D.D.R. und ihre Lebensweise anzugehen, als wären sie nachgerade doch verständlich oder auch nur begreiflich. Von nun an werde ich mich strikt zurückziehen auf die bequemeren Sitten des Ausländers. Diese besser zu erlernen, nahm ich mir eine Reise nach Prag vor, Praha, Sozialistische C.S.R.[316] Der Plan rief ein wenig Besorgnis hervor bei den Leuten in Sheerness, die bei solchen Gelegenheiten meine Schlüssel verwahren. Denn wenn ich Germany angebe als ein Ziel, oder Switzerland, so beruhigen sie sich bei dem einen mit der British Army On the Rhine (B.A.O.R.), und von dem anderen wissen sie wenigstens the gnomes of Zurich. Aber Prague, das ist ja geradezu in einem kommunistischen Land!

So dass ich gefragt wurde mit einer Vorsicht, wie sie sonst nur geübt wird bei Erkundigungen nach heiklen Familiensachen: Charles, I don't want to be personal... why is it that you have to go to that country?

Fast wahrheitsgemäss gab ich zu, dass ich diese Gegend einmal ansehen muss, nachdem sie mich über ein paar hundert Druckseiten beschäftigt hat.

– Und sind Sie sicher, Charles, dass da keine unguten Gefühle auf Sie warten?

Sie mögen das sportlich gefunden haben, dass ich es einfach darauf

316 Unmittelbar im Anschluß an die Frühjahrstagung der Akademie der Künste war Johnson vom 11. bis 14. Mai 1981 vom Flugplatz Berlin Schönefeld aus zu einem Kurzbesuch nach Prag geflogen.

ankommen lassen wollte, aber als ich ganz heil zurückkam, sagten sie doch: So they didn't want to keep you, did they?
Und noch Wochen danach bekam ich Ausrisse aus der Kent Evening Post durchgesteckt, mit Berichten von Verhaftungen in Prag, der Behinderung eines Fernsehteams in Prag, oder sie knallten mir das aufgeschlagene Blatt hin mit den Worten: Did you read, that, Charles! Did you read that! – damit ich auch begreife, sie hätten mir abgeraten von Prag, wäre das irgend angegangen.
Lieber Herr Frisch, im Juli hat Helen Wolff einen runden Geburtstag, denke ich. Könnten Sie wohl herausfinden, ob es der siebzigste ist oder der fünfundsiebzigste? (Ich bin darauf aufmerksam geworden durch ein Schreiben von Herbert Mitgang (The New York Times), in dem er um Material für einen Artikel bittet.)[317]
Lieber Herr Frisch, Sie denken sich die Fragen, zu denen ich den Mut gehabt hätte in einer Sprechstunde womöglich, die aber auf Papier sogleich ungehörig aussehen. Anders verhält es sich mit den Antworten dazu, und wenn Sie solche geben, wird sich aufrichtig und gehorsam freuen,
der Sie herzlich grüsst,
Ihr Uwe Johnson.

1982

[122]

Sheerness
3. März, 1982

Lieber Herr Frisch,
da Siegfried Unseld das Bedürfnis empfindet, auch mit dem Präsidenten der westdeutschen Republik, einem bekannten Hitlerdiener, einen Abend zu verbringen, hat er, der eine, mir angeraten, die Einladung des anderen zu einem Dinner am 22. April, doch anzunehmen –[318]

317 Am 27. Juli 1981 beging Helen Wolff ihren fünfundsiebzigsten Geburtstag. Der Artikel von Herbert Mitgang, einem langjährigen Kulturkorrespondenten der *New York Times*, erschien unter dem Titel *Imprint Helen Wolff* im *New Yorker* vom 2. August 1982.
318 Bundespräsident war von 1979 bis 1984 der CDU-Politiker Karl Carstens, geb. 1914 in Bremen, gest. 1992 in Heckenheim bei Bonn.

woraus hervorgeht, dass ich zu dieser Zeit in Bonn bin, der Schweiz etwas näher. Sie wünschten solche Daten zu wissen.
Aus der New York Times vom 2. Februar ersehe ich als Willensäusserung von William Jovanovich: »Before Labor Day of this year the trade department and media systems will be wholly in San Diego«. Und »trade publishing«, so fügt das immer noch verdienstliche Blatt hinzu, bedeutet »books that are sold primarily in bookstores«. Hat Mrs. Willen Sie unterrichtet von diesem Eingriff in Ihre Angelegenheiten, und sind Sie eingeladen, ihre neue Wohnung in California einrichten zu helfen?
Um einen Weggang von Grace Budd täte es mir leid.[319]
Um Sie weiterhin mit Zitaten zu unterhalten: »Leider wird in einigen Kunstwerken das hässliche Gesicht des Krieges allzu detailliert mit all seinen Grausamkeiten beschrieben... Die naturalistische Darstellung blossen Entsetzens enthüllt nicht das Wichtigste in einem gerechten Krieg – seine ideelle Schönheit. Die Darstellung des entsetzlichen Antlitzes, das der Krieg auch besitzt, setzt so den ideellen Wert der Schönheit einer Heldentat herab und erzeugt unter Umständen pazifistische Stimmungen«.
Diese ästhetische Vorschrift, 1979 im Militärverlag der Deutschen Demokratischen Republik erlassen,[320] beginnt drei Jahre später sich abzubilden auf der Insel Sheppey: in den napoleonischen Befestigungen an der Nordwestspitze gedenkt die Gemeindeverwaltung sich einen Unterstand gegen Atombomben zu bauen, mit erst einmal £ 25,000 Kosten. Infolge dessen könnten Sie hier eine öffentliche Meinung erblicken.
Seien Sie auf das schönste bedankt für Ihre Ratschläge zum 19. August 1968.[321] Sie sind gut angewachsen.
Mit herzlichen Grüssen
Ihr Uwe Johnson

319 Drenka Willen war Lektorin im Verlagshaus Harcourt, Brace and Jovanovich und Grace Budd ihre Sekretärin.

320 Die Fundstelle der zitierten »ästhetischen Vorschrift« war leider nicht zu ermitteln.

321 Max Frisch hatte ihm offensichtlich Ratschläge zur literarischen Gestaltung des vorletzten »Tageseintrags« der *Jahrestage. Aus dem Leben von Gesine Cresspahl* erteilt.

1983

[123]
[Ansichtskarte »Zürich«; handschriftlich]

Zürich
5. Mai 1983

Lieber Uwe!
Ich habe es gefunden, mein Altersheim, und eingerichtet.
[Dann der Anschriften-Stempel]

Max Frisch
Stadelhoferstrasse 28
8001 ZÜRICH
Tel. 69 30 74

Herzlich Ihr Max Frisch

In SoHo, N.Y., werden Sie mich selten treffen, aber die Loft dort gibt es noch, Alice[322] wohnt dort.

[124]

Sheerness, Kent
10. August, 1983

Lieber Herr Frisch,
bitte, wollen Sie mir nachsehen, dass ich erst heute mich bedanke für Ihre Nachricht vom Mai. Damals und inzwischen schickte der Suhrkamp Verlag ausgiebig mich umher, für sein »Weisses Programm« aufzutreten,[323] so dass ich lange laborierte an Gottfried Kellers Befund, es verderbe das reisende Reklamierwesen etwas die

322 Alice Locke-Carey; vgl. S. 115, Anm. 157.

323 Im 1. Halbjahr 1983, im 33. Jahr seines Bestehens, verzichtete der Suhrkamp Verlag darauf, in seinem Hauptprogramm »Novitäten« zu veröffentlichen, und legte statt dessen das »Weiße Programm« vor. Es bestand aus zehn wissenschaftlichen Standardwerken und aus 33 literarischen Titeln des Verlags, die für dessen Geschichte repräsentativ sein sollten. Die Bücher erschienen »mit weißem Design« als einmalige Sonderausgaben. Vom 5. Oktober 1983 bis zum 6. November 1983, so der ursprüngliche Plan, sollte Uwe Johnson, mit einer Monatsnetzkarte der Bundesbahn ausgestattet, auf einer Lesereise den vierten Band der *Jahrestage* in ausgewählten Buchhandlungen vorstellen. Die Lesereise mußte er Ende Oktober wegen eines Krankenhaus-Aufenthalts in Berlin abbrechen.

Poeten. Mancher von ihnen kann bei so etwas sich selbst zum Ekel werden und des Mutes ermangeln, in diesem Zustand an andere Leute sich zu wenden.

Im Oktober soll das noch einmal los gehen, dies Mal aber mit dem heimlichen Vorsatz, als das Ziel des Reisens auf der schweizerischen Strecke der Tournee einen Besuch in Ihrem »Altersheim« anzusehen. Es wäre doch nachzuprüfen, wie weit Sie die Leitung des Instituts unter Ihre Kontrolle (»power«) gebracht haben, ob die Fenster geputzt sind und das Schreiben auf Maschinen bis zwei Stunden nach Mitternacht erlaubt. Ich freue mich, Sie wieder zu sehen.

Sie nach Sheerness einzuladen, es wäre eine Zumutung. Denn vor die Marine Parade wird seit Monaten eine neue Flutmauer gebaut, mit Krach von vielerlei Gerät und beharrlichem Staub. Des weiteren, das westlich an die Nummer 26 grenzende Haus ist aufgekauft von jenem »Künstler« aus Nummer 24, dessen Jaguar Sie einmal eine Herkunft »vom Schrottplatz« attestierten. Um sich die Mühe zu ersparen, »ein jedes Jahr zwanzig Bilder rauszuleiern«, baut der diese für eine Familie gedachte und gebaute Heimstatt um in eine Kommode aus drei separaten Wohnungen, von deren hinkünftigen Mietzinsen gedenkt er zu leben (mit Frau und zwei halb erwachsenen Kindern auf Privatschulen). Da er aber kein Künstler ist sondern ein Dilettant, ist er in achtzehn Monaten nicht fertig geworden, und immer noch einmal in der Nacht so gegen elf fällt ihm eine Stelle ein, da könnte man etwas bohren, unverhofft. Die Grenzmauer besteht aus einem einzigen Stein, man hört ihn gut; neuerdings auch die ersten Mieter, junge Leute mit Kleinkind. Was aber tun kleine Kinder, wenn sie sich unbequem fühlen? das kann man einem Besuch schlecht auftragen als eine akustische Kulisse.

Von den letzten Wochen an den »Jahrestagen« bringe ich Ihnen eine Geschichte mit, die ist so komisch, die zu erzählen taugt kein Papier.

Wie aber, lieber Herr Frisch, kann man in SoHo in New York einen Dachboden haben, ohne ihn ausgiebig wahrzunehmen? Das ist mir unerfindlich, und wenn es wunderlich zugeht im September, werde ich das am Orte selber nachprüfen dürfen.

Mit herzlichen Grüssen

Ihr Uwe Johnson.

[125]

Sheerness
12. Oktober, 1983

Lieber Herr Frisch,
Gruss zuvor – :
Im September in New York fing das an, was ich gleich darauf und nun bis Mitte November fortzusetzen habe als Teil des literarischen Handwerks,[324] eine Metapher der Trostbedürftigkeit:
einsam steht der allein reisende Mensch allnächtlich an den Waschbecken der Hotels, seine Hemden walkend und spülend...
Später, auf dem Rand des immer von neuem fremden Bettes balancierend, kann man verfallen auf wunderliche Gedanken und im Telefonbuch von Manhattan nachprüfen, ob ein der Ruhe beflissener Freund daraus sich hat fern halten können. (Mir war erzählt worden, die Zahl der unverzeichneten Anschlüsse dort komme mittlerweile den erreichbaren gleich.) Siehe da, Max Frisch ist aufgeführt. Mit Adresse. Eingedenk des handschriftlichen Zusatzes auf Ihrer Karte vom Mai unterliess ich einen Anruf bei der Partei, die Ihren Apparat bedient; glaubte Sie auch zuverlässig in Ihrem »Altersheim«, wenigstens jenem, das in Zürich steht.
Auch an der Tür der angegebenen Adresse, neben dem neu belebten Antiquitäten-Geschäft (»Backmin Black«) steht zu lesen: FRISCH. Eingedenk... habe ich des Klingelns mich enthalten.
Was zu verhindern war dann misslingen musste, war ein Einfall und Wunsch, den ich Ihnen mit Bescheidenheit vortragen dürfen möchte, schon bevor ich Ihnen am 1./2. November hoffentlich meine Aufwartung machen kann:
Könnten Sie sich denken, mir die Wohnung hinter jener Telefonnummer und Tür, Ihr »loft« vom Juni nächsten Jahres an für vierhundert Dollar zu vermieten bis zum Ende des Mai 1985?
Was ich im Grunde erwarte ist, versteht sich, eine Absage. Was ich, unvernünftiger Weise, erhoffe ist...
Aber eine solche Anfrage zu unterlassen, es geht über meine Kräfte.

324 Vom 9. bis 23. September 1983 hielt sich Uwe Johnson für Aufnahmen und Interviews im Rahmen des von Klaus Podak im Auftrag des Hessischen Rundfunks gedrehten Fernsehfilms *Auf den Spuren von Gesine Cresspahl* in New York auf.

Aus diesen, und unausgesprochenen Gründen bitte ich vorab um Verzeihung.
In der Hoffnung ich hätte mir den Besuch bei Ihnen in neunzehn Tagen nicht verdorben.[325]
Mit herzlichen Grüssen,
Ihr Uwe Johnson.

325 Am 5. November 1983 begegneten Max Frisch und Uwe Johnson einander zum letzten Mal in Zürich. Mit der Zusage, die New Yorker Wohnung Frischs ab Juni 1984 für ein Jahr mieten zu können, verließ Johnson die Schweiz. Nutzen konnte er das Angebot nicht mehr. Am 13. März 1984 wurde er tot in seinem Haus in Sheerness-on-Sea aufgefunden. Gestorben war Uwe Johnson drei Wochen zuvor in der Nacht vom 23. auf den 24. Februar.
Im selben Jahr verkaufte Max Frisch seine New Yorker Wohnung.

Uwe Johnsons Lektorat
zu
Max Frisch
»Tagebuch (1966 bis 1970)«

Mit unveröffentlichten
Entwürfen

»... im Ton des Lektors, zu dem Sie mich gemacht haben.«

[Uwe Johnson an Max Frisch]

Berlin West 41
Stierstrasse 3
9. Januar, 1971

Lieber Herr Frisch,
beigeschlossen finden Sie 18 Seiten mit Anmerkungen zu Ihrem Tagebuch II. Ich habe vorher nicht das Tagebuch I gelesen, um unbefangen zu sein, und fing dies an mit nichts als mit beträchtlich anspruchsvollen Erwartungen. Diese Erwartungen sind erfüllt worden, und wenn Sie erlauben, ich möchte Sie zu dem neuen Buch beglückwünschen.

Während des Lesens habe ich nachgedacht über etwas, was ich nicht kenne: Ihre Empfindlichkeit. Schliesslich habe ich mich entschlossen, sie einfach für normal anzusetzen. Ausser dem habe ich immer noch eine fast reflexhafte Achtung vor Älteren, wie in einer vollbesetzten Untergrundbahn, so auch hier. Schliesslich, ich habe mich erinnert an ein unnötiges Missverständnis zwischen Ihnen und mir,[1] also daran, dass ich nicht der Möglichkeit verlustig gehen möchte, dass Sie gelegentlich mit mir sprechen.

Meine Lage beim Lesen hat dazu nicht immer gepasst. Sie haben mit der Übergabe des Typoskripts verlangt, dass ich Ihnen meine Meinung mitteile; dabei konnte ich nicht Rücksicht nehmen darauf, dass sie Ihnen jeweils gefällt. Ohnehin stehe ich zu meinem Unglück im Rufe der Arroganz. Nun werden Sie auch Bemerkungen lesen wie

Daher scheint diese Notiz entbehrlich.

Dies Stück wünschte ich mir breiter ausgearbeitet.

Deleatur, se possibile; d. s. p.,

sogar einen neuen Anfang bekommen Sie von mir vorgeschlagen; und ich würde es verstehen, wenn Sie sagten:

Was erlaubt sich eigentlich dieser junge Hund! Dieser Idiot hat nicht ein Wort verstanden! Was fällt dem Affen ein, was ist das überhaupt für ein Latein!

aber ich konnte jeweils nur sagen, was der Text von mir verlangte, im Ton des Lektors, zu dem Sie mich gemacht haben. Meine Miss-

1 Uwe Johnson spielt hier auf die ersten beiden Briefe vom Oktober 1964 an; vgl. S. 11ff.

verständnisse sind nicht aus meiner Absicht, sondern aus meiner Unfähigkeit zu erklären. Ich hatte tatsächlich nicht Ihren Ärger, sondern ein Gegenteil davon im Auge.

Wenn Sie nach der Durchsicht meiner Anmerkungen noch ein Gespräch für möglich, oder nötig, halten, würde ich Sie gern in Zürich besuchen, würde ich Sie gern in Berlin begrüssen.

Mit herzlichen Grüssen,
auch an Marianne, die nun bitte nicht mehr daran glauben soll, dass ich etwas gegen sie zu zeigen hätte,
Ihr sehr ergebener Uwe Johnson.

[Anlage]

GELB

1: 1966

Eine mögliche Anspielung auf Samuel Becketts Faux Départs wäre hier zu stark verschlüsselt.[2] Deshalb erscheint die Frage eines Mannes von fünfundfünfzig Jahren nach der erwartbaren Länge seiner Fingernägel vordringlich kokett, wenn die Antwort die Aussichten eines neuen Tagebuchs liefern soll. Sie wird sich befremdlich ausnehmen im Vergleich mit dem Foto des Verfassers auf dem Umschlag. Schliesslich die Berechtigung für das Unterfangen eines öffentlichen Tagebuchs leitet sich weniger her aus der mutmasslichen Lebensdauer des Verfassers, sondern aus der Qualität des Lebens, das er uns vorführen will. Dieses Selbstverständnis eines vor aller Augen Lebenden, so riskant dessen Ausdeutung wäre (wegen der jedenfalls gefährdeten Ankunft des Anspruchs im Verständnis des Publikums), ginge ganz ohne Umweg auf einen Anfang zu.

> [Die von Max Frisch gestrichene Textstelle lautete:
> »1966.
> Frage beim Schneiden der Fingernägel: wie lang (in Metern oder Zentimetern) werden die noch wachsen? – ob ein Tagebuch anzufangen sich noch lohnt.« (Ms. H. 1, S. 1);

2 Samuel Becketts Prosatext *Faux Départs* wurde 1965 im *Kursbuch I*, S. 3-5, mit folgender Anmerkung veröffentlicht: »*Faux Départs*, zu deutsch: mißlungene Anfänge oder Fehlstarts, heißt ein Prosawerk, an dem Samuel Beckett arbeitet.« Es handelt sich um vier kurze Prosastücke, in denen von der Sinnlosigkeit möglicher Anfänge die Rede ist. Die Publikation im *Kursbuch* blieb die einzige dieser Textstücke, von denen drei in französischer und eines in englischer Sprache verfaßt wurden.

statt dessen beginnt das Tagebuch mit einem nachträglich eingefügten »Fragebogen«.]

GRÜN

2: Statistik

Später im Manuskript wird eine Beziehung zu diesen Daten sichtbar, zu einem Teil, weil dort ein nebenbei laufender Satz sie zu einem konkreten Problem von Lebenserwartung verdichtet. Daher scheint diese Notiz entbehrlich.

[Die Statistik zur durchschnittlichen Lebenserwartung wird unverändert übernommen; vgl. GW, Bd. 6, S. 9.]

GELB

3: Ohne Titel

Für den Fall, dass 1 nicht umgebaut wird, ist diese Bemerkung wegen ihres erkenntnistheoretischen und Mottocharakters vielleicht als Anfang effektiver.

[Die von Max Frisch gestrichene Textstelle lautete:
»Am Hof von Alexander dem Grossen hätten wir den Eindruck: die Weltgeschichte (Gründung von Alexandria, Eroberung von Persien, Feldzug nach Indien usw.) liegt in den Händen von Studenten.« (Ms. H. 1, S. 3)]

WEISS

4: Zehnter Todestag von Brecht

Seit ich Ihre Erinnerung an Brecht im Heft 7/1966 von kursbuch gelesen habe, hätte ich Sie gern gebeten, sich noch einmal an das Geschäft eines Tagebuchs zu machen. Ihre Auswahl aus dem Gesehenen wie dem Erinnerten, Ihre deutlich vorgeführte Haltung zu dieser Person wie zu den sie umgebenden machen dieses Bild von Brecht für mich authentisch ohne jede Konkurrenz. Dagegen scheinen die Berichte aus der bisherigen Literatur über die Person Brecht für mich eben nicht nur schwächlich, sondern auch falsch. Was Sie hier hingestellt haben: ist nicht nur ein verständliches Bild von Brecht, sondern auch eines, dessen Kongruenz mit seinem Werk nicht verdächtigt werden kann.
Deswegen bedaure ich jede der Kürzungen, die Sie vorgenommen haben.

[Die Erinnerungen an Brecht werden in einer – im Vergleich zur Fassung im »kursbuch« – leicht überarbeiteten Form übernommen; vgl. GW, Bd. 6, S. 20-38.]

GELB

25: Berzona

Wenn Sie den letzten Satz in eine schärfere Beziehung zu seinen Vorgängern brächten, Sie könnten ihn als absurd und obendrein unnötig erkennen: Sie wissen ja, was schreiben.

[Die von Max Frisch gestrichene Textstelle lautete:
»BERZONA.
Nachricht von einem Hund, der von Calabrien, wo er verloren gegangen ist, in neun Wochen nach Turin läuft, wo er seine Herrschaft glücklich wiederfindet. Jemand vom städtischen Jugendamt berichtet: ein 15-jähriges Mädchen, Waise, verlässt die Ortschaft Cognac (Frankreich) aus Verwirrung, weil sie vom Arbeitsgeber vergewaltigt worden ist, und geht zufuss nach Basel, wo sie noch eine Tante hat; der Mann dieser Tante vergewaltigt sie. Eine unbekannte Dame, die keine Ruhe lässt, bittet um Rat: ihr Bruder soll demnächst verurteilt werden, weil er einen Juwelierladen geplündert hat, vielleicht auch Rauschgift geschmuggelt, und ich sei doch gegen Ungerechtigkeit; ihr Bruder, im Grunde auch Künstler, werde fünf Jahre im Gefängnis nicht ertragen. Nina , unsere Katze, hat wieder ein Junges geworfen; sie hat es gefressen. Und ich weiss nicht, was schreiben.« (Ms. H. 1, S. 25)]

WEISS

26: Alkohol

Dieses Zwiegespräch benutzt leider konventionelles Material, und auch die Opposition zwischen Trinker und Nichttrinker ist in zu vielen Wandlungen erwartbar. Deleatur, wenn irgend verzichtbar.

[Die von Max Frisch gestrichene Textstelle lautete:
»ALKOHOL
Was hast du in letzter Zeit getan? / Ich habe beschlossen: Kein Alkohol mehr. / Und sonst? / Ich habe danach gehandelt, ich habe keinen Alkohol getrunken, ich habe mich zusammen gerissen. / Was hast du ausserdem getan? / Ich habe mich gefreut. Ich

habe gesehen, dass es geht. / Ich möchte aber hören, was du in letzter Zeit geleistet hast. / Das ist eine Leistung. / Und sonst ist nichts geschehen? Was hast du, zum Beispiel, über Ostern getan? / Es war schwierig, wir hatten Gäste im Haus, ich habe Flaschen entkorkt und Gläser gefüllt bis Mitternacht und später, ich habe fast nur Mineralwasser getrunken. / Und sonst? / Kaffee. / Was hast du aber getan, was hast du gedacht? / Ich habe gedacht, es sei leichter. / Und ausserdem? / Ich habe den Leuten kein Zeug erzählt, was man besser nicht erzählt, überhaupt habe ich weniger gesprochen. / Was hast du aber erlebt in dieser ganzen Zeit? / Kontaktschwierigkeiten. / Und ausserdem? Was hast du denn in letzter Zeit erfahren? / Ich habe erfahren, dass die meisten Leute, wenn sie trinken, nicht mehr zuhören, und dass sie sich wohler fühlen als ich. / Was, meine ich, hast du tagsüber getan? / Ich habe mich wohler gefühlt als früher, weil ich nichts getrunken habe, tagsüber. / Aber was hat sich ereignet? / Einmal hat sich ein Krach ereignet, weil ich es nicht aushielt, ohne zu trinken, und ich sagte jemand ins Gesicht, was ich von ihm halte. / Und sonst hast du in dieser Woche nichts getan? / Ich sage es ja: Ich habe mich immer wieder zusammengerissen. / Und ausserdem, ich frage dich jetzt zum letzten Mal, was ausserdem? / Ausserdem habe ich drei Kilo abgenommen. / Was, zum Beispiel, hast du gestern getan? / Gestern habe ich eine Bloody-Mary getrunken, später nur noch Vodka, schliesslich eine ganze Flasche. / Was tust du heute den ganzen Tag? / Ich schäme mich, ich habe Kopfweh. / Was, sagen wir so, hast du in letzter Zeit getan, wenn du nichts getrunken hast? / Ich habe geraucht. / Und sonst? Sonst hast du nichts getan, nichts überlegt? / Ich habe überlegt, ob ich nicht auch das Rauchen unterlassen kann. / Hast du keine Bücher gelesen, bist du keinem Menschen begegnet, hast du nichts Nennenswertes gesehen oder gehört? / Das schon. / Gott sei Dank! / Ich bin viel wacher, wenn ich nichts trinke. / Was hat also dich seit Ostern am meisten beschäftigt? / Das sage ich ja die ganze Zeit. / Aber was, meine ich, ausser Alkohol? / Ich überlege. / Was hast du in diesem Sommer vor? / Wie gesagt: Kein Alkohol mehr ... « (Ms. H. 1, S. 26-27)]

28: Berzona

Der Lakonismus, die subjektive Resignation verstecken viel von dem Inhalt. Schon wenig mehr Ausführlichkeit könnte die Mitteilung in den handlicheren Zustand einer Information überführen.

> [Die von Max Frisch gestrichene Textstelle lautete:
> »BERZONA.
> Arbeit an einem Stück.[3] Die Dramaturgie, die ich gelernt habe, taugt nicht. Alles Gespielte hat einen Hang zum Sinn, den das Gelebte nicht hat.« (Ms. H. 1, S. 28)]

29: UdSSR, Mai 1966

Ein typisches Beispiel für Ihre ausserordentliche Fähigkeit, Zeuge zu sein, als Zeuge zurückzukommen. Was mich angeht, so kann ich das mitlesen bis zu Ihren persönlichen Gesten, obwohl Sie sie nicht aufnehmen. Hervorragend das zähe Auftauchen eines guten Willens, den der tatsächliche Augenschein immer von neuem unter Wasser drückt. Das ist eben nicht Sarkasmus, sondern Enttäuschung, die den zerstörten (oder auf die lange Bank geschobenen) Wunsch nach Sozialismus nie gänzlich aufgeben mag.
Beurteilen Sie meins mit Misstrauen: überdies stimme ich noch im Prinzip mit Ihnen überein (Zeile 20: Potjomkin-Treppe?)

> [Trotz Uwe Johnsons Fürrede wird der Text nicht ins »Tagebuch« übernommen. Der Text lautete:
> »UdSSR, Mai 1966
> Alles muss bewundert werden, Schweigen gleich Misstrauen, Frage gleich Kritik, Kritik gleich Verrat oder Missgunst usw., nur Anerkennung ist statthaft. Unsere INTOURIST-Begleiterin: Hier in der UdSSR, sind die besseren Menschen, weil kein Erwerbskampf sie neidisch macht, im Westen keine guten Menschen möglich, aber hier sehr viele gute Menschen. Wenn man scherzt, ist Misstrauen ihr erster Reflex. Man kann sich nur auf Schritt und Tritt belehren lassen und nicken. Kaum jemand fragt, wie es anderswo aussieht. Lenin sagt, die Literatur andrer Völker

3 Im Frühjahr 1966 arbeitete Max Frisch an dem Stück *Biografie: Ein Spiel*, das am 8. Februar 1968 uraufgeführt wurde.

habe keine Figur hervorgebracht, die an Tolstoi heranreicht. Mein Wunsch, Industrie zu sehen, wird beflissen zur Kenntnis genommen, aber nie erfüllt. Was sie gerne zeigen: Ikonen, Paläste von Zaren, Kirchen immer wieder Kirchen mit dem Hinweis, dass sie ausser Betrieb sind, Petemkin-Treppe, Denkmäler von Puschkin usw. Ich möchte einmal ein Dorf besuchen, INTOURIST fragt: Wozu Dorf? Es klappt einfach nicht. Grandhotel als Quarantäne; ohne Coupons, die wir mit Dollars vorausbezahlt haben, gibt es kein Zimmer. Frühstück dauert eine Stunde, Mittagesssen und Abendessen (bis der Kellner kommt und bis die bestellte Speise kommt) je anderthalb bis zwei Stunden. So vergehen unsere Tage in der Sowjetunion. Ich lobe gern. Ich lobe so viel ich nur kann. Keine Not in den Städten, keine Slums, das russische Volk lebe besser als je in seiner Geschichte. Kein Café, wo man unter Leuten sitzen kann, auch im südlichen Odessa nicht. Eine Eis-Bar , wo man steht: die Verkäuferin wiegt das Eis auf einer Handwaage, Geduld der Leute, die Schlange stehen. Stellt man Fragen (zum Beispiel: wie sie zu Samuel Beckett stehen), so gibt es nur eine Antwort, die richtige; daher ist es gleichgültig, wer sie beantwortet, einmal übernimmt es dieser, einmal jener, Vortrag von Communiqués. Einige, die immer wieder ins Ausland reisen können, Millionen dagegen lebenslänglich nicht. Moskau hat kein Telefonbuch. Der Vergleich mit dem Westen ist falsch. Warum erzwingen sie ihn. Es gibt einen sinnvollen Vergleich nur mit der Rückständigkeit des zaristischen Russland. Kristall-Gläser, Servietten aus Damast, Kristall-Leuchter, Marmor, dazu spielt eine Damen-Kapelle. Zum dritten Mal habe ich in einem Restaurant zu bewundern: Wasserbecken ohne Zufuhr von Sauerstoff, Wasser tröpfelt aus einem Hahn, dreizehn schöne Fische, vier davon schwimmen bereits mit Bauch nach oben, also verreckt. Ihr Monopol auf Fortschritt. Es ist rührend, aber langweilig. Ein junger Ingenieur, der etwas Englisch spricht, ist erstaunt, dass es im Westen auch Altersversicherung gibt, dass ein Arbeiter, wenn er einen Unfall hat, nicht einfach auf der Strasse steht, sondern ärztlich behandelt wird. BIEDERMANN UND DIE BRANDSTIFTER im satirischen Theater, eine sehr gute Aufführung, nachher Geburtstag mit Champagner, Umarmungen, die grosse Herzlichkeit. Das Grab von Tschechow mit Kirschbaum, unweit davon das Grab von Gogol, von Stanislawsky; das Haus von Tschechow. Ein öffentlicher

Park mit Leihbücherei. Es kommt zu plötzlichen Freundschaften; dass einer zu erkennen gibt, was er selber denkt, setzt viel Vertrauen voraus. Denkmäler mit ihrem erstarrten Jubel in Richtung Zukunft, die inzwischen Gegenwart geworden ist: Apathie in sauberen und imposanten Boulevards, Menschen, denen es nicht an Nahrung und Kleidung fehlt, nur an Anzeichen von Lust. GALILEO GALILEI, eine groteske Aufführung, aber deutlich, welcher Klerus gemeint ist; man fürchtet, dass die Aufführung verboten werde. Unter den grossen Bildnissen von Lenin, die überall zu sehen sind, eine ordenliche Grossmacht von Spiessbürgern –

——— «

(Ms. H. 1, S. 29-31)]

GELB

32: Zürich

Kürze, Beziehung zu den umgebenden Texten, Stoik: unübertrefflich. Auch wer Ihre Stimme nicht kennt, muss sie hier erkennen.

[Die von Uwe Johnson so hervorgehobene Textstelle lautete: »Zürich.
Mutter im Sterben. Zeitweise meint sie, dass wir zusammen in Russland sind. Sie ist 90. Ob sich in Odessa viel verändert habe seit 1901.« Vgl. WA, Bd. 6, S. 38.)]

WEISS

33: Nachtrag zur Reise

Entspricht den Seiten 29 bis 31.

34.10 Potjemkin: Potjomkin
34.18 nummeriert: numeriert
35.8 Inder: In der
35.11 Unmölich: Unmöglich
35.20 Der auf dieser Zeile einsetzende Satz und der folgende halten die Situation etwas auf.
36 Wie hat der Foto-Apparat nun funktioniert?

[Die Schreibfehler werden korrigiert; ansonsten wird der »Nachtrag« unverändert übernommen. Wie der Fotoapparat »funktioniert«, bleibt allerdings ungeklärt; vgl. GW, Bd. 6, S. 38-41.]

GELB

37: Berzona

Wenn ich Sie bei Texten auf GELB des öfteren bitte, eine Tilgung zu erwägen, dann immer, wenn sie mir auf eine rein subjektive, geradezu private Qualität beschränkt scheinen; nicht nur unverständlich für Aussenstehende, auch kaum bestimmt für sie.
In diesem Fall: die Leser kennen Ihr Haus nicht, sie würden dies auch für eine heikle Art von Einladung halten. Übrig bleibt eine für den Leser anonyme, austauschbare Stimmung.
Einiges, wenn auch nicht viel, wäre zu erreichen mit einer Ausführung der Gegend, der regionalen Mentalität, der Erwerbskosten, mit Gäste-Anekdoten von der stellvertretenden Art. Dagegen spräche immer noch die Blickrichtung auf die Person Frisch allein.

> [Die von Max Frisch gestrichene Textstelle lautete:
> »BERZONA
> Kaum ein Gast, der nicht früher oder später sagt: Hier, jaja, hier lässt sich arbeiten! Diese Luft, diese Ruhe usw. Wenn ein Gast es nicht sagt, dann sage ich's. Warum wir an dieser Stelle der Erde wohnen. Wir sind, glaube ich, sehr artig zu den Gästen; wir brauchen sie. Es werden Blumen für sie gepflanzt und gepflegt, die Terrasse gerodet, ich hacke Holz fürs Kamis usw., und natürlich nützt alles nichts – eines Tages werden sie sagen: Ich habe mich gewundert, dass Ihr dort habt leben können...« (Ms, H. 1, S. 37)]

GELB

38: Zürich

Eine ausgezeichnet inszenierte Situation, mit Modellcharakter. Hervorragend vor allem, weil nicht nur der Handwerker in seiner Unerreichbarkeit vorgeführt wird, sondern auch der Schriftsteller sich den Vorwurf zuziehen möchte, dass er die richtigen Fragen noch nicht weiss. Die Resignation am Schluss wäre abgefangen noch eindringlicher.

38.2 Der Name der Wirtschaft scheint entbehrlich, schon weil sie ja den Lesern nicht eben empfohlen wird.

38.14 heute Nacht: heute nacht

24 mach und: nach und

[Wird – auch mit dem Namen der Wirtschaft – unverändert übernommen; vgl. WA, Bd. 6, S. 42-44.]

GELB

41: 8.9.1966

Streichen, wenn möglich. Das Sterben haben Sie in Zürich (32) vorweggenommen. Dort erreichen Sie durch konzises Verhalten, ja durch Abweisung für den Leser eine Emotion. Hier fordern Sie ihn auf, Ihre eigene nachzuvollziehen.

[Die von Max Frisch gestrichene Textstelle lautete:
»8.9.1966
Mutter gestorben.« (Ms. H. 1, S. 41)]

WEISS

42: Symposion in einer Person

Diese ganzen dreissig Seiten wünschte ich mir anders strukturiert, und komprimiert. Weil zwischen den beiden Partnern kein echter Gegensatz besteht (höchstens ein Provokations-, ein Auskunftsverhältnis), erscheint ihr Gespräch mit viel zu weiten Maschen gestrickt, läuft oft auf, verliert sich in wohl schöne aber leere Gesten. Dieser Eindruck mag auch aus der Überzeugung eines Lesers stammen, der für unabdingbar hält, dass ein Schreibender immer wieder sich befassen muss mit dem Land, dessen Sprache er gelernt hat, das ihm die ersten Modelle von Lebensart aufgenötigt hat. Ihre Bindung an die Schweiz ist Ihren Lesern bekannt, auch deren Zwiespältigkeit, so dass die Frage nach dem Sinn ihrer Existenz überhaupt leicht rhetorisch wirkt.
Die materielle Substanz (zum Beispiel auf den Seiten 45, 46, 50/51, 52, 56, 58, 60, 61, 64, 71) wäre sicherer aufgehoben, und brisanter, in einem argumentierenden Essay.

[Die kritisierten dreißig Seiten wurden von Max Frisch nicht ins »Tagebuch« übernommen. Der Text lautete:
»SYMPOSION IN EINER PERSON
X. Es ist nichts vorgefallen, was die Frage dringlich macht. Trotzdem möchte ich mich heute etwas fragen.
X. Bitte.
X. Muss ich mich mit der Schweiz beschäftigen?
X. Ich würde die Frage anders stellen: –

X. Nämlich?
X. Was kommt dabei heraus?
X. – Publikationen.
X. Darauf werden wir zurückkommen. Vorerst die Frage: Muss ich mich mit der Schweiz beschäftigen? Wie gesagt, es ist nichts vorgefallen –
X. Ich würde sagen: Nein.
X. Wer verlangt das?
X. Ich habe eigentlich kein Bedürfnis.
X. Eine Verpflichtung besteht nicht. Schon das Stimmrecht ist ein Recht, nicht Pflicht, wie auch die Stimmbeteiligung zeigt.
X. Ich würde ebenfalls sagen: Nein.
X. Wenn ich die Frage richtig verstehe, so heisst sie: Hat es einen Sinn, dass ich mich mit der Schweiz beschäftige? [42]
X. Sagen wir's so.
X. Sinn für mich oder für die Schweiz?
X. Ich würde beides verneinen.
X. Gibt es andere Meinungen?
X. Vieles fällt natürlich nach fünfjähriger Abwesenheit deutlicher auf, ohne deswegen nennenswert zu sein, wenn es mich nicht zu neuen Einsichten führt. Und das ist bisher nicht der Fall gewesen – daher bedaure ich, dass es zu diesen Publikationen gekommen ist, kaum habe ich meinen Wohnsitz wieder in der Schweiz.
X. Offenbar besteht doch ein Bedürfnis –
X. Ich finde diese zwei oder drei Publikationen, wie klein sie auch sind, ebenfalls bedauerlich. Wozu die fünf Jahre in Rom? Immerhin hat sich erwiesen, dass in einer andern Umgebung tatsächlich eine gewisse Genesung möglich ist. Wozu wieder Polemik? Sie stellt jedenfalls einen Rückfall dar.
X. Einverstanden.
X. Vielleicht kann man sagen, dass die Rückkehr in die Schweiz – wenn auch nicht nach Zürich, so doch ins Tessin – sich als Irrtum herausstellt.[4]
X. Zumindest war sie verfrüht.

4 Max Frisch hatte von 1960 bis 1965, zunächst zusammen mit Ingeborg Bachmann, seinen Wohnsitz in Rom; 1964 wurde das Haus in Berzona im Tessin gekauft und umgebaut, das er 1965 gemeinsam mit Marianne Oellers bezog; den Wohnsitz in Rom gab er im gleichen Jahr auf.

X. Ich fühle mich aber wohl in diesem Tal. [43]

X. Wohler als in Rom oder New York?

X. Ich muss darum bitten, dass nicht alle durcheinander sprechen. Es wurde die Frage gestellt: Muss ich mich mit der Schweiz beschäftigen? Die Frage scheint mir berechtigt; ich erinnere an meinen Vorsatz, über die Schweiz zumindest öffentlich keine Aeusserung mehr zu machen. Soll dieser Vorsatz, nur weil ich hier im Tessin sitze und aus dem Tal herauf den Dreiklang des schweizerischen Post-Autos höre, wieder aufgegeben werden?

X. Nein.

X. Es ist aber geschehen –

X. Leider.

X. Ich sage ebenfalls Nein. Aber welche Garantie besteht, dass es nicht trotzdem weitergeht? Das scheint mir die dringlichste Frage zu sein.

X. Meine Rückkehr war verfrüht.

X. Das wurde bereits gesagt.

X. Ich finde Publikationen zur Schweiz nicht schlimm. Wenn ich dem Vorsatz, sie in Zukunft zu unterlassen, trotzdem beistimme, so lediglich aus einem persönlichen Grund: sowie die Schweiz mich beschäftigt, bist du gereizt.

X. Ich? [44]

X. Frage: Wieso eigentlich?

X. Neulich habe ich einem ausländischen Gast hier an diesem Granit-Tisch begreiflich gemacht, dass es nichts mit Militarismus zu tun hat, wenn die schweizerische Armee für uns ein Tabu ist. Er wunderte sich blöd über die vielen Offiziere in den Restaurants, die Dörfer voll Soldaten. Ich versicherte ihm, dass hier kein Mensch, wenn er die schweizerische Armee bejaht, an Krieg denkt. Einzelne denken an Geschäft, das sind aber wenige; andere denken an Volksverbundenheit, etliche vielleicht an ihre gesellschaftliche Karriere; niemand aber an Krieg. Es gibt eben Dinge, die nur ein Schweizer versteht. Da wir uns nicht als Nation erleben durch ein Projekt, durch Engagement an eine Zukunft, bleibt fast nur die Armee als nationale Manifestation; daher verstehe ich, dass sie ein populäres Tabu ist und sein muss. Wenn ich einem Gast aus England begreiflich mache, dass von Militarismus nicht die Rede sein kann, bin ich überhaupt nicht gereizt – hingegen habe ich den Eindruck, du bist gereizt: weil die Schweiz sich nicht als Nation erlebt durch Engagement an ein Projekt.

X. Ich möchte die Frage anders stellen: –

X. Bitte. [45]

X. Heimat ist unvertauschbar. Infolgedessen gilt es, dazu ein hygienisches Verhältnis zu finden. Das ist mir nicht gelungen –

X. Und warum nicht?

X. Genau das wäre meine Frage.

X. Darf ich dazu um Meinungen bitten?

X. Ich möchte auf die Behauptung zurückkommen, dass die Schweiz sich nicht als Nation erlebe durch Engagement an ein Projekt. Was heisst das? Die Eidgenossenschaft ist eine Hausordnung, als solche vortrefflich. Ich erinnere hier an das einschlägige Buch von Hans Tschäni: PROFIL DER SCHWEIZ, EIN LEBENDIGES STAATSBILD, Rascher Verlag, Zürich.[5] Jede blosse Hausordnung ist defensiv, nicht ein Projekt. Hervorgegangen aus einem Bauernaufstand – Rebellion, nicht Revolution – verdankt die Eidgenossenschaft ihre siebenhundertjährige Existenz »gegen die Arglist der Zeit«, wie es im Bundesbrief heisst, nicht zuletzt ihrer Immunität gegenüber Ideen. Die Reformation war infolgedessen ihre schwerste innere Gefährdung. Utopie ist in allen Gesprächen hier ein negativer Begriff, gleichbedeutend mit Flunkerei. Politik ist Real-Politik, pragmatisch, Politik als Arrangement mit dem Derzeit-Möglichen, im Grunde bäuerlich: man wartet die Zukunft ab wie das Wetter. FREIHEIT von fremden Vögten, wenn [46] auch nicht von eigenen, NEUTRALITÄT als das schlaue Verhalten des Schwachen zwischen den Starken, TOLERANZ, weil ein kleiner Verband sich Streit nicht leisten kann: das ist die Triangulation des schweizerischen Selbstverständnisses. Es sind keine

5 Das Buch von Hans Tschäni, *Profil der Schweiz. Ein lebendiges Staatsbild*, 1966 in erster Auflage in Zürich erschienen, war 1974 »im Jahr des hundertsten Jubiläums der geltenden Bundesverfassung« letztmals in vierter Auflage publiziert worden. Der Autor legte 1990 eine neu bearbeitete Fassung seines Buches unter dem Titel *Das Neue Profil der Schweiz. Konstanz und Wandel einer alten Demokratie* vor; dort wird in neuer graphischer Gestalt die geschichtliche Darstellung über 1848 hinaus bis in die Gegenwart weitergeführt.

Ideen, sondern Maximen. Sie intendieren keine Umgestaltung der Welt. Ihr Selbstverständnis findet die Schweiz in einer politischen Moral, die jeweils den status quo zu sanktionieren hat, d. h. die Schweiz als solche ist reaktionär.

X. Und?

X. Mein verkehrtes Verhältnis zur Schweiz ist hervorgegangen aus dem persönlichen Irrtum, die Schweiz existiere aus einer Idee.

X. Gibt es Gegenmeinungen?

X. Ich möchte lediglich hinzufügen, dass diese Einsicht etwas spät kommt: Mitte fünfzig.

X. Keine Gegenmeinung?

X. Mich stört die Simplifikation. Wie war es 1848? Ich könnte allenfalls zustimmen, wenn die Behauptung, die Schweiz verstehe sich nicht als Projekt, auf unser Jahrhundert beschränkt wird.

X. Einverstanden.

X. Es scheint mir aufschlussreich, wie C. F. Ramuz,[6] als er damals sein BESOIN DE GRANDEUR veröffentlichte, sofort missverstanden [47] wurde: als träume der geschätzte Waadtländer, Regionalist par excellence, von einem Anschluss an das grosse Frankreich. Er wurde von der Geistigen Landesverteidigung nicht unflätig, aber entschieden verwarnt. BESOIN DE GRANDEUR, das Bedürfnis nach einer Denkweise, die über das blosse Arrangement mit dem Derzeit-Möglichen hinausgreift, kommt leicht in den Verdacht des Landesverrats. Das stimmt schon.

X. Was wäre ein hygienisches Verhältnis zur Schweiz?

X. Ich möchte noch ein andres Beispiel erwähnen: –

6 Charles Ferdinand Ramuz, geb. 1878 in Cully-sur-Lausanne/Vaud, gest. 1947 in Lausanne, schweiz. Schriftsteller franz. Sprache. Der Sproß einer alten Bauern- und Winzerfamilie ging 1902 nach Paris und kehrte 1914 in seine Heimat zurück. Der Erste Weltkrieg bewegte ihn, einen seiner großen Romane, *La Guerre dans le Haut-Pays*, zu schreiben. Hauptthema seiner Romane ist das Leben der Bauern in seiner waadtländischen Heimat. Der Essay *Besoin de grandeur* wurde 1937 veröffentlicht. Auf diesen Text hat sich noch der fünfundsiebzigjährige Frisch in seiner Rede am 10. Mai 1985 auf den 8. Solothurner Literaturtagen bezogen. Vgl. Max Frisch, *Am Ende der Aufklärung steht das Goldene Kalb,* in: *Die Weltwoche*, Nr. 20, vom 15. Mai 1986, S. 57-59; wiederabgedruckt in: Walter Obschlager (Hg.), *Max Frisch. Schweiz als Heimat?*, Frankfurt am Main 1990, S. 461-469; die einzige z. Zt. noch greifbare Veröffentlichung dieser Rede.

X. Bitte.

X. 1955 erschien das Pamphlet ACHTUNG: DIE SCHWEIZ,[7] wahrscheinlich im Ton verfehlt, in jedem Fall handelte es sich um den Vorschlag, in der Schweiz eine neue Stadt zu gründen. Kreation statt Exposition. Wir meinten: um eine Stadt projektieren zu können, müsste man im voraus die Gesellschaft projektieren, der sie entsprechen soll. Der Vorschlag wurde als unschweizerisch empfunden – zu Recht, meine ich: als utopisch... Hier stellt sich die Frage, ob es mich beleidigt, wenn ich als unschweizerisch empfunden werde. [48]

X. Nicht unbedingt.

X. Es kommt ja auch das Gegenteil vor. Offen gestanden, es erschreckt mich eigentlich mehr, wenn man irgendwo in der Welt als schweizerisch empfunden wird.

X. Warum?

X. Das hat mit dem Ruf der Schweiz zu tun.

X. Ich möchte auf die Frage zurückkommen: Was wäre ein hygienisches Verhältnis zur Schweiz? Ich stelle fest, das jedesmal, wenn ich SCHWEIZ sage, ein Unterton zu hören ist – wie soll ich sagen? – ein sozusagen ehelicher Unterton: wie wenn man es einer Frau übelnimmt, dass man sie liebt, und auf jede Bagatelle achtet, um den Scheidungsgrund zu finden.

X. Ein misslicher Vergleich.

X. Ich führe ihn sogar weiter: wenn ein Fremder sie lobt, sage ich meistens nichts dagegen, weiss nur, dass der keine Ahnung hat von unserem Zusammenleben, und wenn ein Fremder sie scheel ansieht, tut sie mir sofort leid, es kränkt mich, wenn er leider recht hat.

X. Sie braucht dir nicht leidzutun; die Schweiz [49] findet sich in ihrer Mehrheit selber wunderbar.

7 Vgl. Max Frisch, *ACHTUNG: DIE SCHWEIZ. Ein Gespräch über unsere Lage und ein Vorschlag zur Tat (1954)*, in: WA, Bd. 3, S. 291-339. Dem Text lag ein Manuskript zugrunde, das Frisch gemeinsam mit dem Historiker Markus Kutter und dem Volkswirtschaftler Lucius Burckhardt bearbeitet hatte. Kommentar von Max Frisch aus dem Jahre 1956 zu dieser Schrift: »... eine Broschüre von fünfzig Seiten. Verkauf: zehntausend Stück. Schriftliche Antworten: tausend. Sofort ein Trommelfeuer der gesamten Presse, nicht kommandiert, dennoch in frappanter Konzentration wenigstens in den ersten Wochen.« (a. a. O., S. 864)

X. Eben.

X. Jedes Volk findet sich wunderbar.

X. Mich stört wieder die Simplifikation. Wenn gesagt wird, die Schweiz findet sich wunderbar, so frage ich mich: Wer findet das?

X. Die Mehrheit.

X. Nehmen wir einmal an, die Mehrheit mache das Bewusstsein, das ein Land von sich selbst hat – ohne Zweifel herrscht das Bewusstsein, dass es nicht nur heute in aller Welt keine freiere und bessere und gerechtere Ordnung gibt als die schweizerische, sondern dass eine besssere Ordnung überhaupt nicht zu denken ist. Insofern stimmt es, dass die Schweiz sich grossartig findet. Dass den Ausländern natürlich diese Selbstgerechtigkeit auf die Nerven geht, soll ihre Sorge sein. Hingegen habe ich Anlass zu zweifeln, dass die Schweiz sich wunderbar findet. Ich wundere mich, zum Beispiel, über die publizistische Wollust bei einer Naturkatastrophe, wenn sie auf dem Hoheitsgebiet der Schweiz stattgefunden hat; man scheint fast stolz zu sein auf die Anzahl der Toten, natürlich ist man erschüttert und hilfsbereit, zugleich überhöre ich nicht eine gewisse [50] Genugtuung, dass die Schweiz dank einer Natur-Katastrophe von internationalem Interesse ist. Das sind Reflexe eines kollektiven Minderwertigkeitsgefühls. Noch bei einer internationalen Hilfe-Aktion, die unser Land unternimmt, habe ich den Eindruck, dass nicht zuletzt dem schweizerischen Selbstbewusstsein geholfen wird. So einfach ist es nicht.

X. Bleiben wir bei der Sache.

X. – das nur nebenbei.

X. Ohne Zweifel besteht ein kollektives Minderwertigkeitsgefühl. Das ist es aber gerade, warum die Schweiz einem leidtut. Eigenlob anstelle von Selbstbewusstsein. Ich brauche bloss das schweizerische Fernsehen einzuschalten; je kritischer das Thema, umso sichrer endet die Sendung in einem Eigenlob der Nation. Woher kommt das? Dabei ist ja die Mehrheit, wie gesagt, überzeugt von dem grossartigen Ruf der Schweiz in aller Welt. Sollte man sie nicht langsam aufklären?

X. Das steht hier nicht zur Diskussion.

X. Entschuldigung.

X. Ich möchte immerhin richtigstellen, dass gerade in der Schweiz, so scheint mir, Bescheidenheit als erste Pflicht gilt und Eigenlob verpönt ist. Schon Zeichen von Selbstbewusstsein können verdriessen. [51]

X. Was widerlegt das?

X. Das ist richtig.

X. Das wissen wir. Legt einer Wert darauf, als Schweizer empfunden zu werden, so kann er nicht bescheiden genug sein. Als Person. Ihre Angst, dass Ihnen der eine oder andere über den Kopf wächst, wählt ja auch das Parlament, das im gleichen Sinn wiederum den Bundesrat wählt. Ob Lehrer oder Landesplaner oder Bundesrat, die Hauptsache bleibt, dass er mittelmässig ist, und ist er nicht Mittelmass, so hat er sich wenigstens wie Mittelmass zu verhalten. Das halten sie für demokratisch. Wo man vorgibt, dass alle das gleiche Recht haben, soll ja auch keiner mehr Glanz haben. Er soll nur ja nicht meinen, Leistung verleihe ihm einen Rang. Ein Selbstbewusstsein der Person ist in der Schweiz verdächtig, das stimmt schon – nur habe ich von etwas anderem gesprochen: vom Eigenlob der Nation. Aber vielleicht hängt das zusammen. Kult der persönlichen Bescheidenheit als eine Art psychologischer National-Ökonomie: Bescheidenheit, die dem Kollektiv anstehen würde, hat in der Schweiz der Einzelne zu entrichten.

X. Ich finde, unsere Diskussion sollte sich auf die Frage beschränken, die gestellt worden ist: Muss ich mich mit der Schweiz [52] beschäftigen?

X. Eine kleine Gegenfrage: –

X. Bitte einer nach dem andern:

X. Ich komme nicht zum Wort.

X. Zugehörigkeit zu einem Gemeinwesen, das mich nicht in einem Projekt engagiert, erzeugt natürlich eine gewisse Frustration, also ein unhygienisches Verhältnis zu diesem Gemeinwesen. Alle Kritik an der Schweiz, die ich je geäussert habe, kommt aus dieser persönlichen Frustration und ist daher für das Gemeinwesen unerheblich. Engagement am falschen Ort. Insofern möchte ich die Frage, ob ich mich mit der Schweiz beschäftigen soll, nachwievor verneinen.

X. Trotzdem beschäftigt sie dich aber.

X. Das ist es ja.

X. Ich frage mich, ob es stimmt, dass die Schweiz mich beschäftigt. Vielleicht meine ich nur, es sei die Schweiz, was mich beschäftigt. Schon in der Suisse Romande, wo ich Sprachschwierigkeiten habe, oder hier im Tessin, wo ich wohne, macht es mir nichts aus, Schweizer zu sein, d. h. es verlässt mich die Obsession, dieses Land zu beurteilen.

X. Drum wohne ich ja im Tessin.

X. Trotzdem kommt es wieder zu Publikationen – [53]

X. Ich verstehe das nicht.

X. Ich muss neuerdings darum bitten, dass nicht alle durcheinander reden. Oder ich schlage vor, die Diskussion abzubrechen und an die Arbeit zu gehen. Ich finde es beschämend. Jeder Gemeinderat ist imstande, eine Diskussion durchzuführen, und ich bin's nicht. Was ist das Ergebnis? Es kommt wieder zu Publikationen, bevor die Frage, ob ich mich mit der Schweiz befassen muss oder nicht, grundsätzlich entschieden ist.

X. Ich bin für Diskussion.

X. Ich bin für Arbeiten.

X. Diskussion.

X. Ich bin für Pingpong.

X. Eigentlich bin ich für Arbeiten; gerade darum ist die Frage ja nicht unwichtig, ob ich mich mit der Schweiz beschäftigen muss oder nicht. Insofern bin ich schon für Diskussion.

X. Ich finde, sie erübrigt sich.

X. Und wieso?

X. Ob es mir passt oder nicht, ich stelle fest, dass ich wieder über die Schweiz diskutiere, Vorsatz hin oder her, und je weniger sich in diesem Land bewegt, umso gereizter. [54]

X. Es geschieht ja allerlei.

X. Zum Beispiel?

X. Der Bau von National-Strassen.

X. Gut.

X. Gerichte über Dienstverweigerer –

X. Jura-Separatismus –

X. Reform der Altersversicherung.

X. Mirage-Affäre –

X. Ich habe gesagt: je weniger sich in diesem Land bewegt! – ich habe nicht behauptet, dass deswegen nichts geschehe.

X. Ich habe den Eindruck, dass diese Diskussion sich verzettelt.

Es handelt sich hier nicht darum, Ansichten zur Schweiz vorzutragen, sondern einzig und allein um die Frage: Muss ich mich mit der Schweiz beschäftigen? Uebrigens muss ich in dieser Diskussion feststellen, dass mir zur Schweiz offensichtlich nichts Neues einfällt.

X. Das geht auch andern so.

X. Das bringt mich auf einen Verdacht: – könnte es nicht sein, dass ein gelegentlicher Aerger über die Schweiz letztlich nichts anderes ist als Aerger darüber, dass mir zur Schweiz nichts Neues einfällt?

X. Ich begrüsse diese Frage. [55]

X. Was kann die Schweiz dafür?

X. Ich möchte in zwei Punkten widersprechen.

X. Bitte.

X. Eine gewisse Obsession, dieses Land zu beurteilen, ist nicht zu leugnen. Auch diese Diskussion ist ja nicht frei davon. Nun ist aber dieses Land gekennzeichnet durch seine Obsession, die Welt zu beurteilen, was vielleicht als eine Folge der Neutralität zu verstehen ist. Sie gewährt als Surrogat nur eine moralische Partizipation. Jedenfalls kann ich es in Zeitungen lesen und in Reden hören: Die moralische Autorität der Schweiz. Allein der Umstand, dass ich Schweizer bin, stempelt mich somit zum Philister, es sei denn, dass ich unser Land ebenfalls beurteile –

X. Was kommt dabei heraus?

X. Darf ich ausreden?

X. Bitte.

X. Die Obsession, unser Land zu beurteilen, ist leidig, aber zu begreifen als Reflex auf die Obsession dieses Landes, alle Welt zu richten und als moralische Autorität aufzutreten... Zweitens: 800 000 Fremdarbeiter, hauptsächlich Italiener, sind ein Problem, das ich vor Augen habe; also kann es geschehen, dass es mich beschäftigt. Wie die Neger-Frage in USA und anderes. Ich [56] kann ein Problem nicht für gelöst halten, nur weil es die Schweiz betrifft. Beschäftige ich mich aber mit der Situation dieser Arbeitskräfte, so kann ich den Arbeitgeber, die Schweiz, nicht ausser Betracht lassen –

X. Klar.

X. – und damit käme ich noch zu einem dritten Punkt: Alle Kritik an der Schweiz, die ich je geäussert habe, komme aus einer persönlichen Frustration. Wenn aber eine Frustration vorliegt, so bestreite ich den Satz: Dafür kann die Schweiz ja nichts. Auch das wäre eine Simplifikation.

X. Soll das ein Vorwurf an die Schweiz sein?

X. Ich würde davon abraten, der Schweiz irgendeinen Vorwurf zu machen – allein schon darum, weil man ja die Schweiz, wenn man ihr psychisch nicht gewachsen ist, jederzeit verlassen kann.

X. Gibt es Gegenmeinungen?

X. Es wäre vielleicht zu fragen, wie es andern Eidgenossen geht in der gleichen Schweiz, ob auch sie Zeichen von Frustration zeigen und wie die Frustration, wenn sie nicht ein Sonderfall ist, sich bei andern äussert.

X. Wenn ich an meine Bekannten denke –

X. Intellektuelle sind nicht das Volk. [57]

X. Ich habe bereits die Armee erwähnt.

X. Was hat das mit Frustration zu tun?

X. Ich denke an die Stammtische, wo jeder, um Gemütlichkeit herzustellen, von seinen verjährten Militär-Erlebnissen berichtet. Das halte ich für ein Zeichen nationaler Frustration. Man sucht nach einem Engagement, das verbindet, und findet es in einer Uebung mit Minenwerfern. Das hat, wie schon gesagt, nichts mit Militarismus zu tun. Auch liegt es mir fern, solche Uebungen nicht sehr ernst zu nehmen; dazu kosten sie zuviel. Und die Kosten sind auch gerechtfertigt; das zeigt sich in solchen Gesprächen landauf und landab. Schon die erste Frage, welcher Waffengattung man angehört habe, hat etwas Befriedigendes –

X. Lassen wir die Armee!

X. Sie ist aber wichtig. Nicht nur als Instrument der territorialen Verteidigung oder als Instrument der Staatsgewalt wie 1918. Wichtig für die National-Psyche: eine Düsen-Staffel hinterlässt ein Gefühl von Potenz.

X. Gibt es andere Zeichen von Frustration?

X. Auswanderung vor allem kreativer Leute.

X. Unser Land ist eben klein, es hat zuviele Talente, das würde ich nicht als [58] Zeichen der Frustration deuten.

X. Gibt es andere Zeichen?

X. Es gibt Psychopathen in jedem Land. Zählt man sie, so bilden sie auch in der Schweiz durchaus eine verschwindende

Minderheit. Ich erinnere an das Standard-Werk von Professor Karl Schmid[8] UNBEHAGEN IM KLEINSTAAT, es diagnostiziert das Unbehagen von fünf schweizerischen Schriftstellern sorgsam. Nur einer von ihnen, Jakob Burckhardt,[9] hat schliesslich zur schweizerischen Reife gefunden. Jakob Schaffner[10] hingegen, Kleinbürger mit deutscher Mutter, entgleiste ins Nazitum –

X. Er allein?

X. Keine Zwischenrede bitte.

X. Die 200 schweizerischen Grossbürger, die damals den Bundesrat zum strikten Gehorsam gegenüber Joseph Goebbels aufgefordert haben, sind niemals einem Unbehagen verfallen.

X. Bitte zur Sache.

X. Ich habe sagen wollen: Jakob Schaffner entgleiste damals ins Nazitum, Conrad Ferdinand Meyer endete in der Nervenheilanstalt, Amiel in der Introvertiertheit usw. Nicht untersucht sind Karl Barth, C. G. Jung, Carl Spitteler, der unsere Mundart zu sprechen ablehnte, C.F. Ramuz, Robert [59] Walser, Albin Zollinger, Ludwig Hohl usw.[11] These des Bu-

8 Karl Schmid wurde 1907 in Zürich geboren und starb dort 1974. Der Germanist war seit 1943 Professor für deutsche Literatur und Sprache an der ETH Zürich, der er von 1953 bis 1957 auch als Rektor vorstand. In dieser Position (und als ranghoher Offizier der Milizarmee) wuchs Schmid in die Rolle einer weithin respektierten staatspolitischen Instanz hinein. Vgl. Karl Schmid, *Unbehagen im Kleinstaat. Untersuchungen über Conrad Ferdinand Meyer, Henri-Frédéric Amiel, Jakob Schaffner, Max Frisch, Jacob Burckhardt*, Zürich 1963.

9 Jacob Burckhardt, geb. 1818, gest. 1897 in Basel, schweiz. Kunst- und Kulturhistoriker, studierte bis 1839 Theologie, später in Berlin und Bonn Geschichte und Kunstgeschichte. Nach dreijähriger Professur an der ETH Zürich lehrte er von 1858 bis 1893 Geschichte und Kunstgeschichte in Basel. Universales Denken, hist. Einfühlungsvermögen sowie schriftstellerische Fähigkeiten machten ihn zu einem der einflußreichsten Geisteswissenschaftler des 19. Jahrhunderts.

10 Jakob Schaffner, geb. 1875 in Basel, gest. 1944 in Straßburg, schweiz. Schriftsteller; anfangs Schustergeselle, dann auf Wanderschaft, später auch Fabrikarbeiter. Schaffner lebte seit 1911 in Deutschland, lange in Berlin. Der Autodidakt, der mit dem Nationalsozialismus sympathisierte, schrieb vor allem im Milieu von Handwerkern und Kleinbürgern angesiedelte Bildungs- und Erziehungsromane.

11 Conrad Ferdinand Meyer, geb. 1825 in Zürich, gest. 1898 in Kilchberg bei Zürich, gilt neben Jeremias Gotthelf und Gottfried Keller als dritter großer schweiz. Erzähler und Lyriker des 19. Jhs. Seit 1892/93 lebte er bis zu seinem

ches: Die Schweiz als solche ist gesund, ein Ungenügen an diesem Land kann infolgedessen nur Projektion eines privaten Versagens sein, also Ressentiment.

X. Ich las es in Rom.

X. Vielleicht hat Schmid ja recht.

X. Wie ich aus einem persönlichen Gespräch weiss, versteht Professor Karl Schmid sein psychiatrisches Gutachten durchaus als Plädoyer für die fünf Psychopathen.

Tode in der Nervenheilanstalt Königsfelden. – Henri-Frédéric Amiel, geb. 1821 in Genf, gest. 1881 in Genf, schweiz. Schriftsteller und Philosoph; seit 1849 Professor für Ästhetik, später Professor für Philosophie an der Genfer Universität. Amiel verfaßte das Nationallied der französischen Schweiz »Roulez tambours«; bekannt aber vor allem wurde er durch seine posthum (1883/84) veröffentlichten Tagebücher: 16900 Manuskriptseiten für die Jahre 1847 bis 1881. – Karl Barth, geb 1886 in Basel, gest. 1968 in Basel, protestantischer schweiz. Theologe. Vertreter der Bekennenden Kirche; verlor 1935 seinen Bonner Lehrstuhl. Seit 1935 Professor in Basel; beeinflußte stark die Auseinandersetzung der evang. Kirche mit dem Nationalsozialismus und griff auch nach 1945 in Kontroversen um kirchliche und politische Fragen ein. – Carl Gustav Jung, geb. 1875 in Kesswyl, gest. 1961 in Küsnacht, schweiz. Psychologe und Philosoph, Professor in Zürich und Basel. Ursprünglich ein Schüler Sigmund Freuds, begründete Jung eine eigene »Analytische Psychologie« und Philosophie des Unbewußten, die das Ganze des Seelenlebens als ein dynamisches System auf dem Grund des schöpferischen »kollektiven Unbewußten« betrachtete und mehr und mehr zur Mythenforschung und zur Religionsphilosophie gedrängt wurde. Anfang der dreißiger Jahre hatte Max Frisch in Zürich Vorlesungen über Psychologie von C. G. Jung gehört. – Carl Spitteler, geb. 1845 in Liestal b. Basel, gest. 1924 in Luzern, schweiz. Epiker, Erzähler, Lyriker und Essayist, trat bei Beginn des Ersten Weltkriegs in seiner Rede *»Unser Schweizer Standpunkt«* für eine unbedingte Neutralität der Schweiz ein und wurde deshalb mehrfach von Deutschland aus scharf angegriffen. 1919 erhielt Carl Spitteler den Nobelpreis für Literatur. – Robert Walser, geb. 1878 in Biel, gest. 1956 in Herisau, schweiz. Erzähler und Lyriker. Nach einer Banklehre und erfolglosen Versuchen in verschiedenen Berufen lebte er von 1905 bis 1913 als freier Schriftsteller in Berlin; danach kehrte er nach Biel zurück. Von 1921 bis 1929 war er noch als Archivar in Bern tätig. Seit 1929 hielt er sich in Heilanstalten auf, seit 1933 in der Nervenheilanstalt Herisau, die er bis zu seinem Tod nicht mehr verlassen konnte. – Zu Albin Zollinger vgl. S. 123, Anm. 173. – Ludwig Hohl, geb. 1904 in Netstal, gest. 1980 in Genf, schweiz. Erzähler, Aphoristiker und Philosoph, der von 1924 bis 1934 in Paris und von 1934 bis 1936 in Holland lebte; seit 1937 wieder als freier Schriftsteller in Genf. Trotz äußerster Armut und Not bewahrte Ludwig Hohl seine Existenz als freier Schriftsteller; freundschaftlich mit Albin Zollinger verbunden. Einen frühen Hinweis auf die Aphorismensammlung *Nuancen* von Ludwig Hohl hatte Max Frisch unter dem Titel *Vom Arbeiten* in der *Neuen Schweizer Rundschau* im September 1943 veröffentlicht. Vgl. WA, Bd. 1, S. 214-219. Vgl. auch den *Hinweis auf Ludwig Hohl* (von 1967) in: WA, Bd. 5, S. 465.

X. Ich habe ihm brieflich gedankt.[12]

12 Karl Schmids Buch *Unbehagen am Kleinstaat* war am 22. 3. 1963 erschienen; am 3. April 1963 schrieb Max Frisch aus Rom den folgenden Brief:
»Verehrter und lieber Karl Schmid!
Nun bin ich also als Anti-Patriot etabliert. Aber ich danke Ihnen für soviel Ernst und Geist im Verfahren. Natürlich schmeichelt es mir, dass ich mit Meyer und Schaffner vor die Schranke kommen darf, aber dann befällt mich Melancholie doch: ich habe wohl solchen Ernst und Geist erwartet, bevor es mir zustand, und so ist es denn meine Schuld, dass durch einen jahrzehntelangen Mangel an ernster Auseinandersetzung (Bieri und solche) eine Leidenschaft, ungerecht wie jede Leidenschaft, nicht produktiver geworden ist, sondern vorerst in Radau und dann in Ärgerlichkeit deformierte. Schade. Ihr Aufsatz hat mich betroffen. Er ist in der Fülle der Bezüge so reich und gescheit, dass ich in den befreiendsten Zustand geraten bin, den es gibt, in den Zustand der dankbaren Bewunderung, und er ist fast immer fair. Sie schreiben als Gelehrter über einen Polemiker, und ich verstehe die Gefahr der Ansteckung, der Sie bewundernswerterweise (jawohl!) fast immer widerstehen. Bestürzt von den Zitaten, wenn auch ohne Zweifel, dass sie stimmen, die besseren wie die schlechteren, habe ich dann zum erstenmal seit Jahren wieder im Stiller gelesen. Dabei ging es mir sonderbar; ich hatte mehr und mehr das Gefühl, das Buch handle von etwas anderem, was mich, obschon es oft zu schlecht geschrieben ist, mehr berührte. Der Hass auf die Schweiz, ja, der kommt darin auch vor: in der Spielregel eines Buches, das die Selbstverleugnung eines Menschen zu zeigen nicht müde wird, und zum Krampf der Selbstentstellung gehört, als ein Beispiel unter andern, der Krampf der Landesentstellung. Aber wem sage ich das! So war ich denn über die Stellen, die Sie zitieren, im Zusammenhang weniger bestürzt, teils sogar belustigt: woher beispielsweise will Stiller wissen, dass das schweizerische Bürgertum auch hätte faschistisch werden können? Vielleicht hätte ich noch wilder übertreiben sollen, um auch Landsleuten (ein Spanier oder Amerikaner oder Pole hat es als Leser leichter, weil die Schweiz für ihn kein Tabu ist, sondern einfach ein Land) auf den Gedanken zu helfen, dass dies nicht unbedingt das Credo des Autors ist; in bezug auf den Autor gelesen, und das ist im Zusammenhang Ihres Buches gegeben, ist es die Ironisierung seiner Anwandlung, ja, das schon. Natürlich haben Sie recht: wo in meinem Werk steht denn das andere, das Gotthelfsche, das Kellerische, das Guggenheimische? Sie haben es redlich gesucht und nicht gefunden. Und so stehe ich nun da. Sie schrieben mir vor einiger Zeit, dass Sie, den ich zu meinen Freunden zählen darf, erst so recht beruhigt sein werden, wenn ich nicht brülle. Ich verstehe Sie wirklich, verehrter Karl Schmid, wie man einen gerechten und massvollen Richter versteht. Ich habe gefehlt. Das ist mein Beitrag. Ihr Buch ist sehr, sehr gut, glaube ich, und was im besonderen den Aufsatz über den Eidgenossen meines Namens betrifft, der bald 52 wird, so ist es das erste Mal, dass mir auf eine angemessene Weise entgegnet wird, und nun ist es wie in der Stiller-Ehe: die Einsicht des Verschuldigten allein genügt nicht. Ich bin wirklich betroffen. Ihr Aufsatz kommt übrigens für mich in einer Zeit sehr ernster Not, die (nicht in ihrer Ursache, aber in ihrer Auswirkung) darin besteht, dass ich nicht weiss, wo ich leben soll; ich brauche die Umgebung meiner Sprache. So eine unschuldige Rückkehr nach Zürich, was das bequemste wäre, ist nach Ihrem Aufsatz kaum möglich. Oder erst recht? Was

meinen neuen Roman betrifft, der nach zwei Jahren Arbeit nochmals ein Jahr kosten wird, wenn er überhaupt über den Berg kommt, so werden Sie recht behalten: Emigration ins Private. Halten Sie mir trotzdem eine Minute lang den Daumen und seien Sie herzlich, sehr herzlich bedankt und gegrüsst
von Ihrem FRISCH «

»... (Bieri und solche)...«. Der Journalist Ernst Bieri hatte in einem Leitartikel der *Neuen Zürcher Zeitung* vom 23. Mai 1945 unter der Überschrift *Verdammen oder verzeihen?* gefordert, die Schweiz müsse von allen Deutschen gesäubert werden, denen eine Zusammenarbeit mit den Nationalsozialisten nachgewiesen werden könne. Die nationalsozialistischen Schweizer sollten verachtet werden, da sie aber nicht vertrieben werden könnten, sollten sie »wie verdorrte Zweige am helvetischen Baum« mitgetragen werden. Max Frisch habe, so Bieri im letzten Abschnitt seines Artikels, im Schauspiel *Nun singen sie wieder* den »Terror als Hervorlocker des Geistes beschönigt und die Schuld nicht der brutalen Unmenschlichkeit, sondern dem Versagen des Geistes vor der Gewalt zugeschrieben«. Man stehe hier vor den Anfängen einer »unbewußten Strömung, die wieder Recht in Unrecht und wahr in falsch verkehren will«. Dagegen setzte sich Max Frisch mit einem Brief an die *Neue Zürcher Zeitung* zur Wehr. Da die *Neue Zürcher Zeitung* den Abdruck verweigerte, erschien Frischs Entgegnung in der *Neuen Schweizer Rundschau*; vgl. Max Frisch *Verdammen oder verzeihen?* in: WA, Bd. 2. S. 292-296. Als Ernst Bieri sich 1966 um das Amt des Zürcher Stadtpräsidenten bewarb, machte Max Frisch seine Erfahrungen mit dem Journalisten öffentlich: »... die Erfahrungen, die ich mit Bieri verbinde, sind bescheiden. Andere mögen andere haben. 1945, als er mich der Nazi-Hörigkeit verdächtigte, glaubte ich mich zu einer knappen Richtigstellung berechtigt; sie wurde nicht gedruckt, Begründung durch Chefredaktor Bretscher: Ernst Bieri bleibe bei seiner Meinung«. Vgl. *Zürcher Woche* vom 4. 5. 1966. Ernst Bieri beendete 1966 seine journalistische Karriere bei der *Neuen Zürcher Zeitung*, übte vier Jahre lang das Amt eines Zürcher Stadtrates aus, um anschließend als Direktor in die Dienste einer Privatbank zu treten. Vgl. zu Bieri ferner S. 378, Anm. 59.

Bei dem »neuen« Roman, der im Brief angesprochen wird, handelt es sich um *Mein Name sei Gantenbein.* Dem Dankesbrief folgten noch weitere Briefe, die in der 2. Auflage von *Unbehagen im Kleinstaat,* Zürich 1978, S. 265 ff. zu finden sind. Diesem Buch wurde auch der oben zitierte Brief entnommen. Fühlte sich Max Frisch anfangs noch geschmeichelt, daß Karl Schmid sich mit seinem Werk in einer angemessenen Weise befaßte, distanzierte er sich später immer deutlicher von Schmids Befund. Aus dessen Buch könne man, so Max Frisch, die vereinfachte These herauslesen: Wer sich in der Schweiz manchmal nicht behaglich fühle, müsse ein Psychopath sein. In seiner Rede zur Verleihung des Großen Schillerpreises *Die Schweiz als Heimat?* wies Max Frisch diesen Befund zuletzt vehement zurück:

» ›UNBEHAGEN IM KLEINSTAAT‹
das ist es wohl nicht, verehrter Professor Karl Schmid, was dem einen und anderen Eidgenossen zu schaffen macht; nicht die Kleinstaatlichkeit. Besoin de Grandeur, das zielt nicht auf Grossstaat; die Nostalgie ist eine andere. So gefällig sie auch ist, die These, Unbehagen an der heutigen Schweiz können nur Psychopathen haben, sie beweist noch nicht die gesellschaftliche Gesundheit der Schweiz«; vgl. WA, Bd. 6, S. 517.

X. 1936, als ich eine Studentin aus Berlin, Jüdin heiraten wollte[13] und im Stadthaus Zürich die nötigen Papiere abholte, Geburtsurkunde, Heimatschein usw., erhielt ich von unsrer Behörde unverlangt einen Arier-Ausweis, ein Dokument, das ich leider sofort vernichtet habe. Die Schweiz war nicht von Hitler besetzt, sondern unabhängig, neutral, frei –

X. Wozu solche Memoiren?

X. 1939, nachdem wir eben den Fahneneid geleistet hatten, mussten wir exerzieren, Taktschritt, Gruss rechts. In Gedanken an Polen, vorallem natürlich in Gedanken an unser Land war ich bei jenem Taktschritt bei Arbedo vielleicht zerstreut; als der Hauptmann von seinem Hügelchen herunter brüllte, bezog ich's nicht auf [60] mich, stand stramm, bis er mich persönlich holte. Er hiess Wyss, Bautechniker von Beruf, was vielleicht eine Rolle spielte; kurz vorher hatte er unsere Reihe abgeschritten, jeder musste seine Hände zeigen, als könne er sie lesen, und seinen Beruf melden laut und klar: Mechaniker, Hilfsarbeiter, Metzger, Spengler, Chauffeur usw., ich meldete: dipl. arch. Das wollte er zwei Mal hören. Als er mich jetzt aus der Reihe holte, war er bleich vor Wut. Wenn es morgen losgehe, meinte er, so habe er für mich einen ganz besonderen Posten. Nur damit ich's wisse.[14]

X. Und?

X. Es ging nicht los ... Ich neige auch zu der Meinung, dass Professor Karl Schmid nicht unrecht hat, wenn er meine Kritik an der Schweiz zurückführt auf Ressentiments. Ich stimme grundsätzlich zu: Alle Kritik, die lediglich aus Frustration kommt, ist für das Gemeinwesen unerheblich. Ich möchte hinzufügen: sie erhebt nicht einmal die Person. Daher schlage ich vor: Schluss mit jeder Kritik an der Schweiz.

X. Einverstanden.

X. Das sage ich schon seit Jahren.

13 Max Frisch hatte Käte Rubensohn, geb. 1914 in Hildesheim, Tochter bürgerlich-intellektueller Eltern jüdischer Herkunft aus Berlin, 1933 kennengelernt. Sie studierte Germanistik in Zürich. Im Herbst 1936 wollte Frisch Käte Rubensohn heiraten. Sie lehnte seinen Heiratsantrag ab; beide trennten sich im Herbst 1937 voneinander. Vgl. hierzu auch die Eintragung *Reminiszenz* im *Tagebuch 1966-1971*, WA, Bd. 6, S. 163, sowie die Episode in *Montauk*, WA, Bd. 6, S. 727-729.

14 Diese Episode hat Max Frisch später (1973) in sein *Dienstbüchlein* aufgenommen; vgl. WA, Bd. 6, S. 545.

X. Ich bin ebenfalls einverstanden, wenn auch nicht mit dem erwähnten Standard-Werk: es handelt sich selbstverständlich nicht um ein Unbehagen [61] im Kleinstaat, sondern um ein Unbehagen in der Sterilität einer verlogenen Gesellschaft... Ich bin aber, wie gesagt, ebenfalls einverstanden mit dem Vorsatz, Aeusserungen über die Schweiz wenigstens in Zukunft zu unterlassen.

X. Ich beantrage Schluss der Diskussion.

X. Ich möchte einen Antrag stellen: –

X. Bitte.

X. Müsste man nach der Einsicht, dass Kritik an der Schweiz lediglich Projektion eines persönlichen Versagens ist, also eine Fehlleistung a priori, Ressentiment usw., nicht einen Schritt weitergehen?

X. Nämlich?

X. Der Vorsatz, über die Schweiz öffentlich keine Aeusserungen zu machen, scheint mir ungenügend. Das endet in blosser Beherrschung, die kaum zu wirklicher Genesung beiträgt. Ich stelle den Antrag: keine Aeusserungen zur Schweiz überhaupt – auch nicht im Gespräch.

X. Das dürfte schwierig sein.

X. In Rom ist es gelungen.

X. Wer nötigt denn dazu?

X. Ich finde diesen Antrag durchaus vernünftig, nur würde ich noch weitergehen: keine Beschäftigung mit der Schweiz, auch nicht [62] wenn ich allein bin.

X. Das wäre die Genesung.

X. Das halte ich für unmöglich.

X. Wieso?

X. Ein jüngerer Landsmann und Kollege, Paul Nizon,[15] führt

15 Paul Nizon, geb. 1929 in Bern, arbeitete nach der Promotion 1957 zunächst als Museumsassistent in Bern und als Kunstkorrespondent für die *Neue Zürcher Zeitung*. 1960 erhielt er ein Stipendium des Schweizer Instituts in Rom und ließ sich dann als Schriftsteller in Zürich nieder. Im gleichen Jahr schloß er Bekanntschaft mit Max Frisch, der ihn auch finanziell stark förderte. Im folgenden bezieht sich Frisch auf Argumente Nizons, die 1970 gebündelt in der Streitschrift *Diskurs in der Enge* im Kandelaber Verlag, Bern, publiziert wurden und seinerzeit einiges Aufsehen in der Schweiz erregten. Wiederabgedruckt ist dieser Text in: Peter Henning (Hg.): *Paul Nizon. Diskurs in der Enge. Verweigerers Steckbrief. Schweizer Passagen*, Frankfurt am Main 1990, S. 137-226. Paul Nizon verließ 1977 die Schweiz und lebt seitdem in Paris.

zurzeit öffentlich Klage, dass die Schweiz ihre Künstler nicht zu schätzen wisse, nicht fördere usw. Da uns aber eine Freundschaft verbindet, kann ich zu seinem Irrtum kaum schweigen ... Kein Wort über die Schweiz, das ist leicht gesagt. Soll man auswandern? Wenn ich noch so lang an der Pfeife lutsche, die Pfeife putze, die Pfeife stopfe – irgendwann erwischen sie mich doch wieder mit ihrer Schweiz.

X. Wieso ist Paul Nizon im Irrtum?

X. Lassen wir das!

X. Es interessiert mich aber.

X. Siehst du!

X. Die Eidgenossenschaft als Hausordnung lässt zu, dass Eidgenossen auch Kunst machen. Das führt zu den Begriffen: SCHWEIZER MALEREI, SCHWEIZER ARCHITEKTUR, SCHWEIZER LITERATUR, SCHWEIZER GRAPHIK, SCHWEIZER MUSIK, [63] SCHWEIZER FILM. Es fehlt nicht an Leistungen schweizerischer Künstler in allen Branchen, zu schweigen von den Wissenschaftlern. Nur ergibt sich daraus keine Kultur-Figur. Ausserhalb unseres Landes weiss man kaum, dass Corbusier, Giacometti, Godard [16] usw. eigentlich Eidgenossen sind, und wenn schon, so fällt es nicht ins Gewicht: nicht für die Schweiz. Das ist merkwürdig. Die Schweiz ist zweifelsohne eine Marke, aber zweifelsohne keine Kultur-Figur im Bewusstsein unsrer Zeit. Woher kommt das? Man kennt Uhren und Turbinen und DDT und Käse usw., hingegen kennt man kaum einen geschichtlichen Beitrag an diesem Jahrhundert, nicht einmal einen schrecklichen Beitrag. Man sieht lediglich, dass die Schweiz sich als moralische Autorität verstanden wissen möchte; im übrigen erscheint sie als ein Vakuum in der Zeitgeschichte. Kunst aus diesem Land mag ihren Mann ernähren, unter Umständen gar einen per-

16 Le Corbusier (eigentl. Charles-Édouard Jeanneret-Gris), geb. 1887 in La-Chaux-de-Fond, gest. 1965 in Roquebrune-Cap Martin, franz.-schweiz. Architekt, betätigte sich u. a. als Städteplaner, Architekturtheoretiker, Möbeldesigner sowie als Maler. Le Corbusier fand im Zug der klassischen Avantgardebewegungen zu einer individuellen, völlig neuartigen Formensprache. – Alberto Giacometti, geb. 1901 in Burgonovo bei Stampa, gest. 1966 in Chur, schweiz. Bildhauer, Maler und Zeichner, dessen plastisches Schaffen zu den bedeutendsten und eigenständigsten Leistungen der Skulptur im 20. Jahrhundert zählt. – Jean-Luc Godard, geb. 1930 in Paris, franz. Filmregisseur der »Nouvelle Vague«.

sonellen Ruhm abwerfen; es ergibt sich aber, so scheint mir, keine Kultur-Figur ohne den Hintergrund einer politischen Präsenz des Landes. Was heisst Schweiz? Wir wissen's ungern: ein Finanz-Hort, ein Ski-Gebiet ersten Ranges, ein ideales Mon Repos, Terrena da vendere, ein Platz für internationale Konferenzen, Postfach für obskure Geschäfte, ein Asyl-Land auch, der klassische Sitz des [64] Internationalen Roten Kreuzes, die weltweit liefernde Waffenfabrik Oerlikon und Friedhof berühmter Ausländer – dagegen ist jede Kunst-Förderung ohnmächtig ... Was Nizon zur Klage bewegt, ist nicht zu ändern; eine Folge unsrer Geschichtslosigkeit heute. Es wird ja gefördert. Wenn der einheimische Zuspruch insgeheim immer unter dem Vorbehalt steht, dass das Ausland auch anerkennt, so ist das nicht kleinherzig oder Ausdruck eines amusischen Volkes; es entspricht nur der Realität: die Schweiz als solche kann kein Ansehen exportieren, nur Leistungen, das Ansehen dazu muss importiert werden.

X. Wie dem auch sei. –

X. Ist dem nicht so?

X. Ich möchte nicht nochmals darauf hinweisen, dass mich die Simplifikation stört, sondern vorschlagen, diese Diskussion abzubrechen, da sie keine einzige neue Einsicht ergibt.

X. Bitte.

X. Die Frage, ob ich mich mit der Schweiz beschäftigen muss oder nicht, halte ich ebenfalls für entschieden, da neue Einsichten nicht vorliegen. Hingegen bleibt noch die Frage: Sollte man auswandern? Die Frage ist ausgesprochen worden. [65]

X. Bitte.

X. Wenn ich jünger wäre –

X. Das ist uninteressant. Ich kann die Frage nicht für die Vergangenheit beantworten. Ich bin nicht ausgewandert. Die Frage hat nur einen Sinn, wenn ich sie für heute beantworte.

X. Es ist etwas spät.

X. Wieso?

X. Ich finde.

X. Angst vor Heimweh?

X. Darauf müsste man es ankommen lassen –

X. Was spricht für Auswandern?

X. Ich stelle die Gegenfrage: –

X. Bitte einer nach dem andern!

X. Was spricht für Bleiben?

X. Die Gewöhnung.

X. Gibt es eine andere Meinung?

X. Ich übersehe nicht die Vorteile, Schweizer in der Schweiz zu sein. Sie können mich nicht ausweisen. Zum Beispiel. Ferner die zentrale Lage in Europa. Nicht zu vergessen die Landschaft. Wie immer sie überbaut wird, bleibt doch eine Vertrautheit. Vor allem die Mundart. Ich meine jetzt nicht: man bekommt seine Kindheit [66] kein zweites Mal. Ich meine es beruflich. Unsere Mundart erschwert das Schreiben, aber sie kontrolliert es.

X. Ist das nicht eine Ausrede?

X. Vielleicht.

X. Ich sehe es noch etwas anders: –

X. Bitte.

X. Der Vorsatz, keine Aeusserung über die Schweiz mehr zu machen, ist grundrichtig; er führt allerdings in ein Dilemma. Beschäftigung mit gesellschaftlichen Verhältnissen, wenn sie nicht ideologisch bleiben soll, setzt nicht nur Kenntnis voraus, sondern Erlebnis. Dazu braucht man Lebenszeit. Deutschland oder Amerika oder Italien kann ich nicht mehr als Schüler erleben, als Rekrut, als Student, als Anfänger mit der Frau usw. Nur war das eben hier. Menschen sind überall, in gewissen Gegenden sind sie vielleicht durch Geschichte ergiebigere Menschen. Das nützt mir nichts. Menschen sind noch schwerer zu erraten, wenn man nicht aus eigner Erfahrung wenigstens ihre Schulstube kennt, die Gerüche eines Quartiers, wo der andere herkommt, Gerüche aber so, wie man sie selber als Kind aufgenommen hat, Töne der Einheimischen unter sich, Stammtischgespräche vor Hitler und nachher und heute, die Attitüde von [67] Grossbürgern, wenn man als junger Mann und mittellos sie besucht, die Kasernen-Kameradie, die Tonart bei behördlichen Sitzungen, Milieu-Möglichkeiten, die Tabus damals, die Idole und die Realität dazu, eine Unsumme von Kleinigkeiten – die Folie braucht ja nicht geschildert zu werden, nur brauche ich sie, um Menschen eher zu begreifen, und diese Folie entsteht nur durch Zeit. Wo sonst habe ich sie? Zugehörigkeit ist nicht der Gewinn, sondern der Preis.

X. Also bleibe ich im Land?

X. Ja.
X. Eine Gegenmeinung?
X. Ich kann mich der Begründung nicht anschliessen, aber ich gedenke auch in der Schweiz zu bleiben; eine Begründung dafür kann nicht verlangt werden.
X. Wohin sonst?
X. Ich bleibe.
X. Ich auch.
X. Auch.
X. Ich fasse die Diskussion zusammen:–
X. Nicht nötig.
X. Oder ist noch irgendein Aspekt nicht zur Diskussion gekommen? – betreffend den Vorsatz, Aeusserungen zur Schweiz ein für [68] allemal zu unterlassen.
X. Es wäre noch ein Aspekt zu erwähnen: –
X. Bitte.
X. Ich frage mich, ob ich hochmütig bin. Der Vorsatz, jede Aeusserung über die Schweiz fortan zu unterlassen, könnte ja auch Hochmut sein.
X. Wieso?
X. Ich lehne die Frage ab. Ich finde sie lächerlich. Ich bin nicht hochmütig – sonst wäre ich ausgewandert.
X. Gibt es eine Gegenmeinung?
X. Vielleicht ist Hochmut ein falsches Wort –
X. Was wäre das richtige?
X. Die Schweiz gilt als Demokratie. Da der Einzelne nichts ändern kann, ist die Mehrheit natürlich überzeugt, dass sie die Verhältnisse bestimme. Tatsächlich bestimmen die Inhaber der wirtschaftlichen Macht; nur kommt es der Mehrheit nicht zum Bewusstsein. In dieser Täuschung, dass sie der Souverän sei, ist sie natürlich sehr allergisch, wenn der Einzelne sich ein anderes Bewusstsein herausnimmt; sie empfindet den Einzelnen als überheblich. Wie schon gesagt worden ist: der Einzelne kann in diesem Land nicht bescheiden genug sein. Hochmut der Person ist verhasster als Dummheit der [69] Person. Dementsprechend sieht die Schweiz auch aus. In der Tat ist sie noch mit jedem Hochmut fertiggeworden, ausgenommen der Hochmut wirtschaftlicher Macht, hingegen nicht mit der Dummheit... Daher finde ich die Frage, ob man hochmütig ist, nicht unwichtig.

X. Und wenn ich's bin?

X. Es ist merkwürdig, das gebe ich zu.

X. Was ist merkwürdig?

X. Wenn ich irgendwo in der Welt bin, gleichgültig wo, in Berlin oder Neapel oder Warschau oder Paris oder Stockholm oder Tel Aviv usw., schon in Varese oder auf der andern Seite vom Bodensee stellt sich diese Frage nicht; erst hier, in der Schweiz, frage ich mich bei jeder Gelegenheit, ob ich hochmütig bin. Das ist merkwürdig.

X. Wie erklärt sich das?

X. Offenbar geht es andern nicht anders; das zeigt sich in einem Hang zum understatement in allem, was die Person trifft. Das kann ja seinen Charme haben, finde ich, sofern das understatement, das jeder Schweizer lernt, um keinesfalls in den Verdacht eines persönlichen Hochmuts zu kommen, nicht übergeht in Kleinmut ... Es wäre eher die Frage zu stellen, ob ich nicht kleinmütig bin. [70]

X. Mich stört wieder die Simplifikation.

X Bitte.

X. Offenbar gibt es Individuen, die ihrer Zugehörigkeit zur Schweiz nicht gewachsen sind, aber es gibt auch andere, und diese sind in der Mehrheit. Von einem understatement, und sei es auch nur ein understatement in den Aeusserungen ihres Temperaments, kann nicht die Rede sein; sie sind langsam und besonnen und schlicht und schlau und zäh und zögernd und lieber gemütlich als kühn und trocken und zufrieden, auch wenn sie schimpfen, und misstrauisch gegenüber Einfällen und sachlich und gesellig und unerschütterlich und senkrecht und sparsam mit Zweifel, sparsam mit Fantasie, sparsam und tüchtig und frei von Uebermut und genau und massvoll und mutig mit der Mehrheit und ruhig und behutsam im Denken und im Handeln und hartnäckig und gerecht und zuverlässig und bescheiden usw., aber das ist ihr wahres Wesen: ohne understatement. Wenn gewisse schweizerische Intellektuelle, um sich ein Gefühl der Zugehörigkeit zu erschwindeln, in understatement machen und dabei in Kleinmut verfallen, so ist das ihre Sache; ich meine, die Mehrheit fühlt sich nicht kleinmütig, wenn sie so ist, wie sie ist. Das wäre wirklich eine Projektion. [71]

X. Gut.

X. Kann ich die Diskussion schliessen?
X. Bitte.
X. Ich bin nicht einverstanden –
X. Ich verlange ja nicht, dass ich mit mir einverstanden bin. Ob der Vorsatz, Aeusserungen zur Schweiz fortan zu unterlassen, als Hochmut oder Kleinmut empfunden wird, stelle ich frei. Die Hauptsache ist, dass der Vorsatz durchgeführt wird. Ich hoffe, dass es gelingt, und schliesse hiermit die Diskussion.

——— « [72]

(Ms. H. 1, S. 42-72)]

GELB

73: Berzona

Die erste Notiz ist wiederum knackfrisch, angenehm säuerlich, lustvoll sättigend.

73.10. Traum-Ente: selbst wenn der Bezug auf die Zeitungs-Ente weniger deutlich wäre, er bliebe störend. Zeitungs-Enten entstehen fahrlässiger als Ihr Traumverhalten es ist.

Die beiden anderen Stücke würde ich Ihnen zu streichen vorschlagen, aus den erwähnten Gründen. Die Ehrlichkeit, mit der Sie auch Ihr Privatleben nicht unterschlagen wollen, könnte beim Leser als Indiskretion funktionieren.

[Die erste Notiz wird umgestellt und ins ›Tagebuch‹ übernommen (vgl. WA, Bd. 6, S. 156); die beiden anderen werden gestrichen. Die Johnson vorliegende Textstelle lautete:
»BERZONA
Jemand berichtet von einer verbürgten Begegnung zwischen Robert Walser und Lenin an der Spiegelgasse in Zürich, 1917, dabei habe Robert Walser eine einzige Frage an Lenin gerichtet: Haben Sie auch das Glarner Birnbrot so gern? Ich zweifle im Traum nicht an der Authentizität und verteidige Robert Walser, bis ich daran erwache – Traum-Ente! – aber ich verteidige Robert Walser noch beim Rasieren.

———

Die Steuerbehörde verhilft mir zu der Einsicht, dass ich jetzt ein vermögender Mann bin. Wie verhält man sich zu dieser Ueberraschung? Ich gehöre nicht zu den Reichen; dafür ist es zu spät. Ich hatte Glück.

———

Wanderung mit Alfred und Gisela Andersch.[17] Ohne sie hätten wir uns hier nicht niedergelassen. Nun zeigen sie uns dieses Tal (Val Onsernone) als unsere Heimat. Was Alfred Andersch noch immer nicht ganz glaubt: dass ich kein ›homme de lettre‹ bin –

———— «

(Ms. H. 1, S. 73)]

WEISS

74: Bodega Gorgot

Hier war ich recht erleichtert, dass Sie nur aus List abgestritten haben, auch dies neue Tagebuch enthalte einen geheimen Projektkatalog, indirekte Copyrights sozusagen.
Dass hier eine Geschichte Ihrer Art anfängt, hat allerdings einen Nachteil: man könnte versucht sein, undiszipliniert nach der Fortsetzung vorzublättern.

[Diese Passage wurde umgestellt und übernommen; vgl. WA, Bd. 6, S. 9-10.]

GELB

77: Berzona

Entspricht Berzona (73)

[Die von Max Frisch gestrichene Textstelle lautete:
»BERZONA
Schon unser zweiter Herbst an diesem Granit-Tisch. Rauch von Herbstlaubfeuern. Ich werde kein Gärtner. Eher Wirt. Da ich zum ersten Mal im Leben (57) als Eigentümer hause, also ein gewisses Recht habe zu roden, nehme ich gelegentlich das Buschmesser und haue einen Ast herunter: um das Bewusstsein von Eigentum zu wecken. Heute habe ich zuviel heruntergehauen. Was ich nach anderthalb Jahren noch nicht weiss: inwiefern

17 Alfred Andersch, geb. 1914 in München, gest. 1980 in Berzona, Schriftsteller, Rundfunkredakteur. Nach seiner Rückkehr aus der Kriegsgefangenschaft in den USA von 1946 bis 1948 Zeitschriftenredakteur bei *Der Ruf*, 1952 bis 1954 *studio frankfurt*, 1955 bis 1957 *texte und zeichen*. Rundfunkarbeit in Frankfurt und Stuttgart. Mitglied der »Gruppe 47«; wohnte seit 1958 in Berzona. Neben seinen Romanen verfaßte er zahlreiche Hörspiele und Reiseberichte. Gisela Andersch (1913-1987), Malerin, 2. Frau von Alfred Andersch, mit ihm seit 1950 verheiratet. Frisch und Andersch trafen einander zum ersten Mal 1957 im Café Odéon in Zürich. Vgl. die 1979 verfaßte *Laudatio auf Alfred Andersch* von Max Frisch in WA, Bd. 7, S. 42-52.

Eigentümerei mich verändert. Freunde werden es früher bemerken, aber sie haben noch nichts erwähnt.« (Ms. H. 1, S. 77)]

WEISS

78: Der Goldschmied

Die Geschichte kann gar nicht lang genug sein.
In einem Tagebuch wirkt sie befremdend lang: nicht an einem Tage zu schreiben. Es wäre möglich, sie durch neue Ein- und Absätze aufzulockern, so dass sie zusammenwüchse aus einzelnen Beobachtungen und Eintragungen.

[Der Text wird ins »Tagebuch« übernommen, allerdings umgestellt; vgl. WA, Bd. 6, S. 13-19.]

GELB

90: Zürich Lochergut

Wenn Sie die Worte zwischen »Aksionow« und »soweit« (Zeilen 3 bis 5) strichen, wäre die Sache eine harte kleine Kugel, mit der man werfen kann.

[Diese Textstelle wird von Max Frisch gänzlich umgearbeitet; vgl. WA, Bd. 6, S. 57. Der Uwe Johnson vorliegende Text lautete:
»ZÜRICH LOCHERGUT
Besuch des sowjetischen Schriftstellers Aksionow.[18] Ich finde nicht heraus, wie es ihm vorkommt hier (unter einigen helvetischen Linken) – soweit er sich durch die Dolmetscherin verständlich machen kann: Einigkeit, dass Literatur nicht Staatsdienst sein kann.« (Ms. H. 1, S. 90)]

GRÜN

91: Zitat

Hier, anders als bei Statistik (2), kommt mir das Zitat funktionierend vor; hier diffamiert sich nicht nur eine Gesinnung, sie nimmt auch noch ihren Gegnern die Arbeit ab, diesen Aspekt der Situation selbst darzustellen.

18 Wassilij Pawlowitsch Aksjonow, geb. 1932 in Kasan, russ. Schriftsteller, veröffentlicht seit 1959 Erzählungen und Romane vordringlich über Probleme Jugendlicher; einer der meist diskutierten sowjetischen Autoren der jüngeren Generation.

[Die von Uwe Johnson hervorgehobenen Zitate lauten:
»›Man gehe die Gegenstände der neueren Romane und Bühnenstücke durch. Sie wimmeln von Psychopathen, von gemeingefährlichen Existenzen, von Scheusslichkeiten grossen Stils und ausgeklügelten Perfidien. Sie spielen in lichtscheuen Räumen und beweisen in allem, was niederträchtig ist, blühende Einbildungskraft. Doch wenn man uns einzureden versucht, dergleichen zeuge von tiefer Empörung, Beklommenheit oder von einem doch irgendwie um das Ganze bekümmerten Ernst, so melden wir – nicht immer, aber oft – begründete Zweifel an.‹

›Und heute? Wir begegnen dem Schlagwort Littérature engagée. Dabei wird aber niemand wohl, der die Dichtung wirklich als Dichtung liebt. Sie verliert ihre Freiheit, sie verliert die echte überzeugende, den Wandel der Zeit überdauernde Sprache, wo sie allzu unmittelbar-beflissen zum Anwalt vorgegebener humanitärer, sozialer, politischer Ideen wird. So sehen wir denn in der Littérature engagée nur eine Entartung jenes Willens zur Gemeinschaft, der Dichter vergangener Tage beseelte.‹

› – diese heute über die ganze westliche Welt verbreitete Legion von Dichtern, deren Lebensberuf es ist, im Scheusslichen und Gemeinen zu wühlen – ‹

›Wenn solche Dichter behaupten, die Kloake sei ein Bild der wahren Welt, Zuhälter, Dirnen und Säufer Repräsentanten der wahren, ungeschminkten Welt, so frage ich, in welchen Kreisen verkehren sie?‹

›Ziehen wir den schlichten und gediegenen Grundriss wieder nach, auf dem das Gebäude der grossen Kultur errichtet worden ist.‹

›Kehren wir zu Mozart zurück.‹

Emil Staiger
anlässlich der Verleihung des
Literaturpreises der Stadt Zürich
im Zürcher Schauspielhaus«

Der Text wird vollständig ins »Tagebuch« übernommen; vgl. WA, Bd. 6, S. 55.[19]]

GELB

93: Zürich Lochergut

Kein Kommentar. Ausser dem, dass ich dies anführen würde als Beweis dafür, dass ich mir von niemandem ausser Ihnen ein öffentliches Tagebuch wünschen würde.

[Die von Uwe Johnson hervorgehobene Textstelle lautet: »Er steht vor der Tür (ich habe klingeln lassen, aber es hat nicht aufgehört) und möchte mir mir sprechen, ein junger Jude, der an frühe Kafka-Bildnisse erinnert, Hut in der Hand, gekleidet für Sabbath. Ob er nicht ein andermal kommen könne. Sein Blick: diese Antwort hat er befürchtet. Zum Glück ändere ich meinen steifen Vorsatz, bitte herein. Was ist's? Er nennt seinen Vornamen, und da ich nach dem Familienname frage, sagt er: Müssen Sie ihn wissen? Schon mehrere Male stand er in dem offenen Laubengang draussen. Sprunghöhe 60 Meter. Er ist vollkommen gefasst, aber man glaubt es ihm. Keine Personalien. Er kenne meinen Namen aus der Zeitung, dann hat er ihn an der Wohnungstür gesehen, deswegen geklingelt. Er kann in der Synagoge nicht mit den Seinen singen und unter uns nicht leben –

P. S.

Er hat öfter angerufen (immer nur mit Vornamen) und ist öfters gekommen, obschon ich nie, je länger um so weniger, irgendeinen Rat versucht habe. Auskunft zur Person: er ist aufgewachsen in Zürich 4, Sohn eines Schneiders, er soll das Handelsfach erlernen. Mehr habe ich nie erfahren. Literatur? Kennt er nicht. Er spricht nur von sich und überhaupt nicht von sich. Was ich von Israel erzähle, kann ihn nicht interessieren. Einer Psychiaterin, die wie ich vermute, seine metaphysische Intelligenz zu heilen versucht, verheimlicht er seine Besuche hier. Er bleibt,

19 Emil Staiger, geb. 1908 in Kreuzlingen, gest. 1987 in Horgen bei Zürich, schweiz. Literaturwissenschaftler, Ordinarius für deutsche Literatur an der Universität Zürich, erhielt den »Literaturpreis der Stadt Zürich« am 17. 12. 1966; seine Rede wurde in der *Neuen Zürcher Zeitung* vom 20. 12. 1966 erstmals veröffentlicht. An dem äußerst kontrovers geführten Streitgespräch über diese Rede hatte sich Max Frisch wiederholt beteiligt. Vgl. *Endlich darf man es wieder sagen. Eine Antwort an Emil Staiger* sowie *Postscriptum* in: WA, Bd. 5, S. 455-464.

jeweils eine Stunde, zum Schluss die Frage, ob er nochmals kommen dürfe. Bisher letzte Nachricht: er habe es der Psychiaterin jetzt mitgeteilt und gehe nicht mehr dorthin, schreibe das Tagebuch und besuche die Schule, er werde es nicht tun.«
Vgl. WA, Bd. 6, S. 57.]

WEISS

95: Portrait

Entspricht dem vorigen Stück.
cf. auch Tucholsky: Neid ist ein gutes Kriterium.

[Der von Max Frisch nicht ins »Tagebuch« aufgenommene Text lautete:
»PORTRAIT
Wer ist der Mensch, dessen Gedicht sagt:

›Entscheidungen aussprechen
ist Sache der Nilpferde.
Ich ziehe vor,
Salatblätter auf ein
Sandwich zu legen und
unrecht zu behalten.‹
wie macht er das?

Wir haben beide, ich gebe es zu, schon getrunken: im Durcheinander freundschaftlichen Palavers, dessen Pausen er rettet vor dem geläufigen Ernst, hätte ich es, so wie er spricht in Gesellschaft, nicht als Zitat erkannt:

›Die Kastanien blühn.
Ich nehme es zur Kenntnis,
äussere mich aber nicht dazu.‹

Oder Debatten-Ernst parodierend:

›Akazien sind ohne Zeitbezug.
Akazien sind soziologisch unerheblich.
Akazien sind keine Akazien.‹

Das sagt er natürlich nicht, aber Aehnliches: Kurzes, so unaufdringlich und immer wie am Rand gesprochen, angeboten als Spass, nicht um die Breitleinwand-Erzähler zu unterbrechen, nur als höfliches Signal, dass er dabei und vergnügt ist; von Kollegen auf Literatur-Betriebliches befragt, könnte er, in Abwehr durch Zuversicht, ohne weiteres gesagt haben:

›In Saloniki
weiss ich einen, der mich liest,
und in Bad Nauheim.
Das sind schon zwei.‹

Und da man so in der Natur sitzt und trinkt:

›Wir haben unsern Verdacht
gegen Forelle, Winter
und Fallgeschwindigkeit.‹

Und noch immer hätte ich's nicht gemerkt, dass er, alles andere als vorlaut, Gedichte einschmuggelt; er tut's ja nicht, aber was er als Blödelei vorgibt, ist nicht weit davon. Andere spielen jetzt Pingpong.

Einmal vor Jahren in Rom, hatte ich ihm eine Mitteilung zu machen, Privates betreffend; da entzog er sich gar nicht, sondern schwieg einen lauten Corso lang.

Jetzt nach herzlicher Begrüssung (es ist wahr, ich habe ihm auch nie geschrieben, aber noch leben wir, also trifft man sich eines Tages wieder), jetzt entzieht er sich gesellig: Max, hast Du schon Wachteln gegessen? Ich sage: Günter, wie geht es Dir? Und das mit breitem Ernst zu fragen, ist, verglichen mit der Wachtel-Frage, tatsächlich blöd. Also sprich von Wachteln! Die verspeist er grad. Was er sucht, wie man Salz sucht auf dem Tisch, um die Speise ganz zu geniessen, ist ein alter Vers, indem eben die Wachtel, die wir zum ersten Mal verspeisen, lange schon vorkommt: Kennt Ihr ihn nicht? Und da der Vers ihm selbst nicht ganz einfällt, ist es ja auch egal, solange noch Wein auf dem Tisch ist, wie so manches. Comment allez-vous, Madame? fragt er: plötzlich der Sprache, die sein Sohn zur Zeit lernt, zärtlich ergeben, wenn auch nur mit wenigen Sätzen. Und wenn die Tischrunde sich aufgelöst hat, wenn man da im nächtlichen Sommergarten steht oder sich setzt: Lass mich, sagt er, auf den andern Stuhl, auf dieser Seite höre ich besser: Also wechseln wir, und jetzt unter vier Augen: was eigentlich? Er sagt, er fragt nicht, sondern sagt: Max, wie geht's Dir. Es muss eine Vogelart geben, die so den Kopf hält; das kommt bei ihm, wir wissen es, von der Schwierigkeit auf einem Ohr. Wie ein Vogel, der den

Kopf abdreht: um seitwärts wahrzunehmen. Ich sage: Spielen wir ein Pingpong? Er steckt an; man glaubt nicht mehr, dass etwas sich erzählen lässt, was nicht mit zwei Zeilen, und nur so, zu sagen ist. So hört er zu:

›mit List
die Fragen aufspüren
hinter dem breiten Rücken der Antwort.‹

Manchmal hisst er Ernst, die Miene des Ernstes, die sich der andere erwartet; kommt es dahin, dass ihm derselbe Ernst unterstellt wird, ist's aus: weg in Witz. So fängt man diesen Vogel nicht. Dann wird er launig, gescheit-vergnüglich für die andern, die seine Schwermut nichts angeht. Sprich von Wachteln oder von sonst was immer, und wenn schon von dir oder mir, schon unseren Ernst; ein einziges Gedicht, vierzeilig, verschlingt soviel davon. Das sagt er schon nicht mehr; da schont er seinen Ernst. Einmal, vor Jahren auch, spielten wir Schach, eine endlose Partie; da war er ernst, weil er dazu schweigen konnte.

›Unseren Freunden misslingt die Welt.‹ Es wäre möglich, dass er das im Lauf des Abends gesagt hat: unauffällig unter anderem. Es ist aber die letzte Zeile im letzten Gedicht des bisher letzten Bandes, den Günter Eich veröffentlicht hat: ›Unseren Freunden misslingt die Welt.‹

——— « (Ms. H. 1, S. 95-97)][20]

Weiss

99: Prag, Februar 1967

Entspricht UdSSR, Mai 1966 (29)

100.5 In dieser Zeile könnten Sie zusätzlich würzen, wenn Sie »wenn« ersetzten durch »wann immer«.

100.12 so: wo

20 Zu Günter Eich vgl. S. 42, Anm. 59. – Der Text wurde für eine Radiosendung des Studio Zürich zum 60. Geburtstag Günter Eichs geschrieben und im *Merkur* 21, 1967, S. 557-559 unter dem Titel *Drei Begegnungen mit Günter Eich* veröffentlicht; möglicherweise war das der Grund, dieses Stück nicht ins *Tagebuch* aufzunehmen. In der Werkausgabe ist der Text unter dem Titel *Skizze. ›Zu Günter Eich‹* zu finden; vgl. WA, Bd. 5, S. 466-468. – » ... unseren Freunden misslingt die Welt« ist die letzte Zeile des Gedichts *Ryoanji* von Günter Eich aus der 1966 erschienenen Sammlung *Anlässe und Steingärten*. Vgl. Günter Eich, *Gesammelte Werke*, Bd. 1, S. 172.

14 Nach »Quadratmeter« hätte ein Strich bis Ende des Absatzes straffende Wirkung
30 nahmhafter: namhafter
102.09 Wenn Sie hier Fadejev schreiben, müssen Sie in
90.3 Aksinov schreiben.
103.10 Nach »eindrucksvoll« wünschte ich mir alles bis zum Ende des Absatzes durch drei Punkte ersetzt, oder durch einen von Ihren Gedankenstrichen.
105.08 Dank für inniges Gelächter.

[Die Änderungsvorschläge werden übernommen mit Ausnahme der geforderten Streichung auf Ms. S. 100 nach Zeile 14; vgl. WA, Bd. 6, S. 60-64.]

Gelb

107: Berlin

107.25 Rom: Spoleto
28 Diese und die folgende Zeile scheinen entbehrlich: da es zur Wirklichkeit des Vorschlags ja nicht kam.

[Der Uwe Johnson vorliegende Text lautete:
»BERLIN
Uwe Johnson zeigt uns verschiedene Teile der Mauer, das Niemandsland (ich war öfter in Berlin und habe auf Besichtigung der Mauer verzichtet): ohne Kommentar – wie eine amtliche Person im Dienst, wennschon er dazu die Pfeife raucht; da er so gross ist, beugt er sich fast unmerklich, wenn eine technische Information gefragt ist, und nimmt sofort seine Pfeife aus dem Mund. Später im gemeinsamen Suff (Whisky) sein schüchterner Antrag, ob er mich nicht Onkelchen nennen dürfe. Wird aber abgelehnt. Wenn wir von unserem Verleger sprechen, den wir beide duzen, sagt er: Herr Unseld. Einmal sagt er zu mir: Sir. Wahrscheinlich weil er mich streng findet; in Rom habe ich mich einmal verwahrt, dass er das Feuer im Kamin macht. Sagt er. Ob das Datum stimmt, weiss ich nicht. Er türmte immer einen ganzen Scheiterhaufen in den kleinen Kamin. Wie dem auch sei: Sir. Er ist Anfang dreissig und hat eine Glatze. Der Tabak-Beutel, den ich benutze, ist ein Geschenk von ihm, weil ich in Rom gesagt haben soll: Uwe, einen gefütterten Beutel wie Sie habe ich natürlich nicht. Was alles dieser Mann nicht vergisst. Er stellt uns

seine Friedenau-Wohnung zur Verfügung, da er demnächst nach New York geht.[21]

——— «

(Ms. H. 1, S. 107)

Diese Passage wurde von Max Frisch überarbeitet und umgestellt; vgl. WA, Bd. 6, S. 20. Des reizvollen Vergleichs wegen sei diese Textstelle hier zitiert:

»BERLIN

Zu sehen ist, was man schon weiss. Seither bin ich öfter in Berlin gewesen und habe auf Besichtigung der Mauer verzichtet. Uwe Johnson führt uns wie eine amtliche Person im Dienst, ohne Kommentar: da er sehr gross ist, beugt er sich höflich, wenn eine technische Information verlangt wird, und nimmt jedesmal seine Pfeife aus dem Mund, wie immer in schwarzer Lederjacke, Kopf kahlgeschoren. Er selber bezeichnet sich nicht als Flüchtling, kann aber nicht mehr auf die andere Seite. Ein Tag mit Sonne und mit kaltem Wind, viel heller nordischer Himmel über Stacheldraht. Wenn man die Mauer sieht, so gibt es nichts dazu zu sagen; allerdings lässt sich bei diesem Anblick auch nichts anderes reden. Erst später in einer Kneipe (sie liegt fast noch im Niemandsland) kommt es zum persönlichen Gespräch, ohne dass er seine schwarze Lederjacke etwa ablegt, die er auch im sommerlichen Rom getragen hat. Ein Amtskleid? Der Tabak-Beutel, den ich aus der Tasche nehme, ist ein Geschenk von ihm, weil ich einmal gesagt haben soll – nicht in Rom, nein, in Spoleto und nicht in der Bar, sondern beim Kiosk... Ein homerisches Gedächtnis hat dieser Mann; Mecklenburg wird sich darauf verlassen dürfen.«]

WEISS

108: Privat-Verhör I

In diesem Gespräch, anders als bei Symposion in einer Person (42), ist ein Gegensatz zwischen den Partnern erkennbar, insofern, als sie nicht nur etwas gegen einander haben, sondern auch weil der eine dem anderen die Befugnisse einer Instanz zuerkennt. Die-

21 Uwe Johnson reiste Ende April 1966 in die USA – zunächst zur Teilnahme an der Tagung der Gruppe 47 in Princeton – dann weiter nach New York. Ende Mai folgten Frau und Tochter. Die Familie wohnte dann bis zum 21. August 1968 in New York am Riverside Drive 243.

ser Gegensatz reicht aus; nun ist es nicht mehr nötig, auch noch die Formen des Gesprächs mitzunehmen, die Gesprächssituation wird ohnedies nicht vergessen. Das bezieht sich auf die Entbehrlichkeit solcher Floskeln wie »Darauf kann ich offen antworten« etc., auf die kleinen Verhakungen der Unterhaltung, auf die Aufteilung der Äusserungen. Was ich mir wünschte, wäre also eine radikale Zusammenballung des Verhörs auf die tatsächlichen Punkte von Vorwurf und Aussage. Was den Schluss angeht, so zöge ich eine grundsätzliche Antwort von B. der Fortsetzungsankündigung vor.

[Diese Passage wird unter dem Titel »Verhör I« ins »Tagebuch« übernommen; vgl. WA, Bd. 6, S. 64-74. Der von Uwe Johnson bemängelte Schluss des Gesprächs wird von Max Frisch überarbeitet. Ursprünglich lautete er:

»[...]

A. Sprechen wir von unsrer Gegend.

B. Die freiwillige Anpassung an geschichtliche Notwendigkeit ist ein Widerspruch in sich; die Notwendigkeit erzwingt die Aenderung; Bewusstsein der Notwendigkeit beispielsweise einer Hochschul-Reform entsteht erst aus den Unruhen, aus der Bedrohung.

A. Also bist du für die Unruhen?

B. Ich bin für Veränderung, und da sie nicht kommt, gibt es die Unruhe. Wenn wir für Ruhe und Ordnung sind, so haben wir für Ruhe und Ordnung zu sorgen, die mit Ruhe zu ertragen wäre.

A. Und eine solche gäbe es, meinst du.

B. Wenn nicht, dann gibt es keine Ruhe.

A. Du meidest den Satz: Es geht nur mit Gegengewalt. Meidest du den Satz, weil du, wie du sagst, Angst hast vor jedem Akt der Gewalt, oder weil du immer noch hoffst, dass eine gesellschaftliche Veränderung möglich ist ohne Androhung von Gegengewalt?

B. Wahrscheinlich beides.

A. Wir werden das Verhör gelegentlich fortsetzen.

B. Wann?

A. Sobald du klarer denkst.

B. Bitte.«

(Ms. H. 1, S. 130-131).
Vgl. dazu WA, Bd. 6, S. 74.]

GELB

132: Berzona

Streichen, und das Material für eine andere Gelegenheit aufbewahren, wenn möglich.

[Die von Max Frisch gestrichene Textstelle lautete:
»BERZONA
In der Sonne sitzen und nichts müssen, nichts wollen, Lektüre mit den Füssen auf der Loggia-Mauer, übrigens Karfreitag. Wolkenschatten bringen sofort Kühle, Schnee auf der anderen Talseite und in den Höhen, hier aber der braune Frühling; plötzlich ein fremder Hund im Gelände, er stöbert hin und her, dann haut er ab – es fällt mir nichts ein, was ich versäume, nicht einmal ein Wunsch fällt mir ein, auch nicht der Wunsch, dass es so bleibe ... In der Nacht fällt es mir ein, was ich versäume, wenn ich in der Sonne sitze wie jetzt.
———— «
(Ms. H. 1, S. 132)]

GRÜN

133: Text für Brunnen Rosenhof

Nicht nur ist es legitim, dass Sie hier eine Ernte einer anderen Publikation einbringen; Sie tun auch Ihren Lesern einen Gefallen: zum Beispiel ich muss jetzt nicht mehr fürchten, dass mir der Zeitungs-Ausschnitt[22] mit dem Text verloren geht.

22 Der »Text für Brunnen Rosenhof« wurde zuerst in der Zeitung *Die Weltwoche* publiziert. Vgl. Maria Netter: *Der Geist des Engagements. Zur Neugestaltung des Rosenhofs* in Zürich, in: *Die Weltwoche* Nr. 1760 vom 4. August 1967, S. 23. Der Rosenhof ist ein kleiner Platz in der Altstadt Zürichs zwischen Niederdorf und Limmat, direkt hinter der »Bodega Gorgot«. Mittelpunkt ist ein von dem Bildhauer Peter Meister gestalteter Brunnen mit einem flachen, wohlproportionierten viereckigen Steintrog und einem »stelenartigen« Brunnenstock, auf dessen vier Seiten der Text von Max Frisch eingemeißelt wurde. Der Auftrag des Städtischen Bauamts lautete seinerzeit, eine Chronik des Jahres 1967 zu schreiben. Die Fassung, die in der *Weltwoche* publiziert wurde, weicht leicht von der im *Tagebuch* veröffentlichten Fassung ab. Deshalb sei hier die Inschrift wiedergegeben, wie sie an den vier Seiten des Brunnens zu finden ist:

[Der Text wird in leicht überarbeiteter Anordnung übernommen; vgl. WA, Bd. 6, S. 59.]

Gelb

134: Berzona

Bitte, wenn möglich, die testamentarische Verfügung über die Kremation streichen. Es interessiert Ihre Leser nicht, in welcher Form Sie nach dem Tode aufbewahrt sein wollen; Ihre Freunde würden es sicherlich weniger öffentlich von Ihnen erfahren.
Die dritte Notiz auf dieser Seite wünschte ich mir auch gestrichen, alle anderen beileibe nicht.
Was Sie eventuell mit der Tilgung der ersten einbüssen, bringt Ihnen die letzte reichlich, weil viel nachdrücklicher ein, wegen der indirekten Ankündigung, dass der Tod für Sie ein Thema ist. Es ist eine wirksamere Art, die Sachen auf dem roten Papier anzukündigen.

[Die von Max Frisch teilweise gestrichene Textstelle lautete:
»BERZONA
In der Gegend einen Hunde-Kadaver gesehen; was einem dazu einfällt: Ich wünsche Kremation. (Testament.)

Jeder deutsche Kritiker, der auf sich hält, tut jetzt, als verdurste er auf der Strecke, wenn ihm nicht Schritt auf Schritt die gesellschaftliche Relevanz an die Lippen gereicht wird.

HIER RUHT 1967
kein grosser
ZÜRCHER
denker und
STAATSMANN
oder REBELL
weitsichtiger
PLANER
der freiheit
usw.

NIEMAND
zeitGENOSSE
patriot
REFORMATOR
DER SCHWEIZ
im XX. jahrhundert
BEGRÜNDER
der ZUKUNFT
die trotzdem
kommt
1967

kein berühmter
flüchtling wohnte
hier oder starb ungefähr hier zum ruhm
unserer vaterstadt.
kein ketzer wurde
hier verbrannt. hier
kam es zu keinem sieg.
keine sage, die uns
ehrt, erfordert hier ein
denkmal aus stein.
hier gedenke unserer
taten heute. dies
denkmal ist frei.

hier ruht kein
kalter krieger.
dieser stein, der
stumm ist, wurde
errichtet zur zeit
des krieges in
VIETNAM
1967

Wenn Kinder, die keine mehr sind, zu Besuch kommen, und es bleibt die Anrede: Papa –

Der Zweifel, ob Wirklichkeit zu erfassen ist mit Sprache, gehört heute zum Anstand, d. h. er ist eigentlich überholt. Ein Schreiber, der diesen Zweifel nicht auf der Stirne trägt, wird Leser finden, aber keinen Platz in der Literatur. Manchmal der Eindruck, die Welt habe jetzt eine Schonzeit; die Literatur, die ihren Namen verdient, befasst sich mit sich selbst.

Elias Canetti,[23] zwei Tage zu Besuch, ist gegen den Tod überhaupt, also gegen jedes Denken, das den Tod anerkennt –

——— «

(Ms. H. 1, S. 134)
Die Bemerkung zu Canetti wird übernommen, allerdings umgestellt; vgl. WA, Bd. 6, S. 59.]

GELB

135: Ende April 1967

So war es, und dennoch scheint mir die einfache Juxtaposition den Zustand der Instanz, die das Tagebuch hier darstellt, nicht deutlich genug auszudrücken. Hier mit einem Mal fehlt ein persönliches Wort, nur eines.

[Der Text bleibt unverändert und wird übernommen; vgl. WA, Bd. 6, S. 74.]

23 Elias Canetti, geb. 1905 in Rustschuk/Bulgarien, gest. 1994 in Zürich, Schriftsteller; Kind spanisch-jüdischer Eltern, naturwiss. Studium in Wien, 1938 Emigration über Paris nach London (1939). Dort arbeitete er u. a. über zwanzig Jahre lang an seiner Studie *Masse und Macht*. 1981 erhielt er den Nobelpreis für Literatur. Seit Ende der achtziger Jahre lebte Canetti abwechselnd in London und Zürich. »Den Tod statuiere ich nicht.« – unter Berufung auf diesen Satz Goethes pflegte Canetti seine Abwehr gegen all das zum Ausdruck zu bringen, was seine innerste Überzeugung bedrohte: die Überzeugung, im Leben unverlierbar aufgehoben zu sein.

Gelb

<u>136: Zürich/Berzona</u>

Hier, im ersten Stück, fehlt jenes Wort nicht. Wahrscheinlich, weil der Leser etwas von Ihnen sehen kann, und sei es nur, wo Sie an diesem Tage waren.
Das zweite Stück wünschte ich mir gestrichen.

[Die von Max Frisch gestrichene Textstelle lautete:
»ZÜRICH
Kundgebung im Börsensaal, veranstaltet von der FORTSCHRITTLICHEN STUDENTENSCHAFT ZÜRICH (ungefähr 400 Leute, Thomas Held). Der Saal wird nicht voll; nachher auf der Strasse hängt sich der NZZ-Berichterstatter an, um mich ins Verhör zu nehmen wegen anti-amerikanischen Tönen, die uns nicht zustehen. Faschismus gilt in der Schweiz immer als das kleinere Uebel. Und schliesslich müssen wir, meint der Herr, einmal abwarten, was diese Obersten daraus machen, vielleicht wirklich Ordnung im Land. Die führende Zeitung der Schweiz, die im Spanischen Bürgerkrieg die kämpfenden Volkstruppen und die Freiwilligen auf der Seite der gewählten Regierung als Banditen bezeichnete, hat seither neue Schreiber, aber sie hat Tradition.

———

BERZONA
Komödie in der ersten Fassung fertig. BIOGRAFIE: EIN SPIEL. Wir lassen eine Boccia-Bahn erstellen. Zwei Arbeiter aus dem Dorf. Wenn einmal nichts zu ergänzen ist, wird das Haus mir fremd.

——— «

(Ms. H. 1, S. 136)]

Weiss

137: <u>Skizze</u>

Wo die Situation des Mannes in ehelichen Gelegenheiten gezeigt wird, ist die Erinnerung an <u>Gantenbein</u>, <u>Biographie</u> herausgefordert, dann wirkt diese Skizze als blosse Variante mit zum Teil repetierten Gesten. Vielleicht liesse die Optik sich davon ab- und konzentriert den Gründen hinter dem Zustand des Mannes zuwenden. Seine Lage ist wohl erkennbar von aussen, die subjektive Seite davon weniger.

143.8 Spiegeleier kocht: Spiegeleier brät?
143.14 vorallem: so schreiben Sie es durchhin, und ich möchte nur dieses eine Mal angeben, dass es mir zumindest intensiver vorkommt in zwei Worten: vor allem.

Der letzte Satz, auf Seite 145, gerade als unübertreffbare Pointe, weist dennoch darauf hin, dass solcher Äusserungsekel von Erklärung akzeptabel würde, wenn er noch bis in die Situation des Selbstmordes durchgehalten werden kann.

[Der letzte Satz auf S. 145 lautet: »Später tut er's ohne Brief.«; der Text wurde leicht überarbeitet ins »Tagebuch« übernommen, allerdings umgestellt; vgl. WA, Bd. 6, S. 44-50.]

GELB

146: 5. 6. 1967ff.

Entspricht den Notizen auf 135. Das Verhältnis von Rekapitulation (beim Aufschreiben wie bei der heutigen Mitteilung an den Leser) und Bekundung des privaten Zustands erfüllt nicht die Erwartung, die durch solche Berichte wie die aus der UdSSR herangezogen wurde. Diese Erwartung ist in meinem Fall gerichtet auf eine Argumentation, die die Vorfälle lediglich zum Anlass nimmt: so in den letzten vier Zeilen auf Seite 148, sonst kaum.

[Die letzten vier Zeilen lauten:
»26. 6.
Metamorphose des Antisemitismus? – in der einhelligen Parteinahme für Israel; dafür versetzt man die Araber in die Kategorie von Untermenschen.«
Der Text wird unverändert übernommen; vgl. WA, Bd. 6, S. 76-77.]

WEISS

148: Zum Stück

Für das erste Blatt hiervon ist übrigens keine Seitenzahl übriggeblieben.
Diese Darlegung leistet, was in Berzona (28) ausgeblieben schien.
»148«.27 einezlen: einzelnen

[Der Text wird von Max Frisch noch einmal gründlich überarbeitet und übernommen; vgl. WA, Bd. 6, S. 77-78. Die Uwe Johnson vorliegende Fassung lautete:

»Die Fabel, die den Eindruck zu erwecken sich bemüht, dass sie nur so und nicht anders hätte verlaufen können, hat zwar immer etwas Befriedigendes, aber sie bleibt unwahr: sie befriedigt lediglich eine Dramaturgie, die uns als klassisches Erbe belastet: Eine Dramaturgie der Fügung, eine Dramaturgie der Peripethie. Was dieses grosse Erbe anrichtete nicht nur im literarischen Urteil, sondern sogar im Lebensgefühl: im Grunde erwartet man immer, es komme einmal die klassische Situation, wo meine Entscheidung schlichterdings in Schicksal mündet, und die kommt nicht. Es gibt grosse Auftritte, mag sein, aber keine Peripethie. Tatsächlich sehen wir, wo immer Leben sich abspielt, etwas viel Aufregenderes: es summiert sich aus Handlungen, die zufällig bleiben, es hätte immer auch anders sein können, und es gibt keine Handlung und keine Unterlassung, die für die Zukunft nicht Varianten zuliesse. Der einzige Vorfall, der keine Variante mehr zulässt, ist der Tod. Wird eine Geschichte dadurch exemplarisch , dass ihre Zufälligkeit geleugnet wird? Es geschieht etwas, es kann verschiedene Folgen haben oder keine, und etwas, was ebenso möglich wäre, geschieht nicht, und es liegt eigentlich nie an einer einzelnen Handlung oder einem einzelnen Versäumnis, und wo man die grosse Entscheidung trifft, erweist es sich als Gebärde, Entscheidungen werden nicht getroffen, oder besser gesagt, Entscheidungen entscheiden nicht, und was entscheidet, ist der Zufall, mehrere Zufälle, und eine Gesetzmässigkeit, die sich erkennen lässt für die grosse Zahl, hat Wahrscheinlichkeitswert, aber nicht mehr, und was geschieht, setzt an, das schon, es summiert sich etwas, aber es bedeutet nicht, dass mit den gleichen Figuren nicht auch ein anderer Spielverlauf hätte stattfinden können, eine andere Partie als diese, die Geschichte geworden ist, Biografie oder Weltgeschichte; die klassische Szene aber, wo beispielsweise Hitler zum unaufhaltsamen Schicksal wurde, hat in Wahrheit nie stattgefunden, bis er unaufhaltsam erschien, was wiederum nicht heisst, dass der 20. Juli nicht auch hätte gelingen können. Kein Stückeschreiber heute könnte als Notwendigkeit verkaufen, dass jene Bombe, richtig gelegt, dann zufälligerweise um einige Meter verschoben, vergeblich krepierte. So war es halt. Und dasselbe gilt für irgendeine Geschichte. Jeder Versuch, ihren Ablauf als den einzigmöglichen darzustellen und sie von daher glaubhaft zu machen, ist belletristisch; es sei denn, man glaube an die Vorsehung und somit (unter anderem) auch an Hitler. Das tue ich aber nicht. So bleibt, damit eine Geschichte trotz ihrer Zufälligkeit überzeugt, nur eine Dramaturgie, die eben die Zufälligkeit akzentuiert (eine Dramaturgie des Unglaubens) –

———— «

(Ms. H. 1, S. 148-149)]

GELB

150: Vulpera-Tarasp

Hier ist, was ich mir für alle gelben Seiten wünschen würde: die genaue Beobachtung, und die genaue Auswahl des Beobachteten für die Mitteilung. Der persönliche Gestus stellt sich dar durch die Methode, nicht wie sonst oft durch die Erwähnung der Person.

150.7 Es wäre zu fragen, ob wir uns den Stuhlgang nicht ohnehin denken; wenngleich die bürokratische Wendung den Betrieb des Instituts illustriert.

16 Einsatz: der militaristische Anklang ist gewiss beabsichtigt. Hingegen auf dem zweiten Blatt, 151, würde ich die erste Notiz gestrichen wünschen, weil die Sentenz, zu allgemein ohnehin, aus einer persönlichen Zufälligkeit erwächst. Die darauf folgende Notiz funktioniert gewiss als Ankündigung, wiederholt jedoch andere Ansagen.

[Die von Uwe Johnson lobend hervorgehobene Textstelle wird unverändert übernommen. Sie lautet:

»VULPERA-TARASP

Alle mit dem numerierten Glas in der Hand, SANKT BONIFACIUS, hilf uns, dass wir nicht altern, SANKT LUCIUS, vergib uns unsere Jahre. Eine halbe Stunde später, nach einem besonderen Spaziergang zum Kurhaus zurück, erfolgt bei allen Stuhlgang, dann Frühstück, Diät je nach Fall. Im Lauf des Tages eine Massage, Blick auf die Waage, nachmittags Spaziergang auf säuberlichen Wegen durch Wald, Ozon, bis es wieder Zeit ist für die Trinkhalle, SANKT BONIFACIUS, sieh unsere Askese, SANKT LUCIUS, lass uns nicht verkalken. Abends in der grossen Halle: Reeder aus Hamburg, Diplomaten in Urlaub, Direktoren, Fabrikanten, Professoren, alle noch im Einsatz. Die Kapelle spielt zum Tanz, Kellner verkürzen ihren Weg über die leere Tanzfläche. Herren kommen in die Halle mit einem Buch in der Hand, Memoiren von Konrad Adenauer. Jung sind nur die italienischen

Kellner. Krank sieht eigentlich niemand aus: Gesundheit scheint käuflich zu sein. Alle von der Sonne gebräunt. Im Bridge-Salon ist man allein. Alle Herren in dunklen Anzügen, Damen mit Juwelen! wartend vor dem Lift studieren sie den Diät-Zettel für morgen.« Vgl. WA, Bd. 6, S. 78-79.]

Weiss

152: Vereinigung Freitod

Unzweifelhaft dient dies als szenisches Gegenstück zu den Mitteilungen auf dem roten Papier, weiterhin als Vorbereitung. Manchmal scheint es etwas langsam zu laufen, vielleicht wegen des Raums, den das Prozedurale und die Bedienung einnehmen.

158.12 Die Nennung der Produktnamen sieht, wegen der Zahlenangabe und überhaupt, etwas übermässig gerecht aus.

[Wurde noch einmal überarbeitet, teilweise gekürzt und ohne die Überschrift »Vereinigung Freitod« – mit Nennung des Produktnamens – übernommen. Vgl. WA, Bd. 6, S. 79-84.]

Gelb

162: Zürich, Ende September

Diese Mitteilung scheint mir leider nur für Freunde unentbehrlich, nicht für Ihnen nur durchs Lesen verbundene Leute (nicht nur durch das Lesen verbunden, aber dennoch).

[Die von Max Frisch gestrichene Textstelle lautete:
»ZÜRICH, ENDE SEPTEMBER
Krach mit Regisseur Rudolf Noelte, der alle politischen Aspekte eliminiert und jedesmal mit Abreise droht, wenn der Autor sich nicht fügt. Ich ziehe mein Stück zurück. Schaden für das Schauspielhaus (nach Gerücht) 150 000 Franken.
P. S.
Rudolf Noelte wird prozessieren.
——————— «[24]
(Ms. H. 1, S. 162)]

24 Im Frühjahr 1966 hatte Max Frisch mit der Arbeit an *Biografie. Ein Spiel* begonnen, im März 1967 lag eine vorläufige Fassung vor, die so weit ausgearbeitet war, daß man an eine Inszenierung denken konnte. Für sie wurde vom Schauspielhaus Zürich Rudolf Noelte als Regisseur engagiert. Doch kam es zwischen

Weiss

163: Vereinigung Freitod

164.7 Vokalben: Vokabeln

[Wird übernommen, vgl. WA, Bd. 6. S. 85-88.]

Weiss

168: Vereinigung Freitod

Dass hier ein Kapitel mit dem Thema des vorigen einsetzt, wäre sinnfälliger, wenn der Theorie ein Anlass (eine weitere Tagung, eine konkrete Situation, ein Vorfall) vorausginge.

168.18 anschaffung: Anschaffung

[Wird übernommen, vgl. WA, Bd. 6, S. 89-90.]

Weiss

171: Vereinigung Freitod

Die Reihung des Themas drückt durchaus Präokkupation aus. Nur wäre es wünschenswert, dass alle, auch das vorige, so konkret begänne wie dieses.

171.13 Die Nennung der Weinart, wegen der möglichen Gemüts-Assoziationen, funktioniert hier sinnvoller, als die der Mineralwasser (die ja ohnehin nur in der Einbildung grundsätzlich anders schmecken und wirken).

[Wurde gänzlich überarbeitet; vgl. WA, Bd. 6, S. 90. Der Uwe Johnson vorliegende Text lautete:
»VEREINIGUNG FREITOD
Gestern Besuch von einem Schauspieler: – wie er die Treppe herunterkommt, es trappelt wie ein Füllen; wie er seine Wildlederjacke offen über die Schulter gehängt, die rechte Hand gibt und zugleich meine rechte Schulter fasst mit seiner linken Hand, Herzkerl immer auf Draht, Temperament von Beruf, man

ihm und dem Autor zu Auseinandersetzungen, die dazu führten, daß die für den 7. Oktober 1967 geplante Uraufführung abgesagt werden mußte. Den anschließend von Rudolf Noelte angestrengten Prozeß über die Inszenierung des Schauspiels haben Max Frisch und der Suhrkamp Verlag vier Jahre später im Dezember 1971 in letzter Instanz gewonnen; Rudolf Noelte hatte versucht, seinen Anspruch auf eine Mitautorschaft an dem Stück einzuklagen. Die Uraufführung fand dann unter der Regie von Leopold Lindtberg am 1. Februar 1968 in Zürich statt; die Buchausgabe des Bühnenstücks erschien bereits im Herbst 1967.

möchte immer ein Ventil finden an ihm, um etwas Dampf abzulassen… Auch Sie, sagt er, sehen ja fantastisch aus!… Abends am Kamin beide in Korbsesseln mit einem Glas in der Hand (Bordeaux) oder neben dem Korbsessel auf dem Boden: ein Gespräch von Mann zu Mann, ich entwickle ihm die Idee einer Vereinigung Freitod. Er hat gerade eine Bombenrolle in Sicht, eigentlich zwei, eigentlich drei; insofern kann er's nicht persönlich nehmen, wenn ich von Überalterung spreche, keinesfalls auf ihn bezogen, aber auch nicht auf mich; ich rauche gerade die dritte Havanna. Er findet es eine Idee. Als ich durchblicken lasse, dass eine solche Vereinigung tatsächlich bereits bestehe, hört er zu: ernsthaft, wenn auch nicht begeistert; aber es beschäftigt ihn. Später, beim Abschied, kommt er darauf zurück: ob das mein Ernst gewesen sei. Er wäre dabei. Sofort. Im Ernst. Ich glaube ihm kein Wort, aber wir sind froh um jedes Mitglied.

———— «

(Ms. H. 1, S. 171)]

Gelb

172: <u>26. 10. 1967</u>

Könnte man die sieben Worte nach »Giubasco« streichen?

[Der Uwe Johnson vorliegende Text lautete:
»26. 10. 1967
Gestern Unfall auf der Strecke nach Cadenazzo – Giubasco. Zum Glück allein im Wagen. Schock nachher. Und da man also lebt: – Es hätte mir jetzt nicht gepasst.«.
Der Text wurde von Max Frisch überarbeitet und unter der Zwischenüberschrift »25. 10. 1967« eingefügt; vgl. WA, Bd. 6, S. 89.]

Weiss

173: <u>Vereinigung Freitod</u>

Weiss

174: <u>Vereinigung Freitod</u>

174.16 nachwievor: nach wie vor?
175.16 kurzdarauf: kurz darauf?
176.30 Vorschläge: Keine Frauen, wäre besser
Keine Frauen, es wäre besser.

WEISS

178: Vereinigung Freitod

178.9 versmmlung: versammlung

15 Umgekehrte: umgekehrte

179 Wenn das Alter Minellis mitgeteilt wäre, könnte man besser beurteilen, was »so jung« für eine Selbsteinschätzung verrät.

25 bündernhaus: Bündnerhaus

WEISS

181: Vereinigung Freitod

Um es für dies wie die anderen Stücke zu sagen, wenigstens einmal: Sie können durchweg Vergnügen voraussetzen.

WEISS

183: Vereinigung Freitod

WEISS

184: Vereinigung Freitod

Zum Beispiel wäre dies das Copyright auf einen Spiel-Film.

185.22 Lübke: Wer ist das?

[Die sechs Textstücke unter den Zwischentiteln »Vereinigung Freitod« wurden alle noch einmal überarbeitet und übernommen, allerdings zweimal durch weitere Zwischentexte unterbrochen; vgl. WA, Bd. 6, S. 90-95.]

GELB

187: Zürich, Anfang Februar 1968

Deleatur, se possibile. Es ist eine reine Erfolgsmeldung. Jeder wird Ihnen den Erfolg gönnen, jedoch von der völligen Abwesenheit einer Reflexion befremdet sein.

[Die Uwe Johnson vorliegende Textstelle lautete:
»ZÜRICH, ANFANG FEBRUAR 1968
Uraufführung im Schauspielhaus Zürich (Regie Lindtberg), gleichzeitig in den Kammerspielen München (Regie Everding), im Schauspielhaus Frankfurt (Regie Buckwitz), im Düsseldorfer Schauspielhaus (Regie Dudek).

——————— «

(Ms. H. 1, S. 187)

Max Frisch überarbeitet den Text und fügt ihn unter der Zwischenüberschrift »8. 2. 1968« in folgender Form ein:
»Stück aufgeführt, BIOGRAFIE, EIN SPIEL, mit vierfachem Sieg der Bühne (Zürich, München, Frankfurt, Düsseldorf) über den Autor; er bestreitet die Fatalität, die Bühne bestätigt sie – spielend.« Vgl. WA, Bd. 6, S. 103.]

Rot

188: Handbuch für Mitglieder

Meine Bewunderung für die Handhabung dieses Themas habe ich Ihnen im September in Frankfurt auszudrücken versucht.[25]
Erlauben Sie mir nun noch hinzuzufügen, was ich erst später als wichtige Funktion erkannt habe: es ist in einem schlichten Sinne Lebenshilfe. Das Gefühl der Repetition, der sinnlosen Repetition macht sich ja bald nach dem dreissigsten Lebensjahr bemerkbar, damit die Erkenntnis, dass die Erwachsenen dies wussten, als sie die Kinder auf das Leben vorbereiteten, und nicht imstande waren, es ihnen zu sagen. Hier aber ist wenigstens Eines, das allen bevorsteht, fasslich und obendrein appetitlich vorgestellt worden, nicht als Warnung, sondern als Vorbereitung. Hier gibt jemand Erfahrung ab.
Das einzige, was ich bedaure, ist dass Sie den Schlaf nur am Rande, nicht als Element einbezogen haben.

190.9 Gebrechen: dies wirkt sonderbar abstrakt nach all den einzelnen Ausfallerscheinungen

19 Sicher ist nur ...: Könnte dieser Satz wohl gestrichen werden? wegen der Existenz eines Wortes für eine Sache (die ja dann nicht ausbleibt).

193.13 irgendetwas: irgend etwas?

18 Ihn: ihn

197 Auf dieser Seite wurde ich erinnert an Ihre Weigerung, von mir »Onkelchen« genannt zu werden.[26] Es geht mir auf, dass Sie dies als eine Abschiebung ins Alter, ins Ältersein aufgefasst haben könnten. Es wäre ein Irrtum. Ich meinte nicht das, ich meinte die russische Variante, die mit dem Re-

25 Im September 1970 hielten sich beide anläßlich der Buchmesse (24.-29. September) und des 46. Geburtstages von Siegfried Unseld (28. September) in Frankfurt am Main auf.

26 Vgl. die Notiz zum *Tagebuch* auf Seite 284.

spekt. (Weiterhin, unzulässige Intimität war auch nicht angestrebt.) Jedenfalls bitte ich für mein Ansinnen noch einmal um Entschuldigung.

198.5 Die: die
16 zuviele: zu viele
18 weltkrieg: Weltkrieg
203.16 Abend: abend
204.13 Gattin: Frau? die mit ihm lebt? die mit ihm leben?
24 hahnebüchenen: hanebüchenen
212.15 emfpindet: empfindet
213.01 Chrutschow: Chruschtschow. Oder: Chrustschov. (vgl. 102.19; 90.03)
214.03 Check: wenn Sie diese Form nicht unbedingt als schweizerisches oder amerikanisches Zitat benötigen, würde ich die deutsche Schreibweise vorschlagen.
13 Knopc: Knopf
17 feuerlose Zigarette: ganz behaglich ist die Neubildung mir nicht.
215.13 Mittleres: mittleres
216.0 genen: gegen
12 Witsch: der Name eines lebenden Verlegers wäre mir lieber
19 Sätes: Spätes
217.03 mur: nur
20 einmel: einmal
218.05 Statt der als Witzrequisit verbrauchten Banane wünschte ich mir einen anderen Todes-Zufall.
14 Hatten Sie dies nicht auf Seite 207 ins Kapitel III verwiesen?
220.02 Tochter: hier ausnahmsweise wünschte ich mir einen allgemeineren Ausdruck für Jemand Jüngeren.
19 Diese Bemerkung hebt die erste auf Seite 214 auf; ist nicht nur die vollständige, sondern auch die bessere Ausführung.
224.11 noch? Ist das auf die Person bezogen, oder auf die Zeitläufte?
19 Bananenschale: siehe Anmerkung zu 218.05

[Text wurde weitgehend übernommen, allerdings umgestellt; vgl. WA, Bd. 6, S. 107-117.]

HEFT II

Ist Heft das, was Sie anderswo (Seite 207) KAPITEL nennen?

GELB

1: Februar 1968

Jawohl.

[Ohne Zwischenüberschrift übernommen; vgl. WA, Bd. 6, S. 98-99; die von Uwe Johnson emphatisch herausgestellte Passage lautet:

»Aufrufe immer mit einer Liste möglichst bekannter Namen, Nobelpreisträger besonders erwünscht, dabei ist nicht zu vermeiden, dass wieder einmal dieselben Namen erscheinen, von Mal zu Mal wertloser; die Öffentlichkeit weiss jetzt schon: Der ist ja auch gegen die USA-Invasion in Vietnam, gegen die Militär-Junta in Athen, gegen Folterungen wo auch immer, für Amnestie in Portugal und in Spanien und so, kein Wunder, dass er wieder etwas hat gegen DOW-CHEMICAL in Zürich, weil sie Napalm herstellt für Vietnam und dafür Stipendien an Künstler gibt, schliesslich kennt man diese Ausrufer: – Wir, die unterzeichneten Wissenschaftler und Künstler und Schriftsteller, verurteilen das und das, wir fordern... Was verspricht man sich von solchem Ernst? Immer das Naive daran: als wäre Moral ein Faktor in der Politik. Effekt? Macht regiert nur auf Macht, die eben die Unterzeichneten nicht haben; ihr Aufruf manifestiert es. Nachher immer ein fades Gefühl von Wichtigtuerei. Ich beschliesse (nicht zum ersten Mal) keinen Aufruf mehr zu unterzeichnen.«]

WEISS

2: Prag 1968

Jawohl.

[Text wird überarbeitet; vgl. WA, Bd. 6, S. 104:

»PRAG 1968

Abschaffung der Freiheit für wenige, deren Freiheit auf Kosten des arbeitenden Volkes geht, kann ja nicht das Ziel sein, wenn sich daraus nicht Freiheit für das arbeitende Volk ergibt. Die neuen Männer in Prag sprechen sehr nüchtern, aber ihr Versuch ist kühn, Sozialismus zu entwickeln in der Richtung seines Versprechens. Ob ihnen das Gelingen gegönnt wird? Zu vermuten, dass dieser Versuch nichts anderes bedeute als eine Rückkehr in den Kapitalismus, wäre ein Irrtum, jede Zustimmung in diesem Sinn zudem ein schlechter Dienst, nämlich genau die Auslegung, die die Feinde der Demokratisierung haben möchten, um sie unterdrücken zu können.« (Ms. H. 2, S. 2)]

GELB

3: Berzona, März 1968

Jawohl. Zwar wären die Personen-Namen entbehrlich, da Sie ja nicht nur das Verhalten dieser beiden, sondern einer Gruppe darstellen wollen.
Zum letzten Satz: So, ohne konkrete Andeutung, ist die Ankündigung unverständlich. Ihre Arbeitszeit an dem Stück wird später ungefähr genug aus dem Druckvermerk, aus einem Vorwort hervorgehen.

[Der letzte Satz des Uwe Johnson vorliegenden Textes »Arbeit an einem Stück, KABUSCH.« wird ersatzlos gestrichen, die Namen der beiden Wortführer des Sozialistischen Deutschen Studentenbundes aus Frankfurt am Main »Wetzel« und »Amendt« werden[27] – wie alles übrige – unverändert übernommen; vgl. WA, Bd. 6, S. 106-107.]

GRÜN

4: Schriftsteller und Vietnam

Die grüne Farbe ist lange nicht vorgekommen.
04.02 natürlich: deleatur, s. p.

27 Der Soziologiestudent Günter Amendt, einer der Sprecher des Sozialistischen Deutschen Studentenbundes in Frankfurt am Main während der Osterdemonstrationen nach dem Attentat auf Rudi Dutschke am 11. April 1968, referierte am 26. April auf einer turbulent verlaufenden Versammlung an der Universität Zürich über die Ziele der bundesdeutschen Studentenorganisation. Zuhörer bei dieser Veranstaltung war auch Max Frisch. Er hatte mit Günter Amendt und dem früheren Vorsitzenden des Verbandes Deutscher Studentenschaften, dem Diplomingenieur und -soziologen, dem SDS-Mitglied Dietrich Wetzel, im März 1968 ein längeres Gespräch am Kamin geführt. Frischs Resümee: »Aufklärer mit Bereitschaft zur Gewalt, dabei die Zauberformel: Gewalt gegen Sachen, nicht gegen Personen. Und wenn die Sachen bewacht werden von Personen? Es wird Tote geben.« Vgl. GW, Bd. 6, S. 107.

Im übrigen: jawohl.
Allerdings scheint der Quellenvermerk entbehrlich.

[Text wird unverändert – mit Quellenvermerk,[28] aber ohne Zwischenüberschrift – übernommen; vgl. WA, Bd. 6, S. 117-118.]

ROT

6: Handbuch für Mitglieder

07.14 Diese Zeile tut mehr als die beiden Seiten Alkohol (I,26)
10.11 sozusagen: ohne dies Wort wär es noch schlagender.
15 Geronten: mein Duden verweist mich auf Gerusia, Gerusie, den Rat der Alten in Spanien. Ein Rat der Alten enthält aber nicht die Skepsis, zu der Sie gegen »Gezeichnete« aufrufen.
14.19 Diese Bemerkung wirkt mit Sicherheit zurück auf die Seite I, 172. Ist das gewünscht?
05 »Der alte S.« wird für einen grossen Kreis »Eingeweihter« die Ergänzung »Suhrkamp« anbieten.
17.11 Ist die Wiederholung des Montaigne-Mottos als Zitat tatsächlich unabdingbar?
20.18 Wo wäre KAPITEL IX zu finden?
19 Diese Bemerkungen stünden noch besser am Anfang dieses Komplexes, wo auf Seite 6 Notizen für Anwärter angekündigt werden, die dann ausbleiben.

[Der Text (Ms. H. 2, S. 6-22) wird leicht überarbeitet und übernommen; vgl. WA, Bd. 6, S. 107-117.]

GELB

23: 11.4.1968

So, als aufbewahrtes Datum, ist es nicht ausreichend. Nicht das Datum interessiert uns, sondern was Sie mit ihm angefangen haben.

28 Die Antwort von Max Frisch auf eine Umfrage wurde zuerst unter dem Titel: *»Schriftsteller, Johnson und Vietnam«* in *Die Weltwoche* vom 5. April 1968, S. 25 veröffentlicht. Anlaß für die »Umfrage« der *Weltwoche* war die am 31. März 1968 verkündete Entscheidung des amerikanischen Präsidenten Lyndon B. Johnson, nicht mehr für eine weitere Präsidentschaft zu kandidieren und die Bombardierung Nordvietnams einzustellen.

[Ein Text mit dieser Zwischenüberschrift wird im Max Frisch-Archiv nicht aufbewahrt; im »Tagebuch« findet sich statt dessen ein Eintrag zu »Paris«; vgl. WA, Bd. 6, S. 118-119]

GRÜN

24: Politik durch Mord

Eben was Sie hier mit King anfangen, ist im vorigen Stück vermisst.

34.07 Hier wäre der genaue Betrag ungeheuer wirksam.

37 Diese Chronik, bis Seite 42, ist in einem solchen Buch nicht an der richtigen Stelle. Einmal kann man sie an vielen anderen Stellen nachlesen. Zum anderen, das Zitieren des Faktischen hat nicht die moralische Wirkung, die erst durch das Auftreten der Instanz Frisch zustandekäme. Drittens, sie ist zu lang.

43.27 nobel: ist das Ironie?

45 Den Anlass-Vermerk des Textes wünschte ich mir gestrichen zu Gunsten einer Darstellung der Zuschauer: wie sie sich verhielten, was für eine Wirkung Sie überhaupt mit diesen Vorstellungen erreicht zu haben glauben, etc.

[Der Satz 34.07. lautete in der Uwe Johnson vorliegenden Fassung: »Ein Kriegstag in Vietnam kostet wieviel?«
Max Frisch berücksichtigte auch hier Johnsons Einwand; im »Tagebuch« heisst es dann:
»Ein Kriegstag in Vietnam kostet 79,795 Millionen Dollar.« Vgl. WA, Bd. 6, S. 124.
Der Text wird von Max Frisch gekürzt; die Chronik »Worauf basiert unsere Schutzmacht« wird ebenso wie der Vermerk zum Anlass »Kundgebung im Schauspielhaus Zürich, 15. 4. 1968, zusammen mit Leopold Lindtberg und Kurt Marti[29]« gestrichen. Vgl. WA, Bd. 6, S. 119-125.[30]]

29 Leopold Lindtberg, geb. 1902 in Wien, gest. 1984 in Sils Maria, schweiz. Regisseur. Regiearbeiten in Berlin, Düsseldorf, Zürcher Schauspielhaus, 1965-68 dessen Direktor. – Kurt Marti, geb. 1921 in Bern, schweiz. Schriftsteller, arbeitete von 1961 bis 1983 als reformierter Pfarrer in Bern. Experimenteller Lyriker, teils in Berndeutsch und Umgangssprache, mit Nähe zur Konkreten Poesie, verbindet Formexperiment und Sprachspielerei mit Zeitkritik, polit. Engagement und christl. Predigt; veröffentlicht auch ironische Erzählungen und theologische Schriften.

30 Der ungekürzte Text *Politik durch Mord* ist abgedruckt in: Walter Schmitz (Hg.), *Max Frisch. Forderungen des Tages. Porträt, Skizzen, Reden 1943-1982*, Frankfurt am Main 1983, S. 224-237.

46: Unterwegs

Noch ein Beispiel dafür wie ich mir Texte auf GELB wünschte: die persönliche Empfindung in strikt objektivierter Form.

[Der von Max Frisch gestrichene Text lautete:
»UNTERWEGS
Die Vorstellung, sofort tot zu sein, fällt leichter als die meisten Alltage (Geselligkeit usw.) bei einer Gesundheit, ›wofür sie doch Gott danken können.‹« (Ms. H. 2, S. 46)]

47: Privatim Verhör II

Entspricht dem im Heft I, Seite 108.

[Der Uwe Johnson vorliegende Text wurde von Max Frisch noch einmal überarbeitet und unter der Zwischenüberschrift »Verhör II« ins »Tagebuch« übernommen; vgl. WA, Bd. 6, S. 133-136. Der ursprüngliche Text lautete:
»PRIVATIM-VERHOER II.
A. Du hast die Tagesschau gesehen?
B. Ja.
A. Wie stehst du heute zur Gewalt?
B. Die brennenden Autos, der Rauch über dem Boulevard, das gibt natürlich Bilder. Ich gestehe, dass sie mich erschrecken.
A. – als Fernseher in deiner Stube.
B. Das ist richtig. Ich bin nicht am Ort gewesen. Aber wenn ich Bilder von den ordentlichen Kriegsschauplätzen sehe, so bin ich trotzdem erschreckt: als Fernseher in meiner Stube.
A. Wie erklärst du den Unterschied?
B. Was zurzeit in Paris geschieht, das ist die bare Unordnung, die Unruhe. Die Bilder von den Kriegsschauplätzen, ob aus Vietnam oder Nah-Ost, haben dagegen etwas Ordentliches; Bomben-Ruinen, da und dort Leichen, Gefangene im Verhör mit gefesselten Armen und barfuss zwischen Uniformen mit Maschinenpistolen, das hält sich an die Regel, die man kennt, aber die mich erschreckt.
A. Die Unordnung gefällt dir besser?
B. Ich bedaure die Verwundeten.
A. Auf beiden Seiten?

B. Viel macht natürlich die Uniform. Ich kann mich mit einem Einzelnen leichter identifizieren als mit einer Kompanie, obschon diese ja auch aus Einzelnen besteht, aber eigentlich erst, wenn sie verwundet sind... Ich weiss nicht, wie ich mich an Ort und Stelle selbst verhalten hätte.

A. Hast du dich mit den Studenten identifiziert?

B. Dazu bin ich zu alt.

A. Das ist eine Ausrede; auch einer in deinem Alter nimmt Partei. Ich nehme an, du hast dich nicht in den Reihen der Polizei gesehen.

B. Ich bin Zivilist.

A. Wie hast du dir den Ausgang gewünscht?

B. Ich gestehe, dass sich diese Frage nicht gestellt hat, als ich die Wasserwerfer sah, dann diesen Hagel von Pflastersteinen, die Knüppel, die Tragbahren; der Ausgang war von vornherein klar – auch den Demonstranten, glaube ich... Sie haben demonstriert, dass es nichts zu wünschen gibt.

A. Einmal hast du gelacht –

B. Mir nicht bewusst.

A. Bezeichnest du die Polizei als brutal?

B. Ihr Verhalten hat etwas Berufliches. Etwas Geübtes. Uebrigens sind sie heute nicht zu Pferd gekommen, was viel ausmacht; wenn sie zu Pferd kommen, ist der Zivilist schon degradiert... Vielleicht habe ich gelacht, weil die Polizei mit ihren runden Schildern mich an Shakespeare-Inszenierungen erinnert, wo die Schlacht komisch wird: so dekorativ. Natürlich gibt es nichts zum Lachen. Ich habe Angst vor der Gewalt.

A. Das sagtest du schon früher.

B. Dabei bleibt's.

A. Angst vor Gewalt; du sprichst nur von der Gewalt auf der anderen Seite.

B. Auch, aber anders... Wenn ich sehe, wie sie Steine aus dem Pflaster reissen und werfen, frage ich mich, ob ich das auch könnte, und habe Angst, dass ich's auch könnte. Das hat mich erschreckt.

A. Du möchtest nicht töten?

B. So wenig wie die allermeisten. Sonst würden sie es anders machen... Vieles begnügt sich mit Plagiat: das Mädchen mit der Trikolore spielt Delacroix.

A. Was hältst du von diesem Cohn-Bendit?

B. Ich kenne ihn nicht, darum kann ich nicht sagen: Dieser Cohn-Bendit.

A. Wir führen ein Verhör über dein Verhältnis zur Gewalt – unser zweites Verhör ... Kannst du nach dieser Tagesschau etwas Verbindlicheres sagen als bisher?

B. Verbindlich für wen?

A. Für dich.

B. Ich gestehe, dass ich wissen möchte, wie es weitergeht. Werden die Studenten von Paris, nachdem sie die Fassade durchbrochen haben, zur Einsicht kommen, bevor sie zusammen geschlagen sind?

A. Zu welcher Einsicht?

B. Dass Fallschirmtruppen besser geschult sind in der Anwendung von Gewalt, auch besser ausgerüstet, vorallem aber dass jeder einzelne von ihnen, glaube ich, einer ganzen Studentenschaft überlegen wäre: er handelt auf Befehl. Das gibt ein unbefangenes Verhältnis zur Gewalttätigkeit; er prügelt oder schiesst ja nicht als Person, und der Staat wird mit der Gewissensfrage immer fertig.

A. Du nimmst somit Partei?

B. Während wir dieses private Verhör machen, geht die Sache dort weiter; ich hoffe, dass die Studenten zur Einsicht kommen – ich fürchte, der Staat hat sie nicht nötig.

A. Die Studenten?

B. Eine Einsicht.

A. Welche Einsicht hat der Staat nicht nötig?

B. Keine.

A. Meinst du das im Ernst?

B. Das macht seine Stärke.

A. Das ist doch Unsinn.

B. Vielleicht.

A. Also findest du die Studenten im Recht?

B. Nein.

A. Und wieso nicht?

B. Was Recht ist, bestimmt der Staat. Das ist schliesslich sein Zweck. Ich kenne keinen Staat in der Geschichte, der sich selbst anklagt; das tut höchstens die Geschichte, das geschieht erst, wenn es [ihn] nicht mehr gibt.

A. Du hast die Tagesschau gesehen.

B. Richtig; nicht das Ereignis selbst.
A. Hältst du sie für manipuliert?
B. Um mir eine solche Behauptung erlauben zu können, müsste ich das Ereignis gesehen haben – was nicht der Fall ist... Ich habe bloss gesehen: die Studenten haben angefangen.
A. Das gibst du also zu?
B. Ja.
A. Wie haben sie angefangen?
B. Sie sind plötzlich vorhanden gewesen. Ich glaube, man kann sagen: wären die Studenten nicht vorhanden gewesen, so hätte sich auch nichts ereignet.
A. Blödelei.
B. Ich spreche von dem Eindruck, den mir die Tagesschau gegeben hat: plötzlich ein Boulevard voller Studenten –
A. Was hast du sonst gesehen?
B. Es ging eben sehr rasch.
A. Du warst erschreckt. Du hast, zum Beispiel, mindestens vier Mal versucht, die Pfeife anzuzünden, nachdem du sie ausgeklopft und nicht wieder gestopft hast. Hattest du nicht zeitweise den Eindruck: So fängt Faschismus an?
B. Bei wem?
A. Bei den Studenten.
B. Darauf kam ich nicht.
A. Wieso nicht?
B. Faschisten machen es besser.
A. Wieso?
B. Sie machen es mit dem Militär, nicht gegen das Militär – was kein Vorwurf ist, gegen die Studenten von Paris; das liegt am Militär.
A. Lassen wir das Militär –
B. Das ist leicht gesagt.
A. Tatsache ist: Studenten oder was immer das Boulevard gefüllt hat mit dem Anspruch, das Volk zu sein, das fortschrittliche, haben, wie du gesehen hast, angefangen mit Verkehrsstörung, Besetzung der Sorbonne, Hissen von Fahnen, als wäre da schon ein Sieg zu feiern, Aggression gegen die Ordnungstruppen – also Gewalttätigkeit... Frage: verurteilst du es nicht?
B. Beides spielt wohl keine Rolle.
A. Du weichst schon wieder aus.

B. Ob ich es verurteile oder ob nicht, das interessiert vielleicht unsere Bundespolizei inbezug auf meine Person; mehr trägt es nicht bei.

A. Ich komme nicht von der BUPO.

B. So direkt hört sie nicht ab.

A. Das ist, du weisst es, ein privates Verhör, sagen wir schlicht: Selbsterforschung.

B. Bitte.

A. Rundheraus. Wie hältst du's mit der Gewalt?

B. Rundheraus. Ich habe keine.

A. Und wer hat denn Gewalt?

B. In Paris?

A. Hier.

B. Darüber habe ich keine Tagesschau gesehen.

A. Also bleiben wir bei Paris –

B. Zum Beispiel ist mir aufgefallen, dass diese Strassenschlacht angefangen hat mit einer gewissen Fröhlichkeit, wenn auch mit einer einseitigen Fröhlichkeit, Jugend singend Arm in Arm, Plausch, auch Theatralik usw., jedenfalls mit einer gewissen Fröhlichkeit – anders als ein Bataillon vor dem Einsatz im Mekong-Delta... ich würde schon sagen: mit einer gewissen Lebenslust.

A. Was schliesst du daraus?

B. Sie müssen nicht unbedingt töten.

A. Immerhin werfen sie Pflastersteine.

B. Wenn der Staat nicht mit Helmen käme, diskret mit Feuerwaffen für den Fall, dass die andern einen andern Staat vorschlagen, sondern in Pyjama oder in Badehosen, vielleicht wäre es anders verlaufen – aber das weiss man nicht.

A. Du nimmst alles nicht ernst?

B. Ich bin Mitte 50, genauer gesagt: näher bei 60, was niemand etwas angeht; aber da es ein privates Verhör ist, darf ich es sagen: Ich nehme die Lebenslust sehr ernst.

A. Lassen wir das Private.

B. Ich meine ja nicht meine Lebenslust, Entschuldigung, ich meine: viele dieser jungen Franzosen, wenn sie die geballte Faust erheben, sind mir ziemlich unglaubwürdig. Sie blicken noch sehr jung, zugleich habe ich den Eindruck, sie sind müde, darüber verzweifelt, wohin mit ihrer Jugend in dieser Gesellschaft.

A. Sie haben so ziemlich alles.
B. – was ihren Vätern kostbar erscheint.
A. Was fehlt ihnen?
B. Zum Beispiel dieser eine in der Lederjacke, der gegen die Wasserwerfer lief, ich weiss nicht, was er sich verspricht – ausser Lustgewinn ... Einmal habe ich mich gefragt, was sich eigentlich ereignen würde, wenn es überhaupt keine Polizei gäbe.
A. Und?
B. Ich kann mir Anarchie nicht vorstellen.
A. Also der Staat als das kleinere Uebel?
B. Vielleicht auch das unfruchtbarere –
A. Wie reagierst du auf Sachschaden?
B. Wie schon gesagt: anders als auf die ordentlichen Kriegsspuren. Der Sachschaden, den man gesehen hat, wirkt beinahe wie Ironie: Warum soll man Menschenwerk grad im eignen Land nicht zerstören dürfen? – überhaupt hat alles, auch wenn Blut geflossen ist, ein Element von Ulk: wie wenn ich mir vorstelle, dass ich in einen Kristall-Leuchter schiesse oder mit einer Dampfwalze durchs Warenhaus fahre. Eigentlich seriös, daher zugleich komisch, weil sie mit Maschinengewehren und Flammenwerfern sofort Herr der Lage sein könnte, wirkt nur die Polizei, erbitterter als die schwächeren Demonstranten, frustriert durch die Order die Staatsgewalt soll sich nicht als Gewalt entlarven lassen. Sie hat Ungehorsam zu provozieren, um losschlagen zu können. Eine leichte und schwierige Rolle. Man stellt sich als Beschützer auf, wobei der Beschützte unsichtbar bleibt. Jede Aktion, die die Polizei erfolgreich durchführt, kostet sie den Schein des Beschützers. Plötzlich sperrt sie ein Boulevard ab. Warum eigentlich? Um deutlich zu machen, wo der Staat beginnt: da wo jetzt die Polizei steht. Es könnte auch anderswo sein, es kommt auf zwei oder drei Kilometer nicht an. Aber irgendwo, und warum nicht an dieser Strassenkreuzung, muss der Staat beginnen. Dabei erscheint er konsterniert, dass er plötzlich aus Menschen besteht, beleidigt, dass so viele ihn anders wollen oder überhaupt nicht ...
A. Denkst du, dass er erschüttert ist?
B. General de Gaulle wird ihn immer retten.
A. Also keine Revolution?

B. Theoretiker der Revolution sagen, das war von vornherein nicht möglich, es fehlt die Massenbasis usw., also ein falsches Unternehmen. Ob das Muster, das sie meinen, das einzigmögliche ist, weiss ich nicht – sicher hätte Moskau es mit dieser Jugend schwerer als mit General de Gaulle.

A. Hast du von den Ereignissen gelernt?

B. Ich nehme es an.

A. Und was?

B. Das weiss ich noch nicht.

A. Wir werden das Verhör gelegentlich fortsetzen.

———— «

(Ms. H. 2, S. 47-57)]

GELB

58: Rom, Juni 1968

Sehr deutlich, farbig, Heimweh nicht nur mitteilend, auch erwekkend.
Eine Bitte: alle Formen des 1. persönlichen Pronomens zu tilgen und durch allgemeine Wendungen zu ersetzen, zum Beispiel: der Mann ... erinnert sich nicht.

[Uwe Johnsons Einwand zum Gebrauch des Personalpronomens wird aufgegriffen, der Gebrauch der 1. Person Plural bleibt davon allerdings unberührt; so überarbeitet wird der Text ins »Tagebuch« übernommen; vgl. WA, Bd. 6, S. 137.]

GELB

59: Berzona

Das mit der 1. Person gilt für mich auch hier.
Die zweite und dritte Notiz auf diesem Blatt wünschte ich mir gestrichen.

[Die von Max Frisch gestrichene Textstelle lautete:
»BERZONA
Wenn ich Fernsehen einschalte, weiss ich sofort: fiction oder non-fiction. Noch nie ein Irrtum, so dass ich nach Minuten erst gemerkt hätte: Das ist ja gespielt! Oder umgekehrt. Auf dem gleichen Schirm, wo vorher und nachher ein authentisches Material erscheint (kein grosser Schauspieler, der uns den Papst spielt, sondern der Papst), ist es unerträglich, was sich um Illusion bemüht auch mit Talent. Dann stelle ich sofort ab –

————

6.6.1968
Ermordung von Senator Robert Kennedy in Los Angeles anlässlich einer Wahlkundgebung. Der Täter soll arabischer Herkunft sein.

Immer noch (wieder) Alkohol-Gefahr.

——— «

(Ms. H. 2, S. 59)]

GRÜN

60: Ohne Titel

Zitate dieser Länge hätten in einem Tagebuch nur alle Berechtigung, wenn dessen Verfasser sich mit ihnen auseinandersetzte oder auch nur seinen Senf dazutäte.
Es ist ja kein Merk-Buch.

[Die von Max Frisch gestrichene Textstelle lautete:
»Zuallererst müssen wir von der Anerkennung der Tatsache ausgehen, dass der Marxismus dreissig Jahre lang stagniert hat; dass in jenem Zeitraum, in dem Stalin bestimmte, was Marxismus war und was nicht Marxismus war, auch viele ausgesprochene Dummheiten jahrelang und leider allgemein als wissenschaftlich anerkannt wurden. Es gilt also zunächst, den Marxismus zu restaurieren. Wieviel Zeit dieser Prozess erfordern, ob er langsam oder rasch vor sich gehen wird, das können wir im Voraus nicht beurteilen. Es gibt objektive Möglichkeiten zur Erneuerung des Marxismus, doch spielen da auch subjektive Bedingungen hinein. Es wird davon abhängen, ob die Partei die Entwicklung des Marxismus will und fördert oder ob sie diese Entwicklung behindert. Die Frage kann nicht generell gestellt und erwogen werden, sie stellt sich für jedes Land in andrer Form. Wir meinen, dass beispielsweise die tschechoslowakischen Genossen derzeit eine Wendung vollziehen, die viel Aufmerksamkeit verdient; es deutet auch mancherlei darauf hin, dass die Entwicklung des Marxismus unter Dubcek günstigere Bedingungen vorfindet, als sie unter Novotny gegeben waren.

Ich habe Vertrauen zum Marxismus, und die Sektierer gefallen mir nicht. Ich bin sicher, dass der Marxismus, von den heutigen Gegebenheiten ausgehend, graduell nach und nach den Sieg erringen wird, ohne Gewalt einsetzen zu müssen. Die Sektierer aber glauben nicht an den Marxismus. Alle Sektierer sind Defaitisten. Es muss uns endlich klar werden, dass die Zeit des Bürgerkriegs hinter uns liegt. Die Sektierer, denen man die Lehre Stalins, dass der Klassenkampf sich ständig verschärfen wird, abgewöhnt hat, diese Sektierer sehnen sich nach jener schönen Zeit, in der man so ungeniert ganz und gar nicht nach dem Buchstaben des Gesetzes regieren konnte, regieren, ohne die Gesetze so genau, so streng wie möglich zu befolgen. Die Sektierer möchten diese schöne Epoche des Bürgerkrieges verewigen. Dies ist aber nicht mehr möglich. Kennen Sie den gescheiten Spruch von Talleyrand: ›Man kann mit den Bajonetten alles tun, nur nicht darauf sitzen!‹ Ich hoffe, dass in absehbarer Zeit ein gewisser hinterer Teil jener Politiker, von denen hier die Rede ist, die meinen, der beste Diwan der Welt wäre eine lange Reihe von Bajonetten, so zugerichtet sein wird, dass gewisse Theorien kapitulieren müssen. Ich habe mich mit voller Absicht so ausgedrückt – und ich bitte nicht um Entschuldigung.

Georg Lukács
Mai 1968«

(Ms. H. 2, S. 61)]

GELB

62: Zürich

Dies gehört für mich zu der Kategorie »Gefühle auf offenem Markt«. Es ist möglich, dass dieser einzelne Leser U. J. mit privaten Herkünften abzumachen hätte, dass ihm Derartiges gegen das Schamgefühl geht; es ist möglich, dass Sie mit solchen Reaktionen auch in grösserer Zahl zu rechnen hätten.

[Die von Max Frisch gestrichene Textstelle lautete:
»ZÜRICH
Wieso es Gottfried Honnegger[31] immer wieder gelingt mich zu ermutigen: – er meint, dass ich Mut schon habe, und das kommt daher, dass ich ihm vor Jahren einmal Mut gemacht habe zu einer grossen Entscheidung, die er nicht bereut. Wie sollte ich also mutlos sein.« (Ms. H. 2, S. 62)]

31 Zu Gottfried Honnegger vgl. S. 30, Anm. 38.

63: <u>Moskau, 17. 6.</u>

Entspricht U.d.S.S.R., I,29.

64.15 muffß: muffig?
19 Bier. Ich: Bier, ich? Oder: Bier; ich? Oder: Bier. Ich?
23 ist: ist,?
65.15 Wäre es möglich, alles nach »nachzusehen« bis »Moskau« zu streichen?
66.06 Weissenborn: Weisenborn
22 Das werden die Faktota womöglich ein bisschen grob finden
67.04 Könnten Sie hinzufügen: bei solchen Veranstaltungen, Kongressen etc.?
27 Vodka: Wodka
68.19 schriftsteller: Schriftsteller
69.21 lobeich: lobe ich
71.01 cf. 67.27
18 deleatur, s. p.
72.05 Hier liesse sich der Name der Krankheit dann immer noch einfügen.
73.11 Als literarische Kritik ist das ein wenig kurz.
27 Bisher weiss der Leser aber nur, dass Sie in Berzona wohnen und stellt sich darunter etwas Ländliches vor.
77.27 Weissenborn: Weisenborn
78.02 ansändiger: anständiger
81.22 Melan-: melan–
22 cf. 90.03; 102.19; 213.01 im Heft I
85.15 Caffeteria: Cafeteria?
86.18 Schürler: Schüler

[Text wird leicht überarbeitet und übernommen: vgl. WA, Bd. 6, S. 141-155.]

Grün

88: <u>Zürcher Manifest</u>

Ein solches Zitat, im Gegensatz zu dem von Lukács, kommt ganz selbstverständlich daher: weil Sie an ihm beteiligt waren.

[Text wird übernommen: vgl. WA, Bd. 6, S. 156-157.]

GELB

89: Berzona

Wiederum zu privat. Deleatur, s. p.

[Die von Max Frisch gestrichene Textstelle lautete:
»BERZONA
Unfall bei Wanderung, ich strauchle im hohen Farnkraut und finde mich 50 Meter tiefer (wie lange dauert das?) in einem Bachbett: – bei wiederkehrendem Bewusstsein beschämt...« (Ms. H. 2, S. 89)]

GRÜN

90: Zeitungen-Zitate, ohne Titel

Vielleicht wäre es noch besser, diese Zitate, als Stimmen, von einander abzusetzen.

[Der Einwand Uwe Johnsons bleibt unberücksichtigt; Text wird unverändert übernommen, allerdings umgestellt. Vgl. WA, Bd. 6, S. 160-162.]

ROT

95: Handbuch für Mitglieder

[Textstück ist im Max Frisch-Archiv nicht vorhanden.]

WEISS

96: Protokoll

Nicht nur Züricher Geschichtsschreibung

[Text wird übernommen, vgl. WA, Bd. 6, S. 157-160.]

GELB

102: Berzona

Bis auf die ersten fünf Zeilen.

[Die von Max Frisch gestrichene Textstelle lautete:
»BERZONA
Günter Grass in Cordevio, Walter Höllerer[32] in Avegno, dann bleiben sie einige Wochen in dieser Gegend, und später trifft

32 Zu Walter Höllerer vgl. Seite 57, Anm. 88.

man sich wieder in Berlin – anders als früher: als Freunde. Ich werde Taufpate in Berlin. Höllerer und Frau wandern, Grass lieber nicht; dafür liest er aus seinem Manuskript und erträgt Kritik, aber die meisten Zusammenkünfte bei gegenseitiger Bewirtung gelten der Politik, der praktischen Politik; dabei übertrifft er mich an schweizerischer Staatsbürger-Vernünftigkeit: allerdings in Anwendung auf die Bundesrepublik und auf Europa und auf die Entwicklungsländer, also in Anwendung auf einen politischen Prozess, dem unser Land nur zusieht. Was täte er als Eidgenosse und wielang? Höllerer hingegen steht auf der Alp, wo ich einen Johannisberg entkorke, und entwirft eine Akademie in die Gegend, Futurologen aller Fakultäten vereinigt euch, Prost...

———— «

(Ms. H. 2, S. 102)]

Rot

103: Handbuch für Mitglieder

Wiederum verstehe ich nicht: »Zu Kapitel III«. Wenn es schon nicht eine Ordnung des Tagebuches ist, so vielleicht eine für das »Handbuch« geplante?

In der letzten Bemerkung wäre die Zeit besser bis in den letzten Satz durchgehalten, etwa so: aber sie wird sein müssen. (103)

107.12 Das ist vorher schon mehrmals angegeben.

109.34 Wenn Sie jetzt noch die Toiletten-Frau ins Spiel bringen wollten!! Wahrscheinlich ist sie ja seinem Stadium nahe.

110.02 Gaga: ist das hier nicht ein Adjektiv, kleinzuschreiben?

113.09 feit nicht: ist sie nicht auch eine der Voraussetzungen?

[Text wird übernommen, vgl. WA, Bd. 6, S. 163-168.]

Gelb

115: Genf

115.24 den ich aus Moskau kenne: unser Mann in Moskau, s. p.

[Der von Max Frisch teilweise gestrichene Text lautete:

»GENF

Zusammen mit Gräfin Dönhoff [33] und Günter Grass bei der ver-

33 Marion Gräfin Dönhoff, geb. 1909 Friedrichstein/Ostpreußen. Nach einem Studium der Volkswirtschaft trat sie 1936 in die Verwaltung der Familiengüter

antwortlichen Stelle des IKRK[34] zwecks Information über die Lage in Biafra. Völkermord durch Hunger. Der Leiter der internationalen Hilfe, ein Schweizer, zeigt sich vorerst offiziell-karg, dann fasst er Vertrauen zur Gräfin Dönhoff... Also wieder ein Aufruf! Wenn zwei Schriftsteller zusammen einen Text verfassen: eine halbe Nacht für eine Seite, die jedem nicht gefällt, aber die jeder verantworten kann, Korrektur beim Frühstück und auf der Heimfahrt das bekannte fade Gefühl wie nach jeder Unterzeichnung eines Aufrufs –

P.S.

Hispano-Suiza verkauft Geschütze, die Hitler bestellt und nicht mehr abgeholt hat, und dazu Ausschuss-Munition nach Afrika.

ein, deren Leitung sie 1939 übernahm. Seit 1946 gehört Gräfin Dönhoff der Redaktion der Hamburger Wochenzeitung *DIE ZEIT* an, 1955 wurde sie Leiterin des politischen Ressorts, 1968 Chefredakteurin und 1973 deren Herausgeberin.

34 Internationales Komitee des Roten Kreuzes mit Sitz in Genf.
Der Aufruf wurde gemeinsam mit einem Artikel von Gräfin Dönhoff, *Der Völkermord in Biafra. Ein Appell in letzter Stunde,* in *DIE ZEIT*, Nr. 34 (vom 23. August 1968), S. 3 veröffentlicht:

»An die Adresse der Regierungen:

Jedermann weiß es oder kann es wissen: Der Bürgerkrieg in Biafra ist zum Völkermord gesteigert worden. Die Zentralregierung in Lagos verursacht durch ihre Blockade täglich den Hungertod von mehreren tausend Zivilisten, hauptsächlich Kindern. Die Ausrottung von acht Millionen Ibos steht bevor.
In wirtschaftlicher und machtpolitischer Konkurrenz fördern west- und osteuropäische Staaten ein Verbrechen. West und Ost werden an Biafra scheitern, wenn sie dem Begriff Koexistenz nicht durch gemeinsame Hilfe einen Sinn geben. Die Not in Biafra fordert alle zur Entscheidung.
Am 14. August sprachen die Unterzeichner beim Internationalen Roten Kreuz in Genf vor. Die Erkundigungen haben ergeben: Das Internationale Rote Kreuz handelt zur Zeit mehr diplomatisch als humanitär. Die letzte Initiative des Ministers Lindt ist gescheitert. Effektivere Hilfe ist bisher durch kirchliche Organisationen (Caritas) geleistet worden. Das Internationale Rote Kreuz sieht sich zur Ohnmacht verurteilt durch Konventionen, die Hilfe im Kriegsfall nur erlauben, wenn es sich um Krieg zwischen souveränen Staaten handelt. Seit Ende des Zweiten Weltkriegs sind sogenannte begrenzte Konflikte als Bürgerkrieg ausgetragen worden. Die Zivilbevölkerung bleibt schutzlos.
Zwar versucht Artikel 3 der IV. Genfer Konvention dieser Lage gerecht zu werden. (Im Falle des bewaffneten Konflikts, der keinen internationalen Charakter hat und auf dem Gebiet einer der hohen Vertragsparteien entsteht, ist jeder der am Konflikt beteiligten Parteien gehalten, mindestens die folgenden Bestimmungen anzuwenden...) Doch wie der Fall Biafra zeigt, wird dieser Artikel durch bloß legalistische Auslegung wirkungslos.
Da der Bürgerkrieg in Biafra ohne die Militärhilfe vor allem aus Großbritannien und aus der Sowjetunion sich nie zum Völkermord hätte ausweiten können, ist

Die Schweiz bietet ihre guten Dienste an, Botschafter August Lindt, den ich aus Moskau kenne. Zeitungen melden einen gesetzwidrigen Waffenhandel von Bührle-Oerlikon. Schlagzeilen: Der Bundesrat fordert Untersuchung. Zuerst heisst es: 10 Millionen, dann sind es 90 Millionen für Waffen nach Nigeria, Israel, Aegypten, Südafrika, Fälschung von Unterlagen zur behördlichen Bewilligung der Waffenausfuhr; Dr. Dietrich Bührle hat nicht davon gewusst, Strafklage gegen zwei Vize-Direktoren. Bundesrat und Bührle, Oberst in der schweizerischen Armee, deren Lieferant er ist, sind sich in einem Punkt einig: ohne Waffen-Export wäre eine schweizerische Rüstung einfach nicht möglich. Einige Wochen nach dem Skandal, der die Oeffentlichkeit betrübt, als wäre derartiges noch nie vorgekommen, bestellt der Bundesrat bei Bührle-Oerlikon im Betrag von 490 Millionen. Wo sollte er sonst bestellen? Eine Verstaatlichung der Waffen-Industrie kommt aber nicht in Frage; Verstaatlichung wäre das Ende jener Freiheit, die unsere Armee zu verteidigen hat. Plakate fordern Hilfe für Biafra. Der Bundesrat spendet eine Million Franken für Biafra. Kinder auf der Strasse sammeln mit Büchsen für Biafra.

———— «

(Ms. H2, S. 115-116)

zu fordern: sofortige Einstellung aller (auch aller indirekten) Waffenlieferungen nach Nigeria. Jede Regierung, die Waffenlieferungen nach Nigeria durchführt oder duldet, macht sich vor der Geschichte mitschuldig an einem Verbrechen, unsühnbar wie das Verbrechen von Auschwitz.
Wir fordern auf zu einem weltweiten Appell: Das Internationale Rote Kreuz soll Artikel 3 der Genfer Konvention im Sinne von Henri Dunant und seiner humanitären Idee kompromißlos auslegen, das bedeutet, daß humanitäre Hilfe selbst gegen Widerstände durchgesetzt werden muß.
Alle Mitgliedstaaten des Internationalen Roten Kreuzes sollen Transportflugzeuge mit Piloten stellen. Das Internationale Rote Kreuz schätzt, daß 15 bis 20 Flugzeuge notwendig sind, um das tägliche Minimum von 250 Tonnen Lebensmittel und Medikamente transportieren zu können.
Mehrere europäische Zeitungen veröffentlichen diesen Aufruf und appellieren gleichzeitig an ihre Regierungen zu handeln. Wer dieser Aufforderung durch seine Unterschrift Nachdruck verleihen will, wird gebeten, diesen Text zu unterschreiben und unter dem Kennwort ›Biafra‹ an die Adresse 2 Hamburg 1, Pressehaus, zu senden. Die Unterschriften werden an die jeweiligen Regierungen weitergeleitet.

Marion Dönhoff Max Frisch Günter Grass

Diesem Aufruf schließen sich an: Hermann J. Abs, Alfred Andersch, Rainer Barschel, Golo Mann, Alwin Münchmeyer, Ludwig Rosenberg, Helmut Schmidt, Walter Scheel, Carl Friedrich von Weizsäcker.«

Der 2. Abschnitt wurde ins »Tagebuch« übernommen; vgl. WA, Bd. 6, S. 174.]

WEISS

117: Fragebogen

Jawohl.
Die parodischen Nebenwirkungen sind wohl unvermeidlich.

[Text wird übernommen, vgl. WA, Bd. 6, S. 137-140.]

GELB

120: 21. 8. 1968

120.04 Dubcek: nicht Dubček?

[Die Passage wird von Max Frisch gänzlich überarbeitet, vgl. WA, Bd. 6, S. 169. Der Uwe Johnson vorliegende Text lautete:
»21. 8. 1968
Einmarsch sowjetischer und polnischer und ungarischer und bulgarischer und DDR-Truppen in die Tschechoslovakei. Dubcek mahnt die Bevölkerung zur Ruhe, Svoboda fordert Abzug der fremden Truppen; Einmarsch gegen den Willen der Kommunistischen Partei. Der Hradschin von sowjetischen Panzern umstellt, alle Funkstationen besetzt. Dubcek wird von den Sowjets geholt, abgeführt, Ziel unbekannt.

Wanderung mit Golo Mann[35] ins Valle Verzasca. Wasserfälle, Kastanien-Wald, Schluchten, Idyll mit zerfallenen Hütten ohne Menschen. Stein-Stille, Sonne, Picnic an einem kalten Bach, der unsern Fendant kühlt, Transistor, das Durcheinander erster Nachrichten, wir stellen ab, da sie unverständlich sind, Gegenwart mit einem Historiker.

---

35 Golo Mann, geb. 1909 in München, gest. 1994 in Leverkusen, Historiker, Sohn von Thomas Mann, emigrierte mit seinem Vater 1933 in die USA, von 1960 bis 1964 Professor für Politologie an der TH Stuttgart; lebte als freier Schriftsteller in Zürich.

Die jetzt sagen: Seht ihr! und damit meinen, dass sie, indem sie recht behalten, im Recht sind –

———

23. 8. 1968
Gestern mit Günter Grass gemeinsamer Entwurf einer Erklärung deutschsprachiger Schriftsteller an die Adresse der tschechoslovakischen Schriftsteller. Heute Fortsetzung bei ihm in Cordevio; Pavel Kohout[36] kommt dazu (nicht von Prag, sondern von Italien herauf) mit Informationen, später Peter Bichsel. Bewusstsein von Ohnmacht und Genüsslichem, was jeder grosse Alarm auszulösen pflegt, schlägt sich nieder im Text: als betonte Emotionslosigkeit.[37]

——— «

(Ms. H. 2, S. 120-121)]

36 Pavel Kohout, geb. 1928 in Prag, tschech. Schriftsteller, wurde 1968 als »Wortführer« des Prager Frühlings aus der KPC ausgeschlossen und erhielt Publikationsverbot; er gehört zu den Unterzeichnern der Charta 77 und wurde 1979 ausgebürgert. Kohout schreibt Romane, Satiren, Märchen, Dramen und Hörspiele sowie literarische Kritiken, arbeitet zudem als Regisseur. Hingewiesen sei auf den für diesen Kontext wichtigen Briefwechsel: Pavel Kohout/Günter Grass, *Briefe über die Grenze. Versuch eines Ost-West-Dialogs*, Hamburg 1968.

37 Der von Günter Grass, Max Frisch und Peter Bichsel (in Anwesenheit von Pavel Kohout) formulierte Aufruf wurde vom Suhrkamp Verlag am 24. August 1968 an deutschsprachige Schriftsteller und Schriftstellerinnen mit der Bitte um Unterzeichnung versandt:
»Fünf Armeen, darunter abermals eine deutsche, haben, drei Wochen nach der Vereinbarung von Bratislava, die Tschechoslowakei überfallen: gegen die legale Regierung, gegen den Willen des Volkes, gegen die Beschlüsse der kommunistischen Partei, die in keiner Stunde die Kontrolle über die sozialistische Evolution in ihrem Land verloren hat, wird der Versuch, den bürokratisierten und im Dogmatismus erstarrten Sozialismus zu überwinden, militärisch verhindert. Die sowjetischen, ungarischen, bulgarischen, polnischen und DDR-Armeen, die durch ihren Einmarsch vom 20. 8. 1968 die staatliche Souveränität ihres Bundesgenossen verletzt haben, verteidigen nicht, wie sie vorgeben, den Sozialismus gegen Konterrevolution, sondern unterbinden die Entwicklung des Sozialismus; sie verteidigen einzig ein Dogma, das diese Entwicklung fürchtet; sie sind reaktionär. Das Verbrechen der USA in Vietnam, die Besetzung Tibets durch die chinesische Volksrepublik, die Stützung der Militärdiktatur in Griechenland, der von den westlichen und östlichen Staaten geförderte Völkermord in Biafra und der völkerrechtswidrige Überfall auf die Tschechoslowakei sind, trotz ideologischer Divergenz, ihrem Wesen nach gleichwertig: Manifestationen imperialistischer Politik. Solange sich Koexistenz lediglich als Übereinkunft atomarer Großmächte versteht, dient der heiße Draht zwischen Washington und Moskau nur dazu, die

122: Ohne Titel

122:44 Nach »verbreitet« wäre ein Strich über 3 Zeilen denkbar.

124 Der Druckvermerk ist entbehrlich.

[Der Text wird – mit Druckvermerk – übernommen; vgl. WA, Bd. 6, S. 172-173. Gestrichen wurden allerdings die ersten drei Sätze, die den Kontext einer Antwort von Max Frisch auf eine Anfrage der Zürcher Zeitung »Die Weltwoche« herstellen; sie lauteten:

»Die Anfrage: Und was sagt ihr jetzt, Ihr von der Linken? ist berechtigt. Angst um persönliche Freunde, Ungewissheit, Nach-

Interessen der beiden Machtblöcke auf Kosten Dritter auszuhandeln. Die notwendige Unterzeichnung des Atomsperrvertrages wird fragwürdig durch den Machtmißbrauch der Sowjetunion und der Vereinigten Staaten von Amerika.
Die militärische Intervention in der Tschechoslowakei, geführt von der UdSSR, verrät die jahrzehntelange Arbeit der europäischen Linken für Wandel und Fortschritt durch Entspannung.
Rückfall in den kalten Krieg, der die produktiven Kräfte aller Völker paralysiert, ist keine Antwort auf die brutale Machtpolitik der Sowjetunion; der Widerstand des tschechoslowakischen Volkes, der Arbeiter wie der Intellektuellen, verbietet die Resignation. Freiheit und Sozialismus bedingen einander. Die progressive Intelligenz in den sozialistischen Ländern denkt nicht anders, nur kommt sie vorläufig nicht zu Wort. Ihre Entmündigung verzögert den geschichtlichen Prozeß, der unabwendbar ist. Nicht die Politik der Entspannung hat versagt, der kalte Krieg war und ist ohne Zukunft.
Solidarisch mit den sozialistischen Schriftstellern der Tschechoslowakei, die die Wegbereiter des neuen demokratischen Sozialismus in ihrem Land sind, stellen wir heute fest:
der tschechoslowakische Versuch ist nicht gescheitert; Freiheit und Sozialismus bedingen einander.
Wir rufen auf zur Unterschrift unter diese Erklärung!«
Unterzeichnet wurde diese Erklärung bei ihrer Erstveröffentlichung in der Wochenzeitung *DIE ZEIT*, Nr. 35 vom 30. August 1968, S. 12 von: Theodor W. Adorno, Ilse Aichinger, Jürgen Becker, Thomas Bernhard, Peter Bichsel, Heinrich Böll, Marion Gräfin Dönhoff, Friedrich Dürrenmatt, Günter Eich, Jürg Federspiel, Max Frisch, Günter Grass, Wolfgang Hildesheimer, Walter Höllerer, Rolf Hochhuth, Uwe Johnson, Marie Luise Kaschnitz, Wolfgang Koeppen, Reinhard Lettau, Golo Mann, Kurt Marti, Egon Monk, Alexander Mitscherlich, Hans Erich Nossack, Ruth Rehmann, Eduard Reifferscheid, Hans Werner Richter, Klaus Röhler, Jörg Steiner, Vagelis Tsakiridis, Siegfried Unseld, Martin Walser, Otto F. Walter, Jochen Ziem, Dieter E. Zimmer.
Neben dem Aufruf war ein Artikel von Max Frisch, *Wieder Kalter Krieg?*, der am gleichen Tag auch in *Die Weltwoche,* Nr. 1816, vom 30. 08. 1968, S. 25, erschien. Vgl. Max Frisch, *Zurück zum Kalten Krieg,* WA, Bd. 6, S. 476-478.

richt (auf Umwegen) über ihre Verzweiflung, Hilferufe und dazu das Bewusstsein unserer Ohnmacht – wir sind verzweifelt. Wir stehen (wenn ich nur mein Gefühl anhöre) wieder einmal am Ende einer Hoffnung.
Welcher Hoffnung? (Ms. H. 2, S. 122)]

Gelb

125: Zürich, 25. 9. 1968

125.14 jörg: Jörg
18 gründer: Gründer
29 der Inhalt der Klammer funktioniert nicht.

[Der von Max Frisch gestrichene Text lautete:
»ZÜRICH, 24. 9. 1968
Professor D. Satonski aus Kiew,[38] Germanist, zum Mittagessen (Kronenhalle[39]): zwischen uns die Tschechoslovakei. Er kennt schon die Meinungen hier, hört aber tapfer-liebenswürdig zu, weiss, dass wir auch schon wissen, was er zu antworten hat. Er überreicht mir eine Uebersetzung ins Ukrainische, ferner einen langen Essay zu meiner Sache. Professor D. Satonski, schon einmal von Kiew nach Moskau gekommen, um durch persönliches Gespräch seine Interpretation zu testen, ist vierzehn Tage hier, Studium der literarischen Schweiz; trifft Peter Bichsel, jörg Steiner und andere. In Basel bei Friedrich Dürrenmatt (abends in Gesellschaft nach einer Hauptprobe) ist es schief gegangen. Was kann Satonski für die Panzer in Prag? Sein Vater, gründer der ukrainischen Sowjets, wurde 1937 unter Stalin erschossen. Zu meiner Frage, ob die westlichen Schriftsteller, die gegen die sowjetische Invasion in die Tschechoslovakei protestierten, jetzt nicht verboten werden, meint er: Es sind zuviele, man werde nicht verbieten. Nur wird ihr Protest verschwiegen. Satonski spricht einwandfreies Deutsch mit regionalem Akzent; drei

38 Dimitri Satonski (Dimitrij Zatonskij), geb. 1922 in Odessa, unterrichtete seinerzeit am Institut für Literatur der Akademie der Wissenschaften der Ukraine; seit 1976 lehrt er als Professor an der Universität Kiew. 1966 hatte Satonski einen Aufsatz über *Homo faber* veröffentlicht in: *Kunst und Literatur*, 1966, H.10, S. 1042-1058. Später legte er noch weitere Arbeiten über Frisch vor. Vgl. bspw. das einschlägige Kapitel in Dimitri Satonski, *Der Roman und das 20. Jahrhundert*, Berlin (Volk und Welt), 1978.

39 Renommiertes Restaurant in der Rämistraße in Zürich. Von Gottfried Keller ist der Ausspruch überliefert: » In die Kronenhalle gehn und das Weitere dort besehen.«

Jahre lang Kultur-Offizier in Deutschland. Einigung über Robert Walser, den er liebt. Keine Fangfragen. Zum Abendessen (ich hatte anderes vor, aber Professor Satonski kennt in Zürich niemand) bitte ich Konrad Farner[40] dazu. Der freundliche Gast aus Kiew bleibt literarisch. Konrad Farner: Kapitalismus zielt auf Besser-leben, Kommunismus auf Besser-sein; auch Dubcek und seine Leute wollen nur Besser-leben...
P.S.
Lektüre seines ausführlichen Essays; viel Verständnis für die Unglücklichkeit des Menschen in der westlichen Gesellschaft. Warum interessiert das so sehr (wie ich gestern gehört habe) dort, wo es keine Entfremdung gibt, kein Problem der Identität, kein Unbehagen in der Zivilisation, keine toten Seelen?
——— «

(Ms. H. 2, S. 125-126)]

GELB

127: Basel, 9.9.1968

127.02 den Betroffenen wäre vielleicht manchmal lieber: ČSSR
10 der Freund samt Beruf ist nicht recht aufschlussreich.

[Der von Max Frisch gestrichene Text lautete:
»BASEL, 9.9.1968
Kundgebung zur Tschechoslovakei[41] mit Peter Bichsel, Friedrich Dürrenmatt, Günter Grass, Kurt Marti. Heute im Hotel: Lebenshilfe, diesmal ein Mädchen aus Lausanne. Wenn Sie mich nicht anhören, dann bleibt mir nur noch der Priester oder Psychiater. Uebrigens war sie schon bei beiden. Ob ich das Leben bejahe? Hosenmädchen mit langem offenen Haar très à la mode. Ihr Freund ist Maler. Was sie auf dieser Welt tun solle. Suche nach einer Instanz, der sie sich nicht zu unterwerfen gedenkt; Pflicht kommt nicht in Frage. Offensichtlich hilft es ihr schon, dass ich mich nicht für eine Instanz halte; sie dankt sehr und fährt nach Lausanne zurück.
——— «

(Ms. H. 2, S. 127)]

40 Zu Konrad Farner vgl. S. 378, Anm. 59.
41 Die Rede von Max Frisch wurde abgedruckt in: *Tschechoslowakei 1968. Die Reden von Peter Bichsel, Friedrich Dürrenmatt, Max Frisch, Günter Grass, Kurt Marti, Brief von Heinrich Böll. 8.9.1968 Stadttheater Basel.* Edition ‹Arche Nova›. Zürich 1968, S 27-34; vgl. auch GW, Bd. 6, S. 479-483.

128: Berzona, November 1968

128.04 einmal, zur einwandfreien Identifizierung, wäre vielleicht angebracht: Hochschornsteine.

134.08 Sicherlich kennen Sie die Fortsetzung des Witzes in der klassischen Form: »Nietzsche ist tot«. GOTT

[Der von Max Frisch – mit Ausnahme des vierten Absatzes (vgl. WA, Bd. 6, S. 178) – nicht aufgenommene Text lautete:
»BERZONA, NOVEMBER 1968
Auseinandersetzungen im Verlag;[42] man ist sich sozusagen einig in der Theorie, die man verlegt, aber die Lektoren fordern ihre Verwirklichung im Haus. Kündigungen in Sicht, wenn nicht zustande kommt, was man zurzeit einen Lern-Prozess nennt. Ein Frass für die Zeitungen, viel Schadenfreude bei Leuten, die eine Sozialisierung im eignen Laden nicht erwägen. Sitzungen, Gespräche und Briefe, die noch vermitteln wollen, gleichen dem Versuch, zwei Billard-Kugeln aufeinander zu türmen.

Der Grieche Panagoulis, dreissigjährig, zum Tod verurteilt durch die Offiziere, die in diesem Staat alles sind, also auch Richter, lehnt es ab, ein Gnadengesuch einzureichen. Protest in vielen Ländern gegen das Urteil. Die politische Macht, die das Todesurteil ihm verleiht, scheint dem Unerschrockenen bewusst zu sein: wird er hingerichtet, hat die griechische Widerstandsbewegung ihr definitives Vorbild, dazu mindestens für einige Zeit die Sympathie der Welt, die endlich auf den Terror in Griechenland aufmerksam geworden ist. Ein Gnadengesuch, inzwischen von der Mutter eingereicht, ist gesetzlich nicht gültig, wenn der Verurteilte es nicht unterzeichnet, und das tut er nicht. Wie es scheint, wissen die Offiziere jetzt auch, was die Hinrichtung sie kosten kann. Sie hätte drei Tage nach dem Spruch vollstreckt sein müssen, somit schon vor einer Woche. Sie ist verschoben,

42 Gemeint ist die Kontroverse, die im Oktober 1968 im Suhrkamp Verlag zwischen einer Reihe von Lektoren und dem Verleger, Siegfried Unseld, über die Formen der weiteren Verlagsarbeit geführt wurde. Im Gefolge dieser Auseinandersetzung verließen eine Reihe namhafter Lektoren wie Karlheinz Braun, Walter Boehlich, Klaus Reichert und Urs Widmer den Verlag.

nicht das Urteil ausdrücklich aufgehoben; der Mann, jetzt als Geisel auf Aegina, kann jederzeit hingerichtet werden, er weiss nicht, wann. Das ist seelische Folter unter den Augen der Welt. Dem ersten Hohn auf Recht folgt der zweite. Insofern zahlt sich die Verweigerung des Gnadengesuchs bereits aus: die Willkür-Herrschaft entlarvt sich weiter. Das Attentat wäre gelungen, hätte weniger erreicht.

P. S. Im Oktober ist der Dichter Jannis Ritsos[43] aus seiner Haft entlassen worden, schwerkrank. So sehr wir es ihm gönnen, ein solcher Akt wirkt immer verfänglich: die Peiniger, die endlich den Gepeinigten freigeben, erscheinen als Wohltäter, und man vergisst schon, dass eben sie die Peiniger sind.

Wenn ein junger deutscher Schriftsteller eine öffentliche Diskussion abbricht: Man sollte ein Maschinengewehr haben und Sie alle über den Haufen schiessen![44] – 1968 – so ist man verlegen aus der Erinnerung an Leute, die schon einmal so gedacht und danach gehandelt haben. Aber gegen diese ist er ja gerade; ein Linker. Das halten wir ihm zugut. Wieso eigentlich?

Gestern im Fernsehen: drei Hochkamine werden geschleift. Staubwolke. Ein befreiendes Gefühl. Dann Nachrichten, die wichtiger sind. Später im Traum: es sind nicht Hochkamine, aber

43 Jannis Ritsos, geb. 1909 in Monemvasia, gest. 1990, griechischer Lyriker; wurde als politischer Zeitzeuge und Widerstandskämpfer nach dem Zweiten Weltkrieg in Griechenland mehrfach wegen seiner politischen Überzeugungen mit Gefängnis und Verbannung bestraft. Nachdem er von 1948 bis 1952 in verschiedenen Internierungslagern festgehalten worden war, wurde er 1967 nach der Machtübernahme durch die Obristen erneut verhaftet und in die Konzentrationslager Jaros und Partheni verbracht. Erst 1972 wurde er wieder freigelassen. Jannis Ritsos ist einer der meist gelesenen und übersetzten Dichter der neueren griechischen Poesie, der in seinen Werken wiederholt die wechselhafte Geschichte des griechischen Volkes während der letzten fünfzig Jahre gestaltete.

44 Bei einer Veranstaltung in der Westberliner Akademie der Künste im November 1968 sprengte der Lyriker und Schriftsteller Rolf Dieter Brinkmann, geb. 1940 in Vechta, gest. 1975 in London, die Diskussionsrunde mit seiner nachmals berüchtigten Invektive gegen die Literaturkritiker Rudolf Hartung und Marcel Reich-Ranicki: »Wenn dieses Buch [sein 1968 bei Kiepenheuer und Witsch in Köln erschienener Roman *Keiner weiß mehr*, E. F.] ein Maschinengewehr wäre, würde ich Sie über den Haufen schießen.«

Fassaden, die so in die Knie brechen. Am Morgen, beim Frühstück in der Küche, bin ich überzeugt, dass ein Erdbeben stattgefunden hat. Hat niemand es gespürt? Ich gehe vors Haus, um den vollen Aschenbecher von gestern zu leeren, und sehe das Gemäuer von aussen; nicht einmal Risse.

Manifeste, Mauer-Texte an der Sorbonne, Plakate, Karikaturen mit Kreide oder Kugelschreiber, Parolen der französischen Studenten im Mai, Flugblätter – jetzt erschienen als Buch,[45] ich kann's zuhause in Ruhe durchblättern und als Farbdruck geniessen, vom Tatort abgelöst, Kunst. BOURGEOIS VOUS N'AVEZ RIEN COMPRIS. Ich lese mit verschränkten Beinen: FEU LA CULTURE. Oder: L'ART C'EST MERDE. Schon verkauft es sich wieder als Kunst.

Gespräch mit schweizerischen Studenten. Keine Rebellen, nur die Einsicht, dass es anders werden muss, und ihre Verwunderung, dass sie jetzt taktisch überspielt werden. Sie wollen nur etwas Vernünftiges. Unverbittert, massvoll, arglos. Sie schwafeln nicht. Sie glauben, dass die Macht eingehe auf Argumente, wenn auch langsam. Kinderstube. Es sind Söhne aus Häusern, wo man keine Türen zuknallt. (In der Schweiz kommen 4% aller Studierenden aus Arbeiterkreisen.) Sie verwerfen die Gewalt als Mittel. Keine Terroristen. Sie sind unzufrieden und aktiv: im Rahmen des Erlaubten. Die also die Macht haben und bestimmen, was erlaubt ist, brauchen nichts zu fürchten. Sie distanzieren sich von der Ideologie, die keine Versöhnung zulässt. Kritik ist für sie schon Freiheit. Sie wollen wirklich nur etwas Vernünftiges.

Wie schreibt man Briefe in die Sowjetunion? wenn man den Empfänger ohnehin schon in Bedrängnis weiss. Wie schlau ist die Zensur? Zwei Seiten kosten einen ganzen Tag, zum Schluss liest es sich vollkommen albern: der Winter, die grosse Kälte, wir denken an die Fische unter dem Eis, wie jetzt die Wolga wohl

45 Der Buchtitel war nicht zu ermitteln. Möglicherweise handelt es sich um: Julien Besançon (Hg.): *Les Murs ont la parole, Sorbonne, mai 68,* Paris 1968.

aussieht, neulich im Buchladen an Dich gedacht, die lieben Borisse, es soll ja wimmeln von Konterrevolutionären, der gute Freund aus Kiew, aber solange der Kastell (= Burg = Kreml = Hradschin) verschneit ist usw. Was soll der Mann mit solchem Quatsch? wogegen sein Brief, der meinen gekreuzt hat, zwar fast unleserlich ist, aber unverblümt: seit dem verdammten Tag 21. 8./dass es immer wieder abwärts geht bei uns/einen so niederträchtigen Ueberfall haben wir nicht für möglich gehalten/sie haben mein Buch aus der Druckerei genommen, ich darf in absehbarer Zeit nicht mehr veröffentlichen/wenn auch nicht so schlimm wie vor 15 Jahren/der jetzt in die Verbannung muss, weil er mit andern auf dem Roten Platz eine Demonstration durchführte/Bücher und Medikamente sind doch eingetroffen, das Oxford-Dictionary auch, seid umarmt, es war ein Fest hier/ wir haben gehofft/aber dazu bin ich zu alt, das wirst du verstehen, zehn Jahre Kerker waren genug/die Pillen haben mir und noch drei Freunden geholfen/Solschenyzin kann arbeiten usw. Am Rand links: Weisst Du, ob Böll wieder gesund ist? Am Rand rechts: Vergesst uns nicht.[46]

In einem Gespräch über Nationalismus erzählt jemand von seiner Erfahrung im Lager Gurs – von deutschen Juden, die vorher schon in Dachau gewesen sind; jetzt hier ihre Beschwerde: Bei uns war das besser organisiert.

Uebung in nicht-autoritärem Verhalten: fünf Studenten (vorwiegend der Soziologie) erhalten einen Betrag von 10 000 Franken für eine Untersuchung unsrer führenden bürgerlichen Zeitung,

46 Aus einem Brief des 1980 emigrierten russischen Schriftstellers Lew Kopelew, geb. 1912 in Kiew, gest. 1997 in Köln, an Max Frisch vom 29. 10. 1968. Der Brief wird im Max Frisch-Archiv aufbewahrt. Erst im Alter von 69 Jahren durfte Kopelew 1980 gemeinsam mit seiner Frau Raissa Orlowa in den Westen ausreisen, nachdem er bereits 1968 aus der KPdSU und 1977 aus dem sowjetischen Schriftstellerverband ausgeschlossen worden war. Durch den Ausschluß aus der Kommunistischen Partei fühlte er sich schmerzlich getroffen, legte aber stets Wert darauf, kein Dissident zu sein. Vgl. auch das Vorwort von Max Frisch zu *Lew Kopelew »Verbietet die Verbote«* von 1976; wiederabgedruckt in: WA, Bd. 7, S. 25-33.

ihrer Sprachregelung im Fall der ausländischen und inländischen Studenten-Unruhen. Was ich nicht zu sein versprochen habe: ihr Boss. Seit fünf Monaten nichts mehr gehört.

Antisemitismus? Kommen je noch die alten Klischees zur Verwendung, erzeugen sie eher Prosemitismus, der die Leute auch müde macht. Es naht die Zeit, wo es keine Belastete mehr gibt, sie sterben schliesslich aus, und so wächst die Unbefangenheit. Leute guten Glaubens, keine Antisemiten zu sein, wagen sich wieder zu ärgern. Ende eines Tabus. Was gut wäre. Noch arbeitet die Politik (im Westen) nicht damit; daher hat der neue Antisemitismus noch keine Klischees, kein Manifest, das ihn sichtbar und angreifbar werden lässt.
Israel als Staat: jedem Staat gegenüber ist aber Kritik nicht nur erlaubt, sondern notwendig. Wer sie Israel gegenüber unterlässt, bereitet Antisemitismus vor. Es gibt Israeli, die das verstehen. Heute wieder ein Brief aus Israel, der sich nicht über Kritik beklagt, sondern über Landsleute, die darin von vornherein den alten Antisemitismus wittern: sie fördern den neuen, der unverkennbar im Entstehen ist.

›Gott ist tot!‹ (F. Nietzsche), ›Opas Kino ist tot!‹ (U. Nettelbeck), ›Die Kritik ist tot!‹ (W. Boehlich). Das Motto in spanischer oder portugiesischer Sprache verstehe ich leider nicht.[47]

——— «

(Ms. H. 2, S. 128 -134)]

47 Max Frisch hätte Walter Boehlich fragen können. Dann hätte er erfahren, daß das Motto »trágala, trágala, trágala, perro!« des als »Kursbogen« dem *Kursbuch 15* beigegebenen Pamphlets *Autodafé* den Refrain eines spanischen Liedes wiederaufnimmt, mit dem sich Anfang des 19. Jahrhunderts die liberalen Spanier zur Durchsetzung der Verfassung von 1812 gegen die Verfassungsfeinde wandten. Vielleicht wäre ihm auch gesagt worden, daß das Wort »Autodafé« aus dem Portugiesischen kommt und aus drei Bestandteilen zusammengesetzt ist: »auto da fé«: das ist ein »feierliches Glaubens- oder auch Ketzergericht«, von »auto«: wichtige, feierliche Tat (aus lat. actio: Handlung, Tätigkeit, Gerichtsverhandlung) und »da fé«: für den Glauben (aus lat. fides: Glaube), ein Glaubensakt also. Keinesfalls ist dieses Pamphlet ein Abgesang auf die Kritik, sondern vielmehr ein Angriff auf eine bestimmte Erscheinungsform der Kritik. Der Angriff zielt auf die »bürgerliche Kritik« und ihren Repräsentanten, den »Großkritiker«.

GRÜN

135: Zitat Apollinaire

Dies hat, wegen Ihrer fehlenden Teilnahme, leider wieder etwas Merkbuch-Charakter

[Der von Max Frisch gestrichene Text lautete:
»Der wahre Ruhm hat die Dichtung verlassen, um sich der Wissenschaft, der Philosophie, der Akrobatik, der Philanthropie, der Soziologie usw. zuzuwenden ... Was die halbwegs Begabten angeht, so sind sie noch schädlicher, weil sie nichts beziehen und an nichts Hand anlegen und jeder doch mehr Lärm als ein ganzes Regiment macht ... All diese Leute haben keinerlei Existenzrecht mehr. Die Preise, die man ihnen verleiht, hat man den Arbeitern, den Erfindern, den Gelehrten, den Philosophen, den Akrobaten, den Philanthropen, den Soziologen usw. gestohlen. Lykurg hatte sie aus der Republik vertrieben, man muss sie von der Erde vertreiben.« (Apollinaire)
(Ms. H. 2, S. 135)]

WEISS

136: Vereinigung Freitod

[Der von Max Frisch gestrichene Text lautete:
»VEREINIGUNG FREITOD
Sehr viel Arbeit. Die junge Studentin, eingestellt zu meiner Entlastung, hat wenig Sinn für die Briefe, die sie zu tippen hat. Immerhin ist sie Soziologin (nachdem die Germanistik jetzt durchschaut ist) und weiss, wie man eine Statistik aufschlüsselt. Insofern könnte sie schon eine Hilfe sein. Sie findet mich nicht sehr autoritär, aber sie ist faul von Natur. Sie sieht keine Dringlichkeit. Dabei ist das Durchschnittsalter unsrer Mitglieder bereits 63. Ich frage sie offen: Wohin mit den Alten? Es interessiert sie aber nicht. Ich erzähle ihr, was Gottfried Benn einmal berichtet: von einem primitiven Stamm, wo die Söhne, wenn es ihnen an der Zeit zu sein scheint, die Väter rufen, damit sie hinter der Bambus-Wand antreten, der Sohn sticht durch die Bambus-Wand usw. Sie zuckt die Achsel, das ist alles. Ihr Freund ist auch Soziologe. Ich frage ihn: Wohin mit den Alten? Er fordert Mitbestimmung der Jungen als wäre es damit gemacht.

———— «

(Ms. H. 2, S. 136)]

137: Vereinigung Freitod

107.26 Arve: wird das jeder nachschlagen? »Zirbelkiefer« ist kein schlechteres Wort.

138.11 Rekurs: setzt Spezialbildung voraus. Wie wäre es mit: Beschwerde, Einspruch, Berufungsverhandlung?

16 Vorher übersetzt, steht es hier bildend, und nicht einmal wiederholt: Rekurs.

140.05 Anfanggünzigern: Anfangfünfzigern

[Der Text wird von Max Frisch noch einmal gründlich überarbeitet, umgestellt und ins »Tagebuch« übernommen; vgl. WA, Bd. 6, S. 99-103. Der Uwe Johnson vorliegende Text lautete:
»VEREINIGUNG FREITOD
10 Jahre nach der Gründung: – alle sieben Gründer sind noch immer am Leben. Ein einziges Mal hat die Jahresversammlung gegenüber einem Gründer (– es war nicht Hanselmann, dem wir ja das Haus zwischen Vulpera und Tarasp verdanken –) durch Zweidrittelmehrheit zu verstehen gegeben, dass es an der Zeit wäre. (Ich gab meine Stimme ebenfalls in diesem Sinn, kann aber nicht verschweigen, dass meines Erachtens der alte Hanselmann dann auch an der Reihe wäre.) Als das Ergebnis unserer geheimen Abstimmung verlesen wurde, herrschte Stille im Raum. Schliesslich geschah es wie gesagt, zum ersten Mal, dass die vereinbarte Formel verlesen werden musste: Die Vereinigung ist nach sorgsamer Prüfung zu dem Schluss gekommen usw., im Sinne unserer Statuten usw., steht es im Ermessen des genannten Mitglieds usw., erinnert die Vereinigung an das unterschriftliche Versprechen aller Mitglieder usw., und dankt dem genannten Mitglied heute schon. Natürlich blickte zuerst niemand auf das genannte Mitglied; einige sassen mit verschränkten Armen, Blick hinauf zu der schönen Holzdecke (Arve) oder sonstwohin, andere blätterten im Jahresbericht. Auf die vorschriftsgemässe Frage: Nimmt unser Mitglied diesen Mehrheitsbeschluss an? weiterhin Stille. Der Genannte, ich sass neben ihm, knipste sich gerade eine Zigarre; er hatte seinen Namen nicht gehört. Als ich ihn, nicht ohne ihm zugleich Feuer für die Zigarre zu geben, aufmerksam machte, dass der Vorsitzende noch auf seine Antwort warte, zeigte er sich nicht erschreckt, grinste mit wässerigen

Aeuglein aus einem immerroten Gesicht: Pass du nur selber auf! und rauchte endlich an seiner Zigarre, die nass war wie ein Lutscher. Es wurde ihm schriftlich beigebracht. Als es zum Rekurs kam, somit zur erweiterten Prüfung am andern Tag, waren es vorallem die jüngeren Vollmitglieder, Anfangfünfziger, die durch milde Wertung auffielen. Warum gerade sie? Ich weiss es nicht. Der Rekurs hatte Erfolg. Vielleicht weil es sich um einen Gründer handelte. Eins ist klar: bei der ersten Abstimmung, deren Ausgang niemand wissen kann, stimmen sie sachlicher; beim Rekurs siegt das Humane. Wie ein Anwärter, der mir den Mantel hielt, richtig bemerkte: Schliesslich immer noch ein Mensch!...
Das war übrigens unsere erste Jahresversammlung im neuen Haus, also auch schon vor Jahren.
Gestern also das Jubiläum.
Wenn ein Gründer sagt: Auch Picasso hat noch mit 80, auch Theodor Fontane, wie wir einmal gehört haben – und dazu Baltensperger: Denken wir nur an Tizian! – ich sage: Meine Herren! ich erhebe mich: Unsere Vereinigung steht in Gefahr, meine Herren, ein Jahrgänger-Verein zu werden. (Die Jüngeren, die Anfangfünfziger, protestierten heiter.) Ich bin jetzt 67, jawohl, aber ich glaube sagen zu dürfen – (Zwischenruf: Zur Sache!) – und wenn nicht ein Jahrgänger-Verein, meine Herren, so doch ein Club Methusalem. (Kein Widerspruch, daher verliere ich den Faden, was mich aggressiv macht:) Export und Import in Ehren, Hanselmann, aber wenn Sie, Hanselmann, sich auf Theodor Fontane hinausreden, und wenn Sie, Baltensperger, sich auf Tizian hinausreden, ich muss schon sagen. (Zwischenruf: Bertrand Russell!) Sie sagen es, (rufe ich in den hinteren Saal:) haben Sie denn Bertrand Russell in letzter Zeit gesehen? (Zwischenruf vorne: Was wäre Frankreich ohne General de Gaulle?)
Meine Herren, (sage ich ruhig, aber wieder Zwischenruf: Und Albert Einstein? ein ganzer Chor: Einstein, Albert Einstein! ich sage noch ruhiger:) Sie sind Anfang 50, Sie sehen unter uns Aelteren keinen Einstein und nicht einmal einen Bertrand Russell, ich finde es widerlich, wenn wir uns mit berühmten Sonderfällen zu trösten anfangen. Ist das der Sinn unsrer Vereinigung? (Schweigen.) Sie alle kennen die Satzungen, noch keiner hat ihnen Folge geleistet, meine Herren, noch keiner von Ihnen. (Zwischenruf: Und Sie?) Meine Herren. (Zwischenruf: Und Sie?) Ich habe sagen wollen: noch keiner von uns. Wenn das so weiter-

geht, meine Herren, sitzen wir aber noch als Neunzigjährige zusammen und versprechen Verjüngung der abendländischen Gesellschaft. (Kichern bei den Anfanggünfzigern.) Meine Herren, ich finde es nicht zum Kichern – auch nicht zum Kopfschütteln, Herr Alt-Regierungsrat Huber, obschon Sie heute noch wie ein Sechziger aussehen. (Zustimmung). Darum geht es aber nicht. (Zwischenruf von Alt-Regierungsrat Huber: Sondern?) Ich weiss, meine Herren, wir sind soweit: man hält es einem 75-jährigen zugut, dass er tatsächlich wie ein 60-jähriger aussieht, und wenn ein 90-jähriger aussieht wie ein 75-jähriger, so tun wir, als wäre das Problem wieder einmal gelöst – nebenbei bemerkt, meine Herren, ich halte diesen gestrigen Lichtbilder-Vortrag für verfehlt: Wenn die Georgier sogar 110 und 120 werden, so ist das ihre Sache! ... Es ist nicht damit getan, (sage ich wieder sachlich:) dass sich die Zahl unsrer Vollmitglieder vermehrt. Uebrigens kann ich Ihnen mitteilen, dass es heute nicht 43 sind, wie im Jahresbericht steht, sondern 45, nachdem sich heute Vormittag in der Trinkhalle zwei weitere Herren eingeschrieben haben als Vollmitglieder: Sir Ralph Emerson, ehemals Konsul in Bombay, ich begrüsse ihn als ersten Ausländer in unsrer Vereinigung, die immer schon als eine internationale gedacht war. (Der Brite erhebt sich.) Herr Peider Caflisch, ehemaliger Tennis-Lehrer, jetzt Ausschenker in der Trinkhalle, wie Sie wissen. (Es erhebt sich niemand.) Herr Caflisch lässt sich entschuldigen, da er um diese Zeit in der Trinkhalle tätig ist. Ich begrüsse aber auch Herrn Caflisch im Namen der Vereinigung Freitod. (Beifall durch Nikken.) Was ich habe sagen wollen: Es ist nicht damit getan, meine Herren, dass wir dasitzen und Churchill-Zigarren rauchen, um einander zu beweisen, was wir noch vertragen, oder dass andere sich schonen. Sie werden trotzdem älter von Jahr zu Jahr. Ziel unsrer Vereinigung ist und bleibt aber die Verjüngung der abendländischen Gesellschaft –

Usw.

Usw.

Usw.

———————— «

(Ms. »Tagebuch II, Version, 1970«, S. 1-5)]

142: Neujahrsblatt für Mitglieder
Auch als Predigt verwendbar

[Der von Max Frisch gestrichene Text lautete:
»NEUJAHRSBLATT FUER MITGLIEDER
Verbittern Sie nicht, weil es jetzt ohne Sie geht. Dafür können die andern nichts. Es geht schon lange ohne Sie, aber Sie merken es erst jetzt. Werden Sie deswegen nicht freundlicher, als Sie von Natur aus sind. Das ändert nichts daran, dass es ohne Sie geht. Werben Sie nicht durch Wohlwollen, sodass Sie dafür Dank erwarten und gekränkt sind, wenn es ausbleibt. Sie sind eine Last; nicht die andern sind auf Wohlwollen angewiesen, sondern Sie. Tun Sie, als begreifen Sie das; das erleichtert den Umgang mit Ihnen. Nötigen Sie die Gesellschaft nicht zum Takt; wenn Sie es anders nicht aushalten, bleiben Sie besser zuhause. Sie vereinsamen dort wie hier. Halten Sie es aber ohne Gesellschaft nicht aus, so gehen Sie mit dem Bewusstsein hin, dass man Sie nicht vermisst hätte. Gewöhnen Sie sich daran, dass man Ihnen ungern zuhört; Ansichten interessieren in dem Grad, als die Person, die sie vorträgt, noch eine Zukunft hat. Sie haben keine. Auch ein Einverständnis mit Ihren Ansichten ändert daran nichts. Werden Sie nicht würdig, nur weil es zu allem, was ein Mensch sonst noch sein könnte, nicht mehr reicht. Haben Sie noch eine gewisse Macht (als Schulvorsteher, als Aufsichtsrat usw.), so wissen Sie, warum man sich an Sie wendet, warum man Sie noch überzeugen will, warum man Ihnen zuhört; das gilt nicht Ihrer Person. Unterlassen Sie jede Anbiederung. Werden Sie nicht immer gerechter (beispielsweise wenn über Abwesende gespottet wird); jeder Witz ist ungerecht; Sie sind gerecht, weil Ihnen sonst nichts einfällt. Werden Sie nicht versöhnlich; der Kampf geht weiter: ohne Sie. Tun Sie nicht, als stünden Sie darüber; Sie sind ausgeschieden. Werden Sie böse. Machen Sie es sich bequem. Wenn es so weit ist, dass Sie sich selber leidtun, so wird es Zeit. Wählen Sie die Todesart, die Sie für die beste halten (eine Frage des Geschmacks), aber tun Sie's bald. Verfallen Sie nicht in Dankbarkeit, wenn gerade die Sonne scheint. Tun Sie es bald. Verlassen Sie sich nicht auf Irrtum oder Nachlässigkeit der Aerzte. Wenn man Sie füttert, wenn Sie lallen, wenn man zu Ihnen spricht wie zu einem Kind, wenn man Sie zum Abort führt

usw., haben Sie zu lang gewartet ... Prüfen Sie diese Empfehlungen, indem Sie gerade das Gegenteil tun: Werden Sie immer gerechter; geben Sie sich freundlicher, als Sie von Natur aus sind; fühlen Sie sich gekränkt, werden Sie nicht böse; werden Sie würdig; nötigen Sie die Gesellschaft zum Takt; werben Sie durch Wohlwollen und verbittern Sie; verfallen Sie in Dankbarkeit, wenn die Sonne scheint – es läuft auf dasselbe hinaus: Wenn Sie lallen, wenn man Sie zum Abort führt usw., haben Sie zu lang gewartet. Wir wünschen Mut im neuen Jahr.«
(Ms. »Tagebuch II, Version 1970« o. S.)]

GRÜN

144: Wie wollen wir regiert werden?

144.26: VSETH: ?
151.26 nach dem Semikolon wäre mir ein Strich lieber.

[Die Abkürzung VSETH steht für »Vereinigung der Studierenden an der Eidgenössischen Technischen Hochschule«. Der Text, »geschrieben auf Anfrage vom Schweizerischen Fernsehen, das die Aufnahme nicht gesendet hat«,wird nicht ins »Tagebuch« übernommen. Veröffentlicht wurde der Text aber am 13. 12. 1968 in »Die Weltwoche « und findet sich wieder abgedruckt in: WA, Bd. 6, S. 494-499.]

GELB

152: Berzona

Wie viele Hunde gibt es im Dorf?

[Der von Max Frisch gestrichene Text lautete:
»BERZONA
Vor einiger Zeit die Nachricht: ein Hund hat uns zwei Schafe zu Tode gebissen, sie verbluteten im Schnee. Feindschaften im Dorf, Familien, die sich jetzt nicht mehr grüssen. Polizei wurde gerufen und hat Verbitterung hinterlassen. Unsere Haushelferin weint noch heute, als wir zurückkommen; der Posthalter zittert noch heute wegen gemeiner Verdächtigung seines Hundes. Wer eine Vermutung äussert, schafft sich Feinde für Kinder und Kindeskinder. Am besten schweigt man. Nur die Hunde im Dorf bleiben unbefangen.

——————— «
(Ms. H. 2, S. 152)]

153: Handbuch für Mitglieder

153.04 Vielleicht wäre es richtiger, die folgende Zensur nicht vorwegzunehmen, oder sie überhaupt dem Leser zu überlassen.

155.18 unchristlich: enthält einen Angriff, möglich wäre auch die stillschweigende Abkehr: nicht christlich.

155.19 Da die Dame zweifelsohne ihr Alter in ihrem Brief angab, warum es nicht veröffentlichen? (Wenn »Frauen altern besser« stimmt?) Ebenso: 159.01, 160.01

160.18 Und warum wird Frau Ottilie Wehrhahn anders behandelt?

[Der Text wird von Max Frisch – vor allem im Hinblick auf den ersten und letzten Einwand Uwe Johnsons – noch einmal überarbeitet und dann übernommen; vgl. WA, Bd. 6, S. 174-178.
Der einleitende Text, auf den sich Johnsons erster Einwand bezieht, lautete:
»(Fragen von Mitgliedern und Anwärtern sollen behandelt werden, sofern sie von allgemeinem Interesse sind. Allerdings wollen die meisten durch ihre Fragen lediglich beweisen, dass Senilität sich in ihrem Fall nicht bemerkbar macht.)« (Ms. H. 2, S. 153)
Die beiden folgenden Seiten 159 und 160 des Manuskripts wurden gestrichen:
»Frau F. Z., (–) Zumikon
Die betreffende Stelle in dem Handbuch, das Ihr Mann Ihnen gezeigt hat, ist lange vor jenem geselligen Abend in Ihrem freundlichen Haus geschrieben worden. Dass Sie an jenem Abend, wie Ihr Mann meint, ihn in gereizter Art immer wieder unterbrochen oder verbessert haben und dass Sie jedesmal, wenn Ihr Mann sich trotzdem äusserte, nervös geworden sind, ist uns nicht besonders aufgefallen. Man trifft das häufig. Ich erinnere mich nur , dass er, als sie ihn nach einem Namen fragten, tatsächlich versagte; aber Sie erinnerten sich an den Namen ja auch nicht. Schätzungsweise sind Sie kaum jünger als Ihr Mann, aber natürlich kennen Sie ihn besser als wir; ich glaube Ihnen durchaus, dass er auf Ansichten beharrt, bloss weil Sie sofort widersprechen. Andererseits kann ich Ihnen versichern, dass Ihr Mann, wenn Sie eine Weile nicht zugegen sind, nicht so langwei-

lig ist, wie Sie befürchten. Dass Sie ihm unentwegt Befehle erteilen, ist übertrieben. Die Sache mit dem Hund zum Beispiel (Lass ihn doch herein, bring ihn doch hinaus!) ist uns nicht aufgefallen, da er diese kleinen Befehle ja immer ausführt. Ihr stummer Blick, wenn er irgendetwas unternimmt von sich aus, überzeugt uns natürlich, dass ihr müder Mann sehr viele Fehler macht. Auch sonst ist uns nichts besonders aufgefallen an jenem Abend.

Frau Prof. H. W. (–), z. Z. Silvaplana
Ihr Vorwurf, dass unser Handbuch unentwegt Partei für den Mann ergreife, gibt mir zu denken. Uebrigens sind Sie nicht die einzige Frau, die die genannte Stelle auf sich bezieht. Zu Unrecht, so darf ich sagen. Gerade in Ihrem Fall ist es so, dass meistens beide, Sie und Ihr geschätzter Mann, gleichzeitig reden, wenn auch nicht miteinander.

O. W., 56, Zürich
Ihr Fall ist andrer Art, da Sie, wie Ihre geschätzte Frau weiss, eine junge Freundin haben. Sie leidet. Es ist uns nie aufgefallen, dass sie Ihnen das Wort abschneidet; nur nickt sie nicht wie früher, sondern schweigt, da sie jeweils die Argumentation der andern mehr überzeugt.

Frau O. W. , 52, Zürich
Ihr Fall ist andrer Art, aber stimmt es wirklich, dass Ihr Mann Sie nicht zu Wort kommen lässt? Er denkt nur, sobald Sie sprechen, sofort an etwas anderes. Mag sein, dass er seiner Sekretärin zuhört; sie widerspricht nicht, wenn sie ihm ins Wort fällt, und bevormundet ihn durch die Lebhaftigkeit, womit sie ihm mit seinen eignen Meinungen zuvorkommt.

——— […]«
(Ms. H. 2, S. 159-160)]

Gelb

162: <u>22. 12. 1968</u>

162.21 ginge es auch so: Dann folgt wie gewöhnlich der Sport vom Sonntag? Daraus ginge auch hervor, dass Sie das ansehen.

163.10 Weihnachten etc.: deleatur, s. p.
164.14 26. 12. 1968: deleatur, s. p.

[Die beiden ersten Einwände werden berücksichtigt, der Text zum 26. 12. wird übernommen; vgl. WA, Bd. 6, S. 183-184.]

GELB

166: Berzona, Neujahr 1969

166.07 Sicherlich kann ein Film aussagen; dieser aber würde doch als Aussage benutzt werden, Leute kenntlich machen, etc.

[Der von Uwe Johnson monierte Satz lautete: »Ein Film, der aussagen würde, ist verschwunden.« Max Frisch korrigiert: »Ein Film, der die Schläger identifizieren würde, ist verschwunden.« Der Text wird übernommen; vgl. WA, Bd. 6, S. 195; gestrichen wird das folgende Postskriptum:

»P. S.

Es hat keinen Sinn; ich mache ja keine Politik, ich engagiere mich nur in Politik, die andere machen, und das bleibt Publizistik.

——————— «

(Ms. H. 2, S. 166)]

GRÜN

167: Leserbriefe zu Artikeln

Konsequente Fortführung der eigenen Zitate.
Es fehlen nur noch die Namen.
Es sollten die Äusserungen getrennt werden, so dass eine echte Leserbriefseite, wie in einer Zeitung, entstünde.

[Unverändert übernommen, vgl. WA, Bd. 6, S. 196.]

GELB

169: Zürich, Januar 1969

[Der von Max Frisch nicht übernommene Text lautete:

»ZÜRICH, JANUAR 1969

Peter Handke. Er schweigt wie ein Prinz. Wie er unterdessen einen grossen Eisbecher auslöffelt, kindlich. Ohne Arroganz, wenn er sagt: Das langweilt mich. (Uebrigens langweilt es mich auch; Pläne für eine Zeitschrift.) Seine dunkle Sonnenbrille. Wenn es die Runde nicht überzeugt, was er einmal sagt, lässt er's schläfrig. Klug wie der junge Alexander. Nur in der ersten Minute sieht er wie ein Mädchen aus; das Haar. Jürgen Becker,[48] nur wenig älter, begründet noch, warum er nicht daran glaubt. Aussage-Sätze. Später kommt Martin Walser dazu: also Eloquenz, Charme, Temperament, ein Streiter, dadurch altväterlich. Wie Handke während der Besprechung dasitzt: nicht provokant, nur abseits, sleep in, er sässe lieber im Kino, Meinungen schläfern ihn ein...

Das Referendum der Studenten ist mit 37 000 Unterschriften zustande gekommen. Das Gesetz muss somit dem Volk zur Abstimmung vorgelegt werden. Um das Volk aufzuklären, worüber es zu befinden hat, braucht man Zeitungen, Fernsehen, Flugblätter, Versammlungen, Radio, Plakate usw.; das alles haben die Studenten nicht. Ihre demokratische Niederlage gilt als wahrscheinlich. (Die Parteien haben noch keine Parolen herausgegeben.) Was im Augenblick feststeht: dass die Hochschullehrer fast ausnahmslos zu der Gesetzesvorlage geschwiegen haben, um nicht die Industrie, deren Geld sie für die Forschung brauchen, zu verstimmen. Die halten sich als Fachleute draussen, so meinen sie; sie sind vollkommen drin.

Ein vergessener Maler, Ignaz Epper,[49] dessen Aquarelle einmal entzückt haben, hat sich durch Selbstverbrennung in seinem Garten weggenommen. (Ascona) Gleichzeitig: Studenten in

48 Jürgen Becker, geb. 1932 in Köln, Schriftsteller. 1964 Verlagslektor im Rowohlt Verlag, 1965/66 Stipendiat der Villa Massimo in Rom; seitdem Schriftsteller, Kritiker und Rundfunkredakteur in Köln, 1973 Leiter des Suhrkamp-Theaterverlags, seit 1974 Hörspielredakteur im Deutschlandfunk.

49 Ignaz Epper, geb. 1892 in St. Gallen, gest. 1969 in Ascona, schweiz. Graphiker, Zeichner und Aquarellmaler, arbeitete seit 1932 – unterbrochen durch einige Auslandsreisen – in Ascona an seinem Werk. Epper, ein Autodidakt und zeitlebens ein »Wahrheitssucher«, hatte sich 1932 dem »Eranos-Kreis« angeschlossen und enge freundschaftliche Beziehungen zu C. G. Jung unterhalten.

Prag, die ihren Protest durch Selbstverbrennung beschlossen und mit Fackel Nummer 1 begonnen haben.[50]

———

Einzug in eine Wohnung: die alte Hoffnung auf die neue Aussicht – während die stummen Möbel es schon zu wissen scheinen...

——— «

(Ms. H. 2, S. 169-170)]

GELB

171: <u>Zürich, 6. 2. 1969</u>

Jawohl. Aber umgeschrieben hätte es Brecht vielleicht.

[Der Text wird mit Ausnahme des letzten Satzes »Ich glaube nicht, dass Brecht sie [die Tui-Parabel, E. F.] heute aufgeführt hätte; das ist heute ein feiges Unternehmen, Verrat an Genossen.« – allerdings ohne Zwischenüberschrift – übernommen. Vgl. WA, Bd. 6, S. 198-199.]

GELB

173: <u>Zürich, Februar 1969</u>

Ohne die beiden letzten Sätze, s. p.

[Der Text wird von Max Frisch gänzlich neu bearbeitet (vgl. WA, Bd. 6, S. 199). Die Uwe Johnson vorliegende Version lautete:
»ZÜRICH, FEBRUAR 1969
Man ist bewegt, man hilft, man gibt Rat und Möbel und Geld, das Bewusstsein persönlicher Ohnmacht gegenüber der Zeitgeschichte lässt uns die Gelegenheit ergreifen, wo man etwas tun kann, man geht ans Telefon und zaubert Verbindungen, man erreicht auch etwas, man verspricht zwar keine Wunder, aber man ist da – das täuscht die Flüchtlinge immer in der ersten Zeit... Jetzt haben sie eine Wohnung, sogar einen Job, nach einem halben Jahr fühlen sie sich einsam; ihr Problem ist nicht mein Problem. Ich rufe wieder einmal an, frage, wie es geht, hoffentlich gut.« (Ms. H. 2, S. 173)]

50 Am 16. Januar 1969 hatte sich der einundzwanzigjährige Philosophiestudent Jan Pallach aus Protest gegen die Besetzung der Tschechoslowakei auf dem Wenzelsplatz in Prag selbst verbrannt.

174: Privatim-Verhör III

Entspricht dem in Heft I, Seite 108; dem in Heft II, Seite 47

[Der von Max Frisch nicht ins »Tagebuch« übernommene Text lautete:
18. 2. 69 [handschr.]
»PRIVATIM-VERHOER III.
A. Wie stehst du heute zur Gewalt?
B. Wieso gerade heute?
A. Du lässt die Welt in Frieden wie die Welt auch dich in Frieden lässt, abgesehen von Rechnungen und anderen Forderungen und Zahnarzt und Literatur-Kritik und Telefon usw., zwar verriegelst du abends die Haustüre und ebenso, wenn du's nicht vergisst, die Kellertüre, aber du hast keine Waffe im Haus und keine Sorge, wenn es draussen finster wird, Ihr trinkt Wein, Ihr lest, du fühlst dich wohl wie Millionen arbeitsamer Bürger am Feierabend –
B. Ja.
A. Drum frage ich dich jetzt, wie du stehst zur Anwendung von Gewalt, grundsätzlich an einem Abend wie heute.
B. – – –
A. Du bist für Gewaltlosigkeit?
B. – – –
A. Wenn du die Nachrichten hörst, bist du bekümmert – nichts weiter – wie Millionen von Bürgern, wenn sie dieselben Nachrichten hören. Immer diese Akte der Gewalt! Arabische Terroristen beschiessen eine El-Al-Maschine bei der Landung in Athen, endlich der israelische Gegenschlag: Helikopter-Ueberfall auf den Flughafen von Beirut, Zerstörung von 13 libanesischen Verkehrsmaschinen. Ohne Menschenopfer; Gewalt gegen Sachen. Der Sicherheitsrat verurteilt einhellig, Israel beschwert sich, dass der Sicherheitsrat immer nur Israel verurteilt. Gespräch mit Gästen, die nur eine Meinung gelten lassen: Zustimmung zur Notwehr, Israel ist im Recht. Ob geschickt oder ungeschickt (du findest die Beirut-Aktion ungeschickt): Gewalt ist die einzige Sprache, die Nasser überhaupt versteht. Jemand sagt: Hat der Sicherheitsrat auch nur einen Finger gerührt, als die Kibbuzim an der jordanischen Grenze usw. Das Recht auf Selbsthilfe usw., die Annexion von West-

Jordanien ist unerlässlich, die Annexion von Ost-Jerusalem selbstverständlich. Was tätest denn du an der Stelle von Israel? Eigentlich alles, was Israel tun muss, ist gerecht. Soll Israel es einfach hinnehmen, dass die El Fatah die israelische Luftfahrt in aller Welt terrorisiert? Du hast widersprochen: das Aergernis sei nicht, dass Israel sich wehrt, aber dass es seine Freunde verpflichtet, Israel für gerecht zu halten –

B. Was kein Staat je gewesen ist.

A. Die Beirut-Aktion hat dich erschreckt?

B. Ja.

A. Also bist du gegen die Gewalt?

B. Ich glaube nicht an ein auserwähltes Volk. Ich wünsche, dass Israel leben kann. Um leben zu können, muss es sich wehren.

A. Wie?

B. Wie jeder andere Staat, wie jedes andere Volk, das sich einen Staat gibt; es gibt keinen Staat, der behaupten kann, dass seine Eroberungen gerecht sind als Eroberungen von Auserwählten.

A. Jetzt das Attentat im Flughafen Zürich –

B. Was willst du mich fragen?

A. Arabische Terroristen beschiessen eine El-Al-Maschine auf der Startpiste, ein Israeli – offenbar für solche Vorkommnisse gerüstet – erschiesst einen der arabischen Attentäter, der Pilot ist lebensgefährlich verwundet.

B. Was willst du mich fragen?

A. Wie du zur Anwendung von Gewalt stehst.

B. – – –

A. Also wie Millionen von Bürgern: erschreckt von Fall zu Fall. Und zugleich ein Brillenträger, der zur Theorie tendiert: Es geht nicht ohne Gewalt.

B. – – –

A. Du schweigst.

———— « (Ms. H. 2, S. 174-176)]

Gelb

177: <u>Zürich, Februar 1969</u>

177.03 Anlge: Anlage
177.13 schein: scheint

[Wird übernommen, vgl. WA, Bd. 6, S. 199.]

Grün

179: Das hätte ich nicht tun sollen

Sicherlich beweisen solche Zitate etwas durch sich selbst, auch deren Einfügung ist schon ein Akt des Tagebuchschreibers; dennoch fehlt er bei solchen Gelegenheiten.

[Der Text wird von Max Frisch nicht übernommen; er lautete:
»DAS HÄTTE ICH NICHT TUN SOLLEN
›Meine Mutter sagte mir ausdrücklich: Dass ich keine Kinder zum schlafen nach Hause bringen dürfe. Doch ich kam immer wieder mit Kindern nach Hause und fragte ob sie bei mir schlafen dürfen. Da wurde meine Mutter böse und sagte: Geh weg. Und ich ging, ich zog meine Schuhe und den Mantel an und sagte meiner Mutter: ich käme nie mehr nach Hause. Aber ich kam immer wieder den ich wusste ja nicht wo ich sonst ein zu Hause finden würde. Meine Mutter sagte mir immer, mach dies und dass nicht. Aber ich hörte nicht auf sie und tat einfach alles was ich wollte. Ich sagte meiner Mutter dass es mir leid täte, den ich hatte Angst auf die Antwort die sie mir geben würde. Ich habe mich auch jetzt nicht verändert. Meine Mutter sagt manchmal ich könne ein liebes Kind sein wenn ich wolle. Das alles was ich da getann habe und auch jetzt noch tue, dass bereue ich wirklich sehr. Aber warum ich es jetzt noch tue, dass frage ich mich selbst.‹ Aufsatz aus einer Primar-Klasse«
(Ms. H. 2, S. 179)]

Gelb

180: Februar 1969

Warum aber ist der Mondflug schneller Routine geworden als, zum Beispiel, der Rundfunk?

[Die von Max Frisch nicht übernommene Textstelle lautete:
»FEBRUAR 1969
Apollo 9. Man schaut sich die Wasserung im Fernsehen an. Farbig. Erinnerung an das Faszinosum der Idee: Der Mensch auf dem Mond! Und nun eben die Ausführung schon beinahe mit der Gewissheit, dass es klappen wird; die langweilige Frage: Wozu?

——— «

(Ms. H 2., S. 180)]

HEFT III

GRÜN

1: Dies Academicus, April 1969

Das Altern als Thema der Festrede macht alle Zitate funktionieren.

[Der von Max Frisch nicht übernommene Text lautete:
»DIES ACADEMICUS, APRIL 1969
›So kam es, dass diesmal sogar die farbentragenden Studenten, die sonst der Feier im Lichthof in vollem Wichs ihr Gepräge gaben, fehlten.‹ (TAGESANZEIGER) ›Rektor Gian Töndury gab seinem Bedauern darüber Ausdruck... doch sei ihre Art des Protestierens nicht geeignet, das Gespräch zu erleichtern, zu dem er trotz Provokation nachwievor bereit sei.‹ Erziehungsdirektor Dr. Walter König: ›Zwar sei eine grössere Aktivität der Studenten zu begrüssen, und die Verhältnisse seien noch nicht so weit gediehen wie im Ausland, doch kämen Dinge vor, die nicht an eine Hochschule gehörten.‹ Die Festrede hielt Rektor Gian Töndury: ›Er wählte sich als Thema das Altern. Er schilderte das Leben als einen immerwährenden Strom von Energien, der den Organismus bildet und erneuert. Die Bildung neuer Zellen und damit ein weiteres Wachstum hört allerdings mit der Zeit auf; dieser Wendepunkt liegt für Herz und Lunge bei 60 Jahren, für Leber und Nieren bei 40 und für das Gehirn schon bei 25 Jahren. Altern ist demnach ein kontinuierlicher Prozess, der sich mit der Zeit in einer Abnahme der Anpassungsfähigkeit äussert... Die Schar von mehreren hundert geladenen Gästen begab sich anschliessend ins Kongresshaus, wo das Festbankett erstmals in einem erweiterten Rahmen – nämlich unter Einbezug der Professorengattinnen – stattfand. Die Mehrausgaben wurden, wie man vom Erziehungsdirektor vernahm aus jenen Mitteln gedeckt, die durch den Wegfall des studentischen Fackelzuges unbeansprucht blieben.

————— ‹«

(Ms. H. 3, S. 1-2)]

Gelb

3: Berzona

Jawohl.

[Der von Max Frisch nicht übernommene Text lautete:
»BERZONA
Besuch von Jürgen Habermas und Frau. (Neuerdings sitzen SDS-Studentinnen in seiner Vorlesung mit Kleinkind, dem sie sagen: Schau ihn an, das ist ein Verräter, er wird nicht mehr lang leben!) Das Unfanatische der höheren Intelligenz, das Vermögen radikal zu denken und als Humanist glaubwürdig zu bleiben.

——— «

(Ms. H. 3, S. 3)]

Gelb

4: 27.4.1969

Die blosse Mitteilung von de Gaulles Rücktritt genügt nicht. Es ist deutlich, dass die Nachricht Sie angeht; nicht deutlich, wieso.

[Der von Max Frisch nicht übernommene Text lautete:
»27.4.1960
General de Gaulle dankt ab.

——— «

(Ms. H. 3, S. 4)]

Gelb

5: Berzona

Hier hingegen sind die Fakten durch Betrachtung eingearbeitet.

[Wird ohne die Zwischenüberschrift »Berzona« an späterer Stelle ins »Tagebuch« übernommen; vgl. WA, Bd. 6, S. 257-258.]

Gelb

7: 15.5.1969

Deleatur, wenn möglich. Das Altern ist ein Thema des Buches, aber ein so direkter Bezug auf die Verfassung des Autors, der Hinweis auf den eigenen Geburtstag wirken peinlich. Damit verlieren die Seiten auf rotem Papier das Artistische als Dimension, und die Vereinigung Freitod viel vom Spielerischen.

Überdies stimmt Ihre Rechnung nicht. Um älter zu sein als Brecht, fehlten Ihnen an diesem Datum noch 185 Tage.

[Der von Max Frisch nicht übernommene Text lautete:
»BERZONA 15. 5. 1969
Jetzt älter als Brecht.« (Ms. H. 3, S. 7)]

WEISS

8: Hass

Bitte erlauben Sie mir von nun an, dass ich schlicht durch Unterlassung von Bemerkung Einverständnis, Bewunderung, Neid andeute.

[Die von Uwe Johnson voller Neid bewunderte Textstelle lautet:
»HASS
Wenn ich gerade Bilanz machen müsste: – keine Person, die ich im Augenblick hasse; nur etliche, denen ich nicht begegnen möchte, da es sein könnte, dass es nochmals zum Hass kommt. Ich hasse nicht selten, aber kurzatmig. Vielleicht ist es meistens nur Zorn. Kein Fall von lebenslänglichem Hass. Vor allem meine ich sicher zu sein, dass mein Hass mich mehr geschädigt hat als sie, die ich hasste. Hass als Stichflamme, die plötzlich erhellt; aber dann verdummt er mich. Vielleicht kommt es daher, dass dem Hassenden eher an Versöhnung gelegen ist als dem Gehassten. Wenn ich feststelle, dass jemand mich hasst, kann ich mich leichter entziehen; ich halte mich eben an andere, die mich nicht hassen. Trotz einer natürlichen Dosis von Selbsthass bin ich vorerst irritiert, wenn ich mich von jemand (ohne dass ich ihm ein Bein gestellt hätte) gehasst finde. Habe ich mit Sympathie gerechnet? Eigentlich nicht. Was irritiert, ist die unerwartete Intensität einer einseitigen Beziehung; der Reflex ist nicht Gegen-Hass, vielleicht Verwirrung, vor allem aber Wachheit. Ich habe das Gefühl, er fördere mich (zu einem gewissen Grad) durch Wachheit, oder ich kann den Hassenden vergessen. Umgekehrt nicht; als der Hassende halte ich mich an den Gehassten, und es hilft mir nichts, dass er sich entzieht, im Gegenteil. Je seltener ich ihn sehe oder von ihm höre, umso gründlicher ist mein Hass, d. h. meine Selbstschädigung. Ferner stelle ich fest: Hass auf eine Person nötigt mich zu einem Grad von Gerechtigkeit, den ich nicht erreiche, und überanstrengt mich. Meistens braucht es nicht einmal eine Versöhnung; mein Hass wird mit

der Zeit zu kostspielig, das ist alles, mit der Zeit steht er in keinem Verhältnis zu der betreffenden Person, die mir eigentlich, was immer sie getan haben soll, gleichgültig geworden ist ... Anders ist es mit dem Hass, der sich nicht auf eine Person bezieht, sondern auf ein Kollektiv oder insofern auf eine Person, als sie ein Kollektiv repräsentiert. Mein einziger lebenslänglicher Hass: Hass auf bestimmte Institutionen. Da wird der Hass selbst eine Institution. Auch da schädigt der Hass vor allem mich selbst, aber ich bleibe meiner Selbstschädigung treu, weil dieser Hass sich als Gesinnung versteht und Gleichgültigkeit wie Versöhnung ausschliesst – «
Vgl. WA, Bd. 6, S. 196-197.]

GELB

10: <u>Berzona</u>

d. s. p.

[Der von Max Frisch nicht übernommene Text lautete:
»BERZONA.
Hippie-Ueberfall – er ist 19, sie gerade 15, beide haben sich der Repression entzogen, indem sie aus der Schule gelaufen sind, er schon vor Jahren. Geld vom Vater nimmt er nicht (so sagt er wenigstens), Studium oder Lehrlingsstelle kommen nicht in Frage; alles repressive Institutionen. Lieblingsgespräch: wie blöd die Polizei. Und wie blöd die Lehrer. Und überhaupt. Alles nur Leistungsprinzip. Frustration durch Tabus, die Aggressivität hervorbringt usw., das muss man denunzieren, Gesellschaft verändern, vorerst zerstören. Viel Jargon, eigentlich nichts ausser Jargon, Vokabeln aus dritter Hand; alles ins Bequeme übersetzt. Ihr Wohlbefinden in laxer Protest-Allüre. Ferner wollen sie besuchen: Alfred Andersch, W. M. Diggelmann,[51] Hans Habe.[52] Der junge Mann verspricht mir Haschisch; als Entgelt und so. Er

51 Zu Alfred Andersch vgl. S. 277, Anm. 17. – Walter Mathias Diggelmann, geb. 1927, gest. 1979 in Zürich, schweiz. Schriftsteller. Nach Tätigkeiten als Hilfsarbeiter, Hotelbursche, Fabrikarbeiter und Redakteur arbeitete Diggelmann von 1956 bis 1958 als Dramaturg bei Radio Zürich, 1959 als Werbeagent, 1960 bei der Zürcher Zeitung *Die Weltwoche*, 1960 als Werbetexter bevor er sich schließlich als freier Schriftsteller in Herrliberg bei Zürich niederließ.

52 Hans Habe (eigentlich János Békessy), geb. 1911 in Budapest, gest. 1977 in Locarno. Nach seinem Jura- und Germanistikstudium seit 1929 als Journalist tätig. 1935 bis 1938 Völkerbundkorrespondent in Genf. Als Angehöriger der französischen Armee floh er 1940 aus deutscher Gefangenschaft in die USA und

trägt zwischen den Lenden einen Kranz von Blümchen. Ihre Sachkenntnis beschränkt sich auf LSD. Die 15-jährige, sonst stumm wie ein Fisch, erzählt uns, wie das ist: Farben, die das Leben voll lebenswert machen. Wahrscheinlich befinden sie sich auf einem trip...« (Ms. »Tagebuch II, Version 1970« o. S.)]

GELB

11: 1. 6. 1969 (Titel?)

Weiterhin bitte ich um Erlaubnis, einfach schreiben zu dürfen: Deleatur, se possibile; d. s. p. Sie kennen von den vorigen Gelegenheiten die Gründe, die ich haben könnte; Sie werden mir auch das Recht des Irrtums zubilligen.
Also: d. s. p.

[Der von Max Frisch nicht übernommene Text lautete: »1. 6. 1969. Eidgenössische Volksabstimmung über das ETH-Gesetz. Die Stimmbeteiligung ist äusserst gering: 33,8%. Immerhin hat das Referendum der Studenten dazu geführt, dass ein neues Hochschulgesetz erarbeitet werden muss. Für das Gesetz, das der Bundesrat vorgelegt und die Parlamente bereits gebilligt haben, stimmen 179 911, dagegen 341 254.« (Ms. H. 3, S. 11)]

GELB

12: Vulpera-Tarasp, Juni 1969

Die Eingangsbemerkung ist etwas spät abgesichert.
12.12 Hohheiten: Hoheiten
22 Die Literatur-Angabe wäre nur berechtigt durch die feste Überzeugung, dass der Leser binnen drei Tagen deswegen eine Buchhandlung oder Bibliothek aufsucht.
20.03 Dieser Satz ist zwar als Wutausbruch verständlich; jedoch verzichtet er auf List, die an dieser Stelle nötiger ist.
23.13 Da dem Leser die Antwort auf den Grund zu leicht einfiele,

kehrte als Offizier der amerikanischen Armee nach Deutschland zurück. 1945/46 Chefredakteur der *Neuen Zeitung*, München. Nach vierjährigem Zwischenspiel in Hollywood kehrte er von 1949 bis 1952 wieder als Chefredakteur nach München zurück. Anschließend lebte und arbeitete der konservative Publizist als freier Journalist und Schriftsteller in Österreich und in der Schweiz.

d. s. p. Ausserdem haben Sie eben die Verseuchung des Meeres erwähnt.

24.16 Soubenirs: Souvenirs. Was mich angeht, so könnte ich davon kaum genug bekommen.

24.19 VORHERRSCHENDE. stösst sich an dem Nebensinn der Zoologie, der die Quantität meint.

26.05 cf. 20.03

14 gefärden: gefährden

16 Druckmäuser: nicht im Duden. Duckmäuser?

28.14 d. s. p.

22 Dschingiskhan: Dschingis-Khan?

30.12 Unkenntnisse: so schön der Plural da sitzt, der Duden lässt ihn nicht zu.

31.06 d. s. p.

[Die Eingangsbemerkung lautet: »Was man so in einer Kur alles tut! – seit einer Woche täglich die NZZ gelesen ... Kann man sagen, dass diese Zeitung lügt?« Vgl. WA, Bd. 6, S. 225-233;
12.22: die von M. F. gestrichene Lit. Angabe – nach dem 2. Absatz – lautete: »Jean Améry: UEBER DAS ALTERN. REVOLTE UND RESIGNATION. (Klett Verlag.) Ein literarischer Beitrag zur Gerontologie«;
20.03. Der von M. F. gestrichene Satz lautete: »Es geht nur mit Gewalt«. Eingefügt war er vor dem letzten Absatz; vgl. WA, Bd. 6, S. 229.
23.13 Der von M. F. gestrichene Satz lautete: »Wenn ich die Wahl hätte, nur noch das Meer zu sehen oder nur noch die Berge, so gäbe es keine Minute des Zögerns: Das Meer!«.
Die gesamte Passage wird noch einmal überarbeitet, gekürzt und übernommen; vgl. WA, Bd. 6, S. 225-233.]

WEISS

32: Vereinigung Freitod

d. s. p.

[Der von Max Frisch gestrichene Text lautete:
» VEREINIGUNG FREITOD
Anfragen von Mitgliedern, was man gegen das Altern machen soll, lassen erkennen, dass mein HANDBUCH untauglich ist. Offenbar lässt es noch immer Hoffnungen zu ... Ein Arzt legt es

im Sprechzimmer auf. Dazu die üblichen Sprechzimmer-Gemälde: Garten mit Kirschblüten, Rehe am Bergbach, ein weidendes Füllen. Ich habe den Arzt gefragt, ob er's nicht unverantwortlich finde. Darauf sagt er: Mein Lieber! Gerade sei ein Herr aus Melbourne bei ihm gewesen, der noch mit 71 Jahren täglich usw. Es ist klar, wir haben die Medizin gegen uns, wenn auch nicht immer ihr Können, aber ihr Ethos. Warum er denn das HANDBUCH in seinem Sprechzimmer auslege? Er meint, es tröste die Leute, dass einer, der offenbar ähnliche Erfahrungen gemacht hat wie sie, trotzdem weiterlebt –

——— «

(Ms. »Tagebuch II, Version 1970« o. S.)]

GRÜN

33: Zitat Bakunin

d. s. p.

[Das von Max Frisch nicht übernommene Zitat lautete:
» Es liegt in der Natur des Staates, sich sowohl für sich selbst als für alle seine Untertanen als absolutes Ziel aufzustellen. Seinem Wohlstand, seiner Grösse, seiner Macht zu dienen ist oberste Tugend des Patriotismus ... alles, was ihm dient, ist gut, alles seinen Interessen Entgegenstehende wird als verbrecherisch erklärt. So ist die Staatsmoral ... Deshalb war die politische Moral der menschlichen Moral nicht nur fremd, sondern absolut entgegengesetzt ... Der Staat ist die Negation der Menschheit.

Michael Bakunin«

(Ms. H. 3, S. 33)]

WEISS

34: Engagement

d. s. p.

[Der von Max Frisch nicht übernommene Text lautete:
»ENGAGEMENT
Auf die Interview-Frage, warum er denn nicht in Nord-Vietnam bleibe und dort kämpfe, antwortet Peter Weiss (im SPIEGEL) redlich, aber ungeschickt: das Klima dort bekomme ihm nicht. Später verbessert er sich: der Schriftsteller, ganz allgemein, könne der Sache auf andere Weise nützlich sein. Das hätte auch Brecht sagen können. J. P. Sartre schreibt 1964: angesichts eines

sterbenden Hungerkindes empfinde er ein literarisches Werk wie NAUSEE als nichtig, es falle nicht ins Gewicht. Man braucht aber nicht einmal Kunst zu machen, um diesen Schock zu kennen: angesichts eines Napalm-Opfers empfinde ich schon eine Mahlzeit als obszön. Offenbar meint J. P. Sartre: ins Gewicht fällt nur Literatur, die wenigstens zum Kampf gegen den Hunger beiträgt; Literatur des direktpolitischen Engagements, auch wenn man sich davon nicht die Speisung der Zehntausend verspricht, also keine Wunder. Was mir verleidet ist: Engagement als Gewissensfrage, wobei es dann nur um eine Rechtfertigung der Kunst geht; nach der Wirksamkeit einer direkt-politischen Kunst wird kaum gefragt. Sartre im gleichen Interview: Heroismus erwirbt man sich nicht mit der Feder. Auch nicht mit der Feder des direkt-politischen Engagements? Das ist mit dem berühmten Satz wohl gemeint. Brecht hat von sich keinen Heroismus verlangt. Was beispielsweise Peter Weiss in diesen Jahren macht (noch nicht in MARAT-SADE, aber in ERMITTLUNG, in GESANG VOM LUSITANISCHEN POPANZ, in VIETNAM-DISKURS), macht keinen Macht-Inhaber unsicher, so fürchte ich; es ist halt Engagement. Auch J. P. Sartre sitzt nicht in Nord-Vietnam an einem Flakgeschütz, sondern dort, wo er nicht zu ersetzen ist: als politischer Denker. Kein Mensch würde J. P. Sartre fragen, warum er nicht in Nord-Vietnam kämpfe. Warum fragen sie (höhnisch) Peter Weiss? Das allermeiste, was wir an Engagement-Literatur hervorbringen, ist bestenfalls redlich und insofern rührend, als wir eine politische Parole mit mehr oder weniger Geschick literarisieren, als wäre es mit politischer Inhaltlichkeit schon getan. J. P. Sartre ist glaubwürdig als politische Figur, weil er nicht eine politische Theorie entlehnt, um daraus Literatur zu machen; er produziert Theorie, im Unterschied zu Schriftstellern, deren noch so wackeres Engagement sie niemals zur politischen Figur macht: ihr Engagement ist reproduktiv, Literatur aus entliehenem Denken. Noch kein Schriftsteller hat es meines Wissens in einem Interview gewagt, sich zu verdächtigen: Engagement als Surrogat für Kreativität. Der Engagement-Byzantismus der gegenwärtigen Schriftsteller, vorallem aber unserer Sekundär-Literaten –

———— «

(Ms. H. 3, S. 34-35)]

GELB

36: 1. 7. 1969

37.15 d. s. p.

[Der Text zur Wahl des Präsidenten der Bundesrepublik Deutschland wird unter der Überschrift »5. 3. 1969« übernommen; vgl. WA, Bd. 6, S. 203. Max Frisch streicht allerdings nicht nur die von Uwe Johnson monierte Zeile (37.15): »Fernseh-Präsentation hervorragend«, sondern auch noch den vorangehenden Satz: »Die Sozialdemokratie kann noch so bürgerlich werden, sie bleibt das deutsche Kellerkind.«]

GELB

38: 21. 7. 1969

d. s. p.

[Die Notiz »Landung auf dem Mond. (Armstrong und Aldrian)« wird von Max Frisch nicht gestrichen, sondern noch um vier Alltags-Episoden erweitert und übernommen; vgl. WA, Bd. 6, S. 236.]

GRÜN

39: SPIEGEL, 28. 7. 1969, etc.

d. s. p.

[Der Text wird nicht gestrichen, sondern ins »Tagebuch« übernommen; vgl. WA, Bd. 6, S. 238.]

WEISS

40: SPIEGEL-Interview über Geld

d. s. p., auch weil der Stil des SPIEGEL-Interviewers nicht getroffen ist. Die fragen härter.
Schön wäre allerdings, Sie würden die Materialien zu einem Essay über den Zustand des Reichseins umbauen.

[Der von Max Frisch nicht übernommene Text lautete:
»SPIEGEL-INTERVIEW UEBER GELD
S. Herr Frisch, Sie haben einmal geschrieben, Sie gehören nicht zu den Reichen. Stimmt das?
F. Ich hoffe es.
S. Was kostet heute die Butter?

F. Weiss ich nicht.
S. Ungefähr.
F. (Überlegt)
S. Sie sind ein Sozialist?
F. Ja
S. Wenn Sie an Maxim Gorki denken, befinden Sie sich in guter Gesellschaft: auch er kannte im Alter nicht mehr den Brotpreis, heisst es.
F. Es stellt sich natürlich die Frage, inwiefern das Geld, gerade wenn es sozusagen keine Rolle mehr spielt, eine Person verändert. Ich stelle fest, dass das Geld mich öfter beschäftigt als früher – allein durch diese Frage.
S. Spekulieren Sie?
F. Nein.
S. Warum nicht?
F. Ich brauche nicht mehr – im Gegensatz zu den Reichen ... Dabei ist mir bewusst, dass Nachlässigkeit gegenüber dem Geld nur die bequemere Art der Nutzniessung ist, bequemer beispielsweise als Geiz, aber auch eine Verschwisterung mit dem Geld. Die Frage, inwiefern es die Person deformiert, bleibt trotzdem.
S. Herr Frisch, wie reich sind Sie?
F. (überlegt.)
S. Eine Million, zwei Millionen –?
F. Um beispielsweise eine Wochenzeitung zu gründen und sie zwei Jahre lang zu halten gegen die Werbe-Agenturen der reaktionären Unternehmerschaft, dazu reicht es natürlich nicht. Es reicht zum Wohlleben.
S. Was verstehen Sie unter Wohlleben?
F. Sehen Sie sich in Ruhe um!
S. Andere verstehen unter Wohlleben eine eigene Yacht, Diener, Löwenjagd in Afrika, eine private Bucht in Spanien –
F. Ich weiss.
S. Gefallen Sie sich in Bescheidenheit?
F. Was ich unter Wohlleben verstehe: ich kann meinen Wohnort wählen, meine Tagesarbeit selber einteilen, ich kann Gäste einladen oder nach London fliegen. Als Schriftsteller muss ich nicht alles veröffentlichen, sofern ich merke, dass es nichts taugt – das nenne ich Wohlleben.
S. Ihr Schwimmbecken zählen Sie nicht dazu?

F. Ich zähle noch vieles dazu: das Schwimmbecken, Tabak, Wein, im Spital ein Einerzimmer ...

S. Haben Sie eine schwere Jugend gehabt?

F. Nein.

S. Sie haben aber studiert.

F. Bis zum Tod des Vaters. Er starb in Schulden. Ein Professor, der mich für eine Hoffnung hielt, verschaffte mir ein Stipendium: 800 Franken im Jahr, was nicht reichte. Ich liess die Universität und wurde Sportreporter, einverstanden mit der Bezeichnung: Honorar. Es blieb mir nichts anderes übrig. Honorar errechnet sich nicht aus den Bedürfnissen.

S. Sie haben irgendwo erwähnt, dass ein Freund, Sohn aus reichem Haus, Ihnen ein zweites Studium ermöglicht hat[53] –

F. Ein Glücksfall.

S. Also ein geschenktes Geld –

F. 16 000 Franken.

S. Hat es Sie befangen gemacht?

F. Offenbar fand ich es unverdient. Ich nahm es unbefangener als seine Anzüge, die mir immer etwas zu gross waren ... Das Diplom als Architekt, das ich meinem Freund verdanke, gab mir die Freiheit, ein Lohnverdiener zu werden; ich war 31, als ich genug verdiente, um zu heiraten und ein Fahrrad zu kaufen.

S. Eine Zwischenfrage: –

F. (giesst Wein ein.)

S. Ich sehe, Herr Frisch, dass Sie ziemlich verschlissene Hosen tragen, zugleich eine Omega erster Klasse, auch die Absätze Ihrer Schuhe sind ja nicht gerade comme-il-faut. Sind Sie ein Sparer?

F. Ich kaufe ungern.

S. Warum?

F. Natürlich lernt man es auch, aber langsam. Vielleicht eine Verdrängung. Ich habe viele schlechte Arbeiten gemacht, weil ich Geld gebraucht habe; dann überträgt sich das Unbehagen auf das Geld als Spielregel. Wenn ich auf die Bank gehe, entdecke ich immer wieder, dass ich unter meinen Verhältnissen lebe.

53 Vgl. die Eintragung *Autobiographie* im *Tagebuch 1946-1949*, WA, Bd. 2, S. 587.

S. Würden Sie sich als einen Neureichen bezeichnen?
F. Durchaus.
S. Sie haben neulich einen Picasso gekauft –
F. So stand's in der Zeitung.
S. Ein Blatt für 30 000 Franken.
F. Ich habe dieses Blatt nie gesehen. Eine Gruppe italienischer Schauspieler, TEATRO POPOLARE, hat sich von dieser Finte erhofft, dass sie ihre Auktion belebe... Was ich vorher habe sagen wollen: Geld als Spielregel. In der Tat beschäftigt sie mich mehr als früher. Komme ich mit Reichen zusammen, so bin ich befangener als früher. Sie geben sich offenherziger als früher: Milchbrüder. Dass ein Mann, der auch Geld hat, sich ihrer politischen Denkart nicht anschliesst, finden sie etwas skurril, nicht skandalös, da er nicht ernst zu nehmen ist; er ist weltfremd, wie Künstler eben sind. Dabei haben sie nicht allzuviel gegen Sozialisten; nur sollten sie arm oder mindestens lohnabhängig sein, um glaubwürdig zu erscheinen. Sie verstehen Sozialismus als die Neid-Lehre der Hablosen.
S. Sie selbst wähnen sich unverändert?
F. Das frage ich mich.
S. Was antworten Sie sich?
F. Von einem gewissen Alter an ist die Person in einem entsetzlichen Grad geprägt. Zugleich sieht man sich im veränderten Bewusstsein der andern; ich wähne mich unverändert, aber ich sehe: Du bist für sie jetzt ein Reicher. Meistens haben sie den Takt und zeigen es kaum, sondern nutzen es nur; sie nehmen an, ich sehe mich jetzt auch so.
S. Und das tun Sie nicht?
F. Nehmen wir einmal an: Sie sind ein Bub aus der Vorstadt, der als Berufsfussballer unversehens Summen kassiert, wie sie seine Erzieher nicht haben voraussehen können, Sie sind aufgewachsen unter dem Dogma: Geld sei Lohn – und jetzt kassieren Sie plötzlich 100 000 für die Saison: als Lohn. So wertvoll sind Sie, verglichen mit Ihrem Vater, der Briefträger ist und bleibt... Oder nehmen wir an, Sie gewinnen in der Lotterie eine Summe, die Sie zum reichen Mann macht. Was heisst das? Da es mehr Geld ist, als Sie gerade brauchen, vergessen Sie es, und während Sie es vergessen, vermehrt es sich.
S. Fühlen Sie sich als Ausbeuter?

F. Geld und Geld sind bekanntlich zweierlei. Es gibt Geld, das sich als Lohn nach der Arbeit bemisst und zwar sehr strikt; da braucht es schon einen harten Streik, um die Ziffer auch nur hinter dem Komma neu zu verändern. Und dann gibt es das Geld, das den Neureichen überrascht, Geld, das sich nicht nur vermehrt, sondern sich verwandelt: in Grund und Boden, in Rechte, in Macht durch Aktien-Mehrheit usw., kurzum: Kapital... Ob ich mich als Ausbeuter fühle? – das ist nicht eine Sache des Gefühls, sondern ein Tatbestand, der zu untersuchen ist. In meinem Fall ein einfacher Tatbestand. Ich lasse meine Bücher nicht von anderen Leuten schreiben, die ich mit Lohn abfinde, aber nicht am Gewinn beteilige. Ferner muss niemand meine Bücher konsumieren, um existieren zu können. Insofern sehe ich mich nicht als Ausbeuter. Am Schalter der Bank behandeln sie mich trotzdem sehr vertraulich: als Komplizen. Zu Recht; Zins ist Ausbeutung.

S. Und nehmen Sie ihn?

F. Ja.

S. Sind Sie ein Mäzen?

F. Es ist mir dabei klar: ich schenke nicht, was mir gehört; ich verteile nur an Leute, die ich persönlich kenne, einen Teil der Zinsen aus der Arbeit andrer, die ich nicht persönlich kenne. Wie komme ich eigentlich dazu? Ich staune immer über die grossen Mäzene: wie unbefangen die sind.

S. Sie sprechen als Neureicher –

F. Ja.

S. – Sie wissen, dass das im Mund der geborenen Reichen eine abschätzige Bezeichnung ist.

F. Das ist klar. Der Neureiche stört sie. Entweder benimmt er sich wie ein Reicher und zeigt, dass es ohne weiteres zu lernen ist, was sie als ihre Auserwähltheit ableiten aus Heraldik, aus Tradition usw., oder er lernt's nicht, er macht das Reichsein lächerlich: Holbein im safe... Vorallem aber irritiert es sie, dass der Neureiche, nicht geprägt durch Privileg von Geburt her, anders denken kann als sie. Trotz Vermögen. Tut er das, so ist er den rechten Reichen lästiger als ein Betriebsrat, der von ihnen abhängig ist. Der Neureiche ist es nicht.

S. Wie stellen Sie sich mit der Steuer?

F. Wir haben zurzeit eine Steuer-Amnestie. Offenbar bin ich nicht der einzige im Lande, der ungern Steuern zahlt. Natürlich finde ich es in Ordnung, dass ich dem Staat mehr schulde als ein Eisenleger, ein Lehrer, ein Bus-Fahrer, ein Dozent usw. Hingegen könnte es mich verdriessen, wenn ich ebensoviel zahlen müsste wie ein Fabrikant oder Bankier oder Boden-Spekulant, der das Siebenfache kassiert –

S. Das verlangt auch kein Gesetz.

F. Ich spreche von der Praxis.

S. Sie zählen sich also nicht zu den Reichen –

F. Nein.

S. Wie begründen Sie diese Behauptung?

F. Ich hatte früher schon gesellschaftlichen Umgang mit Reichen. Früher taten sie, als spiele das Geld keine Rolle. Das war Takt. Sie zeigten Interesse vornehmlich für Fragen, die mit Geld nicht zu lösen sind, also besonders für Kunst. Man findet in ihren Kreisen manche Kenner. Natürlich sprechen sie auch jetzt lieber von Kunst als von Geschäften. Vielleicht weil ich nichts davon verstehe; ich könnte niemand sagen, wie er's machen muss. Irgendwie sind sie übrigens froh, wenn ein Artist reich wird; das zeigt, dass Geld eben eine Folge von Tüchtigkeit ist, also eine gerechte Institution. Und so können sie jetzt auch über Preise sprechen, Preise für Juwelen oder Grundstücke, indem angenommen werden darf, dass es sich der andere auch leisten könnte. Auch wenn ich nicht auf Löwenjagd gehe, so scheint ihnen doch gewiss, dass man einander versteht, sozusagen menschlich. Wir sitzen im gleichen Boot. Wer auf dieses Boot schiesst, muss also auch mein Gegner sein. Tatsächlich haben die Reichen von Geburt ein vollkommen unschuldiges Verhältnis zum Geld, zum Prinzip des Profits. Wie zu einem Naturgesetz: man kann es nicht ändern, man kann es sich nur zu Nutzen machen. Das tun sie und nichts weiter. Wie geprägt sie vom Prinzip des Profits sind, zeigt sich oft, gerade wenn sie sich grosszügig fühlen. Grosszügig fühlt sich der Reiche, wenn er auf Profit verzichtet. Was sie auch unternehmen, es bleibt Umgang mit Geld, das sie zwar nicht brauchen; Geld als Instanz. Man ist es seinem Geld schuldig, dass es Profit bringt; das allein hält die Welt überhaupt in Gang ... Wenn ich gesagt habe, dass ich nicht zu den Reichen gehöre, so meine ich lediglich: Umgang mit Geld ist nicht mein Beruf, er ist es weder gewesen noch geworden; ich bleibe dem Geld gegenüber ein Dilettant.

S. Herr Frisch, Sie wohnen in diesem Haus –
F. Ja.
S. Als Eigentümer.
F. Ja.
S. Sie haben ein Grundstück –
F. 6000 m².
S. Sie haben früher einmal die Meinung vertreten, dass das Eigentum an Grund und Boden abzuschaffen sei. Sind Sie noch immer dieser Meinung?
F. Selbstverständlich.
S. Herr Frisch, wir danken für das Gespräch.
——— « (Ms. H. 3, S. 40-49)]

Gelb

50: Berzona, Juli 1969

52.01 Der Bruch des Versprechens, selbst wenn wir die sorgfältigste Verschlüsselung annehmen, wirkt etwas wenig fair.

[Text wird mit der Zwischenüberschrift »BERZONA, August 1969« unverändert übernommen; vgl. WA, Bd. 6, S. 242-243.]

Weiss

53: Statik

d. s. p.

[Der von Max Frisch gestrichene Text lautete:
»STATIK
Prof. J., unser Lehrer für Statik an der Eidgenössischen Technischen Hochschule in Zürich, war die Gewissenhaftigkeit in Person. Wenn ich nicht irre: Sohn aus bäuerlichen Verhältnissen. So sah er jedenfalls aus. Was er sagte, schrieb er immer auch noch mit Kreide an die Tafel, um ganz sicher zu gehen, dass kein Missverständnis unsere künftigen Bauten einstürzen lässt. Er roch nach altem Schweiss, trug hohe Schuhe und zu kurze Hosen, sodass man die gestrickten Socken sah, und hatte das Gesicht eines Samariters, die Geduld eines Gärtners, das Pflichtbewusstsein eines Bahnwärters. Fehler in unseren statischen Berechnungen veranlassten ihn nicht zum Tadel, nur zur Hilfe durch erneute Erläuterung. Eines Tages, lange nach meinem Diplom, kam er ins Irrenhaus: was er gelehrt habe, sei falsch, er habe die Statik nicht verstanden. Ich sah ihn noch einmal auf der Strasse, geführt

von seiner Frau, er erkannte den ehemaligen Schüler, aber sein Gesicht war eingestürzt, sein Blick voll Entsetzen. Er ist längst verstorben. Die statischen Formeln, die er gelehrt hat, gelten nachwievor.« (Ms. H. 3, S. 53)]

Gelb

54: Berzona

d. s. p.

[Text wird übernommen; vgl. WA, Bd. 6, S. 238.)

Weiss

55: Skizze eines Unglücks

d. s. p.

[Text wird übernommen; vgl. WA, Bd. 6, S. 204-225.]

Gelb

73: 29.9. 1969

73.09 Wollten Sie recht unfreundlich sein, könnten Sie Kiesinger[54] zusätzlich als »ehemaligen Bundeskanzler« identifizieren (als wär er nicht mehr bekannt genug). In der heutigen Perspektive würde es stimmen.

[Der von Max Frisch nicht übernommene Text lautete:
»29. 9. 1969
Wie Landgrafen, die es noch nicht fassen, dass das Gottesgnadentum auch auf deutschem Boden irgendwann einmal abgeschafft worden ist: hochherrschaftlich in der Arroganz, dass nur ihresgleichen regieren kann, dann konsterniert von der Nachricht, dass die Stallknechte tatsächlich ins Palais wollen, nachher gekränkt, dass die versuchte Bestechung nicht gelingt (Kiesinger bietet der FDP sechs Minister-Posten statt drei, die ihr allerhöchstens zukommen, und verzichtet auf Mehrheitswahlrecht, verspricht den Ueberläufern schon für die nächste Bundestagswahl, dass man ihnen die nötigen Wahl-Kreise schenken werde), schliesslich das verlorene Lächeln: ›Die Sozialdemokratie hat

54 Der CDU-Politiker Kurt Georg Kiesinger, geb. 1904 in Ebingen, gest. 1988 in Tübingen, war als Nachfolger Ludwig Erhards von 1966 bis 1969 Bundeskanzler einer Großen Koalition der CDU/CSU mit der SPD – Vizekanzler und Außenminister war Willy Brandt –, die in der Ost- und Deutschland-Politik neue Wege ging, sich zunehmend einer außerparlamentarischen Opposition gegenübersah und 1969 die Notstandsgesetze verabschiedete.

sich an die Macht gemogelt‹, ›machtgeil‹, ›Regierung ohne Programm‹ usw.

———— «

(Ms. H. 3, S. 72)]

Rot

74: Handbuch für Mitglieder

77.07 Kann man so pauschal sagen, die Autoren des Bandes Ein Gott, der keiner war hätten im Alter widerrufen, um religiös zu werden? Beim Erscheinen der deutschsprachigen Ausgabe (1950; Europa-Verlag Zürich) war zwar Gide 81 Jahre alt, aber Koestler war 45, Silone 50, Wright 42, Fischer 54, Spender 41, und nicht alle haben sich einer Religion überantwortet. Es stimmt bei Gide; auch als er seinen Beitrag schrieb, war er immerhin 68 Jahre alt; aber er stellte auch unmittelbar seine Reaktion auf die Verhältnisse 1936 in der Sowjetunion dar. Für die anderen würde ich also weniger Altersgründe annehmen als solche, die aus dem Stalinismus rühren.

77.17 persönlich: Adorno würde es abstreiten.

77.18 Hier, auch schon in früheren Fällen, wenn Sie individuelle Beispiele für Verhalten oder Entwicklung bringen, scheint der Rahmen und Gestus des Handbuchs ein wenig verfehlt. Es sind nicht Thesen oder allgemeine Beschreibungen, die von den Mitgliedern der Vereinigung Freitod eben deshalb akzeptiert und mit dem eigenen Leben gefüllt werden können, gewiss sind es »Beispiele«; dennoch könnten sie auch für sich allein stehen, ausserhalb dieses Kontextes, einfach als Geschichten.

Da wäre auch Quantitätssteigerung der Eintragungen zu gewinnen.

83.01 Gewiss; andererseits hatte Hitler die zu einer Regierungsbildung erforderlichen Stimmen. Formal gesehen war Hindenburgs Handeln im Rahmen der Verfassung.

84.05 noch: könnten Sie das erweitern, als brauche er nie kreativ zu sein, um immer Wirkung zu erreichen?

[Der Abschnitt wird von Max Frisch gründlich überarbeitet und gekürzt ins »Tagebuch« übernommen; vgl. WA, Bd. 6, S. 244–246. Der Uwe Johnson vorliegende Text lautete:

»HANDBUCH FÜR MITGLIEDER
Das politische Befinden im Alter: – inwiefern ändert es sich gegenüber vorher oder verkalkt es bloss? und bewirkt die Verkalkung, dass es sich radikalisiert oder dass es sich liberalisiert? oder schwindet es einfach, während ja das Stimmrecht unbefristet ist, oder kommt es im Gegenteil sogar zu einer Hypertrophie des politischen Engagements in dem Grad, als das erotische Engagement an die Welt aussetzt? – Fragen von gesellschaftlicher Relevanz...

Dass die meisten Mitglieder unsrer Vereinigung als reaktionär zu bezeichnen sind, kann nicht ohne weiteres als Beweis dienen für die These, Senilität habe stets ein Gefälle nach rechts. Wie sich aus ihrem Dossier ergibt, sind die betreffenden Mitglieder von jeher reaktionär gewesen, auch wenn der Gezeichnete gerne sagt: Ich bin auch einmal jung gewesen: Marxismus gleich Masern, die jeder einmal durchgemacht habe. (Dabei vergisst er, was er tatsächlich in den Dreissigerjahren durchgemacht.)

Sohn aus bürgerlichem Haus, als National-Frontist in öffentlichen Versammlungen von Antisemiten redet er für Vaterland und gegen den marxistischen Klüngel. Publizist, später Parlamentarier, im Alter beliebter Wortführer der Geistigen Landesverteidigung; natürlich sagt er es anders als in den Dreissigerjahren. Je seniler er wird, umso länger schon ist er im Recht; wo immer Neues sich manifestiert, bedient sich das Fernsehen seiner unerschütterlichen Erscheinung.

Alter verändert das politische Befinden selten. Nachdem er wirklich zur Ueberzeugung gekommen ist, dass er damals Heil zum Unheil gesagt hat, und nachdem er Jahrzehnte lang einer Wiedergutmachung nicht nur zugestimmt hat, sondern heute noch einsieht, dass es Wiedergutmachung nicht gibt, ertappt sich der Gezeichnete auf Sätzen, die er gar nicht so meint – Sätze eines Couleur-Studenten (Schmisse im Hirn) oder eines aktiven Offiziers (wo er als friedlicher Tourist erscheint), eines Rassisten (wo ihn doch das Exotische so entzückt), eines Untertanen (wo er als Parlamentarier spricht), eines Herrenreiters (wo er doch Mitspracherecht geradezu begrüsst), eines Spiessbürgers (wo er als Avantgarde-Sammler sich ausser Verdacht wähnt) usw., Sätze eines Mannes, den die Senilität entlarvt.

P. S.

Sie entlarvt auch Stalinisten.

Ein Antifaschist, seinerzeit tätig im Verein mit Marxisten, ohne selbst Marxist zu werden. Im Alter ist er Humanist auf Abruf – gegen die junge Linke, die ihn von gewissen Erscheinungen her leider an Faschisten erinnert. Sein politisches Befinden reicht nicht für die Gegenwart.

Eine gewisse Versuchung, liberal zu werden, ergibt sich für den Vor-Gezeichneten daraus, dass er, im Gegensatz zu den Jungen, bereits mit dem Bewusstsein seiner Irrtümer zu leben hat – er braucht aber dieser Versuchung nicht zu erliegen; je weniger er dieses Bewusstsein erträgt, umso eher drängt es manchen zur politischen Macht, die ihm die Unfehlbarkeit verschafft. Die grossen Säuberer sind meistens Vor-Gezeichnete.

In zahlreichen Fällen hat das politische Befinden sich ergeben aus der natürlichen Revolte gegen die Vater-Macht; ist der Vater begraben, so zeigt sich erst, wieweit dieses politische Befinden tatsächlich der eignen Konstitution entspricht, d. h. wieweit es je ein politisches Befinden gewesen ist. Es gibt weniger revolutionäre Temperamente, als die Revolutionäre in ihrer Jugend meinen; das Alter siebt.

[77.07] Es gibt Linke, die im Alter widerrufen, EIN GOTT DER KEINER WAR,[55] sie werden endlich religiös. Es gibt

55 Arthur Koestler, Ignazio Silone, Richard Wright, André Gide, Louis Fischer, Stephen Spender, *Ein Gott, der keiner war*, Zürich 1950; Titel der Original-Ausgabe: *The God that failed*. Eine Taschenbuchausgabe – allerdings ohne das Vorwort von Richard Grossmann sowie das Nachwort von Frank Borkenau – erschien im September 1962 im Deutschen Taschenbuchverlag (dtv), München.

Linke, die nicht widerrufen; nur die Partei hat sie enttäuscht – der Gezeichnete bekennt sich zur Utopie.

Ein Philosoph gilt als Theorie-Vater der marxistischen Avantgarde. Im Alter widerruft er nicht; nur kränkt ihn die Praxis [77.17], die sich auf seine Theorie beruft; auf der Höhe seines persönlichen Ruhmes kränken die Ereignisse ihn persönlich.

Kommunist, der 1918 eine wichtige Rolle spielt; später Sozialdemokrat, als solcher wird er der Bevölkerung vertrauenswürdig und bewährt sich auf hohen Posten ein Leben lang. Auch im Alter kein Rückfall in den Kommunismus; seine späten Reden könnte kaum noch ein jüngerer Reaktionär halten; er hält auch mit der Reaktion nicht mehr Schritt.

Sohn aus aristokratischer Familie, Humanist, als solcher aktiv gegen Hitlerismus, Historiker, gerne von bürgerlicher Seite beansprucht als repräsentative Figur. Zu Unrecht; der Aristokrat im Alter, wenn er nicht allzu wohlhabend ist, hat weniger Hysterie gegenüber der Entwicklung als die Bourgeoisie, weniger als der sowjetische Funktionär.

Wer nie ein revolutionäres Temperament gewesen ist, sondern nur sein Jungsein dahin missdeutet hat, meint als Vor-Gezeichneter sich mit den jungen Revolutionären zu verstehen: – jung wie er sich fühlt! … Der Vor-Gezeichnete hingegen, der wirklich ein revolutionäres Temperament ist, hat bereits Mühe, ohne Rückblick auf eigene Erfahrung zu argumentieren, und versteht sich mit den jungen Revolutionären viel schlechter.

Sohn aus kleinbürgerlichen Verhältnissen, Marxismus als Bildungserlebnis, Autodidakt, in jungen Jahren aktiv bei der Kommunistischen Partei, die später verfolgt wird; KZ. Er überlebt den Zweiten Weltkrieg und leistet Wichtiges für die Nachkriegszeit. Später verstummt er politisch. Er bleibt links ausser Dienst, privat-links; unter Umständen scharf gegen die äusserste Rechte, was aber die Resignation gegenüber der Linken nicht annulliert.

Wenn ein Junger politisch von Zukunft spricht und wenn ein Vor-Gezeichneter politisch von Zukunft spricht: beim letzteren entsteht leicht der Eindruck, dass ihn die Zukunft tatsächlich interessiert.

Wenn er sich zur Linken rechnet, ertappt der Gezeichnete sich dabei, dass die meisten Texte (Flugblätter, Broschüren, Manifeste, Schülerzeitungen usw.) ihn langweilen trotz Partei-Einverständnis; was ihn kein anderes Denken lehrt als jenes, das er auswendig kennt, empfindet er als hoffnungslos – der Gezeichnete hofft nur noch auf ein neues Denken.

Es gibt überhaupt weniger politisches Temperament, als die Demokratie es voraussetzt. Die meisten haben es für ein politisches Befinden gehalten, wenn sie sich, um gesellig zu sein, eines politischen Vokabulars bedienen; als Gezeichnete sind sie allenfalls von ihrem Leben enttäuscht, nicht aber politisch, nur privat.

Sohn aus Misch-Milieu, Armut mit Bürger-Allüre; indem sich sein politisches Befinden erst spät entwickelt, richtet es sich gegen seinen Lebenslauf, der nicht mehr zu ändern ist. Alter in subjektiver Resignation; nun meint er zu wissen, was er hätte machen müssen, und wo er sich noch zu engagieren versucht, verinnerlicht er.

Ist sein politisches Befinden von je her konservativ gewesen, so zeigt der Gezeichnete sich befriedigt, indem ihn das Weltgeschehen eigentlich nicht erschreckt; die täglichen Nachrichten bestätigen sein politisches Befinden: er hat sich von Entwicklungen nie viel versprochen. Aeussert er sich zum Weltgeschehen, so keineswegs trostlos; sein Alter hat eine Aura von Weisheit. Er

hat sich keine Illusionen gemacht; daher braucht er nicht anders zu denken als vor 40 oder 50 Jahren, als er jung war: insofern fühlt der Konservative sich länger jung als die Revolutionäre.
P.S.
Vielleicht macht das der Wohlstand.

Ausgebeutet werden im Alter, obschon sie jetzt ausser dem Altersheim nichts mehr zu fürchten haben, in ihrem politischen Befinden meistens nicht fortschrittlicher, im Gegenteil; wenn einer über die Ausbeutung, die er ein Leben lang erfahren hat, noch so flucht – manchmal tönt es, als packe ihn bei der Kunde, dass diese Verhältnisse jetzt verändert werden sollten, zugleich eine Art Neid.

Warum ein Greis, der sich das revolutionäre Pathos erhalten hat, bestenfalls liebenswert erscheint, aber nicht überzeugt: die Jüngeren misstrauen dem Pathos zu Recht, sie haben es abgeschafft und rechnen nicht damit, dass ihre Sprechweise sich einmal, gemessen an ihrer Geschichte, als Pathos entlarvt. Man lässt in einer Versammlung, die Revolution diskutiert, solche Apostel-Köpfe besser nicht auftreten; ihr Auftreten wirkt erheiternd – lähmend durch die Demonstration, wie Spruchweisen sich verbrauchen. Tritt ein solcher Apostel-Greis trotzdem ans Pult, so kann man ihn nur unter Beifall begraben.

Was noch nicht für den Vor-Gezeichneten gilt, aber für den Gezeichneten: indem seine Lustfähigkeit schwindet, bleibt Politik zuweilen das letzte Ressort, wo einer sich überlegen fühlt gerade als Gezeichneter. Es verführt ihn kaum noch eine Spontaneität; das verkalkte Hirn ist kaum zu irritieren; seine politischen Entschlüsse fallen ihm leicht nicht aus Unbesonnenheit, sondern aus Verkalkung; er funktioniert wie ein Apparat; weder ist er ins Risiko verliebt, noch fürchtet er ein Risiko; er hat schon so manchen Fehlentscheid überlebt; der Schwund an Einbildungskraft erlaubt ein sachliches Erwägen ohne verzögerndes Entsetzen vor den Folgen, er kann das Leben von Leuten nicht so wichtig finden, nicht ausschlaggebend, er selber hat kaum noch Leben zu verlieren und eignet sich immer mehr als Staatsoberhaupt. (Gerontokratie.)

[83.01] Die Altersweisheit von Hindenburg: Hitler –

Die Gerontologie verfügt über eine Menge von Befunden, die nicht veröffentlicht werden, weil dies zur Entmündigung von Staatsoberhäuptern aufrufen würde. Sie beschränkt sich darauf, Verständnis für machtlose Väterchen und Mütterchen zu stiften, Ruhestand-Probleme zu Psychologisieren, das Problem an die Stadtplaner weiterzuleiten, Statistik sprechen zu lassen usw., Ueberalterung als humanitäres Problem, nicht als politisches. Die Gerontologie versteht sich nicht als revolutionäre Lehre.

P. S.

Greise als Staatsoberhäupter stehen unter dem Alter-Tabu; wissen die Untertanen aus eigner Erfahrung, was Altern mit sich bringt, so beziehen sie dieses sichere Wissen nie auf die Staatsoberhäupter.

Im Gegensatz zum Arbeiter, dessen einziges Vermögen, seine Arbeitskraft, aus physiologischen Gründen schwindet; im Gegensatz zum Intellektuellen, der die Regression umso früher wahrnimmt, je intelligenter er ist; im Gegensatz zum Künstler, der zu erkennen hat, dass jedes kreative Vermögen offenbar mit Hormonen zu tun hat, fürchtet sich der Politiker am wenigsten vor dem Altern; vermutlich liegt es im Wesen der politischen Macht, dass er, ohne kreativ zu sein, noch die grösste Wirkung haben kann. [84.05]

——— «

(Ms. H. 3, S. 74-84)]

GRÜN

85: Zitate aus ZIVILVERTEIDIGUNG

Gewiss, die Zitate sind fürchterlich bloss-stellend. Nur, das westdeutsche Feuilleton hat alle Interessierten bereits informiert. Ich verstehe, dass Sie diese Geisteshaltung der eigenen Nation noch auf

lange Zeit vorhalten wollen. Gleichzeitig belasten Sie das Buch mit funktionstotem Material.
Überdies ist es sehr lang. Wenn Sie sich nicht zu einem Verzicht darauf entschliessen können, würde ich Sie bitten, eine radikale Kürzung zu erwägen.

[Zitate bleiben ungekürzt, vgl. WA, Bd. 6, S. 250-256.]

GELB

97: Japan, November 1969

Warum steht ein Reisebericht aus Japan auf gelbem Papier, einer aus der U.d.S.S.R. auf weissem?
98.06 zum Einschlafen: gewiss, Sie sind eingeschlafen. Ob aber nun jeder einschläft bei Striptease in japanischer Provinz?
100.02 sodass: so dass?
07 Was hat Abé aber nun geäussert?
104.09 Ginge es ohne das 1.persönliche Pronomen?

[Die Einwände werden aufgegriffen, der Text wird leicht überarbeitet ins »Tagebuch« übernommen; vgl. WA, Bd. 6, S. 246-250.]

ROT

105: Handbuch für Mitglieder

[Der von Max Frisch gestrichene Text lautete:
»HANDBUCH FÜR MITGLIEDER
(Vorwort)
Die Literatur, die über das Altern Auskunft gibt, ist klein. Selbst hervorragende Literatur-Kenner werden auf meine Anfrage hin verlegen, was allerdings auch persönliche Gründe haben kann. Ueber das Altern zu sprechen gilt als peinlich. Aber auch Literatur-Kenner, die jünger sind als der Verfasser dieses Handbuchs, zeigen sich verlegen, wenn auch nicht betroffen; sie vermissen keine Literatur über das Altern. Was sie zu erwähnen wissen, wenn man auf dem Stichwort beharrt, geht an der Frage vorbei; ich frage nicht nach Greisen, wie sie in Komödien oder Romanen auftreten. Davon gibt es genug. Sie sind, je nach Autor, weise oder komisch oder bösartig, bestenfalls rührend; jedenfalls sind sie von aussen gesehen. Dass sie alt sind, bleibt ihre Sache. Wenn sie alt sind, uralt-verrunzelt-schlohweiss-gebückt sind sie noch

am besten zu gebrauchen: in der Literatur. Dann besetzen sie ein klassisches Fach. Sie eignen sich besonders als Chor-Führer, als Priester, als Seher usw., allenfalls auch als Haus-Gespenst oder als besonders erbarmungswürdige Geisel. Wie sie aber zu ihrem Alter gekommen sind und wie sie es selbst erfahren, das erfahren wir kaum. Lear ist Lear; er verhält sich als Greis, wie ein Krokodil sich als Krokodil verhält, nämlich unbegreiflich. Wir erfahren aus der Literatur, wie ein Kind sich erlebt, ein Neger, eine Frau, ein Verurteilter vor der Hinrichtung usw., aber nicht oder kaum, wie ein Alter sich erlebt. Das Alter, so könnte man meinen, interessiert uns mehr als die Kindheit, die uns nicht bevorsteht. Aber so ist es nicht; das Alter interessiert uns nicht, gerade weil es uns bevorsteht. Offenbar kann das Alter sich selbst nicht mehr darstellen. Bevor einer es erfährt, hat er diesbezüglich nichts zu melden (es drängt ihn auch gar nicht zu Mutmassungen), und wenn er's erfahren hat, so fehlt ihm dazu schon die Kraft – oder er begreift, warum keine Literatur über das Alter entsteht; sie kann nur kokett sein. Wer das Altern darstellt, gibt immer zu verstehen, dass er, eben indem er es wagt, noch kein Greis sei. Diese Koketterie kennzeichnet seine Senilität und verhindert zugleich, dass er ein Gewährsmann ist. Das Alter ist Hoffnungslosigkeit, und wer schreibt, hat immer noch Hoffnung – – – – – –

———— «

(Ms. »Tagebuch II, Version 1970«, o. S.)]

Gelb

107: <u>Zürich, Dezember 1969</u>

107.26 Einfach um das Vergnügen verlängert zu bekommen, wünschte ich mir noch eine Über-Pointe: ob die Zigarre besser geschmeckt hat, anders; dergleichen.

[Der Text wird – ohne eine »Über-Pointe« – übernommen, allerdings um den letzten Absatz »Was hat die Linke in diesem Jahr versäumt?« erweitert; vgl. WA, Bd. 6, S. 261.]

Weiss

108: <u>Vereinigung Freitod (Schluss)</u>

Freitod einer Vereinigung.

[Der Text wird unverändert übernommen, allerdings umgestellt und Ende 1971 eingefügt; vgl. WA, Bd. 6, S. 402-403.]

GRÜN

110: Schauspielhaus Zürich

d. s. p.

[Der Text, eine Rede zur Kontroverse um das Schauspielhaus, wurde – wie von Uwe Johnson vorgeschlagen – gestrichen. Jener Text, der ihm vorlag, wurde unter dem Titel »Rede zum Zürcher Debakel« in die Werkausgabe übernommen; vgl. WA, Bd. 6, S. 500-502.]

GELB

114: Berzona, Neujahr 1970

d. s. p.

[Der von Max Frisch gestrichene Text lautete:
»BERZONA, NEUJAHR 1970
Sonne, aber eingeschneit. Wir können nicht ins Tal hinunter. (Grass hat gross gekocht.) Wir machen zwei Schneemänner, KUNST DER SECHZIGER JAHRE. Es schneit wieder. Ich schaufle und schaufle, ich sollte nach Zürich, aber wir können nicht. Also muss man nicht. Infolgedessen erledige ich auch keine Post; man muss überhaupt nichts. Es schneit weiter. Ich bin gespannt, wie lange man nichts muss.« (Ms. H. 3, S. 114)]

WEISS

115: Memoiren

d. s. p.

[Die Skizze zu »Memoiren« über die gelähmte Frau Haller, die im gleichen Mietshaus wie das frisch vermählte Ehepaar wohnte, wurde nicht ins »Tagebuch« übernommen:[56]
»MEMOIREN
Wir hatten eben geheiratet und eine kleine Wohnung bezogen, es kümmerte mich nicht, wer sonst noch in diesem Mietshaus wohnte; schon in den ersten Wochen erfuhr ich trotzdem, dass im ersten Stockwerk, also über uns, eine noch junge Frau wohnte, die am ganzen Körper gelähmt sei, eine Frau Haller, die man infolgedessen nie im Treppenhaus zu sehen bekam. Hingegen traf ich im Treppenhaus gelegentlich ein älteres Fräulein, das die Gelähmte betreute; sie hiess Eichelberg oder Eichelberger

56 Später hat Max Frisch diese Passage in überarbeiteter Form der Erzählung *Montauk* eingefügt. Vgl. WA, Bd. 6, S. 665-669.

und man begrüsste sich am Briefkasten, wobei mir jedesmal ihr etwas seltsames Lächeln auffiel. Zum Glück, und das zu wissen genügte mir, gab es keine Kinder im Haus, somit Ruhe. Sie hörte viel Radio, die Gelähmte, nicht nur Musik, die mich weniger störte, auch Hörspiele und Vorträge; aber tagsüber war es still. Ihre Stimme hörten wir nie. Wie wir durch eine gemeinsame Waschfrau erfuhren, konnte sie ihr Bett schon seit Jahren nicht mehr verlassen und werde es auch nie wieder verlassen können, diese Frau Haller über uns. Ihre Wohnung war vermutlich genau wie die unsrige, nur ohne Garten, dafür mit Balkon; der Grundriss derselbe, Wand auf Wand, nur anders eingerichtet. Ich sah es durch die offene Wohnungstür, wenn ich, was mehr als einmal vorkam, hinaufgehen und Fräulein Eichelberg um etwas bitten musste, um Salz oder um einen Büchsenöffner oder was immer uns gerade fehlte; ich wartete im Treppenhaus, sah die Diele und durch eine offene Tür in das Zimmer, wo die Gelähmte lag; sie selbst sah ich nicht, bloss einen Schrank, dazu die Ecke eines Teppichs. Ihr Bett, das sie zeitlebens nicht verlassen konnte, stand genau über unserem Esstisch. Ich hätte ja unseren Esstisch verschieben können, tat es aber nie; sowie ich wieder in unsrer Wohnung war, vergass ich diese Frau Haller. Einmal wurde es peinlich. Ich musste um eine elektrische Sicherung bitten, das kam öfter vor; ohne den Vorrat an elektrischen Sicherungen, der bei Fräulein Eichelberger so sicher zu erwarten war wie ihr seltsames Lächeln, hätten wir viele Abende unsrer jungen Ehe im Finstern verbracht. Man bat mich einzutreten. Ich verstand: Frau Haller, die schon ein Jahr lang meine Stimme kannte, wünschte mich einmal zu sehen. Ich hatte sofort ein steifes Nein gesagt, noch bevor ich irgendeine Ausrede wusste; dann sagte ich, dass wir gerade Besuch hätten. Gern ein andermal! Es wären fünf oder sechs Schritte gewesen. Gern ein andermal! sagte ich und bedankte mich für die Sicherungen, meiner Frau hingegen versicherte ich, dass sie in Zukunft, wenn sie ihre Einkäufe versäumt, selbst hinaufgehen könnte, ich hätte es satt. Ich ging auch nie wieder hinauf. In jener Zeit bekamen wir unser erstes Kind; ich war entschlossen, sofort eine andere Wohnung zu nehmen, in Anbetracht des Kindes, eine grössere, fand aber keine, und wir blieben. Es dauerte nochmals fast ein Jahr, bis ich wusste, wer Therese Haller ist. Seit meiner Weigerung war es meine Frau, die jedesmal hinaufging, wenn im Haushalt etwas fehlte, Fräulein

Eichelberger war auch zu ihr sehr liebenswürdig, und so war es unvermeidlich, dass meine Frau und diese Eichelberger, die manchmal unser Kind hütete, sich anfreundeten, ferner, dass meine Frau früher oder später auch in die obere Wohnung gebeten wurde und nicht Nein sagte und endlich die Gelähmte kennenlernte. Ihre Krankheit, so hörte ich neuerdings, war unheilbar; sie konnte nicht einmal ihre Hände bewegen, nur noch den Kopf; ihre Lähmung war die Folge einer Geburt. All dies erfuhr ich jetzt durch meine Frau, während wir zu Tisch sassen, meine Frau und ich und unsere Kleine in ihrem Kinderthron, und während die Kleine sabberte, beiläufig auch dies, dass die Unheilbare, die Tag für Tag über unserm Tisch lag, ihrerseits von allem Anfang an wusste, wer ich bin. Nämlich wir seien zusammen in die Volksschule gegangen. Therese Haller-Mock, seit Jahren hatte ich täglich diesen Namen auf ihrem Briefkasten gesehen, ohne jemals ihren Mädchennamen auszuklammern: Thesy Mock. Wir waren nicht nur zusammen in die Volksschule gegangen, sondern Thesy war sozusagen meine erste Liebe gewesen. Blond, ein dralles Mädchen mit Zöpfen, die wir verspotteten, um dran zerren zu können. Dass sie, die Unheilbare da oben, meine erste Liebe gewesen war, wusste sie wahrscheinlich nicht; meine Liebe damals hatte sich über das Zopfzerren hinaus kaum mitzuteilen gewagt, und Thesy konnte schliesslich nicht wissen, dass ich zusammen mit einem Freund, der sie ebenfalls liebte, aber durch das Los feierlich ausgeschieden war, in der Bratpfanne tagelang Eheringe aus Blei gegossen hatte. Nur selten gelang es damals, allein mit der Geliebten zu sein, so allein, dass ich nichts zu sagen wusste. Beim Giessen der bleiernen Eheringe, womit ich die Bratpfanne meiner Mutter vergiftete, war ich seliger, obschon das Blei beim Erkalten jedesmal seinen silbernen Glanz verlor und einen schwärzlichen Schorf bekam, den man ablösen konnte, aber dann war es auch inwendig schon wieder grau und matt. Ganze Sonntage vergingen damals mit dieser Ehegiesserei, von der Thesy natürlich nichts wusste, wenn sie am Montag wieder in der Schule erschien mit ihren dummen Zöpfen. Einmal, auf einer Schulreise, küsste sie mich auf die Lippen, die Vierzehnjährige, aber sie küsste meinen Freund, obschon er durch das Los ausgeschieden war, ebenso... Das also war Thesy! – Ich sagte meiner Frau, dass ich gelegentlich hinaufgehen würde, um die Gelähmte zu besuchen, ich hatte es vor, es gehörte sich, ich hatte es wirklich vor. Wenn wir im Garten sassen und es war Sommer, Feierabendstille, konnte sie uns vermutlich hören; ihr Fenster stand offen. Ihr Leiden, so hörte ich, war schmerzlos. Die Nachbarkinder, wenn sie mit unserm Kind draussen im Garten spielten und lärmten, hielt ich stets zur Rücksicht an, indem ich Ihnen erklärte, in unserm Haus wohne eine sehr arme Frau. Die Kinder hatten sie gern; auch unser Kind, das öfters zu Frau Haller hinaufging, brachte ihr Schlüsselblumen, selbstgepflückte, oder Erdbeeren, die sie nicht selbständig essen konnte, man musste ihr Beere um Beere in den Munde schieben. So hörte ich immer wieder von Frau Haller, und als sie hörte, dass ich einen beruflichen Erfolg hatte, liess sie mich beglückwünschen. Ich gewöhnte mich an diese Art von Umgang. Eines Tages, als ich von der Arbeit nachhaus kam, stand unsere Wohnungstür offen, die Wohnung leer, draussen regnete es in Strömen, meine Frau konnte nicht im Garten sein, ich rief vergeblich. Vielleicht war sie oben; aber in der Küche, sah ich, stand eine leere Pfanne auf dem Herd, die Platte glühte, und erschrocken, wie ich plötzlich war, ging ich hinauf, wo Fräulein Eichelberg öffnete und mich beruhigte, meine Frau sei schon wieder bei Bewusstsein. Noch wusste ich nicht, was geschehen war, und als ich jetzt in die Wohnung trat, die ich seit Jahren gemieden hatte, machte ich mich auf alles gefasst, aber in diesem Augenblick nicht auf Frau Haller-Mock, die mit sehr langsamer Zunge erläuterte, meine Frau sei von einem Blitz durch den Herd getroffen worden, doch gehe es ihr schon wieder besser. Meine Frau lag in einem Sessel mit verstörtem Lächeln, bleich, aber wach. Sie erwartete damals unser zweites Kind. Ich stand zwischen meiner Frau und der Gelähmten, die in ihrem Bett lag, und Fräulein Eichelberg bat mich, Platz zu nehmen. Ich setzte mich nicht. Ich wollte keine Gemütlichkeit, sondern Tatsachen. Jetzt war es nur noch Angst, was meine Frau in den Sessel drückte, Angst um das Ungeborene. Auch ich dachte sofort daran. Draussen goss es noch immer, doch das eigentliche Gewitter hatte sich verzogen; die fernen Blitze erschreckten sie aber noch immer. Unser Bub sass auch da. Neuerdings zum Sitzen aufgefordert, nachdem ich den Bericht gehört hatte, fand ich's an der Zeit, Frau Haller-Mock zu begrüssen. Ich sagte: ›Thesy!‹ als wäre ich eben erst ins Zimmer getreten. Ihr Bett stand übrigens nicht so, wie ich jahrelang gemeint hatte, sondern im rechten

Winkel zu meiner Erwartung; das verwirrte mich jetzt und liess mich gerade in diesem Augenblick vergessen, was ich doch seit Jahren wusste: ich streckte ihr meine Hand zum Gruss, die sie nicht nehmen konnte, sie lächelte. Ihre Arme blieben neben dem Körper liegen, Arme einer Puppe. Uebrigens duzten wir einander nicht. Ich setzte mich nun so, dass sie den Kopf nicht drehen musste beim Sprechen. Frau Haller-Mock fand mich unverändert. Ihr Gesicht wirkte kindlich, und sie redete sehr langsam, dabei fröhlich, soweit es in Anbetracht meiner Frau, die noch immer vor Blitzen bangte, angemessen schien. Als hätte sie unsern Besuch erwartet, lag sie mit einer Halskette und mit einem Armband, tadellos gekämmt, übrigens ohne zu fragen, warum ich nie heraufgekommen sei. Unser Bub sass auf ihrem Bett. Als Fräulein Eichelberger sich anerbot, einen Tee zu machen, lehnte ich ab, fand es an der Zeit, meine Frau hinunterzuführen, obschon gerade sie die Geselligkeit, die sie ihren Schrecken vergessen liess, eigentlich genoss, und ich sagte wie schon einmal: Gern ein andermal! Ich bedankte mich natürlich für die Hilfe und alles. Wie ich mich verabschieden sollte, da Frau Haller ja ihre Hand nicht geben konnte, wusste ich nicht. Sollte ich ihre Hand trotzdem fassen? Sie war Thesy, kein Zweifel, sie war's. Ohne Zöpfe. Sogar den Namen meines damaligen Freundes wusste sie ohne Besinnen: Bondi hiess er, Emilio Bondi. Wir erwogen, was aus dem kleinen Bondi geworden sein mochte. Als ich endlich und plötzlich mich verabschiedete, sagte ich: Frau Haller. Das tönte wirklicher als Thesy, herzlicher, dabei fasste ich ihre reglose Hand, die neben dem Körper auf der Decke lag; sie schien es nicht zu spüren. Wir gingen, und alles blieb wie bisher. Ich vergass den Blitz. Erst in den Stunden vor der Geburt, ich war zugegen, kam plötzlich die Erinnerung daran, und ich hatte plötzlich eine irre Angst, das jetzt ein Unwesen geboren werde, lahm an allen Gliedern, unheilbar von Geburt an. Ich kam mir schuldig vor. Es war eine regnerische Nacht, doch ohne Gewitter. Meine Frau dachte auch daran, ich sah's, aber wir gaben es mit keiner Miene zu, ich hielt ihre schwitzende Hand, gefasst auf eine Totgeburt. Ich solle mich ins Wohnzimmer setzen und einen Schnaps trinken, meinte unser damaliger Arzt, man werde mich rufen. Meine Frau schrie stundenlang. Unser Arzt tat, als sei alles nur eine Frage der Hygiene, und schickte mich neuerdings aus dem Zimmer; meine Frau aber wollte, dass ich zugegen sei. Und ich blieb, bis das Kind kam, hilflos während der Geburt, die mich entsetzte. Es war aber ein gesundes Kind, ein Mädchen, ein gesundes und gewöhnliches Kind. Wir wohnten noch einige Jahre in jener Wohnung, aber Frau Haller-Mock habe ich nie wieder gesehen. Ich bin einfach nie wieder hinaufgegangen. Ich hatte es immer wieder einmal vor, versteht sich, vergass es aber immer wieder, und vielleicht liegt sie noch heute wie damals, ich weiss es nicht.

——— «

(Ms. H. 3, S. 115-122)]

GELB

123: Februar 1970

Erweitern, oder d. s. p.

[Der andere von Max Frisch auch gestrichene Text, auf den sich die Anmerkung »d. s. p.« bezieht, lautete:
»FEBRUAR 1970
Marc Rothko (66)[57] nimmt sich in New York das Leben.« (Ms. H. 3, S. 123)]

GRÜN

124: Justiz

d. s. p.

Nicht nur, weil Europa durch SPIEGEL, oder durch den vermittelt, dies über die Schweiz erfahren hat und nun weiss; auch weil das Opfer ein wenig die Würde des Protestes beeinträchtigt: das ist nicht unmenschlich gemeint, sondern bezieht sich auf rhetorische Wirkungen.

[Der nicht ins »Tagebuch« aufgenommene Text lautete:
»JUSTIZ
Er wird ausgebeutet: einerseits, indem man ihn als einen Sündenbock herrichtet, vor dessen wüstem Bild die eigene Wohlanstän-

57 Marc Rothko, amerikanischer Maler lettischer Herkunft, wurde 1903 in Dvinsk in Litauen geboren und starb am 25. 2. 1970 in New York. Bedeutender Vertreter des »Color Field Painting«, schuf mit den farbintensiven, spirituellen Bildern seiner Hauptphase »Ikonen« der abstrakten Kunst. Seit den fünfziger Jahren hatte Rothko alle gegenständlichen oder surrealistischen Elemente aus seinen Bildern verbannt. Die Kompositionen bestanden seitdem aus wenigen Farbfeldern, horizontal geordnet und von einem anderen ähnlichen Farbton unterlegt.

digkeit wie ein Christbaum strahlt; andererseits, indem man ihn buchstäblich ausbeutet. An Erich von Däniken, 34,[58] verdienen alle.

Die Staatsanwaltschaft Graubünden errang einen vollen Erfolg, indem sie vier Vorstrafen von Dänikens bekanntmachte und obendrein – nicht ohne List – die psychiatrischen Beurteilungen von Dänikens einführte, zu denen es im Zusammenhang mit seinen Vorstrafen gekommen war. Denn während sich die Paulusse eilends in Saulusse zurückverwandelten, hat sich tatsächlich bis heute niemand zu der Frage vorgewagt, ob nicht die rechtliche Stellung des Verdächtigen und Angeklagten im Strafverfahren der Schweiz unter gewissen Umständen höchst bedenklich ist.

Gelassen verharrt die Anklage im Däniken-Prozess, der am Montag vergangener Woche in Chur begann, in ihrer hinsichtlich der persönlichen Integrität ihrer Akteure von schnödem Verdacht befreiten und vom Gesetz genehmigten Haltung. Und auch das mit fünf Juristen besetzte Gericht demonstriert, indem es in verblüffender Öffentlichkeit verhandelt (es durfte während der Sitzung gefilmt werden), dass nichts geschieht, was den Gesetzen widerspräche. Nur: Was alles lassen diese Gesetze zu.

Sie liessen zu, dass der Psychiater im Auftrag des Untersuchungsrichters tätig wurde, der keine unabhängige Instanz, sondern der Staatsanwaltschaft untergeordnet ist. Die Fragen, zu denen sich der Psychiater zu äussern hatte, wurden ihm vom Untersuchungsrichter und der Staatsanwaltschaft aufgegeben. Als der Psychiater sein Gutachten erarbeitete, legte er die Schuldfeststellung der Anklage als zutreffend zugrunde – die erst vom Urteil als zutreffend oder unzutreffend befunden werden sollen.

Die Verteidigung von Dänikens hat gegen das Gutachten schon am ersten Tag protestiert und einen weiteren Gutachter beantragt. Das Gericht kommt ihr nur insofern entgegen, als es den bestrittenen Gutachter lädt, auf dass dieser sich zur gegen sein Gutachten vorgetragenen Kritik äussere und Fragen beant-

58 Frisch war weniger an den Thesen des selbsternannten »Götterforschers« Erich von Däniken interessiert als vielmehr an der eigentümlichen Umgangsform der Schweizer Justiz mit dem 1935 in Zofingen/Kanton Aarau geborenen außergewöhnlich erfolgreichen Schriftsteller, der es immer wieder verstand, sich medienwirksam in Szene zu setzen.

worte. Und so steht denn da der Herr Dr. med. Erich Weber, ›Spezialarzt‹ für Psychiatrie und Direktor der Psychiatrischen Klinik Beverin, ein grosser und derart gestandener Herr, dass er einem Wandgemälde von Hodler entsprungen scheint.

Der Herr Gutachter, der also von der Unterstellung aus tätig wurde, ›dass die Anklageschrift zutrifft‹, steigt tief in die Familiengeschichte der von Dänikens hinab. Auch der Vater des Angeklagten soll viele Versprechungen gemacht haben, ›die er nicht halten konnte‹. Auch die zweitälteste Schwester des Angeklagten ›führt ein sehr bewegtes Leben‹. Der Vater war in Sorge wegen erblicher Belastung. Ein Bruder des Angeklagten hat Konkurs gemacht. Herr Weber ist zu dem Ergebnis gelangt, dass von Däniken strafrechtlich voll verantwortlich ist. Warum muss er, weit über die Begründung dieser gutachterlichen Feststellung hinaus, in eine totale Abschilderung von Dänikens hineingeraten, die nichts anderes ist als eine verbale Hinrichtung? ›Wie es unser Explorand sehr schön zeigt...‹, sagt Herr Weber gelegentlich. In der Tat, wie schön.

Herr Weber liest aus einem Brief der Mutter des Angeklagten vor und offenbart auf diesem Wege, was die Anklage nicht einführen könnte, dass auch der Vater des Angeklagten einmal im Zuchthaus einsass. Herr Weber disputiert ausführlich, ob der Angeklagte homosexuell oder ›bisexuell‹ sei oder nach einer Hodenoperation in jedem Fall triebschwach. Herr Weber erwähnt, dass man nicht leichten Herzens über einen Menschen gutachtet. Man sieht die Last auf ihm und ist für ihn froh, wenn er, nach ausführlicher Erörterung, ob homo oder bi, denn doch daran erinnern kann, dass die sexuelle Seite relativ unbedeutend für die Beurteilung sei.

Wie gesagt: Ejaculatio praecox, Hodenatrophie, Mutterbindung, Onaniekatastrophe mit vierzehn und die Ehefrau als erstes Erlebnis: dies alles ist relativ unbedeutend – doch gesprochen werden muss davon. Der ›Explorand‹ hat nach seiner Inhaftierung Frau und Kind zum erstenmal im Dienstzimmer des Gutachters wiedergesehen. Und wenn dessen Anwesenheit auch ›hemmend‹ gewirkt haben mag, so konnte der Gutachter doch feststellen, dass von Däniken nur eine ›absolut oberflächliche Beziehung mit Frau und Kind‹ hat; Herr Weber kann eben die Hemmung abstrahieren, und danach bleibt die Oberflächlichkeit.

›Viele Gefühlchen, aber kein Gefühl‹, Unfähigkeit zu einer ›echten, tiefen Bindung‹, eine Psychopathie liegt also vor, doch keine, die strafrechtlich entlastend wäre, denn in alles, was der ›Explorand‹ getan hat, kann man sich durchaus einfühlen; warum dennoch ein derartiger gutachterlicher Aufwand nötig war, ist für Herrn Weber keine Frage, da sich von Däniken in seinen Augen ›zu einem Grossbetrüger entwickelt hat‹. Herr Weber will sich in der Sitzung eigentlich nicht zu den Erfolgsbüchern von Dänikens äussern, zitiert aber dann doch einen ›neutralen Kritiker‹: einen Verriss also.

Für Herrn Weber ist von Däniken ein Betrüger, der mit zwei Erfolgs-Büchern den Gipfel seiner betrügerischen Tätigkeit erklommen hat. Herr Weber hat als Psychiater nichts zu den Büchern und ihrem Erfolg zu sagen, doch er kann es sich einfach nicht versagen. ›Mit diesem Buchtitel ("Erinnerungen an die Zukunft") kann ich persönlich nichts anfangen‹, ironisiert Herr Weber, denn er ›kann in Gottes Namen die Zukunft nicht erinnern‹. Und in seinem schriftlichen Gutachten, das die Staatsanwaltschaft in der Schweiz in ihrer Anklageschrift zitieren darf, da ist Herr Weber ja auch schon massiv geworden: da ist vom ›Leser‹ die Rede, dem gegenüber es von Däniken nicht auf den Wahrheitsgehalt, sondern auf ›Verblüffung‹ durch ›Art und Weise der Formulierung‹ ankomme.

Herrn Webers Gutachten und sein Auftreten machen sichtbar, dass es wenigstens für ihn und die Anklage in der Sache von Däniken um mehr als die nach dem Strafgesetzbuch zulässigen Vorwürfe geht, ohne dass sie sich dessen bewusst wären. Herr Weber zitierte, in kokettem Widerstreben, aber eben denn doch, ›Jasmin‹ als Quelle für die Einstellung der Ehefrau von Dänikens zu ihrem Mann. Herr Weber bemerkte in Chur, was den Stil seines Gutachtens angehe, so müsse man Nachsicht üben: er verfüge nicht über einen Ghostwriter. Herr Weber spielte darauf an, dass von Dänikens Manuskripte vor der Drucklegung bearbeitet worden sind. Diese Anspielung aus dem Mund eines Gutachters war mehr als ungezogen.

In Chur indessen ist der Antrag auf Bestellung eines weiteren Gutachters abgelehnt worden. Das Strafverfahren der Schweiz beruht auf der Voraussetzung, dass alle Vorgänge, die der Hauptverhandlung vorangehen, mit vollkommener Objektivität abgewickelt werden. Erst in der Hauptverhandlung gilt die Staatsanwaltschaft als (von der Pflicht zur Objektivität nicht völlig entbundene) Prozesspartei. Gewiss, das klärt das äussere Bild der Sitzung, in der Anklage und Verteidigung links beziehungsweise rechts hinter dem Angeklagten dem Gericht gegenübersitzen. Doch praktisch ist dieses Bild ohne Bedeutung, nachdem die Staatsanwaltschaft bis zur Hauptverhandlung das Verfahren in einer unüberbietbaren Weise beherrscht hat.

Hinzu kommt, dass sich das Kantonsgericht in Chur darauf beschränken kann, verlesen zu lassen, was die Zeugen vor dem Untersuchungsrichter zu Protokoll gegeben haben und was der Angeklagte darauf erwiderte. Dabei entfällt dann für die Verteidigung die Möglichkeit, mit den Zeugen um ihre Aussage zu ringen und ihnen vielleicht Ergänzungen oder Korrekturen abzugewinnen, die für den Angeklagten günstig sind. Um diese Ergänzungen und Korrekturen musste der Untersuchungsrichter nicht bemüht sein, ohne dass er deswegen seine Pflicht verletzte.

Im Fall von Däniken beispielsweise hatte er lediglich zu fragen, ob die Zeugen von Däniken Kredite oder Zuwendungen eingeräumt hätten, wenn ihnen seine verworrene Finanzlage bekannt gewesen wäre. Die Antwort war stets, versteht sich, ›Nein‹. Damit konnte es für den Untersuchungsrichter sein Bewenden haben. Die Anklage im Fall von Däniken kam nach dem Gesetz zustande, doch ohne die Menschlichkeit, die das Gesetz nicht verbietet. Die Justiz hält es nun auch in Gestalt des Gerichts für erforderlich, vor Augen zu führen, wie bodenlos die Kritik an ihrem Vorgehen in der Sache von Däniken war. Das Gericht verhandelt bislang nahezu ausschliesslich auf der Basis der Protokolle des Untersuchungsrichters.

Da muss denn gesagt werden, dass der Angeklagte in einem Strafprozess vor dem Kantonsgericht in Graubünden in eine Lage geraten kann, in der er keine prozessliche Chance hat, sich affektiver Einflüsse zu erwehren, gegen die der Rechtsstaat andernorts sein Strafverfahren zu schützen versucht. Der Prozess gegen von Däniken findet in der Laube der selbstgerechten und obendrein gesetzlich sanktionierten Voraussetzungen statt, dass der Graubündner Charakter in seiner Uranständigkeit von sogenannten psychologischen Tatsachen nicht betroffen wird.

Von Däniken hat sich strafrechtlicher Verfolgung ausgeliefert. Bis zu dem Zeitpunkt, an dem ihn der Erfolg seiner Bücher in die Lage setzte, seine Verpflichtungen in Höhe von 400 000 Schweizer Franken (von Restposten abgesehen, die strittig sind) zu erledigen, hat er einen immer grösseren Tisch mit einem immer kleineren Tischtuch zu bedecken versucht. Doch schon das Ausmass seiner Schulden auf dem Höhepunkt verbietet die These vom ›Grossbetrüger‹, die der Psychiater Weber für angebracht hält. Schweizer Affären der jüngeren Vergangenheit sollten eine gewisse Gelassenheit gegenüber 400 000 Schweizer Franken zulassen.

Von Däniken hat geschwindelt und gelogen, als das Tischtuch immer kleiner wurde, auf die peinlichste Weise, ja schamlos. Ob seine Lügen allerdings unter dem Niveau liegen, auf dem in Geldnöten gelogen wird, kann man bezweifeln. Von Däniken hat Lotterie gespielt. Der Lotteriegewinn in Form von zwei Bestsellern entlastet ihn strafrechtlich nicht. Doch einer von den kapitalen Kriminellen wäre von Däniken auch dann nicht, wenn er schliesslich nicht hätte zahlen können.

Wichtig wäre die Beantwortung der Frage schon, warum gerade von Däniken derart ohne Netz um Geltung kämpfte. Die Antwort Psychopathie reicht jedenfalls nicht aus. Da müsste schon tiefer analysiert werden. Wer in von Dänikens Bucherfolgen nichts als den Gipfel des Betrugs sieht, der sollte einmal andere Erfolge dieser Zeit darauf untersuchen, wieweit sie auf der Produktion unstreitiger Werte beruhen.

Aus Balzacs Kampf um Geld, bei Stefan Zweig nachzulesen, einem Kampf, der keineswegs ohne Lug und Trug und obendrein mit tollen Selbsttäuschungen geführt wurde, entstand, mag man einwenden, immerhin die Comédie humaine. Doch dass derartige Kämpfe heute von geringeren Naturen geführt werden und zu nichts mehr als Spielwiesen für die Phantasie der Zeitgenossen führen: kann man es von Däniken vorwerfen? Er ist die Trivialausgabe eines Schicksals, das es einmal gab.

Er habe nicht betrügen wollen, beteuert er wieder und wieder. Doch die anhaltende Verlesung das ›Hätten Sie, wenn …‹ und die stereotype Antwort ›Nein, selbstverständlich nicht‹ walzt ihn nieder. Er habe keinen Sinn für Geld, beteuert er. Der Herr von Wehrenalp, Eigentümer des Econ Verlags und also Buchgeschäftsmann, der von Dänikens Bücher handelt, zahlt hartnäckig nicht mehr als sieben Prozent an den Autor und drei Prozent an den Bearbeiter, obwohl von Dänikens Auflagen in die Hunderttausende gestiegen sind. Das spricht wirklich dafür, dass von Däniken von Geld nichts versteht.

Es verdienen tatsächlich alle an ihm. Es ist nicht nötig, sie alle noch einmal aufzuführen. Gottfried Keller, ein anderer Schweizer, sprach bereits in ›Die drei gerechten Kammacher‹ von ihnen: ›Solche Gerechte werfen keine Laternen ein, aber sie zünden auch keine an und kein Licht geht von ihnen aus ...‹

Gerhard Mauz im SPIEGEL, 9. 2. 1970.

Das Urteil ist gefällt:

dreieinhalb Jahre Zuchthaus.«

(Ms. H. 3, S. 124-133)]

GELB

134: Zürich

134.02 Als Wunsch: In Konrad Farners grosser Wohnung hängt ...

134.13 Von hier an wäre ein Strich bis zum Schluss denkbar; wenn Sie nicht konkreter die Abhörtechniken der Schweizerischen Polizei vorführen wollten.

[Der von Max Frisch gestrichene Text lautete:
»ZÜRICH

Abend mit Konrad Farner, 66.[59] In seiner grossen Bibliothek

59 Konrad Farner, geb. 1903 in Luzern, gest. 1974 in Zürich, Kunsthistoriker und Essayist: Nach einem Studium der Kunstgeschichte und Geschichte in Frankfurt am Main (1922 bis 1924) und zehnjähriger Praxis als Antiquar, Kunstexperte und Ausstellungsgestalter schloß Farner ein weiteres Studium der Politologie, Geschichte, Literatur und Theologie (1936 bis 1941) in Basel mit einer theologischen Dissertation ab. Danach arbeitete er als Verlagslektor, Kunsthistoriker und polit. Essayist und Theoretiker zunächst in Liestal und seit 1950 bis zu seinem Tod in Thalwil bei Zürich. Farner, der bereits 1923 der Kommunistischen Partei der Schweiz beigetreten war, setzte sich in seinen Esssays und Reden mit der Ästhetik des Marxismus auseinander und galt in Ost und West gleichermaßen als einer der führenden kommunistischen Kunsttheoretiker. In der Zeit des »Kalten Krieges«, insbesondere nach dem Aufstand in Ungarn 1956, wurde Farner zur Zielscheibe des Antikommunismus in der Schweiz. Federführend in der publizistischen Aufwiegelung war der Journalist Ernst Bieri (vgl. S. 268, Anm. 12), der in der *Neuen Zürcher Zeitung* Adresse und Telefonnummer Farners veröffentlichte. Diese Entwicklung eskalierte 1956 im sog. Pogrom von Thalwil: Eine aufgebrachte Volksmenge versammelte sich um Farners Haus und bedrohte ihn und seine Familie massiv. Ende der sechziger Jahre wurde Farner, der 1969 aus der kommunistischen Partei austrat, zu einem der Wortführer für eine Annäherung zwischen Marxismus und Christentum. – Das Pogrom gegen Konrad Farner und seine Familie wurde von Walter Mathias Diggelmann in seinem Roman *Die Hinterlassenschaft* erzählerisch ausgestaltet. Aus politischen Gründen mußte der Roman 1965 in Deutschland (Piper Verlag) erscheinen.

hängt die Totenmaske von Brecht. Die zu schiefe Nase; ich kann ihn nur unter einem einzigen Gesichtswinkel wieder erkennen; vom Profil könnte man, einen Augenblick lang, auf Friedrich Schiller raten; dann wieder der Kardinal; sein irritierendes Lächeln im Tod, nicht Grinsen, ein scharfes Lächeln mit grosszügigem Spott ohne Adresse; die Augen geschlossen in seinen tiefen Augenhöhlen; auch als sie offen waren, lagen sie wie in einem Versteck hart unter der Stirn weit hinten. Aber wir sprechen nur kurz über den Toten. Die Bibliothek ist ungeheizt; wir stehen hier im Mantel. Unser Gespräch (über Goya usw.) würde die Bundespolizei langweilen –

Freitod von Adamov (–) in Paris[60]

——— «

(Ms. H. 3, S. 134)]

WEISS

135: <u>Lunch im Weissen Haus</u>

Es wird sich schon noch herausstellen, dass man Max Frisch zu manchen Leuten nicht mitnehmen darf. Der zeigt vor, was man ihm gezeigt hat.

135.18 small-talk: small talk?

136.19 Es ginge auch: Mrs. Nixon und Gatte auf einer Treppe ...

26 Onkel Tom: Onkel Toms?

137.16 lautes Gelächter: ginge das noch genauer auszudrücken, als Haltung zum Beispiel, oder verständnisloses Gelächter?

19 und ohne weiteres: entbehrlich

139.08 hot-dog: hot dog? So auch Zeile 17? und 31?

09 eine Foto?

28 Weiss-Haus-Kellner? Das wäre anders besser.

141.21 in jeder Lebenslage: ein konkreterer Ausdruck statt dieses im Slang verbrauchten würde unseren Verleger noch genauer und liebenswürdiger necken.

144.14 Vielleicht ist die Vertreibung seiner Familie aus Deutschland, eine Jugend in den U.S.A. aber auch eine Entschuldi-

60 Arthur Adamov, französischer Theaterautor russischer Herkunft, wurde 1908 in Kislowodosk, Kaukasus, geboren und starb am 15. 3. 1970 in Paris. Verfasser avantgardistischer Theaterstücke.

gung, oder Erklärung. Und nicht nur in Texas sprechen die Leute Englisch. Aus meiner Erfahrung weiss ich, dass dieser Kriegsverbrecher tatsächlich sich in der deutschen Sprache nicht wohl fühlt.

146.18 Vielleicht kam das auch aus dem Wunsch, mit diesem Haus nicht allzu intim zu werden?

147.12 Ohne Erläuterungen sieht die Geste etwas ehrfurchtsvoll aus; könnten Sie nicht hinzufügen: perplex, oder dergleichen?

21 in: im?

148.12 Vielleicht wäre es doch gut, hier das Wort »Universität« einzufügen.

24 neadless: needless

27 So sehr es stört, hier wäre eine Übersetzung zu brauchen

149.22 leftwing publisher: die Schreibweise müsste nach Ihrer Entscheidung auf Seite 139 gehen.

155.07 um sie zu bewältigen: oder um an ihnen zu wachsen, etc.

[Die 4., 5., 14. und die letzte, die 18., Anmerkung werden von Max Frisch berücksichtigt , die offensichtlichen Schreibfehler korrigiert. So bearbeitet wird der Text ins »Tagebuch« übernommen. Der Satz auf Manuskriptseite 155.07 lautete ursprünglich:

»[...] ich bin froh, dass Siegfried Unseld jetzt von seinem Verlag berichtet. Jede Firma hat ihre Probleme, um sie zu bewältigen.« In der Druckfassung heißt es dann lakonisch:

»Jede Firma hat ihre Probleme.« Vgl. WA, Bd. 6, S. 271-284; Zitat S. 284.]

Gelb

157: Ohne Titel

Erweitern, oder d. s. p.

[Die von Max Frisch nicht übernommene Textstelle lautete: »Freitod von Paul Celan (49). Gefunden in der Seine am 1. 5.[61]« (Ms. H 3. S. 152)]

61 Paul Celan, eigentlich Paul Antschel, Lyriker und Übersetzer (bspw. Alexander Block, Ossip Mandelstam, Arthur Rimbaud), 1920 in Tschernowitz, Bukowina, als Sohn deutschsprachiger jüdischer Eltern geboren, starb Ende April

WEISS

2: Vom Schreiben in Ich-Form

3.06 vielleicht weil Schreiben ein Akt der Erinnerung ist, also auch einer des Zurücksteigens in eine Vergangenheit, die wie Gegenwart empfunden wird.

5.09 oder: als?

[Der Text wird ins »Tagebuch« übernommen; vgl. WA, Bd. 6, S. 286-289.]

GELB

6: Zürich, 8.6. 1970

6.02 Den folgenden Sachverhalt hätte ich lieber von Ihnen aus dargestellt, denn als Zeitungsbericht. Vor wenigen Wochen wurde Ihnen in einer westdeutschen Fernsehsendung der Ausspruch nachgesagt: »Wir erwarteten Arbeitskräfte; aber es kamen Menschen«.[62] Ist das schon anderswo gedruckt? kann man es hier verwenden?

6.12 Diese Bemerkung, eine reine Erfolgsmeldung, wünschte ich mir gestrichen.

[Der von Max Frisch nicht übernommene Text lautete
»ZÜRICH, 8. 6. 1970
Die sogenannte Schwarzenbach-Initiative gegen Ueberfremdung ist knapp verworfen worden. Nein: 654 535, Ja: 577 714. Angenommen haben die Innerschweizer und Bern. Ich habe vom Stimmrecht keinen Gebrauch gemacht; die Nein-Argumentationen waren nicht weniger faschistisch, nur weniger kleinbürgerlich: ein unverblümtes Bekenntnis zur Schweiz als

1970 durch Selbstmord in Paris. Dort lebte er seit Juli 1948 als Sprachlehrer, später als Dozent an der Ecole Normale Supérieure. Auf dem Weg von Tschernowitz nach Paris lernte er 1947 in Wien die einundzwanzigjährige Ingeborg Bachmann kennen. Beide schätzten einander sehr.

62 »Ein kleines Herrenvolk sieht sich in Gefahr: man hat Arbeitskräfte gerufen, und es kommen Menschen.« Das Zitat findet sich im 1965 geschriebenen Vorwort Max Frischs zu dem Buch *Siamo italiani, Gespräche mit italienischen Gastarbeitern, aufgenommen von Alexander J. Seiler* und wird hier zitiert nach *Überfremdung I* in: WA, Bd. 5, S. 374.

Herrenvölklein in der Konjunktur durch Ausbeutung von Fremdarbeitern ohne politische Rechte.

———

Friedrich Dürrenmatt (wir haben uns seit einem Jahr nicht mehr gesprochen) wird Künstlerischer Berater und Verwaltungsrat beim Zürcher Schauspielhaus.[63]

———

Uebrigens sind inzwischen (fast hätte ich's übersehen) doch zwei Polizisten, die sich bei den Zürcher Unruhen 1968 als Schläger hervorgetan haben, nicht entlassen worden, aber bedingt bestraft... Die Jugend ist wieder sehr still, wenn auch nicht brav: sie nimmt Hasch, aber still.

———

Dienstverweigerer vor Gericht; noch immer gilt nur das religiöse Gewissen, kein anderes. Einer fragt an, ob ich ihn vor dem Militär-Gericht verteidige – ich könnte ihm nur schaden.

——— «

(Ms. »Tagebuch, Version 1970« o. S.)]

GELB

7: 2.7.1970

Die erste Notiz wünschte ich mir gestrichen, die zweite breit ausgeführt.

[Der von Max Frisch nicht übernommene Text lautete:

»2.7.1970

Rückzug der US-Truppen aus Kambodscha. ›Erfolgreichste amerikanische Kriegs-Operation seit Beginn des Krieges in Vietnam‹, sagt Präsident Nixon. Hauptquartier in Saigon gibt bekannt: 11 341 feindliche Soldaten getötet, 2018 gefangen genommen; 339 amerikanische Soldaten getötet, 1509 verwundet (Gefangene?); 886 südvietnamesische Soldaten getötet, 3714

63 Friedrich Dürrenmatt hatte zu Beginn der Spielzeit 1969/70 seinen Rücktritt als Kodirektor der Basler Theater erklärt und wurde nach der Rückkehr von einer Reise in die USA Mitglied des Verwaltungsrates der Neuen Schauspiel A. G. Zürich. Dort inszenierte er als erstes eine Bearbeitung von Goethes *Urfaust*.

verwundet (Gefangene?). Keine Angaben über Verluste der kambodschanischen Bevölkerung. Laut amerikanischen Berichten: der Vietcong hat jetzt jede grössere Stadt in Ost-Kambodscha besetzt, neue Aufmarschgebiete und neue Nachschubwege, neue Stützpunkte, er beherrscht alle Zufahrtsstrassen nach der Hauptstadt Pnom Penh. Die derzeitige Kambodscha-Regierung verurteilt den früheren Staatschef Sihanouk, der sich in Peking befindet, zum Tode und ersucht die USA um militärische Hilfe, die durch Invasion schon da ist. ›Es gibt keine militärische Lösung‹, erklärt Präsident Nixon.

›Der Autor hat als Agent der Massen zu arbeiten. Gänzlich verschwinden kann er erst dann in ihnen, wenn sie selbst zu Autoren, den Autoren der Geschichte geworden sind‹. (Hans Magnus Enzensberger 1970)[64] Die Meldung also, die Literatur sei tot, hat sich als voreilig erwiesen –

[Max Frisch ergänzt auf einem eingelegten Blatt:]
Wenn Literatur (Kunst überhaupt) sich darauf einlässt, dass sie ihre Existenz rechtfertigen muss, hat sie verspielt; ihr Beitrag ist die Irritation, dass es sie trotzdem gibt.«
(Ms. H. 4, S. 7)][65]

Rot

8: Handbuch für Mitglieder

8.19 Soweit Thomas Mann seine Besorgnis aussprach, war sie allerdings anderen Ursprungs.

64 Max Frisch zitiert hier aus Hans Magnus Enzensbergers Essay *Baukasten zu einer Theorie der Medien*, der im März 1970 im *Kursbuch 20* erschienen war. Das Zitat findet sich auf Seite 186.

65 Diesen Satz hat Max Frisch seiner handschriftlichen Notiz in dem von der Akademie der Künste herausgegebenen Katalog *Akademie der Künste 1960–1970*, Berlin 1970 zugrunde gelegt. Dort heißt es:
»Wenn die Literatur sich darauf einlässt, dass sie ihre Existenz rechtfertigen müsse, hat sie schon ausgespielt. Ihr gesellschaftlicher Beitrag: die Irritation, dass es sie trotzdem gibt.

Jeder deutsche Kritiker von Anstand tut jetzt, als verdurste er auf der Strecke, wenn man ihm nicht auf Schritt und Tritt die gesellschaftliche Relevanz an die Lippen reicht –«

11.20 Eine provokative Absicht beiseite nehmen Sie nicht an?
12.14 Und was hat Benn selbst sich als Rechtfertigung solchen Verhaltens eingebildet?
15.21 Nachahmer: warum nicht: Schüler?
18.06 Dies muss ausgearbeitet werden.

[Der Text wird gänzlich überarbeitet und ins Tagebuch übernommen; vgl. WA, Bd. 6, S. 293-297.
Die Uwe Johnson vorliegende Fassung lautete:
»HANDBUCH FÜR MITGLIEDER
(Zu: Senilität und Kunst.)
Der Aberglaube, dass hohes Alter sogar ein Gewinn sein könne (›geistig‹), beruft sich mit Vorliebe auf Künstler, Schriftsteller, Philosophen usw., allerdings immer nur auf die berühmten. Die Präsenz oder gar Virulenz ihres Werkes im öffentlichen Bewusstsein verführt uns dazu, die Person zu verwechseln mit ihrem Ruhm, der langsamer altert.
P.S.
Unterschied zwischen Ruhm und Erfolg; auch Erfolg gelangt ins öffentliche Bewusstsein, aber er altert rascher als die Person.

Angst des Künstlers vor dem Alter: dass er nicht mehr kreativ sein wird, und einen Beruf, eine Existenz, wo dies keine Rolle spielt, hat er meistens nicht gelernt.

Thomas Mann, so heisst es, hatte bei Veröffentlichung seines FELIX KRULL einige Angst. Zu Recht; dass man gezeichnet ist, lässt sich hinter keiner Ironie verstecken.

Der Vor-Gezeichnete, selbst wenn seine Malerei oder Schriftstellerei noch nicht überholt ist, erkennt sich an der Angst, dass jedenfalls er selbst sie nicht überholen wird.

Es tröstet den Vor-Gezeichneten, wenn er bei einer Retrospektive feststellt, dass ihm früher weniger gelungen ist; sein Misslingen in früheren Jahren amüsiert ihn fast, jedenfalls bedrückt es ihn nicht, im Gegenteil: Es lohnt sich somit, älter zu werden. Gelingen als Entschädigung dafür, dass ihm bereits Zähne und Haare ausfallen.

Exposition eines Lebenswerks in drei Sälen … Wir gehen rascher von Bild zu Bild, je älter der Maler wird; sein Können nimmt überhand, unsere Neugierde lässt nach, auch wenn wir's nicht zugeben, wir loben nur immer rascher. Dies schon im zweiten Saal. Hier versucht er uns zu überraschen, und es gelingt ihm auch beinahe; nur hat man den Eindruck, dass er selbst kaum noch überrascht ist. Als wir durch den letzten Saal gehen, steht der Maler persönlich da; wir sind in der Tat überrascht: dass er noch lebt. Kein Greis. Er unterhält sich munter.

Es gibt Alterswerke, die mehr sind als nur eine Verlängerung in die Perfektion, nämlich kreativ. (Matisse.) Sie sind selten.

Der Verfasser dieses Handbuches hat persönlich nie das Glück gehabt, einem Greis zu begegnen, dem man in Verehrung seines Werkes nicht wünschen möchte, dass er jetzt die Hände davon lässt.
P. S.
Das gilt nicht für Interpreten, Kritiker usw.

Brecht starb als Vor-Gezeichneter.

Wie seine Nächsten mit Igor Strawinsky umgehen, habe ich nur von andern gehört, die zugegen waren: es tönt unglaublich, und doch glaubt man es sofort. Warum? Ruhm schützt die Person nur auf Distanz.

Ibsen als Greis. Einmal in einer Auseinandersetzung mit einem Schauspieler weiss er nicht mehr, welches Alter seine Figur hat;

er muss zuhause in seinen Notizen nachsehen und dem Schauspieler dann rechtgeben. Ein andermal verlässt er seine Aufführung in der Pause nicht aus Protest, sondern weil er meint, das Stück sei fertig; er lobt sogar die Aufführung, aber er kann sich nicht vorstellen, dass dem Autor noch eine zweite Hälfte einfällt. Er lässt sich nochmals in seine Loge zurückführen.

Der greise Tolstoi: aber er bestand sein Alter nicht als Schriftsteller, sondern als Moralist. (Engagement.)

Hans Arp,[66] als er bei General de Gaulle empfangen wird, bleibt stehen, kurz bevor es zum Händedrücken reicht, und erkundigt sich bei seiner Gefährtin: Wie heisst er schon wieder? Zur gleichen Zeit machte er noch grosse Kunst. (Aber das ist nicht die Regel.)

Der Vor-Gezeichnete glaubt noch hin und wieder, dass er eines Tages aus seiner Kunst einfach austreten wird – wie der junge Rimbaud; aber schon dazu reicht die Kraft nicht mehr.

Das Bedürfnis zu lehren, Schüler zu haben, ein Institut zu leiten, Preisrichter zu werden usw. kann nicht unbedingt als Symptom der Senilität gewertet werden.

Gottfried Benn bei einer öffentlichen Diskussion in Berlin: er liest einen äusserst klugen Text, spricht nachher aber kein Wort mehr, sitzt anderthalb Stunden am öffentlichen Tisch, als sei er taub, die Büste dessen, den er zitiert hat ...

---

66 Hans Arp, geb. 1887 in Straßburg, gest. 1966 in Basel, deutsch-französischer Bildhauer, Objektkünstler, Maler, Grafiker und Schriftsteller, war einer der Initiatoren und Wortführer des Dadaismus, nahm später auch an den Aktivitäten der Surrealisten teil; er zählt zu den Verfechtern der Konkreten Kunst und gilt als Vorläufer und Anreger der Objektkunst.

Es gibt berühmte Greise, die alles, was ihnen früher gelungen ist, als Mist bezeichnen (Ezra Pound), und es gibt andere, die vor sich selbst kapitulieren wie vor einem Klassiker; das letztere Verhalten ist auch schon bei Vor-Gezeichneten zu finden.

Man kann die Vorbilder, die uns geprägt haben, eines Tages absetzen von ihrem Sockel. Das geschieht fast unweigerlich. Schon der Vor-Gezeichnete aber kann sich dafür keine anderen Vorbilder mehr eintauschen, auch wenn er eines Tages begreift, dass sie förderlicher für ihn gewesen wären; er kann sie bewundern, aber sie prägen ihn nicht mehr – er ist schon geprägt.
P. S.
Versucht er noch einmal sich prägen zu lassen, so bleibt es beim Plagiat.

Der Vor-Gezeichnete erklärt sich seine Kunst-Krisen gerne damit, dass er mit den Jahren und auch mit dem Erfolg selbstkritischer geworden sei. Das stimmt nicht unbedingt; der Trieb, irgendetwas zu erzeugen, ist schwächer geworden als sein kritischer Verstand, der sich gleichgeblieben ist, der erst beim Gezeichneten ebenfalls abnimmt.

Die meisten enden als ihre Epigonen.

Die schönsten Innenräume der modernen Architektur (Philharmonie Berlin, Ronchamp) sind von alten Männern erbaut worden.

Die Regel: der Freund, der uns sein Atelier zeigt und nicht merkt, dass er alles, was er mit Begeisterung vorhat, schon vor Jahrzehnten gemacht hat; er vibriert vor Kopier-Sucht, die er für Schaffensdrang hält, Schaffensdrang wie noch nie – er fühlt sich gar nicht alt, überhaupt nicht, keine Spur, im Gegenteil; er führt uns unentwegt sein Temperament vor, seine Vitalität, seine Fresslust usw.

Schon der Vor-Gezeichnete kann sich darauf ertappen, dass ihm sein Gelingen verleidet ist; er weiss jetzt bei seiner Arbeit immer rascher, was nicht gelingen kann, und verirrt sich kürzer. Insofern arbeitet er effektiver. (Epoche der raschen Produktivität.) Aber früher, im Anfang, fühlte er sich freier; im Misslingen war mehr Hoffnung.

Der Gezeichnete erkennt sich an Ruhmsüchtigkeit, die sich von seinem früheren Ehrgeiz unterscheidet: sie ist empfindlicher als der Ehrgeiz, der noch mit unsrer Erwartung hat rechnen dürfen.

Je erotischer der Impuls, Kunst zu machen, umso früher zeigt sich das Altern bei einem Künstler. Intellekt altert langsamer als Sensualität. Indem der Intellekt aber mehr und mehr seine Arbeit dominiert, kann es sich zeigen, dass er nie ausgereicht hat.

Der Maler, der im hohen Alter zu seinem verdienten Erfolg kommt, also zu Ehren, zu Geld, zu Freunden wie nie zuvor – trotzdem spricht er bitterer als früher, als er mit Grund sich beklagen konnte; sein Erfolg bringt ihn in Lebenslagen, wo man jünger sein müsste …

Der Gezeichnete arbeitet langsamer, denkt aber auch langsamer, sodass er's nicht bemerkt; er stellt nur fest: die Tage werden kürzer.

Wenn einer erkennt, dass er keinen Nachahmer mehr hat, nur noch Erfolg –

Der Vor-Gezeichnete erkennt sich daran, dass ihm die Art, wie jetzt Kunst gemacht wird, bereits verwundert. Er hat die Wahl: er versucht sich auch in der Art, wie jetzt Kunst gemacht wird, und endet als Epigone – oder er bleibt bei seiner Originalität, die zeigt, dass er ein alter Mann geworden ist.

Dilettanten altern unauffälliger.

Warum altern Philosophen am besten?

Verlangen nach Erkenntnis hält sich länger als die Lust am Erzählen, Darstellen, Machen, Spielen usw.... Der Gezeichnete entdeckt zum Beispiel, dass er, auch wenn er lang in einer Wirtschaft sitzt, nichts mehr mit den Bierdeckeln anzufangen versucht, er türmt keine Pagode aus Bierdeckeln, die dann zusammenfällt; es lockt ihn nicht einmal, die Bierdeckel in den See hinaus fliegen zu lassen. Bierdeckel, See, es fällt ihm nichts dazu ein, was ihn lockt, und so bricht er Brot und füttert Schwäne, weil er annimmt, das locke die Schwäne. ~~Würde man seinen Gang durch die Stadt mit einer Kreide nachzeichnen, so verliefe diese Kreide-Spur anders als früher: weniger Zickzack, der durch Verlockungen entsteht. Sogar einen Unfall (Scherben auf dem Pflaster, Polizei, Menschen, die sich drängeln, um zu gaffen) kann er beiseite lassen wie die Schaufenster; ohne dass er Eile hat.~~ [67] – Der Gezeichnete braucht nicht müde zu sein; auch sieht er nicht wie ein Greis aus, nur drängt es ihn immer weniger, Hand anzulegen, ~~wo keine Notwendigkeit besteht~~. Zum Beispiel kann er ein Calder-Mobile[68] sehen, ohne es anzublasen oder mit seinem Finger in Bewegung zu bringen. Dabei gefällt es ihm, wenn jemand das tut. Er kennt das. Auch wenn er etwas nicht kennt, wenn er in einer fremden Wohnung einen sonderbaren Gegenstand sieht, ein Material, das er zum ersten Mal sieht, benimmt er sich wie in einem Museum: Ne touchez pas les objects. Man muss es ihm in die Hände geben, damit sie es fühlen. Fühlen Sie es? Der Gezeichnete wundert sich: er hat ein Stück Draht in der Hand, Kupfer-Draht, der sich ohne Zange

67 Im Typoskript sind diese Sätze zur Streichung markiert.
68 Alexander Calder, geb. 1898 in Lawton (Pennsylvanien), gest. 1976 in New York, amerikan. Plastiker und Zeichner, schuf mechanisch bewegte Drahtfiguren, sog. Mobiles – konstruiert aus Metallscheiben an beweglichen Drähten, wohl ausgewogen in ihrem Gleichgewicht und durch lockere Gelenke miteinander verbunden –, auch motorgetriebene Objekte sowie die von Hans Arp »Stabiles« genannten Plastiken aus Metall. Für die Weltausstellung 1967 erstellte Calder bspw. das »Stabile« *Mensch* (Höhe 20,5 m, Gewicht 46 t).

biegen lässt, und kann ihn in der Hand halten, ohne damit zu spielen, ohne ihn so oder andersherum zu verbiegen – er weiss, was das heisst, und erschrickt darüber ...

Dass Alterswerke (Theodor Fontane) bedeutend sein können, steht ausser Frage; es trösten sich damit vorallem Leute, die überhaupt keine Kreativität zu verlieren haben, und man sollte ihnen den Trost lassen.

Der Fall Picasso –

Die Schriftsteller, die Jahrzehnte vor ihrem Ableben verstummen, sind in der Mehrheit. Es ist das beste, was sie tun können. Dabei zeigt sich im Gespräch, dass es ihnen eigentlich nicht an Einfällen fehlt, die einem Jüngeren vollauf genügen möchten. Es scheint in erster Linie auf die Einfälle anzukommen, wie der Laie annimmt, aber auch nicht auf die Erfahrung im handwerklichen Umgang mit dem Einfall. Glauben sie selber schon nicht mehr daran, dass es zu einem Werk kommen wird, so erwecken sie doch gerne noch diesen Eindruck, arbeiten sogar, um wenigstens die Kunden im Glauben zu lassen; meistens ist dann, wenn nichts mehr kommt, die Rede von einem sehr umfänglichen Werk – was insofern kein Schwindel ist, als der Mann es im Kopf hat; nur verstummt es ihm jedesmal unter der Hand. Es muss an der Hand liegen.

Der Vor-Gezeichnete erfährt sich als solcher schon an der Syntax; sie diktiert ihm, bevor er weiss, was er sagen will.

Mit dem œuvre leben.

Person und œuvre altern in den meisten Fällen nicht gleichzeitig. Altert die Person früher als das œuvre – altert das œuvre früher als die Person ...

Der Gezeichnete, dessen Bilder heute in jedem nennenswerten Museum hängen – eines Tages meinte er, dass er einen neuen Mantel brauche, getraut sich aber nicht mehr auszugehen und bittet, dass ihm eine Auswahl von neuen Mänteln nachhause gebracht werden; er probiert ein Dutzend, kann sich aber nicht entscheiden, behält drei Mäntel zur engeren Wahl und stellt fest, dass er keinen braucht; er arbeitet noch eine Woche, dann öffnet er sich die Pulsader (66) auf der Höhe seine Ruhms.[69]

Abgesehen von der Armut, die damit verbunden ist, hat der Verkannte es mit seinem Alter leichter; er lebt in einem Keller, aber unverbraucht in seinem Anspruch, ein Kommender zu sein.

Maler oder Bildhauer, denen eine Katastrophe (höhere Gewalt) Werke für immer vernichtet hat, kommen sich dadurch immer etwas jünger vor als ihre Altersgenossen –

Der natürliche Drang des jüngeren Künstlers, bekannt zu werden, seine Gier danach – wogegen der Vor-Gezeichnete es vorzöge, ein sogenannter Geheimtip zu sein; nichts altert rascher als eine Marke.

Der Blick des greisen Rembrandt: –

Wie in mancher Hinsicht ist J. W. Goethe ein schlechtes Beispiel: Gefühl war alles, Alter ist alles, J. W. Goethe über alles, der Gezeichnete als Olympier.

Dass ein Genie vergreisen könnte, ist für manche Leute undenkbar; es verletzt ihre Vorstellung von Gottvater. Sollte aber die Senilität nicht zu übersehen sein, so ist ihnen der Zweifel nahe, ob

69 Zu Marc Rothko vgl. S. 372, Anm. 57.

es sich je um ein wirkliches Genie gehandelt habe... Leute vor einer neuen Wandmalerei von Chagall: plötzlich zucken sie die Achsel auch über den frühen Chagall, was sie nicht täten, wenn er vor 30 Jahren gestorben wäre – oder heute im Irrenhaus sässe als Genie – Wahnsinn ja, aber Vergreisung?...

Im allgemeinen, abgesehen von Wunderkindern, mag es stimmen, dass Kunst-Macher später vergreisen als andere Menschen; anderseits bemerken sie die Vergreisung, wenn sie sich anzeigt, früher – lange bevor die Umwelt sie bemerkt, die durch Ruhm oder schon durch Tageserfolg sich täuschen lässt – es kann einen Kunst-Macher schon erschrecken, was die Kunden als Meisterschaft bezeichnen.

Es gibt Kunst-Blüten der Senilität.
P.S.
Damit hängt es wohl zusammen, dass Gezeichnete nicht selten ihre Kunst verfluchen, die Kunst überhaupt; der Rest ist Kunst.

Indem der Tastsinn nachlässt, das Gehör nachlässt, die Sehkraft nachlässt, das Hirn weniger aufnimmt und langsamer arbeitet, die Emotionalität schwindet, die Neugierde schwindet oder sich zumindest verengt, die Reflexe sich wiederholen oder überhaupt ausfallen, die Assoziation stockt, die Fantasie verdorrt, die Begierde jeder Art nachlässt usw., kann es sein, dass der Gezeichnete es leichter hat mit seiner Kunst: es fällt ihm nur noch ein, was er meistert. (Alters-Stil.)

Inwiefern die künstlerische Kreativität bedingt ist durch Hormone, ist noch wenig erforscht –

——— «

(Ms. »Tagebuch, Version 1970« S. 1-16)]

Gelb

23: Berzona

23.08 Könnte man die Tatsache, dass das Kind aus der D.D.R. mitgekommen ist, noch rechtzeitiger einführen? Etwa: Es ist ein Kind von da mitgekommen. Es spielt mit einer Eisenbahn. Zu Hause erkennte es schon an den Häusern...

[Der Text wird unverändert übernommen; vgl. WA, Bd. 6, S. 292-293.]

Weiss

24: Wilhelm Tell für die Schule

Erlauben Sie mir den Vorschlag, dies aus dem Tagebuch herauszunehmen und gesondert zu publizieren. Seine Länge von 79 Seiten allein widerspricht der Form der Tagebuch-Eintragung. Für die umfangreichen Anmerkungen liesse sich in unabhängiger Veröffentlichung eine günstigere Lösung finden. Allein der grosse Apparat widerspricht der Anlage des Tagebuchs. Eingewöhnte Lese-Erwartungen werden enttäuscht, zwar bald auf das fremde Gebiet hinübergezwungen, am Schluss jedoch wiederum zum Gangwechsel veranlasst. Das Stück verlangt einfach nach Unabhängigkeit.

[»Wilhelm Tell für die Schule« wird aus dem »Tagebuch« herausgelöst und zu einer eigenständigen Publikation ausgestaltet; vgl. WA, Bd. 6, S. 405-469.]

Gelb

104: September 1970

Ja, wenn das nun mit Ihren Anmerkungen, Reflexionen, Empfindungen versetzt wäre – !
So, d. s. p.

[Der Text wird gleichwohl von Max Frisch ins »Tagebuch« übernommen; vgl. WA, Bd. 6, S. 311-312.]

Weiss

105: Privatim-Verhör IV

Meine Anmerkungen würden die zu den früheren drei Stücken nur wiederholen. Dabei kommt das Gestische auf das wohltuendste durch; nur es steht der Sache im Weg. Ein Essay, der Empfindungen, aus dem Bauch heraus, beobachtet, wäre der Frage wie Ihren Anlässen viel dienlicher.

[Der Text wird von Max Frisch überarbeitet und unter der Überschrift »Verhör III« ins »Tagebuch« übernommen; vgl. WA, Bd. 6, S. 312-316.]

GELB

115: Berzona

»Ich entkorke und verstehe.« »Ihre Diskussion wird immer lebhafter, offensichtlich störe ich nicht.« Das sind schöne Sachen, zum, entschuldigen Sie, Nachschmecken.

116.17 die ein Witz ist: der Angriff auf die Schule ist zu kurz ausgefallen, daher kaum wirksam.

117.03 Zapa: Zappa?

Übrigens kommt das Wort witzig zu oft vor, als dass die Schule mit dem Substantiv abgetan werden sollte.

[Der Text wird übernommen; vgl. WA, Bd. 6, S. 317-319.]

WEISS

119: Der Chinese

[Der von Max Frisch nicht übernommene Text lautete:
»DER CHINESE
Als der Arzt ihm sagte, dass er nicht mehr viel Zeit habe, schüttelte er den Kopf und klagte: Gerade wollte ich einen Satz bilden! Er lebte noch Monate, aber es störte ihn, was der Arzt ihm gesagt hatte. Freunde trösteten ihn, er habe in seinem Leben viele Sätze gebildet; aber er schüttelte den Kopf über alle Sätze, die er je gebildet hat. Er lebte sogar noch ein Jahr. Eines Morgens erwachte er vor Glück: er hatte seinen Satz. Ein Freund musste ihn aufschreiben. Im Bewusstsein, dass es seinen Satz jetzt gibt, starb er gelassen. Der Freund aber gab ihn nie heraus; vermutlich war der Satz für Leute, die leben, trivial.

———— «

(Ms. »Tagbuch II, Version 1970« o. S.)]

126: Berlin

126.20 Dies stellt Huchels Lage anders dar als ich sie weiss, es könnte sogar falsch, auch zu seinen Ungunsten verstanden werden. An die Stelle von »usw.« wünsche ich mir einen ausführlichen Bericht.

126.24 »gross« ist ein zu freundliches Wort.

[Der Uwe Johnson vorliegende Text, der von Max Frisch noch einmal überarbeitet wurde (vgl. WA, Bd. 6, S. 324-325), lautete:
»BERLIN
Seit langer Zeit zum ersten Mal am Alexander-Platz. Vorher durch die Schleuse der Verdächtigung; die grünen Beamten erinnern mich ungerechterweise an die Hitlerzeit. Befangenheit meinerseits. Warum eigentlich? Ich gehöre einem Staat an, der diesen Staat nicht anerkennt; ich anerkenne. Gang durch die Hauptstadt mit preussischer Geschichte, Plakate mit Lenin vor der Architektur eines Wirtschaftswunders. Meine Befangenheit verliert sich auf der Fahrt durch märkisches Land, Ebene mit Wald, grosser Himmel. Besuch bei Peter Huchel in Potsdam (22.9.), Begegnung nach zwölf Jahren; ich verlasse ihn nach sieben Stunden mit der Gewissheit, dass ich mehr erfahren als verstanden habe. Wieviel persönliche Rankünе erlaubt ein ideologisches System, wieviel persönlichen Verrat erfordert es, wieviel Mut usw.
FRANKFURT
Diner mit grossen Verlegern, dazu Autoren. Der Unterschied zwischen einem Pferd und einem Autor: das Pferd versteht die Sprache der Pferdehändler nicht.
ZÜRICH
Heimkehr ins Fernsehen: Bürgerkrieg in Jordanien, die Geiseln befreit, Tod von Abdel Nasser (52)[70] durch Herzschlag.« (Ms. »Tagebuch II, Version 1970« o. S.)]

70 Gamal Abd el Nasser, ägyptischer Offizier und Politiker, geboren 1918 in Beni Mor, Asyut, starb am 28.09.1970 in Kairo. Nach dem Staatsstreich des »Komitees der Freien Offiziere«, einem nationalistischen Geheimbund, von 1952 gegen König Faruk, wurde er Mitglied des Revolutionsrates, im Juni 1953 stellvertretender Ministerpräsident. Im November 1954 stürzte er General A. M. Nagib und übernahm das Amt des Staatspräsidenten. 1956 verstaatlichte er den Suez-Kanal und löste damit die Suezkrise aus.

WEISS

121: Skizze eines Unglücks

d. s. p.

[Der Text wird übernommen, allerdings umgestellt; vgl. WA, Bd. 6, S. 237.]

GELB

123: November

d. s. p.

[Der von Max Frisch nicht übernommene Text lautete:
»NOVEMBER
Tod von Charles de Gaulle. (9. 11. 1970) Ich war nicht dabei, als er, einen Kopf grösser als die jubelnde Menge und mit jener hilflosen Bewegung der Hände aus den hängenden Armen, in Paris einzog als Befreier; aber man lebte zu der Zeit. Ich betrachte die erste Enkelin, dann querfeldein mit der Tochter. Sie werde natürlich gefragt: Weiss dein Vater eigentlich, dass er uns nichts mehr zu sagen hat? Sie ist erleichtert, dass ich's weiss, und es geht viel besser als die letzten Male. Einladung von der Columbia Universität, New York, für das kommende Frühjahr.[71]

——— «

(Ms. »Tagebuch II, Version 1970« o. S.)]

WEISS

125: Privatim-Verhör V

cf. die Anmerkungen zu den vorigen. [d. s. p.]

[Der von Max Frisch nicht übernommene Text lautete:
»PRIVATIM-VERHÖR V

B. Was ist schon wieder los?

A. Nichts.

B. Wozu denn das Verhör?

A. Du liest – wie jedermann in diesen Tagen – über den Fall Bührle, und es besteht der Verdacht, dass Leute deiner Art, die nicht jede Anwendung von Gewalt grundsätzlich verurteilen, zwar auch in diesen Tagen nichts unternehmen, aber gerade im Fall Bührle auf den Gedanken kommen: Es geht nur mit Gewalt.

B. Wieso?

71 Vgl. auch den Brief vom 21. Dezember 1970, S. 16, Anm. 11.

A. Du hast die Strafanträge gelesen –

B. Ja.

A. Was denkst du dazu?

B. Ich bin juristischer Laie.

A. Die Delikte, nämlich fortgesetzte Urkundenfälschung und Waffenschmuggel im Betrag von 90 Millionen Franken, sind erwiesen. Der Bundesanwalt verlangt Gefängnisstrafen – allerdings nur bedingt – dazu Geldbussen, die für keinen der betroffenen Herren ins Gewicht fallen. Das ist der Strafantrag ...

B. Warum schaust du mich an?

A. Es gibt Leute, die entrüstet sind.

B. Gesetz ist Gesetz, wir sind ein Rechtsstaat: auch der mächtige Mann, Herr Dr. Dietrich Bührle, der ein deklariertes Einkommen von 3,4 Millionen und ein deklariertes Vermögen von 125 Millionen hat, kann hierzulande vor Gericht kommen.

A. Aber nicht ins Gefängnis.

B. Das kann ich nicht verstehen.

A. Wieso?

B. Herr Dr. Dietrich Bührle, Chef des Konzerns, ist Oberst im Generalstab der schweizerischen Armee.

A. Was willst du damit sagen?

B. Wie der Bundesanwalt betont, geniesst der Bührle-Konzern das besondere Vertrauen unseres Bundesrates, weswegen dem Bundesrat diese fortgesetzten Urkundenfälschungen peinlich sind, obschon es sich, wie die Verteidiger betonen, lediglich um ein Kavaliersdelikt handelt, da das 90-Millionen-Geschäft keineswegs aus Gewinnsucht getätigt wurde, sondern aus Vorsorge für die schweizerische Landesverteidigung, für die schweizerische Wirtschaft usw. Wie Herr Dr. Dietrich Bührle selbst gesteht, kann er sich bei einem Umsatz von 1,7 Milliarden nicht um alles kümmern. Zwar hat er seinerzeit davon gewusst, sonst könnte er nicht, wie die Verteidigung hervorhebt, zu seinem langjährigen Mitarbeiter gesagt haben, ›dass solche illegalen Geschäfte künftig nicht mehr getätigt werden dürfen.‹ Ich halte mich an den Satz: ›Es besteht kein Anlass, die Glaubwürdigkeit von Dr. Dietrich Bührle irgendwie in Frage zu stellen.‹ Ich habe lediglich sagen wollen: wenn es anders wäre, so könnte der Angeklagte nicht Oberst im Generalstab sein.

A. Und sein Vizedirektor?

B. Ich kenne die Herren nicht, ich verlasse mich auf die Berichterstattung der bürgerlichen Presse. Herr Dr. Lebedinsky ist nicht Oberst. Wie die Verteidigung sagt, war der Gewissenskonflikt für den langjährigen Mitarbeiter ganz bedeutend, obschon es sich nur um 7 % des Umsatzes mit Kriegsmaterial handelt. ›Er hat im bestgemeinten Interesse seiner Arbeitgeberschaft die zur Beurteilung stehenden Taten begangen oder gebilligt.‹ Dafür bezieht er trotz Entlassung weiterhin sein Jahresgehalt. Auch Herrn Dr. Gelbert muss man verstehen: ›Wie die andern leitenden Persönlichkeiten der WO stand er vor dem Dilemma, ob man die behördlichen Erlasse streng beachten soll oder ob man im Interesse der Wahrung bewährter geschäftlicher Beziehungen zu retten versuche, was zu retten war‹, nämlich der Profit des Bührle-Konzerns.

A. Bleiben wir bei der Sache.

B. Bitte.

A. Einmal angenommen: eine Gruppe von Leuten, die sich auf die Handhabung von Waffen verstehen, besetzen die Fabriken von Oerlikon und drohen mit der Sprengung der Anlagen, falls das Geschäft mit dem Krieg nicht verboten und mit Staatsgewalt verhindert wird – was würdest du dazu sagen?

B. Ich würde den Kopf schütteln.

A. Und warum?

B. Diese Leute wären bald besiegt.

A. Das ist nicht die Frage –

B. Was ist denn die Frage?

A. Ob du sie verurteilen würdest.

B. Ich bin nicht Richter.

A. Es handelt sich um eine moralische Frage, die jedermann zu beantworten hat: Gewalt gegen Recht –

B. Ich verstehe.

A. Wie stehst du zur Gewalt?

B. Wir sind ausgegangen von Lew Tolstoi, der jede Anwendung von Gewalt verurteilt – also auch den Krieg, den er als Verbrechen bezeichnet... Ich denke nicht, dass der Bührle-Konzern sich auf Tolstoi berufen könnte.

A. Hältst du Herrn Bührle für einen Verbrecher?

B. Tolstoi würde ihn dafür halten.

A. Und du?

B. Ich sehe, dass diese Frage weder vor dem Bundesstrafgericht noch in der Oeffentlichkeit gestellt wird; das Recht auf Geschäfte mit dem Krieg, sofern sie ohne Urkundenfälschungen auskommen, steht ausser Frage.

A. Du bist für den Rechtsstaat –

B. Ja.

A. Es gibt ein Volksbegehren auf Verbot der Waffenausfuhr. Ich nehme an, du hast ebenfalls deine Unterschrift gegeben, und wenn es zu einer Volksabstimmung kommt, so kannst du für ein Verbot des schweizerischen Waffenhandels stimmen. Ein rechtsstaatliches Verfahren...

B. Du sagst es.

A. Was ist also nicht in Ordnung?

B. Der Mann, der heute mit seinen langjährigen Urkundenfälschern vor dem Bundesstrafgericht in Lausanne sitzt, ist ein grosser Arbeitgeber: der Bührle-Konzern beschäftigt 14 000 Arbeitnehmer. Das macht auch die Sozialdemokratie besonnen. Wer von uns, Hand aufs Herz, kann 14 000 Leute entlöhnen? Der Bührle-Konzern macht ja nicht nur Zwillingsgeschütze und Munition dazu, man darf nicht übertreiben. Geschütze und Munition verkauft er nur, um unserem Land eine eigene Waffen-Industrie zu erhalten, was der Bundesrat zu schätzen weiss. Wir nötigen die andern nicht zum Krieg: wir verkaufen ihnen die Waffen nur, weil sie die Waffen sonst anderswo kaufen. Sie könnten unsere Geschütze und unsere Munition, wenn sie bezahlt sind, auch verrosten lassen. Um zu zeigen, dass die Schweiz sich in die Kriege der andern nicht einmischt, beliefern wir Israel und Aegypten zugleich. Das war übrigens immer schon so. Im Zweiten Weltkrieg, der uns nahe ging, schossen in Tobruk sich die Deutschen und die Engländer mit der gleichen Oerlikon-Kanone ab. Unser Waffenhandel, ganz abgesehen davon, dass er auch mit Entwicklungshilfe verbunden ist, bedeutet keinesfalls eine Einmischung in Nigeria oder Südafrika; es ist ein reines Geschäft im Sinn des freien Marktes. Hätte der Bundesrat, besorgt um die Glaubwürdigkeit der schweizerischen Neutralität, damals kein Waffen-Embargo verfügt, so hätte das reine Geschäft auch keiner Urkundenfälschungen bedurft. Das sagt der Verteidiger vor dem Bundesstrafgericht. Das alles ist nicht so einfach, wie der Laie es sich vorstellt ... Was das Volksbegehren betrifft, so muss man bedenken, dass Herr Dr. Dietrich Bührle sich nicht alles gefallen lassen wird: er könnte seinen Konzern jederzeit ins Ausland verlegen, sodass seine Steuern verloren gehen, seine Kunstsammlung auch. Ich verstehe, dass Herr Dr. Dietrich Bührle mit grösstem Respekt behandelt wird; er durfte vor Gericht, im Gegensatz zu dem Schwindler v. Däniken, nicht fotografiert werden. Im Grunde hat man diesem Mann dankbar zu sein. Eine Verstaatlichung der Waffen-Industrie würde alles nur erschweren.

A. Und wieso?

B. Dann wäre der Bundesrat verantwortlich, das Parlament. Herr Dr. Dietrich Bührle nimmt uns diese Verantwortung ab; als freier Unternehmer liefert er nach seinem Gewissen, unser Land ist am Profit beteiligt durch Steuern, aber nicht moralisch: wir sammeln für Biafra und schicken Krankenschwestern, die von Bührle-Munition getroffen werden, Caritas ist Caritas, Industrie ist Industrie.

A. Bleiben wir bei der Sache.

B. Bitte.

A. Du kennst das Urteil schon?

B. Es kann nur ein Urteil betreffend Urkundenfälschung sein. Es steht nichts anderes in Frage. Der Tatbestand erwerbsmässiger Beihilfe zum Völkermord ist nicht verfassungswidrig. Daher sind die Herren des Bührle-Konzerns im Sinne unsrer Gesellschaft keine Verbrecher.

A. Willst du das Urteil nicht wissen?

B. Es wird mich nicht verwundern.

A. Entgegen dem Antrag des Bundesanwaltes, der nur bedingte Strafen verlangt hat, müssen ins Gefängnis: Herr Dr. Lebedinsky, Herr Dr. Gelbert, übrigens Ritter der Ehrenlegion, sowie Herr Meili, wobei das Gericht auch die Strafzeit verlängert hat. Einzig der Konzern-Herr muss nicht ins Gefängnis: 8 Monate bedingt, dazu ist die Busse auf 20000 Franken herabgesetzt, da ihm Gewinnsucht nicht nachzuweisen ist.

B. Das glaube ich.

A. Hier sein Presse-Foto –

B. Ich verstehe sein pralles Lachen.

A. Der Tatbestand erwerbsmässiger Beihilfe zum Völkermord,

wie du's als Laie nennst, steht nicht zur Diskussion. Daher kann dich das Urteil des Bundesgerichts nicht verwundern –

B. Nein.

A. Es verwundert dich auch nicht, dass das Bundesgericht, übrigens durch besondere Massnahmen der Polizei geschützt, zwar den Tatbestand fortgesetzter Urkundenfälschungen verurteilt, aber in keinem einzigen Fall aufzuklären vermag, wie diese Urkundenfälschungen genau zustandegekommen sind, welche Mittelsleute sie ermöglicht haben und welche Bundesbeamten, die solche Urkunden prüfen, jahrelang nichts gemerkt haben?

B. Nein.

A. Das verwundert dich nicht?

B. Nein.

A. Wieso nicht?

B. Unserem Volk, das an seinen Rechtsstaat glaubt, genügen drei oder vier Angeklagte, im übrigen geht es um die Wahrung bewährter Beziehungen zwischen Wirtschaft und Behörden.

A. Hältst du unser Volk für dumm?

B. Ja.

A. – ?

B. Ich halte mich für dumm, wenn ich dieses pralle Lachen des Konzern-Herrn betrachte, dieses Gaunerlachen über eine gerichtliche Busse, die unter Spesen zu verrechnen ist, eine Lappalie im Vergleich zu den Schmiergeldern: – Spesen an die Rechtsstaatlichkeit, die ihn schützt vor jeder Gewalt... Hier hilft nur noch Gewalt.

A. Gewalt gegen die Person?

B. Es geht ja nicht um Personen, es geht um die Herstellung eines Rechtsstaates mit einem sittlichen Recht, und das geht nur mit Anwendung von Gewalt, sofern sie taktisch ist. Das allerdings wäre die Voraussetzung.

A. Taktik in der Anwendung von Gewalt?

B. Wir haben sie zu lernen.

A. Du weisst, was du jetzt sagst?

B. Ja.

A. Dann ist dieses Verhör abgeschlossen.

———— «

(Ms. »Tagebuch II, Version 1970« S. 1-10)]

135: Zitat aus Spanien

d. s. p.

[Der von Max Frisch nicht übernommene Text lautete:
»Ich wurde in der Frühe des 11. April 1969 in Mongroviejo, Santander, verhaftet. Am Abend desselben Tages kam ich auf das Kommissariat der Brigada Social (Geheimpolizei) von Bilbao an der Gordonizstrasse. Vor dem Eingang zum Kommissariat hatte sich eine Anzahl von Polizisten in zwei Reihen aufgestellt, und wir gingen zwischen ihnen hindurch. Einer der Polizisten fragte mich, ob ich Priester sei. Als ich bejahte, schlug er mich heftig mit der flachen Hand ins Genick.
Wir wurden in eine Art Büro hinaufgebracht. Dort begannen sie sogleich, mir mit voller Kraft Faustschläge in den Magen zu versetzen und mich brutal zu ohrfeigen, das alles begleitet von groben Beleidigungen, vor allem in bezug auf Frauen. Man riss mich an den Haaren in die Höhe, um mich auf die Zehenspitzen zu zwingen. Ein andermal warf man mich mit dem gleichen Verfahren zu Boden.
Mehrere junge Polizisten schleppten mich in eine Zelle. Dort begannen sie wieder, mich mit Fäusten zu schlagen. Sie gaben mir zahllose Faustschläge auf die Brust und in die Rippen. Ein Folterer schlug mich mit voller Kraft, ich weiss nicht mehr wie oft, mit einem Gummiknüppel auf den Rücken und das Gesäss. Als ich mich vor Schmerz nach vorn krümmte, gaben sie mir schreckliche Fusstritte in die Brust und gegen die Rippen. Mehrmals habe ich zu fliehen versucht. Einmal sagten sie mir, sie wollten jetzt die Runde mit mir machen: Sie stellten sich im Kreis auf und schickten mich mit Faustschlägen von einem zum andern.
Nach dieser Szene fesselten sie mir die Hände unter die Kniekehlen und liessen mich so hockend laufen, bis ich nicht mehr konnte und umfiel. Ich konnte mich einfach nicht schützen, nicht einmal mehr bewegen, so hatten sie mich gefesselt, und sie hieben mir mit einem Stock auf das Gesäss. Ein andermal zog man mir die Schuhe aus und schlug mich auf die Zehen.
Als sie mich genug geschlagen hatten und ich lang auf dem Boden lag, stellten sie mich auf die Füsse und zwangen mich wieder, hockend zu laufen. Das wiederholte sich mehrere Male. Schliesslich fesselten sie mir die Hände auf dem Rücken zusam-

men und liessen mich bis zur Erschöpfung »Beingymnastik« betreiben. Als ich nicht mehr konnte, gönnten sie mir eine kurze Pause. Dann musste ich wieder ›Gymnastik‹ machen, und manchmal haben sie mich gezwungen mitzuzählen. Dann Methode ›Operationstisch‹. (Dabei wird der Gefangene quer über einen Tisch gebunden und hauptsächlich auf den Unterleib geschlagen.)

Und alle diese Misshandlungen, die sehr lange andauerten, wurden mit groben Schmähungen begleitet. Ein Polizist schlug mir auf die Brust und sagte, er würde mich so lange weiterschlagen, bis ich reif wäre für Santa Maria (das ist ein Tuberkulosekrankenhaus in Bilbao). Ich wurde so sehr verprügelt, dass ich die Kontrolle über mich verlor und in die Hose urinierte.

Wieder im Gefängnis, wurde ich bald darauf zu einer neuen Tortur herausgeholt: diesmal dauerte es viel länger. Man verliert das Gefühl für die Zeit, aber es waren sicher viele Stunden. Schliesslich beunruhigten sie sich über meine aufgeschwollenen Handgelenke, und sie nahmen mit vielen Schwierigkeiten die Handschellen ab.

In der Zelle war das Leiden genauso schrecklich. Ich hatte keine Decke, mein ganzer Körper war zerschlagen. Wie ich mich auch legte, ich litt unsägliche Schmerzen. Mich auf den Beton auszustrecken, war eine langwierige und äusserst schmerzhafte Anstrengung; das Aufstehen war noch schlimmer.

Am folgenden Tag holte man mich zum Verhör herauf. Das Verhör dauerte den ganzen Tag: ununterbrochen Faustschläge. Hiebe mit dem Gummiknüppel und Fusstritte. Einmal schlug man mich mit den Handschellen in die Seite, man spielte ›Operationstisch‹. Als ich schrie, stopften sie mir Papier in den Mund. In der Nacht holten sie mich wieder zum Verhör.

Man folterte mich auch moralisch: Obgleich ich schon ganz erniedrigt war, sagte man mir unter anderem, ich sei ein Mörder; mein Bischof habe mich aufgegeben; ich sei kein Priester mehr; meine Eltern hätten sich von mir distanziert; man werde mich zum Tode verurteilen; niemand habe ein Interesse daran, mich zu verteidigen –

....

Bericht des baskischen Geistlichen Yon Etxabe, der mit 15 anderen Basken vor dem Militär-Tribunal in Burgos steht. Strafanträge: 6 Todesurteile und über

700 Jahre Gefängnis. Ohne Plädoyer der Verteidigung; Aussagen der Angeklagten über Folterungen bei den Verhören bezeichnet das Militärtribunal als belanglos.«]

GELB

139: Berzona

Könnten Sie auf die drei letzten Worte verzichten?

[Der von Max Frisch nicht übernommene Text lautete:
»BERZONA, DEZEMBER 1970
Ein niedriger Keller (früher Schweinestall) eingerichtet als weisse Werkstatt; Bedürfnis nach einem Theater mit Puppen, die später mindestens lebensgross sein sollen. Es ist aber zu kalt im Keller, um sich aufzuhalten: die sieben Puppen stehen mit zufälligen Gesten umher und warten – ich verstelle einen einzigen Arm oder einen Kopf: Wieso sind sie jetzt in Streit, zumindest uneinig? Oder ich lege eine Puppe zufällig hin: Wer hat sie erschlagen und warum? Sie sollen keine Gesichter haben; Sprache von aussen, dazu wenige Gesten, die unversehens dem Text widersprechen oder dem Schweigen wie jetzt – ich verstelle die Gruppe nur wenig, nur durch das Versetzen einer einzigen Puppe: Und worauf warten sie jetzt?... Es ist zu kalt, ich besuche sie nur für Minuten, um launisch einen Arm zu strecken oder einen Kopf zu senken, und dann warten sie wieder Tag und Nacht.« (Ms. »Tagebuch II, Version 1970« o. S.)]

Lieber Herr Frisch,
ich danke Ihnen für die Erlaubnis, Ihr Buch vorher zu lesen. Bitte glauben Sie mir, dass alle meine Bemerkungen nur den einen Zweck verfolgen, das Buch zu fördern, nie den, über das Buch seinen Verfasser zu kränken.
Ihr sehr ergebener
Uwe Johnson.

[Handschriftlich ergänzt:]
JAN 8,1970 [sic !]

»Sie haben es ja vernommen: Zürich braucht mich!«

Ein Nachwort

»Mach mich nicht zu einem Schweizer«, so die Bitte von Max Frisch an Dieter Bachmann, den damaligen Chefredakteur der in Zürich erscheinenden Kulturzeitschrift *du*. Als dieser jenes rasch vergriffene Heft über *Max Frisch (1911-1991)* vorbereitete, hatte Frisch auf Bachmanns Wunsch, das geplante Heft mit ihm besprechen zu dürfen, sogleich telephonisch erklärt: Es eile jetzt, er solle sofort kommen. Am 14. März 1991, knapp drei Wochen vor seinem Tod, empfing Frisch den Besucher zum letzten Mal. »Ich bin auf der Zielgeraden, aus diesem Zimmer komme ich nicht mehr heraus.« Eigens zur Vorbereitung dieses Gesprächs hatte Frisch sich einige Notizen gemacht, mit deren Hilfe er die Aufmerksamkeit des Kollegen auch auf seine Briefe lenkte, insbesondere auf den Briefwechsel mit Uwe Johnson: »Schau's Dir an.« Dank dieser Anregung wurde eine kleine Auswahl – Briefe zwischen dem 16. März 1976 und dem 7. Juli 1977 – des jetzt vollständig vorgelegten Briefwechsels im Dezember-Heft 1991 von *du* zum ersten Mal veröffentlicht. Eine Besonderheit dieses Briefwechsels, vielleicht deshalb der Hinweis von Frisch, ist die Fülle literarischer Themen, eng verfugt mit zeitgeschichtlichen Ereignissen und privaten Details, sowie Fragen des schriftstellerischen Handwerks, die hier mit hohem Respekt vor der künstlerischen Leistung des jeweils anderen zur Sprache kommen. Die Art, wie dieses Zwiegespräch brieflich geführt wird, setzt ein beträchtliches Maß gegenseitigen Vertrauens voraus, das keineswegs von Anfang an gegeben war. Ganz im Gegenteil: Niemand hätte sich sonderlich darüber wundern können, wären die ersten beiden Schreiben dieses Briefwechsels zugleich die letzten geblieben. »Haben Sie mir etwas zu sagen? Dann sagen sie es. Eine Begegnung, wie diese in Berlin, noch einmal hinzunehmen, verlange ich nicht von mir«, empört sich Frisch in seinem ersten Brief an die Adresse Johnsons Mitte Oktober 1964. Die Ursache für Johnsons Verhalten bei dieser Begegnung ist kaum mehr zu ermitteln. Moralisch aber muß er sich wie so oft im Recht gefühlt haben. Wie sonst wäre zu erklären, warum Johnson selbst noch die ursprüngliche, dann aber verworfene Fassung jenes ersten Schreibens an Frisch aufbewahrt hat? Überliefert ist damit ein noch schroffer gesetzter Auftakt: »Für Ihren Brief vom 14. kann ich mich nicht bedanken, und Ihre Meinung ist mir nicht fasslich«; eine furiose, schwerlich zu überbietende Unhöflichkeit gegen den älteren Kollegen, zu dessen Lesung er zwei Wochen zuvor eigens von Friedenau »in die Stadt« gekommen war. Zwar ringt sich Johnson in dem dann abgeschickten Brief doch noch einen Ausdruck des Bedauerns ab, aber es werden nahezu zwei Jahre vergehen, bis ein nächster Brief möglich wird. Johnson schreibt ihn im August 1966 von New York aus und erinnert an jene letzte Begegnung im Frühjahr in West-Berlin vor seinem Abflug in die Neue Welt. Dort in Berlin habe Frisch gesprächsweise jenen »Ton« wieder eingeführt, an den er das Ehepaar Johnson in Rom »gewöhnt« habe und auf den es ihnen »ankomme«.

1962 hatte man einander in der italienischen Hauptstadt kennengelernt. Der Ältere, zu dieser Zeit längst ein renommierter und etablierter Schriftsteller, zuletzt erfolgreich mit dem Theaterstück *Andorra*, verlegte 1960, ohne Zürich gänzlich zu verlassen, seinen Wohnsitz nach Rom und lebte dort zunächst mit Ingeborg Bachmann zusammen. Der jüngere 1959 aus der DDR in die Bundesrepublik »umgezogene« Autor, der mit *Mutmassungen über Jakob* (1959) und *Das dritte Buch über Achim* (1961) erst zwei, von der Kritik allerdings stark beachtete Romane veröffentlicht hatte, war Mitte Januar 1962 als Stipendiat der Villa Massimo für ein dreiviertel Jahr nach Rom gekommen. Gleich zu Beginn des nächsten Monats fliegt Johnson wieder zurück nach Berlin, dann weiter nach Frankfurt am Main, um an historischem Ort, im Römer, am 28. Februar Elisabeth Schmidt zu heiraten. Begleitet von seiner Frau, die kurz zuvor nur dank einer professionellen Fluchthilfe-Organisation auf Umwegen die DDR verlassen konnte, trifft Uwe Johnson am 8. März wieder in Rom ein. Bereits für den nächsten Abend ist im Kalendarium ein erstes Treffen mit Ingeborg Bachmann und Max Frisch in der »via de Notaris«, der Adresse von Frisch, festgehalten: der Beginn einer schwierigen, nicht immer konfliktfreien Freundschaft, die in ihrer Substanz von wegweisenden persönlichen Gesprächen, Vorschlägen und Auseinandersetzungen vorwiegend über handwerkliche Aspekte des Schreibens sowie von Einschätzungen zum Wirken des gemeinsamen Verlegers lebt. Wiederholt treffen sich Frisch und Johnson 1962 dann in

Rom, nicht zuletzt auch zum Boccia-Spielen; dennoch werden bis Ende 1970 ganze fünf Briefe gewechselt. Das ändert sich erst Anfang 1971, als Johnson, der schon zu Zeiten seines Germanistikstudiums in der DDR »Verlagslektor« als Berufswunsch angegeben hatte, bereitwillig die Rolle des Lektors übernimmt, zu dem Frisch den Kollegen macht, als er ihm Ende Dezember das Typoskript des zweiten *Tagebuchs* zuschickt, ein Konvolut von mehr als sechshundert Seiten. Der Plan, ein zweites *Tagebuch* zu schreiben, war 1965 nach der Rückkehr aus Rom entstanden, als Frisch gemeinsam mit Marianne Oellers den Flecken Berzona im Tessin als Wohnsitz wählte. Doch erst nach Abschluß von *Biografie: Ein Spiel* Anfang 1968 gilt die Hauptarbeit diesem Text. Johnsons gründliche Anmerkungen zum Typoskript der ersten vier Hefte des *Tagebuchs* von 1966 bis 1970, achtzehn Seiten an gebündelter Kritik, werden zum Fundament eines keineswegs alltäglichen Arbeits- und Vertrauensverhältnisses, in dem bei aller persönlichen Wertschätzung ein gewisses Maß an Distanz bis zuletzt gewahrt bleibt. Über die anschließenden Eintragungen des *Tagebuchs* für 1971 führen Frisch und Johnson Ende August ein langes Gespräch in Berzona, leider ohne jede Aufzeichnung der Argumente. Auf Drängen Johnsons, so die Erinnerung von Marianne Frisch, ging es dabei fast wie bei Verlagsangestellten pünktlich um neun Uhr konzentriert an die Arbeit, die nur durch kurze Zwischenmahlzeiten unterbrochen wurde. »Sie sind der beste Lektor, den ich bisher gehabt habe« – mit diesem formidablen Lob fegt Frisch alle Skrupel Johnsons beiseite; der hatte etwas unsicher angefragt, ob er mit seiner Kritik den Verfasser nicht vielleicht doch gekränkt habe.

Um der Bedeutung dieses Lektorats annäherungsweise gerecht zu werden, hat der Herausgeber die Texte in einem eigenen, dem zweiten Teil dieses Buches weitgehend in jener Form zugänglich gemacht, in der sie Uwe Johnson vorgelegen haben. Ziel dieser Rekonstruktion ist es nicht, die Vorstufe einer kritischen Edition zu liefern, vielmehr soll damit die Möglichkeit eröffnet werden, Johnsons Einschätzungen, Urteile und Argumente im Detail nachzuvollziehen. Sie hatten Frisch nachhaltig beeindruckt. Dabei galt es, auch jene Texte aufzufinden und einzufügen, die Frisch teilweise in Reaktion auf Johnsons Kritik bereits umgruppiert, umgeschrieben oder für eine Veröffentlichung im Rahmen des *Tagebuchs* verwor-

fen hatte. Ein Teil der Schwierigkeiten, die dabei zu bewältigen waren, lenken den Blick auf Eigenheiten im Arbeitsprozeß von Max Frisch. Zum einen hat er den Text der ersten Ausgabe des *Tagebuchs* von 1972 nachträglich für die *Gesammelten Werke* von 1976 um eine Reihe weiterer Stücke ergänzt. (Aus diesem Grund hat auch der Herausgeber die Fassung »letzter Hand« seiner Rekonstruktion zugrunde gelegt.) Fast immer, so Max Frisch, komme es bei der letzten Korrektur vor dem Druck zu Streichungen, die er später manchmal bereue. Anderes würde er nach Jahren gerne streichen; das sei im Falle eines Tagebuchs aber nicht erlaubt. Man könne im Laufe der Zeit seine Meinungen ändern, so Frisch weiter, nicht aber seine datierten Stellungnahmen löschen. Es scheine ihm hingegen erlaubt, den einen oder anderen Text, den er damals gestrichen habe, bei Gelegenheit einer Werkausgabe wiederaufzunehmen, allerdings unverändert. Dabei handele es sich nicht um nachträgliche Zusätze, sondern um damalige Texte, deren Eliminierung er heute (1975) für falsch halte, erklärte Max Frisch den beiden Herausgebern der Werkausgabe. Zum anderen hatte er die Gewohnheit im Lauf der Arbeit, selbst noch kurz vor Drucklegung, ganze Passagen zu ändern, umzustellen, wieder herauszunehmen oder neu formulierte Stücke einzufügen. Diesen Aspekt seiner Arbeitsweise hat Frisch in einem seiner Briefe an Johnson höchst anschaulich vorgeführt. Eine lange, leere Wand, an die er wie im Atelier des befreundeten Malers Gottfried Honnegger seine »Blätter« anheften, die »Scenen-Skizzen in ihrer Reihenfolge umhängen« sowie ihren Stellenwert »mit Reissnägeln« ändern konnte, erschien ihm als der bestens geeignete Ort, seiner »Dramatik der Permutation« ihren Lauf nehmen zu lassen. (Auch Herr Geiger, der Protagonist aus *Der Mensch erscheint im Holozän,* bedient sich dieser Kunst der Permutation und sucht fortwährend nach Wänden im Haus, die sich für Reissnägel eignen, damit er seine beim Schreiben unerläßlichen Zettel im Auge behalten kann.) Wenn Frisch die Komposition von Textstücken so zum schlichten Spaziergang erklärt und Johnson sich »dies Hin- und Hergehen vor der Wand, mit den Händen in der Hosentasche« gern vorstellt, dann ist diesem Bild bei allem »understatement« doch die schwierige Suche nach jener dem jeweiligen Stoff angemessenen Textur eingeschrieben.
Beide gehören nicht zu den Autoren, die den Stil am Schreibtisch

vorfinden, wenn sie sich an ihre Arbeit setzen, sondern eher zu jenen, die sich mühsam zur Sprache bringen müssen. Johnson recherchiert mit wissenschaftlicher Akribie und enzyklopädischem Anspruch in Bibliotheken, Archiven und unter Zeitzeugen, bevor er dann mit gründlich verzögerter Phantasie seinem erzählerischen Universum die angemessene sprachliche Gestalt verleihen kann. Vorstudien oder Vorfassungen bewahrt er nach Drucklegung einer Arbeit selten nur auf. Frisch, mit zunehmendem Alter immer skeptischer und selbstkritischer, pflegt seine Textstücke wieder und wieder zu überarbeiten und neu zu gruppieren, so daß die einzelnen Vorstufen oder Versionen nicht immer zureichend zur vollständigen Rekonstruktion des Werkprozesses verfügbar sind. »Als er siebzig war« und es, wie er schreibt, »den Alten« mit der Einrichtung des Max Frisch-Archivs an der Eidgenössischen Technischen Hochschule in Zürich »doch nach Ordnung und Vorsicht gegenüber Verleger und Erben« drängt, wird ihm neuerlich vor Augen geführt, welch ein sorgloser Dokumentar seiner eigenen Arbeiten er eigentlich war. »Systematisch hat Max Frisch sich nicht gesammelt«, so Walter Obschlager, der Leiter des Archivs an der ETH mit Blick auf die Bestände. Gleichwohl sind dort nahezu alle sechshundert Seiten jener vier Hefte des zweiten *Tagebuchs* zu finden, die Uwe Johnson seitengenau bis hin zur Farbe jedes einzelnen Blattes aufgelistet, korrigiert und lektoriert hat. Die unterschiedlichen Farben der einzelnen Seiten, auf die der Lektor mit seinem Gruß zum sechzigsten Geburtstag von Frisch anspielt – »May I wish you a birthday written on yellow & white paper and many happy returns of the day!« – und noch im Spiel mit den Farben rot und grün im Glückwunsch zum fünfundsechzigsten wiederaufnimmt (vgl. Brief 82), waren ihm in ihrer Bedeutung für die Komposition des Ganzen gleich aufgefallen. Sie sollten zunächst dem Autor die Verfugung eines Mosaiks unterschiedlicher Perspektiven auf der Basis von vier Textbereichen erleichtern. Auf gelben Seiten hält Frisch persönlich gefärbte Notizen mit biographischen Anlässen fest; auf weißen Seiten skizziert er Dialoge, einzelne Szenen, auch persönlich erlebte Episoden, die er gleichsam probeweise in poetischer Form verarbeitet. Auf grünen Seiten schreibt er Zitate ab, die er ins *Tagebuch* zu integrieren gedenkt; während rote Seiten allein für Eintragungen zum *Handbuch für Mitglieder der Vereinigung Freitod* reserviert werden. Die innere Ordnung des zweiten *Tagebuchs* sollte dann bei der Drucklegung durch die Verwendung von vier verschiedenen Schriftsatztypen – Schreibmaschinensatz, Antiqua, Kursivsatz und Grotesk – entsprechend zu erschließen sein. Da der Schreibmaschinensatz den gelben Seiten zugeordnet ist, wirken diese Passagen fast wie Eintragungen in ein privat geführtes Tagebuch. In Antiqua gesetzt werden die auf den weißen Seiten gefertigten Fragebogen, Reiseberichte, Selbstbefragungen in Dialogform (so die *Verhöre I-IV* oder das *Symposion in einer Person)* oder auch Erzählskizzen wie *Der Traum des Apothekers von Locarno*, die Jahre später dem Kontext des *Tagebuchs* auch entzogen und eigenständig publiziert werden konnten. Die Schrift Grotesk wird für den Abdruck der zitierten Texte verwendet, von Frisch auf grünen Seiten festgehalten und so ausgewählt, daß sie keines weiteren Kommentars bedürfen. Sie haben sich selbst zu erklären oder zu dekuvrieren. Der Kursivdruck schließlich ist allein jenen auf roten Seiten geschriebenen Passagen aus dem *Handbuch für Mitglieder der Vereinigung Freitod* vorbehalten; wohingegen einzelne Episoden, in denen die teilweise skurrilen Aktivitäten dieser Vereinigung imaginiert werden, konsequenterweise in Antiqua gesetzt sind. Wie kunstvoll diese drucktechnisch-optisch markierten Textbereiche im zweiten *Tagebuch* aufeinander bezogen, miteinander verfugt oder gegeneinander gesetzt werden, das zeichnet die wohlproportionierte Bauform dieses Erzählens aus. Der Wechsel der Lettern weckt im Leser ein Bewußtsein für die unterschiedlichen Textbereiche und verstärkt die Wirkung der Gesamtheit des literarischen Textes, die dank dieser Architektur die scheinbare Unvereinbarkeit von Fiktion, Faktum, Zitat und biographischer Notiz gleichsam spielerisch vermitteln kann.

Von einer, wie in der Sekundärliteratur unterstellt, »bewußten Irreführung« des Lesers durch den Autor kann bei der sorgfältigen Tektonik dieses Textes keine Rede sein. Schon in einer Notiz an den Leser des ersten *Tagebuchs* hatte Frisch den Wunsch geäußert, der Leser möge »nicht nach Laune und Zufall« in dem Buch hin und her blättern, sondern die »zusammensetzende Folge«, die einzelnen Steine eines Mosaiks achten. Das gilt für den Leser des zweiten *Tagebuchs* in noch stärkerem Maße. Als Lektor macht Johnson sich zum gestrengen Anwalt dieses literarischen Gestaltungswillens und versucht unerbittlich, Disproportionen zu eliminieren sowie immer dann einzugreifen, wenn er im Typoskript der von Frisch entwikkelten Kunstform dieses *Tagebuchs* auch nur den Schimmer eines persönlichen Merkhefts erahnt. So hilfreich diese Kritik für Frisch im allgemeinen gewesen sein mag, so sperrig kann sie im Detail wirken. Dafür sei ein kurzer Blick auf drei charakteristische Beispiele mit jeweils unterschiedlichen Reaktionen von Frisch gerichtet:

Die Bedeutung der Mutter im Leben von Max Frisch ist wohl von keinem seiner Biographen zu überschätzen. Zweimal wird der Tod der Neunzigjährigen im Typoskript erwähnt; das zweite Mal lakonisch mit dem Eintrag »8. 9. 1966. Mutter gestorben.« Eine Wiederholung, die Johnson nicht nachdenklich werden läßt, sondern stilistisch nur stört; unnachsichtig deshalb seine Forderung: »Streichen, wenn möglich. Das Sterben haben Sie in Zürich (32) vorweggenommen. Dort erreichen Sie durch konzises Verhalten, ja durch Abweisung für den Leser eine Emotion. Hier fordern Sie ihn auf, Ihre eigene nachzuvollziehen.« Johnson konnte nicht wissen, daß Frisch sich drei Tage lang mit Bruder und Schwester im Sterbezimmer der Mutter abgelöst hatte, es aber dann doch verabsäumte, sie im Sterben zu begleiten. Die Vorstellung eines Kollegen im Rahmen einer Lesung endete mit einem gemeinsamen Besäufnis in einem der Zürcher Zunfthäuser. Am anderen Morgen, als ihn die Nachricht vom Tod der Mutter erreichte, erlaubte es sein Zustand nicht, sich einer Toten zu zeigen. Max Frisch macht sich die Kritik Johnsons zu eigen, streicht diese eine Zeile und tilgt damit die Wiederholung.

Das andere Beispiel: Auf zwölf grünen Seiten des Typoskripts zitiert Frisch aus jenem handlichen Buch *Zivilverteidigung*, das seinerzeit vom Eidgenössischen Justiz- und Polizeidepartement herausgegeben und kostenlos, in Leinen gebunden, an sämtliche Haushaltungen in der Schweiz verschickt wurde. Die Ausführlichkeit des Zitats erregt den Unwillen des mit innerschweizer Verhältnissen wenig vertrauten Lektors: »Gewiss die Zitate sind fürchterlich bloss-stellend. Nur, das westdeutsche Feuilleton hat Interessierte bereits informiert. Ich verstehe, dass Sie diese Geisteshaltung der eigenen Nation noch auf lange Zeit vorhalten wollen. Gleichzeitig belasten sie das Buch mit funktionstotem Material.« Für einen Landeskundigen ist das keineswegs »funktionstotes« Material, Frisch läßt sich von den Einwänden nicht beirren und übernimmt alle

Zitate ungekürzt ins *Tagebuch*, dem Einspruch zum Trotz. Sicherlich wären die Informationen des »westdeutschen Feuilletons« auch heute noch mit einigem Aufwand in den Archiven wiederzufinden, Frischs Zitate hingegen bleiben mit all ihrer Evidenz umstandslos verfügbar.

Schließlich das dritte Beispiel: Im Februar 1968 wird *Biografie. Ein Spiel* gleichzeitig an vier Bühnen in der Schweiz und Deutschland uraufgeführt; auf einer gelben Seite notiert Frisch für das *Tagebuch* nicht ohne Stolz: »Uraufführung im Schauspielhaus Zürich (Regie Lindtberg), gleichzeitig in den Kammerspielen München (Everding), im Schauspielhaus Frankfurt (Regie Buckwitz), im Düsseldorfer Schauspielhaus (Regie Dudec).« Dem gestrengen Johnson sticht die Stelle als »reine Erfolgsmeldung« störend ins Auge; mit dem Hinweis, es fehle hier an jeder Reflexion, fordert er ihre Streichung. Ganz auf diesen Eintrag zu verzichten ist aber Frischs Sache nicht. Wer erlebt schon vier Uraufführungen des gleichen Stückes an einem einzigen Tag, und welcher Autor von Rang wäre kein Narziß? Mit schweijkscher List formuliert Frisch den Erfolg umstandslos zur Niederlage um, allerdings gleich einer vierfachen – auf die Liste prominenter Spielorte ist dabei natürlich Verlaß: »Stück aufgeführt, BIOGRAFIE. EIN SPIEL, mit vierfachem Sieg der Bühne (Zürich, München, Frankfurt, Düsseldorf) über den Autor; er bestreitet die Fatalität, die Bühne bestätigt sie – spielend.« Einen Mangel an Reflexion hätte selbst Uwe Johnson dieser Passage kaum mehr nachsagen können.

So reizvoll es wäre, solchen Reaktionen weiter nachzuspüren, ein Nachwort ist nicht der Ort, Johnsons Lektoratsarbeit systematisch zu würdigen, deshalb nur ein vorläufiges Resümee: Johnson erweist sich als ein ausgesprochen gründlicher Lektor, der noch den geringsten Tippfehler penibel anführt. Von dem Angebot, direkt in die Seiten hinein zu redigieren, macht er wohl aus Respekt vor dem Typoskript des Kollegen keinen Gebrauch. Aufgrund seiner Sozialisation in der DDR kann er auf zahlreiche Mängel und Flüchtigkeiten bei der Transliteration von Namen und Begriffen aus dem Russischen aufmerksam machen; ein Mangel, der auch bei Drucklegung offenbar vom Verlag nur nachlässig behoben wurde, wie ein Rezensent aus der DDR später in den *Weimarer Beiträgen* zu monieren nicht vergißt. Seine Gründlichkeit weiß Johnson bei Bedarf

auch geschickt zu nutzen. Als Frisch am 15. Mai 1969, seinem 58. Geburtstag, auf einer gelben Seite einträgt: »Jetzt älter als Brecht«, rechnet ihm »sein« Lektor vor, wie viele Tage ihm an diesem Datum dafür noch fehlten, nämlich 185. Das Kalkül trifft, der Vergleich wird ersatzlos gestrichen. Generell scheint Johnson mit Streichungsvorschlägen schnell bei der Hand zu sein; haften bleibt der Eindruck, daß dabei der Anteil politischer Texte, die er beispielsweise für 1970 zu streichen vorschlägt, auffällig groß ist. Gleichwohl zeigt sich Frisch mit dem Lektorat hoch zufrieden und vergißt keinesfalls, die Leistung großzügig zu honorieren. Es ist wahrlich nicht das einzige Mal, daß Frisch als stiller Mäzen in Erscheinung tritt. Nicht allein Uwe Johnson, das wird mit diesem Briefwechsel auch deutlich, profitiert von solcher Großzügigkeit, für die Frisch keinerlei Dank erwartet. Wichtiger für Max Frisch ist eine andere mit dem Lektorat verbundene Geste, leicht zu überlesen sein Wunsch: Johnson möge ihm jenen ersten Brief vom Oktober 1964 wieder zuschicken. Vielleicht ist es der Versuch, den mißglückten Anfang ihrer Korrespondenz vergessen zu machen. »Sonderbar ruhigen Gewissens« schickt ihm Johnson den erbetenen Brief; nur: Frisch erhält nicht das Original, sondern Johnson, hier bereits verstrickt in der Rolle eines Dokumentars eigener »Begleitumstände«, überläßt ihm allein eine Kopie des handschriftlichen Briefes. Möglich ist aber auch, daß dem Empfänger, der von seinen maschinengeschriebenen Briefen normalerweise einen Durchschlag behält, die Kopie vollauf genügte. Frisch bewahrt sie auf und beläßt die Kopie im Nachlaß, in dem nichts geblieben ist, so die Auskunft von Walter Obschlager, von dem er nicht wollte, daß es bleibe. Es könnte Max Frisch einfach nur gestört haben, für diesen im nachhinein wichtigen Vorfall keinen Beleg zu besitzen.
Im weiteren Verlauf des Briefwechsels äußert sich Uwe Johnson noch wiederholt in der Manier eines Lektors – sei es zu *Montauk*, sei es zur *Rede zur Verleihung des Friedenspreises* oder auch zu einzelnen Bildern von *Triptychon* – Max Frisch hingegen äußert sich schriftlich nie, nicht einmal zum Typoskript von *Eine Reise nach Klagenfurt*. Frisch sollte, so der Wille Johnsons, nicht nur der erste Leser seiner Hommage an Ingeborg Bachmann sein, ihm werde auch uneingeschränkt das Recht eingeräumt, Änderungen einzufordern. Von diesem Recht macht Frisch freilich keinen Gebrauch,

seine »Lektoratsarbeit« bleibt, wie etwa zum ersten Entwurf der *Skizze eines Verunglückten*, dem persönlichen Gespräch vorbehalten. In den schwierigen Jahren jener Schreibblockade fragt Frisch allenfalls mit dem gebührenden Maß an Diskretion nach dem Wohlergehen von Gesine Cresspahl, um Johnson zum Erzählen, zum (Weiter-)Schreiben und wieder zum Glauben an sich selbst zu motivieren. Emphatisch, so scheint es, wird er ein einziges Mal. Als Johnson in der Einsamkeit von Sheerness, mit dem Problem konfrontiert, die *Frankfurter Vorlesungen zur Poetik* als Auftragsarbeit des Verlegers konzipieren zu müssen, bei Frisch anfragt, ob es sich denn gezieme, dort die eigenen Erfahrungen im Beruf des Schriftstellers zum Gegenstand zu machen, erhält er unter Verweis auf Ingeborg Bachmanns Umgang mit der gleichen Vorlesungsreihe zur Antwort: Das wäre nicht nur statthaft, sondern genau im Sinne dieser Einrichtung. »Ich hoffe, Sie handeln von Ihrem Fall, Uwe.« Gespannt darauf, diese Vorlesungen in Händen zu halten und zu lesen, konnte Max Frisch nicht ahnen, wie wörtlich Uwe Johnson diese Ermutigung schließlich nehmen sollte. Gleich in seiner ersten Vorlesung verweist der Poetik-Dozent darauf, daß das Subjekt hier lediglich »als das Medium der Arbeit, als das Mittel einer Produktion« vorkommen werde, wenngleich er das Pronomen der ersten Person Singular mit seinen Abwandlungen wiederholt verwendet. Diese Stilisierung hält Uwe Johnson in den im Sommersemester 1979 in der Johann Wolfgang Goethe-Universität vorgetragenen fünf Vorlesungen auch durch; auf den vorletzten beiden Seiten der Druckfassung der *Begleitumstände* im Frühjahr 1980 durchbricht er allerdings dieses Prinzip und macht seinen »Fall« sonder Vorbehalt zum Thema. Das beschäftigt, wie Johnson im Juli-Brief von 1980 an Frisch schreibt, nicht nur Günter Grass und Fritz J. Raddatz als »literarische Ehrengerichtsbarkeit«. Obwohl Johnson Exemplare der *Frankfurter Vorlesungen* nach Zürich, Berzona, schließlich sogar nach New York schickt, äußert sich Frisch auch dieses Mal brieflich nicht zur Publikation der *Begleitumstände*, die er doch mit solcher Spannung erwartet hatte.

Über Probleme der autobiographischen Konfession, der Aufrichtigkeit in der Darstellung hatte man fünf Jahre zuvor miteinander korrespondiert. »Sein wirkliches Leben« wollte Max Frisch der Erzählung *Montauk* in einer für ihn bis dahin unerhörten Weise an-

vertrauen, ohne auszuweichen in Erfindungen. Bis zu diesem Zeitpunkt war das literarische Verfahren von Frisch ein anderes gewesen: geradezu berühmt wurde der Satz aus *Mein Name sei Gantenbein*: »Ich probiere Geschichten an wie Kleider.« In *Montauk* scheint der Satz nur noch kurz als Zitat auf; damit sollte es diesmal um der Wahrheit willen ein Ende haben. Unter Berufung auf die der Erzählung programmatisch vorangestellten Sätze Montaignes aus der *Vorrede* zu dessen *Essais* – Johnson hatte das Datum der *Vorrede* eigens für Frisch verifiziert – wollte er radikaler und subjektiver noch schreiben als in den Tagebüchern, in denen viel Objektives festgehalten, viel Subjektives hingegen ausgespart worden sei. Im Frühjahr 1974 hatte sich Max Frisch zu einer von seiner amerikanischen Verlegerin Helen Wolff organisierten Vortragsreise in den USA aufgehalten. Der Verlag gesellte ihm die Angestellte Alice Locke-Carey zur Seite, die ihn begleiten und bei der Wahrnehmung der Gesprächstermine unterstützen sollte. Die Schilderung eines Wochenendes mit der 31jährigen Lynn, Pseudonym für Alice, in Montauk und einiger Tage danach in New York bilden das Gerüst dieser Erzählung. Einfühlsam, nicht ohne Zärtlichkeit wird die Geschichte dieses Wochenendes mit Lynn an der nördlichen Spitze von Long Island erzählt, intim und genau wird das eigene Ich in dieser Beziehung beobachtet und geschildert. Eingebaut in die nicht chronologisch erzählte Lynn-Geschichte sind »Erinnerungen« an Lebensumstände früherer Jahre: so die Geschichte seiner Beziehung mit einem jahrelang bewunderten Zürcher Freund aus reicher Familie, Episoden aus seiner ersten Ehe, Erinnerungen an Ingeborg Bachmann und immer wieder Gedanken und Erinnerungen an seine Frau Marianne, die in Berlin geblieben war.
Die ständigen Rückgriffe im Text, gebaut »nach der Verträglichkeit der Motive, ihren statischen Bedingungen, ihren quantitativen Abhängigkeiten«, zeigen, so Johnsons Analyse, daß das erzählte Stück Gegenwart nicht nur aus den Ereignissen und Empfindungen einiger Tage besteht, sondern wie in ihr erinnerte Vergangenheit aufscheint oder, um seine Formulierung aufzugreifen: »Ein Stück Gegenwart enthält durch Erinnerung Vergangenheit.« Dabei schwankt die Erzählung zwischen der Ich- und der Er-Form; das erzählende Er, das Vergangenes melancholisch bilanziert, drängt sich als wiederholendes neben das erlebende Ich, das allein dem

Augenblick verpflichtet zu sein wünscht. Vielleicht empfehle sich die Ich-Form gerade bei der Ich-Befangenheit; sie sei die strengere Kontrolle, hatte Frisch bereits 1970 in dem von Johnson lektorierten *Tagebuch* notiert. Man könne, so heißt es dort weiter, um der Kontrolle willen, in der Ich-Form schreiben, dann in die Er-Form übertragen, um sicher zu sein, daß die letztere nicht nur eine Tarnung sei; aber dann gäbe es Sätze, die nur in der Ich-Form ihre Objektivität gewinnen würden, wogegen sie »Wort für Wort in die arglosere Er-Form übersetzt« feige wirkten. Der Schreiber, so Frischs Resümee, überwinde sich nicht in der Er-Form, er kneife nur. »Schreibend unter Kunstzwang«, wie es in *Montauk* heißt, möchte der Ich-Erzähler wissen, was er über sein »Leben als Mann« in Erfahrung bringt. In dieser Spannung legt Max Frisch private Verhältnisse zu einzelnen Menschen offen, »nicht ohne alle Rücksicht auf die Menschen, die er beim Namen nennt.« Wenn aber im Erzählen kein Kunstwille, keine Perspektive des Erzählers erkennbar wird, aus der heraus einzelne Personen bei ihrem »polizeilichen« Namen genannt werden, andere nicht oder nur anonymisiert, dann fällt es dem Leser wie dem Rezensenten schwer zu entscheiden, ob hier doch nicht wieder Geschichten nur anprobiert werden wie Kleider. *Montauk* ist und bleibt ein Stück Literatur; als Kunstwerk ist es Gesetzen einer eigenen Wirklichkeit unterworfen; *Montauk* ist nicht das Leben und kann es auch nicht allein »pro memoria« für Max Frisch werden. Niemand kann diese Differenz mit größerem Recht beim Namen nennen als Marianne Frisch, gehört sie doch zu jenen im Text offen genannten Personen; ihre kritische an Uwe Johnson gerichtete Frage, warum manche Personen in *Montauk* anonymisiert werden und andere nicht, trifft den literarischen Nerv dieser Erzählung und bleibt nicht in persönlicher Befangenheit verstrickt. Vielmehr stellt sie die Gestaltung der Erzählperspektive in Frage. Eigens für Marianne hatte Johnson den von Frisch geschätzten Brief zu *Montauk* geschrieben. Jener Brief vom 13. Januar 1975 war nicht, wie die bisherige (gekürzte) Form der Veröffentlichung suggeriert, an Max Frisch gerichtet, sondern Frisch hatte ihn in einer eigentümlich männerbündnerischen Form als Brief für Marianne bei Johnson gleichsam bestellt. Durch Max Frisch motiviert, erbittet sie sich Johnsons Lektoratsurteil, ohne auch nur zu ahnen, daß er Johnson auf den Wunsch längst vorbereitet hatte, um mög-

lichen Einwänden gegen die Veröffentlichung von *Montauk* bereits im Vorfeld begegnen zu können. Fraglos erfüllt Johnson die ihm von Frisch zugedachte Rolle glänzend. So sehr der »Lektor« auch die künstlerische Leistung herausstreicht, die Frisch mit dieser Erzählung gelungen sei, im Subtext zum Satz des höchsten Lobes wird eine weitere Lesart verankert: »Die Leistung, aus dem eigenen Leben mit Mitteln der Literatur ein Kunstwerk herzustellen, ohne der Form noch dem Inhalt Gewalt anzutun, er muss sie in der nächsten Arbeit übertreffen. [...] Und auf einen Roman, gedacht und geschrieben von der hier erreichten Höhe formaler Logistik und Versatilität, möchte ich nicht all zu lange warten müssen.« Die Aufgabe, aus dem eigenen Leben mit Mitteln der Literatur ein Kunstwerk herzustellen, müsse Max Frisch, so ist dieser Satz auch zu deuten, in seiner nächsten Arbeit anders, vor allem besser lösen. Das »Vehikel (Montauk)«, so Johnsons späterer Einwand, würde »eine totale Inventur« nicht tragen. Telephonisch erteilt er Frisch sogar den Rat, das Montaigne-Motto aus der Vorrede (»Dies ist ein aufrichtiges Buch, Leser, ...«) ganz zu streichen. Diesem Rigorismus folgt Frisch nicht. Das Motto signalisiere ein Ziel, einen Wunsch; es behaupte nicht, daß er das Ziel erreicht habe. Wenn ihm auch sein »kleines Buch« sehr verschämt vorkomme, er meine nicht, daß es unaufrichtig sei: »Die Grenze in diesen Dingen ist individuell; Scham nicht ohne weiteres gleichzusetzen mit Mangel an Mut; der Mut, diese Grenze zu überschreiten, ist zuweilen vorhanden, und das Ergebnis: man kann es dann nicht stehenlassen, es ist im Inhalt aufrichtig, wahrheitsgetreu, aber zugleich ist es eine Pose, die nicht stimmt, nämlich nicht aufrichtig im Umgang mit der eigenen Scham.« Hatte Johnson im Brief an Marianne die Schamgrenze des Verfassers noch ausdrücklich verteidigt, so muß sich dieses Urteil über *Montauk*, nur telephonisch an Frisch übermittelt, gänzlich von jener ersten Einschätzung unterschieden haben. »Ich bedaure sehr, dass mein Kommentar zu der endgültigen Fassung von ›Montauk‹ so ausfiel. Wünschen Sie, dass ich Sie um Verzeihung bitte, werde ich es gewiss tun; es ist Ihr Buch.« Die förmlich Geste zur Abmilderung seiner Kritik kann nicht wirklich ernst gemeint sein; Uwe Johnson wußte nur zu genau, daß Frisch eine derartige Verzeihung niemals erbeten hätte.
Die schwere Herzerkrankung Uwe Johnsons im Sommer 1975 be-

einträchtigt nicht nur den Tonfall dieser Auseinandersetzung, sondern sie prägt gleichermaßen die in ausgesprochen gereizter Atmosphäre ausgetragene Kontroverse bei der Entstehung der *Stich-Worte*. Unter diesem Titel wollte der Suhrkamp Verlag im September 1975 zum 25. Jubiläum der Verlagsgründung eine Auswahl einzelner Episoden, Dialoge oder Merksätze aus dem Werk von Max Frisch in einer gebundenen Ausgabe für fünf Mark publizieren, einmalig aufgelegt mit immerhin 200 000 Exemplaren. Die Auswahl der Zitate, so war vereinbart, sollte allein Uwe Johnson vornehmen, ohne daß Max Frisch oder der Verleger irgendeinen Einfluß geltend machten. Johnson unternimmt nun den ehrgeizigen Versuch mit seiner Arbeit, eine »Biographie« von Max Frisch herzustellen, nicht mit den üblichen Lebensdaten, sondern mit solchen, die im Umgang mit der heimatlichen wie der deutschen Sprache »verwirklicht« wurden. Die dafür ausgewählten Textstellen faßt er in 21 Themenblöcken zusammen, die in einer Komposition von 49 Texteinheiten präsentiert werden sollen. Dafür entwickelt Johnson bis hin zum Entwurf einer Druckvorlage eigene Vorstellungen; es soll ein Buch ganz nach seinen Wünschen werden, »das klug aussieht, lebendig und elegant«. In Anspielung auf Arbeitstechniken von Frisch verbindet Johnson mit »den einzelnen Steinen« der *Stich-Worte* die »verwegene Hoffnung«, es gelänge abermals ein Mosaik. Einziger Nachteil dieser filigranen Hommage: Sie fällt um mehr als fünfzig Seiten zu umfangreich aus. Wer aber soll die Texte, deren Komposition einem strengen Zahlenspiel unterworfen ist, termingerecht kürzen? Unter großem Zeitdruck werden entsprechende Vorschläge von dem infarkt-kranken Uwe Johnson in enger Zusammenarbeit mit seiner Frau Elisabeth in Sheerness erarbeitet und erneut nach Frankfurt geschickt; gleichzeitig aber hat Siegfried Unseld – sehr zum Ärger Johnsons – bereits Max Frisch eingeschaltet, der so die Auswahl der Texte nicht nur vor der Drucklegung begutachten kann, sondern überdies eigenhändig in enger Abstimmung mit dem Verleger weitere Kürzungen vornimmt, damit der vorgegebene Herstellungs- und Kostenrahmen nicht gesprengt werden muß. Dieser Eingriff in die eigene Arbeit, für Johnson ein gravierender Vertrauensbruch, verbittert ihn so sehr, daß er vorschlägt, seinen Namen auf dem Titelblatt und unter dem Vorwort zu streichen und durch jenen von

Siegfried Unseld ersetzen zu lassen. Dazu kommt es dann doch nicht; das Buch erscheint trotz aller Turbulenzen rechtzeitig zum Jubiläum des Verlags, allerdings in der bearbeiteten Fassung. Frisch lobt schließlich das Unternehmen und dankt für die Arbeit: »Die Zusammenstellung des Ganzen, jetzt überschaubar, finde ich sehr überzeugend. Was die Meckerer erwarten, eine ›Blütenlese‹, bekommen sie nicht; es ist ein Buch: von Uwe Johnson (mit Elisabeth) als Leser, ein ebenso natürliches wie ungewöhnliches Unternehmen, ein freundlich-kluges, ein freundschaftliches; so sehe ich es.«
Wer nun glaubt, mit dieser versöhnlichen Geste sei die Kontroverse ausgestanden, sieht sich eines Schlechteren belehrt. Noch vier Wochen später listet Johnson penibel alle jene Stellen auf, die allein auf Veranlassung von Max Frisch aus der Druckvorlage der *Stich-Worte* ausgeschieden worden seien, und stellt in aller Ausführlichkeit noch einmal seine Sicht der Dinge dar. Eine weitere Diskussion oder gar ein persönliches Gespräch darüber will er keinesfalls mehr zulassen; fünf Wochen lang habe er über diesem Brief gesessen, dessen letzte Fassung auch noch mißlungen sei, nun wolle er »die Sache vom Halse« haben. Gerichtet ist dieser Brief an Max Frisch, geschrieben aber als Selbstrechtfertigung für die Nachwelt. Im Herbst stellte Max Frisch dann alleine auf einer Lesereise die Erzählung *Montauk* der literarischen Öffentlichkeit vor; anstelle von Uwe Johnson, der wegen seiner schweren Erkrankung die Termine der ursprünglich gemeinsam geplanten Tournee nicht wahrnehmen kann, trägt ein Schauspieler Passagen der *Stich-Worte* während der gleichen Veranstaltung vor. Johnson hätte freilich mit seiner Lesung, stellt Frisch sich nun vor, die freundliche Forderung verbunden, der Verfasser solle sich zu den Stichworten bekennen, beispielsweise zu einem »Patriotismus, keinem kriegerischen, einem durchaus rührenden, der später abhanden gekommen ist, nicht ohne einen Giftrest von Enttäuschung zu hinterlassen«.
Allein: Unter den von Uwe Johnson ausgewählten Stichworten kommt »Patriotismus« nicht vor, für ihn mit Blick auf die jüngste deutsche Geschichte zweifellos eine bewußte Entscheidung. Im Kontext der *Stich-Worte* zu finden sind statt dessen »Nationalität Schweiz« oder »Heimat«; wiederholt werden sie in Johnsons Sammlung aufgerufen, als Stichworte aber jeweils nur einzeln vergeben. Frisch hingegen hatte beide Stichworte zusammengezogen

und seiner *Rede zur Verleihung des Großen Schillerpreises* (Anfang 1974) in Form einer Frage vorangestellt: »Die Schweiz als Heimat?« Die Vokabel »Patriotismus«, konstatiert er dort, sei derart auf den Hund gekommen, daß man sie nur noch in Anführungszeichen verwenden könne. Zu Unrecht, wie er meint. Ein Patriot ohne Anführungszeichen wäre einer, so Frisch weiter, der seine Identität als Person gefunden hat und von daher ein Volk als sein Volk erkennt: »ein Pablo Neruda, ein Aufständischer also, im glücklichen Fall ein Poet, der seinem Volk eine andere Sprache als die Sprache der Anpassung vorspricht und dadurch seine Identität zurückgibt oder zum ersten Mal verleiht, was unweigerlich, in beiden Fällen, revolutionär ist; denn die Masse der Angepaßten hat keine Heimat, sie hat nur ein Establishment mit Flagge, das sich als Heimat ausgibt und dazu das Militär besitzt – nicht nur in Chile...« Es sei kein Zufall, so erläutert Frisch knapp ein Jahr später im Gespräch mit Heinz Ludwig Arnold, daß er gerade über den Begriff »Heimat« geredet habe, einen zur Zeit abgewerteten, weil ungeheuer mißbrauchten Begriff. Offenbar verpürten seine Figuren, wie auch der Autor ein merkwürdiges Bedürfnis nach Heimat. »Und wenn Sie nun meine Biographie anschauen: ein Herumfahren, zwar immer mit Zentrum Schweiz, was sich geschichtlich ergeben hat, aber nie ganz fest an einen Ort gebunden. Auf der anderen Seite eben dieses Bedürfnis, dazuzugehören – es muß nicht eine nationale Gesellschaft sein. Das ist ein Konflikt, den ich nur als Konflikt, ohne Lösung darstelle, und ich sehe auch nicht eine mögliche Lösung.« Gesprächsweise, in öffentlicher Rede und in seinen Schriften bekundet Max Frisch wiederholt sein elementares Bedürfnis nach Zugehörigkeit, so heißt es im *Dienstbüchlein*: »Ich bin hier und nicht anderswo geboren, das naive Gefühl von Zugehörigkeit und später das Bewußtsein von Zugehörigkeit, ein kritisches Bewußtsein, das die Zugehörigkeit keineswegs aufhebt.« Er sei Schweizer und begehre nichts anderes als Schweizer zu sein, allein sein Engagement als Schriftsteller gelte nicht der Schweiz, es gelte überhaupt keiner Nation.

Sein öffentliches Bemühen, (nicht nur) den Schweizern eine andere Sprache als die Sprache der Anpassung vorzusprechen, das haben die Schweizer wohl in ihrer Mehrheit – zumeist unter der erklärten Meinungsführerschaft der *Neuen Zürcher Zeitung* – Max Frisch gründlich verübelt, zuletzt noch anläßlich seiner Solothurner Rede *Am Ende der Aufklärung steht das Goldene Kalb* im Mai 1986 und aus Anlaß seines »Palavers« *Schweiz ohne Armee?*, 1989 im Zürcher Limmat Verlag erschienen. Der »Veteran« Frisch hatte während der 8. Solothurner Literaturtage und bei der Aufführung der dramatisierten Version des »Palavers« unter dem Titel *Jonas und sein Veteran* im Herbst 1989 im Zürcher Schauspielhaus noch einmal das Gefühl, dazuzugehören, vor allem gebraucht zu werden. Ende November 1989 waren die Eidgenossen aufgerufen, darüber abzustimmen, ob die Schweiz noch eine Armee benötige oder nicht. Auf der Bühne des Schauspielhauses liest ein Veteran seinem Enkel Jonas aus seinem *Dienstbüchlein* vor, um es schließlich in den Kamin zu werfen – eine letzte Parteinahme von Max Frisch im Theater von Zürich. Nein, auf seiten der Mehrheit war Frisch auch nach dieser Volksabstimmung in der Schweiz nicht zu finden.

»Zürich braucht mich!« hatte Max Frisch fünfzehn Jahre zuvor, im Herbst 1974, an Uwe Johnson im ersten Brief nach Sheerness nicht ohne Ironie und mit einer Spur von Genugtuung geschrieben. Er hatte zu erklären, warum er – im Gegensatz zu Siegfried Unseld – die Familie Johnson nicht gleich nach deren Umzug auf jener »unvorstellbaren Insel«, der Isle of Sheppey, besuchen kommen könne. Den Anlaß liefert diesmal der gemeinsame Verleger, und doch ist ein Schweizer Problem fest damit verknotet. Im Frühjahr hatte das Haus Suhrkamp zur engeren Kooperation mit Autorinnen und Autoren der Schweiz eine Schwestergesellschaft gegründet. Doch bereits mit der Vorstellung des ersten Verlagsprogramms im Herbst 1974 scheitert dieses »Modell einer vermehrten deutsch-schweizerischen Kulturverflechtung«. Die näheren Umstände sind im Briefwechsel nachzulesen. Hier nur soviel: Unter den mit den beiden Beratern Adolf Muschg und Max Frisch abgestimmten ersten fünfzehn Titeln der Zürcher Produktion befinden sich Niklaus Meienbergs *Reportagen aus der Schweiz* sowie eine Dokumentation zur *Geschichte der schweizerischen Arbeiterbewegung*, zusammengestellt von einer Arbeitsgruppe von Studenten und Dozenten der Universität Zürich. Über die Publikation dieses Titels kommt es zu Auseinandersetzungen zwischen den Programm-Verantwortlichen und dem Verleger. Siegfried Unseld entscheidet, diese Dokumentation nicht zu publizieren. Credo des Verlegers, so Max Frisch, sei,

die Produktion in Zürich dürfe grundsätzlich keine Texte enthalten, die der Schweiz gegenüber kritisch sind; möglich sei das vielleicht einmal in fünf oder zehn Jahren. In dem anschließenden Konflikt des Verlegers mit den drei Programm-Verantwortlichen der Suhrkamp Zürich KG ergreifen Max Frisch und Adolf Muschg als »schweizerische Autoren, die zur Schweiz bekanntlich ein kritisches Verhältnis haben und Autoren des Suhrkamp-Verlages Frankfurt sind«, öffentlich Partei für die Verlagsangestellten. Bevor die Auseinandersetzung eskaliert, kündigen die drei Angestellten ihre Arbeitsverträge mit der Begründung, sie wollten keine Geschäftsträger eines Schweizer Idylls sein. Einer von ihnen ist Dieter Bachmann, der spätere Chefredakteur der Zeitschrift *du*.
»Mach mich nicht zu einem Schweizer«, diese Bitte testiert ein letztes Mal jenen Zwiespalt, in dem Max Frisch das Bild seiner selbst mit dem Bildnis der Schweiz immer wieder in Zusammenhang bringt, dabei bis zuletzt hellwach und entschieden darum bemüht, sich vom Kollektiv der Eidgenossenschaft nicht umstandslos als Schweizer vereinnahmen zu lassen. Hingegen gefällt ihm die Vorstellung, von Freunden als Schriftsteller in Solothurn um Rat gefragt und als (Welt)Bürger in Zürich gebraucht zu werden für den Entwurf einer anderen Schweiz, einer utopischen, die nicht selbstgerecht im Glauben an die eigene Legende versteinert.
Die Schweiz als Heimat? In seiner Rede erinnert Max Frisch auch an Freunde, keine Landsleute, die ihm viel bedeuten. Namen nennt er nicht, doch hinter jenem ungenannten Freund, der – in Mecklenburg erzogen – seine Heimat zeitlebens nicht vergessen werde, verbirgt sich kein anderer als Uwe Johnson. Schon in einer Tagebuchnotiz von 1966 hatte er dem Freund nach einem Besuch der Berliner Mauer unter dessen Führung ein »homerisches Gedächtnis« bescheinigt, Mecklenburg werde sich darauf verlassen dürfen. (Im Lektorat des *Tagebuchs 1966-1970* findet sich jetzt auch die erste Fassung dieses Porträts von Uwe Johnson, in der nachzulesen ist, wie Johnson in einer Kneipe, »sie liegt fast noch im Niemandsland«, im »gemeinsamen Suff« Frisch um Erlaubnis bittet, ihn »Onkelchen« nennen zu dürfen. Sein Antrag wird abgelehnt; eine Episode, die Johnson lange noch beschäftigt hat.) So ist dank der Porträtskizze von Frisch mit dem »homerischen« Gedächtnis Johnsons unabweisbar die Erinnerung an ein Land verbunden, das 1952 durch

einen Beschluß der Volkskammer der DDR in die Regierungsbezirke Rostock, Schwerin und Neubrandenburg aufgelöst worden war. Vieles spreche dafür, so Uwe Johnson in seiner Vorstellungsrede als neu gewähltes Mitglied der Deutschen Akademie für Sprache und Dichtung 1977, daß er Mecklenburger sei. In Güstrow sei er zur Schule gegangen, mecklenburgisch sei die erste Universität (Rostock) gewesen; doch im Mecklenburg der Nachkriegszeit habe er als einer der Flüchtlinge aus Vorpommern gegolten. Nach seinem »Umzug« nach Berlin sei er wieder als Flüchtling angesehen und dann als Westberliner behandelt worden. Ein Umzug nach Groß-Britannien und eine anstehende Paßerneuerung hätten genügt, ihn zu einem »Bürger der Bundesrepublik Deutschland« abzustempeln. Für die Engländer, die seit Herbst 1974 mit ihm umzugehen hätten, sollte er nun ein »German« sein, wenn nicht gar ein »bloody German«.

Selbst noch dieser flüchtigen Auflistung einzelner Lebensstationen ist Johnsons kritisches Bewußtsein im Umgang mit dem heimatlichen Land, den »Städten Berlins«, der eigenen Nation zu entnehmen, das jene Sehnsucht, doch auch »dazuzugehören«, keineswegs aufhebt. So wollte er 1959, um weiter in vertrauter Umgebung, in Mecklenburg leben zu können, die *Mutmassungen über Jakob* noch unter dem Pseudonym Joachim Catt im Westen Deutschlands erscheinen lassen; war ihm die DDR damals doch als ein Land erschienen, in dem sich etwas verändern ließe. Seine Freunde allerdings überzeugten ihn bald davon, daß dieser Gedanke nicht zu verwirklichen sei. Wäre der Staatssicherheitsdienst der DDR, so ihr Argument, nur halbwegs so effektiv, wie Uwe Johnson ihn in seinem Roman dargestellt habe, dann wäre das Pseudonym keine sechs Monate lang haltbar. An jenem Tag, an dem sein Name im Westen Deutschlands auf das Titelblatt des Buches gedruckt wurde, verließ er die DDR. Frühzeitig schon gegen seinen Willen zum »Dichter der beiden Deutschland« abgestempelt, hat sich Uwe Johnson den Umgang mit dem eigenen Land, genauer mit den beiden deutschen Staaten sowie mit den »Städten Berlins« zeitlebens nicht leicht gemacht. Mit der Wahl der 1933 geborenen Gesine Cresspahl als Protagonistin der *Jahrestage* habe er sich auf diese eine Person eingelassen, »*auch* [Herv. v. E. F.] unter dem Vorbehalt, daß sie an den Verbrechen der Deutschen gegen die Juden noch beteiligt ist, und sei es als Angehörige der Kindgeneration nach der schuldigen, und weil er ihre Ratlosigkeit gegenüber der so genannten ›jüdischen Frage‹ begreift, besser als das Verhalten zu vieler ihrer Altersgenossen im westlichen wie östlichen Staat deutscher Nation. Sie hat durch das Leben im Ausland annehmen müssen, daß die Deutschen noch auf Dekaden hinaus in den Augen der anderen Völker gemessen werden auf ihre Distanz zum versuchten Genozid an den Juden, und der Verfasser hält diese Einsicht für eine, die er unter die Leute zu bringen hat«, heißt es anläßlich der Verleihung des Georg-Büchner-Preises 1971 in einer seiner eher seltenen programmatischen Äußerungen.

Nach dem Umzug der Familie Johnson ins eigene Haus, Marine Parade 26 in Sheerness-on-Sea, das nur dank der finanziellen Großzügigkeit von Max Frisch so umstandslos gekauft werden konnte, verändern sich Art und Inhalt der Briefe auffällig. Es mehren sich die »Insel-Briefe«; Johnson beginnt mehr und mehr vom Alltagsleben auf der Insel zu erzählen, streut historische Erläuterungen ein, gibt Hinweise auf sehenswürdige Ortschaften, Denkmäler oder Landschaften. Deutlich ist nicht allein sein Bemühen zu spüren, einen Besuch jener für Frisch zunächst »unvorstellbaren Insel« so reizvoll und lohnend wie nur irgend möglich zu schildern, sondern auch sein Wunsch als einer der Orts-Ansässigen anerkannt zu werden und »dazuzugehören«. Zugleich entsteht der Eindruck, daß Johnson seine Briefe nutzt, um probeweise mit einem anderen Stoffkreis über die *Jahrestage* hinaus ins Erzählen zu geraten, deren unvollendeter vierter Band ihn immer noch blockierte. Derartige Skizzen und Entwürfe hätte Max Frisch allenfalls seinem Tagebuch anvertraut, in seinen Briefen an Johnson findet sich nichts Vergleichbares. *Ach! Sie sind ein Deutscher?*, so unscheinbar dieser kurze, knapp zweiseitige Text dem Leser auch vorkommen mag, es ist die erste *Insel-Geschichte* von Uwe Johnson. Mit dieser zur Jahreswende 1977/78 endlich gelungenen Fingerübung, in der die Ankunft eines Fremden auf der Isle of Sheppey erzählt wird, zeichnet sich erstmals ein Ende seines »writer's block« ab. Von den im Dutzend geplanten *Insel-Geschichten* wurden indes nur vier abgeschlossen und veröffentlicht. Spuren der übrigen finden sich – zunehmend spärlicher – allein noch seinen Briefen anvertraut; die letzte vom August 1983 verweist auf jenen »Künstler« im Nachbarhaus, dessen Jaguar Max Frisch einmal eine Herkunft vom »Schrottplatz« attestiert hatte. Diese Geschichten belegen den Wunsch Uwe Johnsons, von den Inselbewohnern und denen der Grafschaft Kent als einer der ihren anerkannt zu werden; sie speisen sich nicht zuletzt auch aus ihren Erzählungen und Kneipengesprächen. Ohne deren Einwilligung aber will Johnson die Geschichten und Gespräche »seiner« Leute nicht ins Erzählen bringen, denn er mag diese Leute. Deshalb müsse er sie zuvor fragen und er habe ihnen »obendrein dankbar zu sein für die Identität ›Charlie‹«, die man ihm im Pub verliehen hat. Bei aller Gastfreundschaft, die ihm auf der Isle of Sheppey widerfährt, und trotz seiner ausgesprochenen Vorliebe für die englische Sprache bleibt Uwe Johnson ein Fremder in Sheerness-on-Sea, bekannt nur einem kleineren Kreis von regelmäßigen Pub-Besuchern des »Napier« oder des »Seaview-Hotels«. Seine Briefe an Max Frisch füllt Johnson mit jenen »beiläufigen Berichten von der ureigenen Lebensart der Leute auf der Insel Sheppey«; damit vermeidet er jeden näheren Einblick in die persönliche und die schriftstellerische Krise, die ihn in dieser Zeit erfaßt und existentiell erschüttert. Erst als die Trennung von Frau und Tochter zum Feuilleton-Thema zu werden droht, Gerede und Gerüchte nicht mehr einzudämmen sind, zieht Uwe Johnson auch Max Frisch ansatzweise über das »Weggeschwiegene« ins Vertrauen. »In Ihrem erschreckenden Brief«, so Frisch in seiner Antwort, »schreiben Sie von einer Unbefangenheit, die ich unserem Umgang erhalten habe. Unbefangenheit? Ich meine, es gibt auch in einer Freundschaft kein Anrecht auf Preisgabe eines Geheimnisses, aber natürlich bin ich Ihnen gegenüber befangen geworden, lieber Uwe, in Sorge, der Fragen versagt sind. Man weiss, dass der andere in Briefen überspielt, was ihn am meisten bedrängt, und es entsteht etwas Unstimmiges, etwas Unhaltbares sozusagen Komisches, wenn ich versucht habe, Briefe zu schreiben, als bekümmere mich, Sie betreffend keine Ahnung. Es geht nicht. Ich habe es dann und wann versucht und ich habe es gelassen. Ich hoffe, dass Sie das verstehen. Es ist nicht Gleichgültigkeit – wenn auch Gleichgültigkeit gegenüber Gerüchten, was wenigstens ein Gutes hat: man kommt mir nicht mit Gerüchten über Uwe Johnson.« Frischs Ahnung mag sich seit jenem September-Brief aus dem Jahre 1975 entwickelt haben, als Johnson ihm die Blätter mit dem Umriß der Geschichte von Joe Hinterhand zuschickte, die damals noch für die *Jahrestage IV* konzipiert waren. Ein halbes Jahr später schrieb Johnson über diese Blätter, daß jener »Versuch über falsche Ehe« dank der Beratung von Frisch nun »umgearbeitet« seien. Aus der Geschichte wurde dann die *Skizze eines Verunglückten*, Johnsons Beitrag für die Festschrift zum siebzigsten Geburtstag des Freundes. In all den Jahren verharrt Frisch in jener Sorge um Uwe Johnson, »der Fragen versagt sind«.

Als sich für Uwe Johnson schließlich abzeichnet, daß er sein opus magnum, *Jahrestage. Aus dem Leben von Gesine Cresspahl*, zum Abschluß bringen kann, wäre er gerne wieder nach Berlin zurückgekehrt; bereits im ersten Jahr nach seinem Umzug verspürt er die »Gewissheit«, die Stadt als »lebenslanges Eigentum« erworben zu haben. Es ist der Wunsch, wieder »dazuzugehören«, der ihn umtreibt. Er malt sich auch schon aus in welcher Funktion: als Präsident der Akademie der Künste, deren Vizepräsident er Anfang der siebziger Jahre bereits gewesen war. Nach dem Tod des Architekten Werner Düttmann im Januar 1983 ist die Präsidentschaft vakant; von Freunden wird Uwe Johnson gebeten, für dieses Amt zu kandidieren. Welch ein Anlaß für die ersehnte Rückkehr nach Berlin! Die Hoffnung aber zerschlägt sich. Günter Grass kandidiert an seiner Stelle und wird zum Präsidenten der Akademie gewählt. Johnson verharrt in der Insel-Einsamkeit von Sheerness, nimmt die Arbeit an seinen literarischen Projekten wieder auf und plant mit dem Geld des Kölner Literaturpreises vom November 1983 einen einjährigen Aufenthalt in New York, jener Stadt, die sich einmal für eine seiner literarischen Figuren ebenso wie für ihn »angefühlt« hatte wie Heimat. »Wie aber, lieber Herr Frisch, kann man in SoHo in New York einen Dachboden haben, ohne ihn ausgiebig wahrzunehmen?« Max Frisch verspricht ihm seinen New Yorker Loft als Wohngelegenheit für ein Jahr; doch auch diese Hoffnung erfüllt sich nicht. In der Nacht vom 23. auf den 24. Februar 1984 stirbt Uwe Johnson in Sheerness-on-Sea; drei Wochen dauert es, bis der Tote in seinem Haus in der Marine Parade entdeckt wird.

Ein Jahr später, am 22. Februar 1985, veröffentlicht Max Frisch im ZEIT-*Magazin* eine kurze Passage aus dem *Berlin Journal 1973-1980*, jenem Tagebuch, das durch testamentarische Verfügung bis zum Jahre 2011 gesperrt bleibt und dessen Anfang Uwe Johnson einmal aufbewahrt hatte. Dort schreibt er: »Es wird immer schwieriger etwas über Uwe zu schreiben. Grass hat jetzt den Fall übernommen ...

Wie Unseld, den Johnson als Erbe eingesetzt hat, den Piper Verlag hätte hindern können, das Buch von Tilman Jens zu veröffentlichen, weiss ich nicht. Ich kenne das schreckliche Testament und weiss nicht, wie ich Elisabeth antworten soll. Warum grad der Suhrkamp Verlag als Erbe eingesetzt ist? Vielleicht wegen einer beträchtlichen Verschuldung gegenüber dem Suhrkamp Verlag. Es fehlt nur noch die Publikation: ›Wer war Uwe Johnsons intimster Freund?‹ Je länger einer tot ist, um so näher hat man sich gestanden.«

In diesem Briefwechsel, der einen Einblick in die Werkstatt beider Autoren gewährt, verhält sich Max Frisch eher pragmatisch, verfaßt seine Briefe ausgesprochen unprätentiös, scheut nicht vor schlichten Mitteilungen zurück und formuliert flüchtiger, nicht dauernd im Hinblick auf eine Nachwelt, die ihm schon beim Schreiben über die Schulter schaut; während Uwe Johnson seine Briefe von Anfang an sorgsam gestaltet, sie als eigenes literarisches Genre begreift, sich selbst stärker stilisiert. Weitaus weniger als Johnson fürchtet Frisch, daß eventuell unüberlegt in diesem Kontext geäußerte Sätze seiner »Biographie« auf Dauer schaden könnten. In persönlichen Krisen zieht Max Frisch, das zeigen die Briefe nur andeutungsweise, Uwe Johnson einmal in Friedenau und einmal in Sheerness tiefer ins Vertrauen, läßt sich helfen im Bemühen, schwere Depressionen zu überwinden; eine Offenheit, die Johnson in dieser Form nicht erwidern kann. Ganz im Gegenteil, Johnson deutet nur das Allernotwendigste an, zieht sich in ähnlicher Lage ins eigene Schweigen zurück und wechselt bei einem seiner Besuche im verschneiten Berzona zwei Tage lang kein einziges Wort mit Frisch. All das weiß Max Frisch zu tolerieren, dem Ausdruck seiner Zuneigung zu Uwe Johnson, dem verläßlichen Lektor, kann all das nichts anhaben, auch wenn sich beide während der letzten drei Jahre ihrer Freundschaft zunehmend aus den Augen verlieren. »Denn das man einander gern hat, das mag angehen, aber es zeigen, unter Norddeutschen! Kommt nicht in die Tüte!«, ist noch im letzten zu Lebzeiten von Uwe Johnson veröffentlichten Text *Erinnerung* zu lesen, seiner Totenrede für den Architekten und Präsidenten der Berliner Akademie Werner Düttmann. Max Frisch ist der Geduldigere, der Offenere, der für Rat und Zuspruch Empfänglichere der beiden Autoren; in der wiederholt stark strapazierten Freundschaft mit dem eher spröden Mecklenburger, dessen literarische Arbeiten er außerordentlich schätzt, verhält sich der weltoffene »Schweizer« gelassener, nachsichtiger, einfach gefälliger. Traut man einer Erinnerung, die Adolf Muschg im sechsundneunzigsten seiner »einhundertfünfzig Versuche mit dem berühmten Schweizer Echo« *O, mein Heimatland!* zu erzählen weiß, dann konnte man den damals noch jungen Max Frisch im Café Terrasse in Zürich über zwei Dinge heftig herziehen hören: über das Alter und seine gottverdammte Gefälligkeit.

Editorische Notiz:

Die vorliegende Edition der Briefe und der Lektoratsarbeit wurde zunächst auf der Basis der im Uwe Johnson-Archiv aufbewahrten Originale der Briefe von Max Frisch und der von Uwe Johnson jeweils gefertigten Durchschläge vorbereitet, dann im Max Frisch-Archiv anhand der dort aufbewahrten Briefe und Typoskripte zum *Tagebuch 1966-1971* geprüft und vervollständigt. Der vorliegende Band enthält den kompletten Briefwechsel zwischen Max Frisch und Uwe Johnson. Weder im Uwe Johnson-Archiv noch im Max Frisch-Archiv gibt es Anzeichen dafür, daß weitere Briefe vorhanden sein könnten oder Briefe vernichtet wurden. Eigenheiten in der Zeichensetzung und Schreibweise beider Autoren wurden beibehalten, offensichtliche Verschreibungen stillschweigend korrigiert. Ergänzungen des Herausgebers wurden durch eckige Klammern markiert, Erläuterungen des Herausgebers in den Anmerkungen gegeben. In der Regel hat der Herausgeber auf jene Texte, die unverändert ins *Tagebuch* übernommen wurden, mit der entsprechenden Fundstelle in den *Gesammelten Werken in zeitlicher Folge* verwiesen; im einen oder anderen Fall wurde von diesem Prinzip abgewichen, um eine besondere Pointierung (oder den Reiz einer Gegenüberstellung) zu ermöglichen. Bisher unveröffentlichte Texte aus dem Konvolut des *Tagebuchs 1966-1970*, auf die sich Argumente des »Lektors« Uwe Johnson beziehen, wurden in der Form abgedruckt, in der sie vorgefunden wurden; Wert wurde dabei besonders darauf gelegt, auch jene bei der Drucklegung eliminierten Gedankenstriche beizubehalten, die oftmals am Schluß der Texte stehen oder auch einzelne Passagen voneinander absetzen. Das entsprechende Zitat endet also jeweils erst nach dem Gedankenstrich.

Der Herausgeber dankt der Max Frisch-Stiftung für das Vertrauen und die freundliche Erlaubnis bisher unveröffentlichte Briefe und Typoskripte einsehen und veröffentlichen zu dürfen. Herzlich dankt er Walter Obschlager, dem Leiter des Max Frisch-Archivs an der Eidgenössischen Technischen Hochschule in Zürich, der diese Arbeit von Anbeginn an tatkräftig und ausgesprochen kompetent unterstützt hat. Er wußte Rat, wenn der Herausgeber an einzelnen Details zu scheitern drohte, sei es bei der Suche nach einer Lenin-Stelle in den Bildern von *Triptychon*, sei es bei einer Erläuterung zum *Palais Wattenwyl*; seine Auskünfte zu »staatstragenden« oder eher »anarchistischen« Problemen waren immer gleichermaßen kompetent und hilfreich.

Ganz besonderen Dank schuldet der Herausgeber Marianne Frisch. Sie erteilte nicht nur ihr freundliches Einverständnis, ihren Brief an Uwe Johnson zu *Montauk* im Rahmen dieses Briefwechsels zu veröffentlichen, sondern gewährte dem Herausgeber in ausgesprochen gastfreundlicher Atmosphäre ein langes Gespräch in Zürich. Unter dem einprägsamen Bild »Römischer Polizist« von Varlin gab sie geduldig Auskunft, korrigierte Fehler und empfahl sachkundig Verbesserungen.

Für alle Mängel und Fehler dieser Edition aber bleibt der Herausgeber allein verantwortlich.

Eberhard Fahlke

Personenregister

Redaktion: Julia Ketterer

Uwe Johnson
im Suhrkamp Verlag
und im Insel Verlag
Eine Auswahl

Begleitumstände. Frankfurter Vorlesungen. Mit zwölf Fotografien. es 1820. 464 Seiten. es 3322. 455 Seiten

Das dritte Buch über Achim. 337 Seiten. Leinen. es 1819. 320 Seiten. st 2962. 303 Seiten

Eine Reise nach Klagenfurt. st 235. 109 Seiten

Der 5. Kanal. es 1336. 183 Seiten

Heute Neunzig Jahr. Aus dem Nachlaß herausgegeben von Norbert Mecklenburg. 204 Seiten. Leinen

Ingrid Babendererde. Reifeprüfung 1953. Mit einem Nachwort von Siegfried Unseld. 264 Seiten. Leinen. es 1817. 272 Seiten

Jahrestage. Aus dem Leben von Gesine Cresspahl. Einbändige Ausgabe. 1728 Seiten. Leinen. st 3220. 1728 Seiten

Jahrestage 1-4 in Kassette. 4 Bände. Mit einem ›Kleinen Adreßbuch für Jerichow und New York‹. Ein Register zu Uwe Johnsons »Jahrestagen« mit Namen, Orten und Verweisen von Rolf Michaelis. 1902 Seiten. Leinen

Jahrestage 1-4. es 1822-25. 1892 Seiten

Jahrestage 1. Aus dem Leben von Gesine Cresspahl. August 1967-Dezember 1967. 478 Seiten. Leinen. es 1822. 478 Seiten

NF 290/1/2.01

Jahrestage 2. Aus dem Leben von Gesine Cresspahl. Dezember 1967-April 1968. 539 Seiten. Leinen. es 1823. 532 Seiten

Jahrestage 3. Aus dem Leben von Gesine Cresspahl. April 1968-Juni 1968. 370 Seiten. Leinen. es 1824. 374 Seiten

Jahrestage 4. Aus dem Leben von Gesine Cresspahl. Juni 1968-August 1968. 501 Seiten. Leinen. es 1825. 508 Seiten

Jahrestage 1-2. Aus dem Leben von Gesine Cresspahl. st 2631. 1008 Seiten

Jahrestage 3-4. Aus dem Leben von Gesine Cresspahl. st 2632. 1892 Seiten

Mutmassungen über Gesine. Die Verfilmung der ›Jahrestage‹. Herausgegeben von Martin Wiebel. st 3216. Mit Fotografien. 268 Seiten

Karsch und andere Prosa. Nachwort von Walter Maria Guggenheimer. st 1753. 113 Seiten

Die Katze Erinnerung. Uwe Johnson – Eine Chronik in Briefen und Bildern. Zusammengestellt von Eberhard Fahlke 316 Seiten. Gebunden

Kleines Adreßbuch für Jerichow und New York. Ein Register zu Uwe Johnsons Roman »Jahrestage«. Angelegt mit Namen, Orten, Zitaten und Verweisen von Rolf Michaelis. Mit Fotografien. 303 Seiten. Kartoniert

Mutmassungen über Jakob. Roman. 308 Seiten. Leinen. st 3128. 304 Seiten

Skizze eines Verunglückten. BS 785. 76 Seiten

NF 290/2/2.01

Wohin ich in Wahrheit gehöre. Ein Uwe-Johnson-Lesebuch. Herausgegeben und mit einem Nachwort versehen von Siegfried Unseld. 392 Seiten. Gebunden

Zwei Ansichten. Sonderausgabe zur Verleihung des Büchner-Preises. 243 Seiten. Leinen

Philipp Otto Runge / Uwe Johnson. Von dem Fischer un syner Fru. Ein Märchen nach Philipp Otto Runge mit sieben kolorierten Bildern von Marcus Behmer und einem Nachwort von Beate Jahn. Mit einer Nacherzählung und einem Nachwort von Uwe Johnson. IB 1075. 64 Seiten

Briefwechsel

Uwe Johnson - Siegfried Unseld. Der Briefwechsel. Herausgegeben und kommentiert von Eberhard Fahlke und Raimund Fellinger. Mit zahlreichen Abbildungen. 1218 Seiten. Leinen

Uwe Johnson - Max Frisch. Der Briefwechsel 1964-1983. Herausgegeben von Eberhard Fahlke. 200 Seiten. Gebunden

NF 290/3/2.01

Über Uwe Johnson

»Ich überlege mir die Geschichte«. Uwe Johnson im Gespräch. Herausgegeben von Eberhard Fahlke. es 1440. 360 Seiten

Johnsons ›Jahrestage‹. Herausgegeben von Michael Bengel. st 2057. 396 Seiten

Norbert Mecklenburg: Die Erzählkunst Uwe Johnsons. ›Jahrestage‹ und andere Prosa. 536 Seiten. Gebunden

Über Uwe Johnson. Herausgegeben von Raimund Fellinger. es 1821. 387 Seiten

Uwe Johnson. Herausgegeben von Rainer Gerlach und Matthias Richter. st 2061. 346 Seiten

Uwe Johnson. Porträts und Erinnerungen. Herausgegeben von Eberhard Fahlke. es 1499. 183 Seiten

Schriften des Uwe Johnson-Archivs

Siegfried Unseld / Eberhard Fahlke: Uwe Johnson: »Für wenn ich tot bin«. Mit zahlreichen Abbildungen. Schriften des Uwe Johnson-Archivs, Band 1. Englische Broschur. 144 Seiten. st 2676. 144 Seiten

Peter Nöldechen: Kleines Bilderbuch von Johnsons Jerichow und Umgebung. Spurensuche im Mecklenburg der Cresspahls. Schriften des Uwe Johnson-Archivs, Band 2. Englische Broschur. 92 Seiten

NF 290/4/2.01

Entwöhnung von einem Arbeitsplatz. Klausuren und frühe Prosatexte. Mit einem philologisch-biographischen Essay herausgegeben von Bernd Neumann. Mit Abbildungen. Schriften des Uwe Johnson-Archivs, Band 3. Englische Broschur. 211 Seiten

Wo ist der Erzähler auffindbar? Gutachten für Verlage 1956-1958. Mit einem Nachwort herausgegeben von Bernd Neumann. Mit Abbildungen. Schriften des Uwe Johnson-Archivs, Band 4. Englische Broschur. 207 Seiten

Insel-Geschichten. Herausgegeben von Eberhard Fahlke. Schriften des Uwe Johnson-Archivs, Band 5. Englische Broschur. 200 Seiten

Heinrich Lübbert: Der Streit um das Erbe des Schriftstellers Uwe Johnson. Schriften des Uwe Johnson-Archivs, Band 7. Englische Broschur. 174 Seiten

Uwe Johnson als Herausgeber

Margret Boveri: Verzweigungen. Eine Autobiographie. Herausgegeben und mit einem Nachwort versehen von Uwe Johnson. st 2576. 438 Seiten

Max Frisch: Stich-Worte. Ausgesucht von Uwe Johnson. st 2728. 252 Seiten

NF 290/5/2.01

Entgrenzung von dem Arbeitsplatz, Kreativen und [illegible] [illegible] [illegible] Band [illegible]. Mit Abbildungen. [illegible] [illegible] Johnson-Archivs [illegible] [illegible] Seiten

Wo ist der Kreative [illegible]? [illegible]: Für Verträge [illegible] [illegible] [illegible] von [illegible] [illegible]. Mit Abbildungen. Schriften des Johnson-Archivs Band [illegible]. Englische Broschur. [illegible] Seiten

[illegible] [illegible] [illegible] [illegible] Schriften des Uwe Johnson-Archivs Band [illegible]. Englische Broschur. [illegible] Seiten

Heinrich [illegible]: Der Streit um das [illegible] [illegible] [illegible]. Mit Abbildungen. Schriften des Uwe Johnson-Archivs Band [illegible]. Englische Broschur. [illegible] Seiten

[illegible] Johnson [illegible]

[illegible] [illegible] [illegible]. Eine Autobiographie. [illegible] [illegible] [illegible] [illegible] [illegible] [illegible] [illegible] Seiten

[illegible] [illegible] [illegible] [illegible] [illegible] Johnson [illegible] [illegible]